Curso de
Literatura Inglesa

Curso de Literatura Inglesa

Jorge Luis Borges

Organização, pesquisa e notas de
Martín Arias e Martín Hadis

Tradução
EDUARDO BRANDÃO

SÃO PAULO 2019

Esta obra foi publicada originalmente em espanhol com o título
BORGES PROFESOR – CURSO DE LITERATURA INGLESA EN LA
UNIVERSIDAD DE BUENOS AIRES
por Emecé Editores, Buenos Aires, em 2000.
Copyright © Emecé Editores S.A., María Kodama 2000.
Copyright © Martín Arias y Martín Hadis, pela pesquisa, anotações, traduções
para o espanhol e restauração do texto.
Copyright © Emecé Editores S.A., 2000.
Copyright © 2002, Livraria Martins Fontes Editora Ltda.,
São Paulo, para a presente edição.

Esta obra foi indicada para publicação
por Magna Reimberg Teobaldo.

1ª edição 2002
2ª edição 2016
2ª tiragem 2019

Tradução
EDUARDO BRANDÃO

Revisões gráficas
Renato da Rocha Carlos
Ivete Batista dos Santos
Dinarte Zorzanelli da Silva
Produção gráfica
Geraldo Alves
Paginação
Studio 3 Desenvolvimento Editorial

Dados Internacionais de Catalogação na Publicação (CIP)
(Câmara Brasileira do Livro, SP, Brasil)

Curso de literatura inglesa / organização, pesquisa e notas de Martín Arias e Martín Hadis ; tradução Eduardo Brandão. – 2ª ed. – São Paulo : Editora WMF Martins Fontes, 2016.

Título original: Borges profesor: curso de literatura inglesa en la Universidad de Buenos Aires.
Bibliografia.
ISBN 978-85-469-0078-7

1. Borges, Jorge Luis, 1899-1986 – Conhecimento – Literatura 2. Literatura inglesa – Estudo e ensino (Curso superior) – Argentina – Buenos Aires 3. Literatura inglesa – História e crítica 4. Universidade de Buenos Aires I. Arias, Martín, 1970-. II. Hadis, Martín, 1971- .

16-03608 CDD-820.7118211

Índices para catálogo sistemático:
1. Literatura inglesa : Curso : Universidade de Buenos Aires : Educação Superior 820.7118211

Todos os direitos desta edição reservados à
Editora WMF Martins Fontes Ltda.
Rua Prof. Laerte Ramos de Carvalho, 133 01325-030 São Paulo SP Brasil
Tel. (11) 3293-8150 e-mail: info@wmfmartinsfontes.com.br
http://www.wmfmartinsfontes.com.br

Índice

Sobre este livro, por Martín Arias e Martín Hadis XI
Introdução, por Martín Arias XVII
Borges na sala de aula, por Martín Hadis XXV
Agradecimentos XXXVII

Aula nº 1
Os anglo-saxões. A poesia e as kennings.
Genealogia dos reis germânicos 1

Aula nº 2
O Beowulf. *Caracterização dos germanos.*
Antigos ritos funerários 13

Aula nº 3
O Beowulf. *A valentia e a jactância:*
Beowulf comparado com os compadritos 19

Aula nº 4
O "Fragmento de Finnsburh". A "Ode de Brunanburh".
A tradução de Tennyson. Os vikings.
Anedotas de uma viagem de Borges a York 38

Aula nº 5
A "Balada de Maldon". Poesia cristã.
O hino de Caedmon. O alfabeto rúnico.
Características das elegias anglo-saxãs 56

Aula nº 6
Origens da poesia na Inglaterra.
As elegias anglo-saxãs.
Poesia cristã: "A visão da cruz" 75

Aula nº 7
Os livros escritos por Deus.
O bestiário anglo-saxão. As adivinhas.
Poema da sepultura. A batalha de Hastings 90

Aula nº 8
Resenha histórica até o século XVIII.
Vida de Samuel Johnson 112

Aula nº 9
Raselas, príncipe da Abissínia, *de Samuel Johnson.*
A lenda do Buda.
Otimismo e pessimismo. Leibniz e Voltaire 121

Aula nº 10
Samuel Johnson visto por Boswell.
A arte da biografia. Boswell e seus críticos 137

Aula nº 11
O movimento romântico. Vida de James Macpherson.
A invenção de Ossian. Opiniões sobre Ossian.
Polêmica com Johnson. Reivindicação de Macpherson 155

Aula nº 12
Vida de William Wordsworth.
"The Prelude" e outros poemas 169

Aula nº 13
Vida de Samuel Taylor Coleridge. Um conto de Henry James.
Coleridge e Macedonio Fernández comparados.
Coleridge e Shakespeare. In Cold Blood, *de Truman Capote* 184

Aula nº 14
Últimos anos de Coleridge.
Coleridge comparado com Dante Alighieri.
Poemas de Coleridge. "Kubla Khan." O sonho de Coleridge 197

Aula nº 15
Vida de William Blake. O poema "The Tyger".
Filosofias de Blake e de Swedenborg comparadas.
Um poema de Rupert Brooke. Poemas de Blake 214

Aula nº 16
Vida de Thomas Carlyle. Sartor Resartus, *de Carlyle.*
Carlyle, precursor do nazismo.
Os soldados de Bolívar, segundo Carlyle 230

Aula nº 17
A época vitoriana. Vida de Charles Dickens.
Romances de Dickens. William Wilkie Collins.
The Mystery of Edwin Drood, *de Dickens* 245

Aula nº 18
Vida de Robert Browning.
A obscuridade da sua obra. Seus poemas 255

Aula nº 19
Poemas de Robert Browning.
Uma conversa com Alfonso Reyes. The Ring and the Book 265

Aula nº 20
Vida de Dante Gabriel Rossetti.
Avaliação de Rossetti como poeta e como pintor.
O tema do duplo ("fetch"). Livro de poemas exumado.
Poemas de Rossetti. A história repetida ciclicamente 281

Aula nº 21
Poemas de Rossetti. Rossetti visto por Max Nordau.
"The Blessed Damozel", "Eden Bower" e "Troy Town" 299

Aula nº 22
Vida de William Morris. Os três temas dignos da poesia.
O Rei Artur e o mito do regresso do herói.
Interesses de Morris. Morris e Chaucer.
"The Defence of Guenevere" 327

Aula nº 23
"The Tune of Seven Towers", "The Sailing of the Sword"
e The Earthly Paradise, *de William Morris.*
As sagas da Islândia. História de Gunnar 348

Aula n.º 24
    Sigurd the Volsung, *de William Morris*.
    Vida de Robert Louis Stevenson 366
Aula n.º 25
    Obras de Robert Louis Stevenson: New Arabian Nights, "*Markheim*",
    The Strange Case of Dr. Jekyll and Mr. Hyde.
    Jekyll e Hyde no cinema. The picture of Dorian Gray, *de Oscar Wilde*.
    "Réquiem", *de Stevenson* 379

Epílogo 390

Anexo anglo-saxão
    O funeral de Beowulf 393
    A batalha de Brunanburh 395
    The Battle of Brunanburh 398
    A Batalha de Maldon 403
    Conjuro contra um enxame de abelhas 413
    Conjuro contra uma dor repentina 414
    Conjuro para um campo árido 416
    Elegia do homem errante 419
    A visão da cruz 424

Apêndice
    O alfabeto rúnico 429

Bibliografia 433
Índice temático 439

Este livro é para meus pais, Ana María Goldstein e Alfredo Arias, e para minha irmã Eva, pelo apoio constante a todos os meus projetos.
MARTÍN ARIAS

Para a minha avó, Ana Rosa R. de Genijovich, com carinho e gratidão por sua vasta biblioteca de ilimitados livros ingleses.
MARTÍN HADIS

Sobre este livro

Estas aulas foram gravadas por um pequeno grupo de alunos de literatura inglesa para que pudessem estudá-las os alunos do curso que, por motivos de trabalho, não podiam assistir a elas no horário estabelecido. Partindo das gravações originais em fita magnética (ainda não existiam as cassetes), esse grupo de estudantes realizou as transcrições que serviram de base para a confecção deste livro.

As fitas se perderam; provavelmente foram utilizadas para gravar outras aulas, talvez outras matérias. Semelhante descuido pode parecer imperdoável hoje em dia. Mas devemos levar em conta que, em 1966 – ano em que foram dadas essas aulas –, Jorge Luis Borges ainda não era considerado um gênio indiscutível, como hoje. As constantes mudanças políticas de nosso país faziam suas declarações sobre a atualidade destacar-se mais que seu trabalho literário. Para muitos dos estudantes do seu curso, Borges, embora escritor eminente e diretor da Biblioteca Nacional, devia ser apenas mais um professor. As transcrições das aulas, portanto, foram preparadas tão-só para o estudo da matéria, degravadas à máquina às pressas, para estar prontas a tempo para os exames.

Talvez devamos agradecer a essa pressa: não houve, ao degravar, nenhuma tentativa de modificar a linguagem oral de Borges, nem de completar suas palavras, que chegaram intactas até nós, com suas repetições e bordões. Isso, que salta aos olhos ao ler as aulas, se confirma cotejando a linguagem utilizada aqui por Borges com a de outros textos tomados de seu discurso oral, como as diversas conferências e entrevistas publicadas. Os transcritores se preocuparam, além disso, com fazer constar a textualidade das suas notas, anotando sob a transcrição de cada aula a frase: "É versão fiel." Essa fidelidade manteve, felizmente, não apenas o discurso docente de Borges mas também seus comentários marginais e até as palavras coloquiais que o professor dirigia a seus alunos.

Em contrapartida, a pressa e o desconhecimento levaram os transcritores a degravar foneticamente todos os nomes próprios, os nomes de obras ou frases em idioma estrangeiro que surgiram nas aulas, dando lugar a numerosos erros: a grande maioria dos nomes de autores e títulos de obras citadas apareciam mal escritos; as citações em anglo-saxão e em inglês, assim como as disquisições etimológicas de Borges, eram completamente ilegíveis nas transcrições originais.

Cada um dos nomes que aparecem no texto teve de ser revisto e corrigido. Não foi difícil nos dar conta de que "Roseti" era Dante Gabriel Rossetti. Foi mais demorado, porém, apurar que quem aparecia como "Wado Thoube" era na realidade o poeta Robert Southey, ou que o transcritor havia escrito "Bartle" a cada menção ao filósofo George Berkeley. Muitos desses nomes pareciam inencontráveis e exigiram laboriosas pesquisas. Foi o caso – entre outros – do jesuíta do século XVIII Martino Dobrizhoffer, que aparecia no original como "Edoverick Hoffer", ou do professor Livingston Lowes, cujo nome tinha sido transcrito como o título de uma suposta obra intitulada "Lyrics and Lows".

A falta de familiaridade dos transcritores com os textos literários estudados fica evidente em numerosas ocasiões. Nomes tão conhecidos como os do Dr. Jekyll e Mr. Hyde apareciam no original sob estranhas denominações, que ameaçavam transformar em múltipla a já terrível dualidade do personagem. O Dr. Jekyll é "Jaquil", "Shekli", "Shake", "Sheke" ou "Shakel", enquanto Mr. Hyde é "Hi", "Hid" e "Hait", variantes que convivem numa mesma página e às vezes num mesmo parágrafo. Outros personagens e autores sofriam de problemas semelhantes, e muitas vezes era difícil detectar que se referiam a uma mesma pessoa. Assim, o herói Hengest aparecia numa linha corretamente escrito, mas na seguinte tinha se transformado em "Heinrich"; o filósofo Spengler se escondia indistintamente atrás de "Stendler", "Spendler" ou o muito mais distante "Schomber".

As citações poéticas de Borges também eram ilegíveis. Algumas, ao serem desvendadas, mostraram-se simplesmente cômicas. Talvez o exemplo mais significativo desta série seja o verso de *Leaves of Grass*: "Walt Whitman, um cosmos, filho de Manhattan", que no original aparecia transcrito como "Walt Whitman, um coxo, filho de Manhattan", mudança que sem dúvida teria inquietado o poeta.

Durante suas aulas, Borges costumava pedir a seus alunos que emprestassem vista e voz para ler poemas em voz alta. À medida que o aluno lia, Borges ia comentando cada estrofe. Na transcrição original, porém, os poemas recitados pelos alunos haviam sido totalmente eliminados. Com a falta da transcrição desses versos, os comentários de Borges sobre sucessivas estrofes surgiam apinhados uns sobre os outros de modo indecifrável. Para restituir coerência a essas aulas, as estrofes recitadas pelos alunos foram buscadas e restauradas, com a consulta às fontes. Os comentários de Borges foram em seguida intercalados, num verdadeiro trabalho de montagem.

Trabalho semelhante foi requerido pela restauração das citações em inglês antigo, transcritas no original de forma fonética. Embora seriamente distorcidas, ainda eram reconhecíveis e foram repostas com base nos textos originais.

A pontuação do texto, muito obscura na apressada transcrição original, teve de ser modificada quase por inteiro, tentando sempre acompanhar o ritmo que as frases devem ter tido em sua forma oral.

O trabalho de edição teve então como tarefa a correção de todos os dados possíveis, retificando tudo o que podia ser erro de transcrição e fazendo as correções necessárias para passar da transcrição original a um texto mais ou menos fluido. Aqui também procuramos a fonte original de boa parte dos textos mencionados, citando em notas de rodapé os poemas completos no idioma original (se eram suficientemente breves) ou os fragmentos aludidos (quando se tratava de obras mais extensas).

Para facilitar a leitura das aulas, foi necessário em alguns casos realizar modificações menores:

1) A adição de palavras faltantes (nexos coordenativos, conjunções, etc.), que seguramente Borges pronunciou, apesar da sua ausência na transcrição original.
2) A eliminação de uma ou outra conjunção, presente na linguagem oral mas que realmente dificultava a compreensão do texto escrito.
3) Em raríssimas ocasiões, foi necessário aproximar o sujeito e o predicado de frases em que o entusiasmo de Borges o levava a uma longa digressão, aceitável na linguagem oral mas que fazia perder completamente o fio do discurso no texto escrito. Fizemos isso variando a ordem das proposições na oração, mas sem omitir uma só das palavras pronunciadas.

Dado que nenhuma dessas mudanças altera as palavras ou a essência do discurso de Borges, preferimos não indicá-las ao longo da aula, já que se trata de detalhes de edição que poderiam incomodar o leitor, sem acrescentar nenhuma informação útil ao conteúdo. Em qualquer outra ocasião, as palavras não pronunciadas por Borges, adicionadas ao texto para facilitar a leitura, aparecem marcadas entre colchetes. Como quer que seja, e isso é óbvio, em nenhum caso foram modificadas as palavras de Borges além dessas correções.

As notas de rodapé pretendem explicar as referências pouco claras ou informar acerca de obras, pessoas ou fatos mencionados, de modo que se enriqueça a leitura das aulas. Além das referências bibliográficas pontuais, resistimos em grande medida à tentação de vincular os temas tratados nas aulas ao resto da obra de Borges. A relação entre o Borges escritor e o Borges da cátedra é tão íntima que isso teria requerido uma quantidade de notas quase interminável; de resto, não foi nosso objetivo realizar uma crítica ou uma análise do texto principal.

Muitas das notas consistem em breves biografias; a dimensão de cada uma delas não resulta de um juízo de valor, mas – na maioria dos casos – é proporcional a dois fatores: 1) quão desconhecida pode ser cada figura; 2) seu interesse e sua importância no contexto das aulas. Assim, ao pastor godo Ulfilas, ou ao historiador islandês Snorri Sturluson, correspondem várias linhas; no caso de personagens mais recentes ou mais conhecidos, ou mencionados de passagem, consideramos suficiente dar suas datas, nacionalidade e outros dados que permitam identificá-los.

O leitor verá também que muitas dessas breves notas biográficas correspondem a figuras célebres. Sua inclusão não pressupõe, é claro, que o leitor as desconheça. Em todos os casos, a presença dessas notas tem em vista dar a possibilidade de situar historicamente essas figuras, dada a liberdade com que Borges pula em suas comparações de século a século e de continente a continente.

Ignoramos se Borges sabia da existência dessas transcrições; estamos certos contudo que ele se alegraria ao comprovar que estas páginas perpetuam seu trabalho docente. A todos os estudantes a quem Borges, durante seus anos de cátedra, ensinou com dedicação e afeto a literatura inglesa poderá se unir agora uma quantidade ilimitada de leitores.

Esperamos que os leitores se regalem tanto ao ler este livro quanto nós ao preparar sua edição.

   Martín Arias   Martín Hadis

Buenos Aires, fevereiro de 2000

Introdução

"Gosto muito de ensinar, sobretudo porque enquanto ensino estou aprendendo", dizia Jorge Luis Borges numa das suas numerosas entrevistas[1]. Pouco antes, tinha se referido à cátedra como "uma das felicidades que me restam". E não há dúvida sobre o duplo prazer que dava a Borges estar diante de uma turma.

Semelhante prazer pode ser constatado neste livro, que reúne um curso completo dado pelo escritor na Faculdade de Filosofia e Letras da Universidade de Buenos Aires, situada então no velho edifício da rua Independencia, no ano de 1966. Por essa época, Borges já dava aulas havia anos em tal instituição. Fora aceito como titular da cátedra de literatura inglesa e norte-americana em 1956, escolhido por seus antecedentes, na disputa com outro postulante, apesar de nunca ter obtido um diploma universitário[2]. Borges expressou em várias oportunidades (naquele seu tom que combinava a modéstia com o humor e a plena confiança em sua capacidade) sua surpresa com a designação.

---

[1] Fernando Sorrentino, *Siete conversaciones con Jorge Luis Borges*, Editorial El Ateneo, 1996, p. 205.
[2] Borges dava as aulas de literatura inglesa, enquanto seu adjunto, Jaime Rest, se encarregava das de literatura norte-americana.

Em sua *Autobiografia*, Borges explicava, depois de se referir à sua nomeação para diretor da Biblioteca Nacional em 1955: "No ano seguinte tive uma nova satisfação, ao ser designado para a cátedra de literatura inglesa e norte-americana da Universidade de Buenos Aires. Outros candidatos haviam enviado minuciosas informações sobre suas traduções, artigos, conferências e demais êxitos. Eu me limitei à seguinte declaração: 'Sem me dar conta, vim me preparando para este cargo por toda a minha vida.' Essa simples proposta surtiu efeito. Contrataram-me e passei doze felizes anos na Universidade."[3]

O curso reunido neste livro nos apresenta, pois, um Borges que já tinha nas costas dez anos dedicados ao ensino, incluindo não apenas suas aulas universitárias, mas também diversos cursos em instituições como a Asociación Argentina de Cultura Inglesa. Apresenta-nos, além disso, Borges numa faceta distinta à do texto literário ou da entrevista, e talvez mais próxima das conferências. No entanto, as aulas diferem destas últimas num ponto essencial: aqui, o escritor, tão dado à anedota e à mudança de tema, tinha de se restringir ao cumprimento de um programa preestabelecido. Não podia, como fazia com freqüência em outras situações, perguntar em tom jocoso passada meia hora: "Qual era mesmo o título desta palestra?" Por isso é interessante ver como se arranjava para dar às suas aulas unidade e coerência, sem deixar de fazer digressões.

O próprio Borges tinha consciência dessa diferença: "Eu gostava mais das aulas do que das conferências. Nas conferências, se falo de Spinoza ou de Berkeley, interessa mais ao ouvinte minha presença do que o conteúdo. Por exemplo,

---

[3] Jorge Luis Borges, *Autobiografía 1899-1970*, Buenos Aires, El Ateneo, 1999.

minha forma de falar, meus gestos, a cor da minha gravata ou o corte do meu cabelo. Às aulas da universidade, que têm uma continuidade, vêm somente os estudantes que se interessam pelo conteúdo da aula. Desse modo, pode-se manter um diálogo pleno. Não enxergo, mas posso sentir o ambiente que me rodeia. Por exemplo, se estão me ouvindo com atenção ou distraidamente."[4]

Um ponto importante nas aulas é a importância que Borges atribuía à literatura: "Julgo a literatura de um modo hedônico – disse em outra entrevista. – Isto é, julgo a literatura de acordo com o prazer e a emoção que ela me proporciona. Fui durante anos professor de literatura e não ignoro que uma coisa é o prazer que a literatura causa, outra coisa o estudo histórico dessa literatura."[5] Tal postura fica clara desde a primeira aula, em que Borges explica que só vai se referir à história quando o estudo das obras literárias do programa assim o exigir.

Do mesmo modo, Borges coloca os autores acima dos movimentos literários, movimentos que o início da aula sobre Dickens define como uma "comodidade" dos historiadores. Embora não esqueça as características estruturais dos textos estudados, Borges se concentra principalmente na trama e na individualidade dos autores. O programa inclui textos que o escritor ama, o que ele demonstra constantemente com seu fascínio ao narrar os argumentos e as biografias. O que Borges pretende como professor, mais do que qualificar os estudantes, é entusiasmá-los e levá-los à leitura das obras e à descoberta dos escritores. Assim, há em todo o curso apenas uma referência aos exames, e é comovente seu comentário do final da segunda aula sobre Browning, quando diz aos alunos:

[4] Guillermo Gasió, *Borges en Japón, Japón en Borges*, Buenos Aires, Eudeba, 1988, p. 68.
[5] Fernando Sorrentino, *op. cit.*, p. 134.

"Tenho uma espécie de remorso. Acho que fui injusto com Browning. Mas com Browning acontece o que acontece com todos os poetas: devemos interrogá-los diretamente. Creio porém ter feito o bastante para interessar vocês pela obra de Browning."

Mais de uma vez esse entusiasmo afasta levemente Borges do caminho. Na segunda aula sobre Samuel Johnson, depois de narrar a lenda do Buda, desculpa-se:

"Vocês vão me perdoar essa digressão, mas a história é bonita."

Outra prova de que os livros e autores estudados são alguns dos favoritos de Borges é que ele se encarregou, ao longo da sua vida, de prefaciar edições de vários deles, boa parte dos quais incluiu na coleção *Biblioteca pessoal* da Hyspamérica, a última seleção de textos alheios que fez antes de morrer. Essa predileção fica ainda mais óbvia no caso da escolha dos poemas. Borges nem sempre analisa os versos mais famosos dos autores, ao contrário, trata em geral dos trabalhos que mais o impressionaram, os que menciona também ao longo da sua obra literária.

A paixão pelas histórias ou a admiração pelos autores não constituem, contudo, um obstáculo para que Borges os submeta a um juízo crítico muitas vezes implacável. Ao expor os equívocos das obras ou os erros dos escritores, Borges não procura vilipendiá-los, mas talvez tirar toda a auréola sagrada deles e aproximá-los dos estudantes. Ao ressaltar seus equívocos, ressalta também suas virtudes. Desse modo, atreve-se a dizer em mais de uma ocasião que a fábula do *Beowulf* foi "mal inventada" e descreve assim Samuel Johnson: "Era fisicamente deformado, embora possuísse uma grande força. Era pesado e feio. Tinha o que chamamos tiques nervosos. (...) Casa-se com uma mulher velha, mais velha que ele. Era uma mulher velha, feia e ridícula. Mas ele lhe foi fiel. (...) Teve além disso traços maníacos."

Essa é apenas a preparação para conquistar o interesse dos estudantes. Vem depois a conclusão: "No entanto, apesar desses traços de excentricidade, foi uma das inteligências mais razoáveis da época, uma inteligência realmente genial." Diante das escolas de crítica literária que se interrogam sobre o papel do autor, Borges acentua o caráter humano e individual das obras. Como quer que seja, não estabelece, por certo, uma relação de necessidade entre a vida dos autores e seus textos. Simplesmente se fascina e fascina os estudantes narrando as circunstâncias vitais da existência dos artistas e mergulhando em seus poemas ou narrativas a partir de um olhar crítico e atual, em que sempre estão presentes a ironia e o humor.

Em seu afã de fazer os textos descerem ao chão, Borges estabelece além do mais insólitas comparações, que no entanto desempenham perfeitamente o papel de demarcar cada obra e deixar claro seu valor. Assim, ao explorar o tema da jactância e da valentia no *Beowulf*, compara seus personagens com os *compadritos* portenhos do início do século e passa a recitar, não uma, mas três estrofes, que devem ter soado de forma curiosíssima no meio de uma aula sobre literatura anglo-saxã do século VIII. O escritor se detém além disso em detalhes apaixonantes que não teriam sido imprescindíveis para o currículo, como as distintas concepções das cores na poesia anglo-saxã, grega e celta, ou sua digressão sobre a duração das batalhas, quando compara a batalha de Brunanburh com nossa batalha de Junín.

Por outro lado, em sua análise dos textos saxões, Borges se abandona com freqüência à narração pura, esquecendo seu papel de professor e aproximando-se mais do antigo narrador oral. Refere histórias contadas por outros homens, por outros homens muito anteriores a ele, e o faz com absoluto fascínio, como se cada vez que repetisse um relato estivesse descobrindo-o pela primeira vez. E dentro desse fascínio seus comentários são quase questionamentos metafísicos. Borges se pergunta de maneiras distintas o que passava pela cabeça dos antigos poetas saxões ao escreverem seus textos, desconfiando de que nunca terá uma resposta.

Outro gesto típico do narrador é a antecipação de coisas que contará mais adiante, com o fim de manter os ouvintes em suspense. Esse mecanismo é reforçado pelo uso permanente de adjetivos, declarando que o que narrará em seguida ou na próxima aula é algo "estranho", "curioso" ou "interessante".

No âmbito das aulas, um aspecto que salta aos olhos o tempo todo é a erudição de Borges. No entanto, essa erudição não se apresenta em momento algum como uma limitação para a comunicação com os alunos. Borges não cita para demonstrar seus conhecimentos, mas somente quando as citações lhe parecem apropriadas ao tema. O que lhe importa são as idéias, não tanto a exatidão do dado. Em que pese a isso, e apesar de numa aula pedir desculpas por sua má memória para datas, é surpreendente a quantidade de dados de que recorda, com incrível exatidão. Devemos pensar que, na época em que deu essas aulas – e desde 1955 –, Borges estava quase completamente cego e certamente impossibilitado de ler. Suas citações, portanto, e a recitação dos poemas dependem da sua memória e são testemunha das suas intermináveis leituras anteriores.

Pelas aulas perambulam Leibniz, Dante, Lugones, Virgílio, Cervantes e, certamente, o infalível Chesterton, que parece ter escrito praticamente sobre tudo. Aparecem também alguns dos fragmentos favoritos de Borges, como o famoso sonho de Coleridge que incluiu em tantos livros e conferências. Mas também temos aqui a análise de certas obras muito mais profundas e extensas do que as que aparecem em seus livros, particularmente a aula sobre Dickens, autor a que não parece ter se referido em detalhe em nenhum dos seus escritos, e as leituras que faz dos textos anglo-saxões –

sua última paixão –, a que dedica as sete primeiras aulas e sobre os quais se estende sem as limitações de espaço que tinha em suas histórias da literatura.

Com respeito à textualidade das citações e das recitações, é interessante destacar o que o próprio Borges diz no fim da segunda aula sobre Browning. Recordando um volume de Chesterton dedicado à vida e à obra desse poeta, Borges comenta que Chesterton conhecia a tal ponto a poesia de Browning que não consultou nenhum dos seus livros ao redigir o estudo, confiando plenamente em sua memória. Aparentemente, essas citações eram em muitos casos incorretas, mas foram corrigidas pelos editores. Borges lamenta então que se tenham perdido essas modificações, geniais talvez, que a mente de Chesterton havia introduzido nas obras de Browning e que teria sido apaixonante compará-las com os originais. No caso dessas aulas, respeitando sua postura, as recitações de Borges foram deixadas intactas, mantendo as mudanças impostas por sua memória, e em notas de rodapé incluímos os poemas originais para possibilitar a comparação.

As notas também objetivaram completar alguns dados que Borges dá por subentendidos, a fim de facilitar a leitura, mas não para tornar mais claras as aulas, já que elas são – sem necessidade de nenhuma modificação – claras, didáticas e apaixonantes.

Por fim, enquanto lemos estas aulas podemos imaginar um professor Borges cego, sentado na frente de seus alunos, recitando com seu tom de voz tão pessoal os versos de ignotos poetas saxões em sua língua original e participando de polêmicas com célebres escritores românticos, com os quais, quem sabe, não está hoje reunido, a discutir.

MARTÍN ARIAS

Borges na sala de aula

> ... *Heo ðe us ðas beagas geaf...*
> Beowulf: 2631

Editar este livro foi como correr atrás de um Borges que se perdia entre os livros de uma biblioteca ou – para usar uma metáfora cara ao nosso escritor – que escapava de nós correndo, virando em cada esquina de um vasto labirinto. Mal encontrávamos o ano ou a biografia que procurávamos, Borges tomava a dianteira e desaparecia detrás de um personagem ignoto ou de uma obscura lenda oriental. Quando de novo o encontrávamos, depois de muito buscar, Borges lançava imediatamente em nossas mãos alguma anedota sem data, alguma citação sem autor, e novamente nós o víamos perder-se, escapando pela fresta entreaberta de uma porta ou entre as filas de estantes e prateleiras. Para recuperar suas palavras, nós o seguimos pelas páginas de incontáveis enciclopédias e pelas salas da Biblioteca Nacional, procuramo-lo nas páginas de seus livros e em dezenas de conferências e entrevistas, encontramo-lo em sua saudade do latim, nas sagas do Norte e nas lembranças de seus colegas e amigos. Quando chegamos por fim à nossa meta, tínhamos percorrido mais de dois mil anos de história, os sete mares e os cinco continentes. Mas Borges nos esperava tranqüilo e sorridente. Correr da Índia antiga ao medievo europeu não o havia cansado. Passar de Caedmon a Coleridge era, para ele, coisa corriqueira.

Duas alegrias nos reconfortam depois de terminado este trabalho. A primeira é ter contribuído para abrir uma porta no espaço e no tempo; permitir a outros leitores entrar conosco nas salas de aula da rua Independencia. A segunda é ter desfrutado dessas aulas com a mesma intensidade que os estudantes que as presenciaram faz mais de trinta anos. Pesquisar e revisar cada recôndito do texto levou-nos, sem querer, a memorizar cada poema e cada frase, a associar cada oração de Borges a seus contos, seus poemas e seus ditos, a formular e descartar hipóteses sobre cada vírgula, cada ponto e cada linha.

Borges escreve: "Que alguém repita uma cadência de Dunbar, ou de Frost, ou do homem que viu à meia-noite a árvore que sangra, a Cruz, e pense que a ouviu pela primeira vez dos meus lábios. O resto não me importa."[1] Ao terminar este livro, o leitor descobrirá que se lembra com prazer de versos de Wordsworth e de Coleridge, que a música de William Morris o enfeitiçou, que personagens remotos como Hugh O'Neill ou Harald Hardrada se tornaram familiares, que graças a Borges ecoam em seus ouvidos os ferros da batalha de Brunanburh ou os versos anglo-saxões da visão da cruz. Borges sorriria satisfeito.

Nas vinte e cinco aulas que constituem este curso, Borges nos leva a uma verdadeira viagem pela literatura inglesa,

---

[1] "Una oración", em *Elogio de la sombra*, OC, II, p. 392. Borges exprime um pensamento similar nas pp. 204-5 de *Enrique Pezzoni, lector de Borges*: "Um dos momentos mais gratos da minha vida foi uns meses atrás, quando um desconhecido me parou na rua e me disse 'Quero lhe agradecer, Borges'. 'Por quê?', perguntei-lhe. 'Bem', disse-me, 'o senhor me fez conhecer Robert Louis Stevenson'. Eu lhe disse: 'Neste momento sinto-me justificado por este encontro com o senhor.' É raro a gente sentir-se justificado; eu, em geral, sinto-me injustificável, mas naquele momento, não; senti-me muito justificado: fui um benfeitor, regalei a alguém esse grande bem que é Stevenson; que se esqueça o resto."

tão próxima das suas leituras e da sua obra. Essa viagem – que começa nas brumas do tempo, com a chegada à Inglaterra de anglos, jutos e saxões, continua com as obras de Samuel Johnson e detém-se em Macpherson, nos poetas românticos e na época vitoriana – nos oferece um panorama da vida e obras dos pré-rafaelitas e termina no século XIX, em Samoa, com um dos escritores mais próximos de Borges: Robert Louis Stevenson.

"Ensinei exatamente quarenta trimestres de literatura inglesa na faculdade, mais que ensinei, procurei traduzir o amor a essa literatura", disse Borges certa vez. "Preferi ensinar a meus alunos não a literatura inglesa – que ignoro –, mas sim o amor a certos autores, ou, melhor ainda, a certas páginas ou, melhor ainda, a certas linhas. E com isso basta, parece-me. A gente se enamora por uma linha, depois por uma página, depois pelo autor. Bem, por que não? É um bonito processo. Procurei levar meus alunos a isso."[2]

Desde a primeira aula, fica claro que se trata de um percurso particular, guiado pelas preferências literárias do escritor. O fio que une todas essas aulas é o prazer literário, o afeto com que Borges aborda cada uma dessas obras e sua nítida intenção de transmitir seu entusiasmo por cada autor e período estudado.

Dentre essas preferências, há uma que ocupa um lugar eminente: a literatura anglo-saxã, à qual o professor dedica nada menos que sete aulas, mais da quarta parte do curso. Isso – que já é totalmente insólito em qualquer curso de literatura inglesa – fica ainda mais curioso num curso dado num país de língua castelhana. Borges dedica uma aula às *kennings*, duas ao estudo da *Gesta de Beowulf* e outras tantas

---

[2] "Borges visita a Pezzoni", Clase 16, p. 204. Em *Enrique Pezzoni, lector de Borges*, Buenos Aires, Sudamericana.

ao bestiário anglo-saxão, aos poemas guerreiros de Maldon e Brunanburh, a "A visão da cruz" e a "A sepultura". Indagar as razões dessa ênfase nas letras da Inglaterra medieval torna-se então inevitável: o que Borges encontrava nessa literatura? que representava para Borges o estudo do inglês antigo? Perguntas amplas em cujas respostas se entretecem realidade e ficção, o passado familiar de Borges e sua concepção filosófica e literária do mundo.

Para respondê-las, devemos analisar brevemente a história do idioma inglês, tradicionalmente dividida em três períodos:

Inglês antigo ou anglo-saxão:	séc. V até 1066
Inglês médio:	1066-1500
Inglês moderno:	1500 até hoje

O anglo-saxão, primeiro estádio da língua inglesa, é uma forma arcaica que conserva muitas das características do germânico comum, entre elas três gêneros gramaticais (temos assim substantivos masculinos como *se eorl*, "o homem", ou *se hring*, "o anel", e neutros como *þæt hus*, "a casa", ou *þæt boc*, "o livro", e femininos como *seo sunne*, "o sol", ou *seo guð*, "a batalha")[3], três números nos pronomes (singular *ic*: "eu", plural *we*: "nós", dual *wit*: "nós dois"), um complexo sistema de conjugação de verbos, cinco casos de inflexão e numerosos paradigmas de declinação de substantivos e adjetivos, junto com um vocabulário quase puro, influenciado no início apenas por umas poucas palavras de origem celta e latina. Trata-se pois de uma língua totalmente incompreensível, inclusive para os falantes de inglês moderno, que

---

[3] O gênero das palavras em inglês antigo não corresponde necessariamente ao de seus equivalentes castelhanos. Em anglo-saxão, *se* é o artigo masculino, *seo* o feminino e *þæt* o neutro.

devem estudá-lo como se fosse um idioma estrangeiro para poder entendê-lo. Vai à guisa de exemplo o registro correspondente ao ano de 793 da *Crônica anglo-saxã*:

> *Her wæron roeðe forebecna cumene ofer Norðanhymbra land, and þæt folc earmlic bregdon, þæt wæron ormete ligræscas, and fyrenne dracan wæron gesewene on þam lifte fleogende. Þam tacnum sona fyligde mycel hunger, and litel æfter þam, þæs ilcan geares, on vi Idus Ianuarii, earmlice heþenra manna hergung adilegode Godes cyrican in Lindisfarnaee þurh hreaflac ond mansliht.*

Este ano, terríveis portentos assolaram as terras da Nortúmbria e atemorizaram miseravelmente sua gente: houve terríveis relâmpagos de luz e viram-se ferozes dragões voando no ar. A esses ominosos sinais seguiu-se uma grande fome e muito pouco depois, em 8 de janeiro desse mesmo ano, as hordas de homens pagãos caíram sobre a igreja de Deus em Lindisfarne, que devastaram com rapina e morte.

O fato de o inglês antigo ser o ancestral remoto da língua inglesa[4], tão cara a nosso escritor, é uma explicação suficiente para justificar seu interesse em estudá-lo: as composições que o professor Borges analisa em suas aulas encontram-se entre as primeiras escritas numa língua que poderíamos chamar de inglesa. Mas o idioma anglo-saxão tem para Bor-

---

[4] A grande maioria dos textos hoje conservados está escrita no dialeto denominado West Saxon (saxão ocidental). Esse dialeto saxão, que chegou a se transformar no padrão literário da Inglaterra medieval, não é, apesar disso, o ancestral direto do inglês atual. O inglês moderno descende do dialeto que se falava na região da Anglia, que difere ligeiramente do West Saxon.

ges dois atrativos adicionais. Em primeiro lugar, possui uma significação pessoal: trata-se da língua falada pelos ancestrais remotos do escritor por linha paterna: sua avó Frances Haslam nasceu em Staffordshire. "Talvez não seja mais que uma superstição minha" – escreveu Borges certa feita –, "mas o fato de os Haslam terem vivido na Nortúmbria e na Mércia – ou, como hoje se chamam, Northumberland e Midlands – vincula-me a um passado anglo-saxão e, talvez, também dinamarquês."

Em sua conferência sobre a cegueira, em *Siete noches*, Borges escreve:

> *Eu era professor de literatura inglesa em nossa universidade. Que podia fazer para ensinar essa quase infinita literatura, essa literatura que sem dúvida excede o termo da vida de um homem ou das gerações?... Vieram me ver umas alunas que tinham feito o exame e passado... Eu disse às meninas (seriam umas nove ou dez): "Tenho uma idéia, agora que vocês passaram e eu cumpri com meu dever de professor: não seria interessante empreendermos o estudo de um idioma e de uma literatura que mal conhecemos?" Perguntaram-me qual era esse idioma e qual era essa literatura. "Bem, naturalmente, o idioma inglês e a literatura inglesa. Vamos começar a estudá-los, agora que estamos livres da frivolidade dos exames; vamos começar pelas origens."*[5]

Em segundo lugar, Borges encontra nas cenas dessa poesia o autêntico "sabor do épico" que o comove e emociona. Mais de uma vez Borges explica esse deleite contrapondo a pena à espada, o sentimental ao heróico, sua condição de poeta deparando com a coragem que seus ancestrais mostraram em combate.

---

[5] "La ceguera", *Siete noches*, OC, III, p. 279.

Soma-se a isso o inesperado da sua descoberta. Em seu "Ensaio autobiográfico", Borges afirma:

> Sempre considerei a literatura inglesa a mais rica do mundo; descobrir uma câmara secreta nas origens dessa literatura pareceu-me um regalo adicional[6].

Essa idéia se repete no belíssimo prólogo à sua *Breve antología anglosajona*.

> *Faz uns duzentos anos, descobriu-se que [a literatura inglesa] encerrava uma espécie de câmara secreta, à maneira do ouro subterrâneo que a serpente do mito guarda. Esse ouro antigo é a poesia dos anglo-saxões*[7].

Borges encontra nesse ouro antigo algo remoto, estranho e valioso, um tesouro que, ao ser desenterrado e recuperado, o restitui à época venturosa e heróica de seus antepassados. A esse caráter originário e épico, soma-se o prazer fono-estético que esse idioma nele produz. Ao começar a estudá-lo, Borges sente que suas palavras soam com uma estranha beleza:

> *Os versos num idioma estrangeiro têm um prestígio que não têm no idioma próprio, porque se ouve, porque se vê cada uma das palavras*[8].

Borges nunca esquecerá essa embriaguez inicial. Cada vez que se referir ao inglês antigo, descreverá mais uma vez esse mundo auditivo:

---

[6] Jorge Luis Borges, *Autobiografía 1899-1970*, Buenos Aires, El Ateneo, 1999.
[7] No prólogo à sua *Breve antología anglosajona*, OCC, p. 787.
[8] Em "La ceguera", *Siete noches*, OC, III, p. 280.

A linguagem anglo-saxã, o inglês antigo, estava, por sua aspereza mesma, predestinada à épica, isto é, à celebração da coragem e da lealdade. Por isso... é na descrição de batalhas que os poetas se saem especialmente bem. É como se ouvíssemos o ruído das espadas, o golpe das lanças nos escudos, o tumulto dos gritos da batalha[9].

Até parece que nosso professor teria gostado de estar ali, no meio da luta, presenciando o choque das espadas, o estalido dos estandartes e o encontro dos homens. Mas o poder evocativo que os versos anglo-saxões têm para Borges não acaba aí. Complementam essas imagens auditivas outras, de caráter visual. Cada vez que a parcimônia do poeta deixa um detalhe ou uma imagem por descrever, Borges complementa os versos com descrições da sua própria lavra. Encontramos um exemplo disso em sua narração da *Batalha de Maldon*. O poema original começa com os seguintes versos:

Het þa hyssa hwæne hors forlætan,
feor afysan, and forð gangan

Que se traduzem literalmente da seguinte maneira:

Ordenou então a cada guerreiro que deixasse para trás seu cavalo
Que o mandasse para longe e que avançasse.

Mas a tradução que Borges dá tem ligeiras variações:

Pediu-lhes que rompessem fileiras, que apeassem,
que mandassem a chicotadas os cavalos para o pasto e que avançassem.

---

[9] Tanto esta citação como as que, em seguida, se referem à batalha de Maldon pertencem à Aula 5 deste livro.

Nem chicotadas nem nenhum equivalente a "pasto" figuram no texto original. Não nos consta que os guerreiros de Byrhtnoth tivessem látegos à mão, e o poema anglo-saxão não indica o lugar aonde deviam ser enviados seus cavalos (o alcaide* apenas manda que os afastem). Esses acréscimos de Borges, que talvez tenham pouco a ver com a Inglaterra medieval, contribuem porém, sem sombra de dúvida, para aproximar a batalha de Maldon e os protagonistas desse combate do século X de nosso país e de nossa época.

Ao continuar o estudo desse poema, Borges recria a paisagem e a cena inicial do combate:

> *Então o alcaide lhes diz que se formem em fila. Mais além se viam as altas naus dos* vikings*, essas naus com um dragão na proa e velas listadas, e os* vikings *noruegueses já haviam desembarcado.*

Mais uma vez, a descrição de Borges é uma versão livre, enriquecida por sua imaginação. A ordem do alcaide de fato se encontra nos versos de "Maldon", mas nem as altas naus, nem as velas listadas, nem o desembarque dos *vikings* figuram no poema, cujo começo se perdeu. Borges, porém, precisa imaginar a cena em detalhe para que a ação comece a transcorrer:

> *Os saxões vêem como os* vikings *vão desembarcando. Podemos imaginar os* vikings *com seus elmos ornamentados com chifres, ver chegar toda aquela gente...*

Essas descrições parecem verdadeiros filmes, e Borges de fato associa essas imagens visuais ao cinematógrafo em mais de uma oportunidade:

---

* *Alcalde* é como Borges traduz *earl*. Trata-se, naturalmente, do sentido antigo da palavra, o de autoridade civil e militar máxima de uma província. (N. do T.)

E depois entra em cena – porque este poema é muito bonito – um rapaz... E esse rapaz... tem um falcão no punho: quer dizer, estava se dedicando ao que se chama caça de volataria... E acontece algo, ... algo que um diretor cinematográfico aproveitaria agora. O rapaz sente que as coisas estão sérias, então deixa o querido falcão... voar para o bosque e entra na batalha.

Utiliza idêntico procedimento ao descrever a batalha de Stamford Bridge:

O exército saxão saiu com trinta ou quarenta cavaleiros... Podemos imaginá-los cobertos de ferro. Talvez os cavalos também tivessem ferros. Se vocês viram, [o filme] Alexandre Nevsky *pode lhes servir para imaginar essa cena*[10].

Como se se tratasse de filmes de ação, as descrições de Borges nos submergem na tensão dos versos. Em seu papel de professor, Borges não apenas descreve e analisa, mas também, de certa forma, insufla vida, significado e movimento nessas obras épicas.

É essa mesma sensibilidade que leva Borges a entretecer nessas aulas história e lenda, mito e realidade. Sem as restrições que uma conferência ou o número de páginas de um manual impõem, Borges exercita aqui seu costume de misturar fatos reais com ficção literária, suprimindo os limites desses dois âmbitos que no universo borgiano sempre se desdobram para depois se fundirem.

Assim, em sua descrição da batalha de Hastings, Borges intercala um episódio poético de Heine ou fatos lendários tomados da *Gesta Regum Anglorum* de William de Malmes-

---

[10] Aula 7 deste livro.

bury; em sua explicação sobre as expedições *vikings* irrompem citações da *Crônica dos reis da Noruega*, obra que combina verdades históricas com material de caráter lendário ou fictício. Nem é preciso dizer que não se trata de descuidos, mas de uma atitude coerente com a cosmovisão do escritor[11]. Borges, para quem a história representava por momentos mais um ramo da literatura fantástica, se preocupava menos com a realidade dos fatos do que com o gozo literário ou com a emoção que cada relato ou cena produz. Assim, ao explicar as razões que levaram à batalha de Stamford Bridge, nosso professor se lamenta:

> *Temos pois o rei Harold e seu irmão, o conde Toste ou Tostig, conforme os textos. Agora, o conde acreditava que ele tinha direito a parte do reino, que o rei devia dividir a Inglaterra com ele. O rei Harold não concordou, e então Tostig se foi da Inglaterra e tornou-se aliado do rei da Noruega, a quem chamavam Harald Hardrada, Harald, o resoluto, o duro... É uma pena que tenha quase o mesmo nome de Harold, mas não se pode modificar a história*[12].

Borges gostaria de nada menos que mudar os nomes dos protagonistas para melhorar a qualidade literária do episódio!

Conclusão: não importa se na realidade houve um *viking* que saqueou uma cidade crendo que era Roma; não importa se o rei Olaf Trygvasson possuía mesmo uma agilidade extraordinária; não importa se o jogral Taillefer entrou mes-

---

[11] "Ao virar as páginas da *Heimskringla* sentimos que, se os personagens históricos não disseram realmente essas coisas, deveriam ter dito, com estas mesmas palavras aflitas" (Do prólogo de Borges à sua tradução da primeira parte da *Edda menor* ou *Prosaica* de Snorri Sturluson, *La alucinación de Gylfi*).

[12] Aula 7 deste livro.

mo em Hastings fazendo malabarismos com sua espada. Para lá da sua veracidade pontual, essas cenas têm valor pela atmosfera que contribuem para criar.

Entregue ao prazer literário que essas obras produzem nele, à sua exaltação da coragem e às sílabas de ferro do seu idioma, Borges joga durante estas aulas com etimologias, intercala em sua análise palavras e versos anglo-saxões; recita-os, explica, analisa e tenta – acima de tudo – despertar em seus alunos o mesmo prazer que ele encontra nessa língua.

Em outras palavras: Borges sente a necessidade e a vocação de compartilhar esse ouro antigo. Nas últimas linhas da *Gesta*, os geatas afirmam que Beowulf era um guerreiro gentil, amável com seus súditos e ansioso de elogios. Sabemos que Borges era um homem gentil; consta que não lhe interessava a fama. Podemos estar certos, porém, de que teria recebido com agrado o título real de que este curso lhe faz merecedor: *beahgifa*[13], "dador de anéis", "distribuidor de tesouros", "repartidor de riquezas", expressão que os anglo-saxões utilizavam para salientar a generosidade do monarca ao repartir o ouro entre seus homens.

Martín Hadis

---

[13] Ver a Aula 3 neste livro.

Agradecimentos

Agradecemos muito especialmente à dra. Ana María Barrenechea, que revisou as provas e fez valiosas sugestões; aos professores Dan Donoghue e Joseph Harris da Universidade de Harvard por suas observações e comentários em temas relacionados com as literaturas medievais da Inglaterra e da Islândia; a María Kodama por sua amável disposição na preparação deste livro. Queremos agradecer também às seguintes pessoas: professor Roberto Casazza e Eduardo Calabrese, da Biblioteca Nacional; professor Hugo M. Castro, professora Silvia Delpy; professora Carmen Dragonetti; professora Alejandrina Falcón; professor Jack Lynch, da Universidade de Rutgers; lic. Pablo Mantel; dr. Orrin W. Robinson, da Universidade de Stanford; Amanda Sobel, da Universidade de Harvard; professora María Teresa Villares, da U.B.A.

"Eu sei, ou melhor, dizem-me, porque eu não posso ver, que minhas aulas estão cada vez mais cheias de alunos e que muitos deles nem mesmo estão inscritos na matéria. De modo que é de supor que queiram me ouvir, não?"

Jorge Luis Borges, *entrevista a B. D.*, 1968
Publicada no Clarín *de 7 de dezembro de 1989.*

Os títulos dos livros, publicações periódicas, filmes e obras de teatro são indicados em *itálico*.

Os nomes de poemas, contos, artigos e ensaios são indicados entre aspas.

Os números de programa indicados em citações tiradas de *Literaturas germánicas medievales* e *Breve antología anglosajona* correspondem à edição de 1997 das *Obras completas en colaboración* (OCC), publicadas por Emecé Editores.

As demais citações que se referem a outras obras de Borges correspondem à edição das suas *Obras completas* (OC), publicadas por Emecé Editores, em Buenos Aires, em 1997.

Quando se especifica numa nota o número do capítulo de uma saga, este número sempre corresponde à edição que aparece na *Bibliografía selecionada*, no fim deste volume.

Sexta-feira, 14 de outubro de 1966

Aula nº 1

*Os anglo-saxões. A poesia e as kennings.
Genealogia dos reis germânicos.*

A literatura inglesa começa a se desenvolver em fins do século VII ou princípios do século VIII. São dessa época as primeiras manifestações que possuímos, anteriores às das outras européias. Nos dois primeiros tópicos vamos tratar dessa literatura: da poesia e da prosa anglo-saxãs. Para cobrir a matéria desses tópicos será útil um livro que escrevi com a senhorita Vázquez, chamado *Literaturas germánicas medievales*. É da Editorial Falbo[1]. Antes de continuar, gostaria de esclarecer que o estudo que vamos fazer, vamos desenvolvê-lo de acordo com o ponto de vista da literatura, com referência ao meio econômico, político ou social apenas quando for necessário para a inteligibilidade do texto.

Comecemos então o primeiro tópico, que trata da épica e dos anglo-saxões que chegaram às ilhas britânicas quando do abandono destas pelas legiões romanas. A data é o sécu-

---

[1] Borges se refere aqui à primeira edição de *Literaturas germánicas medievales*, publicada em Buenos Aires em 1965 por Falbo Librero Editor. Esse livro, escrito em colaboração com María Esther Vázquez, é uma versão revista de *Antiguas literaturas germánicas*, escrito originalmente em colaboração com Delia Ingenieros e publicado na coleção "Breviarios" pela editora Fondo de Cultura Económica, México, 1951. Há edição de Emecé Editores, Buenos Aires, 1978 e 1996.

lo V; o ano, aproximadamente 449. As ilhas britânicas eram a colônia mais distante de Roma, a mais setentrional, e tinham sido conquistadas até a Caledônia, atual território escocês, onde viviam os pictos, povo de origem celta separado do resto da Bretanha pela muralha de Adriano. Ao sul, habitavam os celtas convertidos ao cristianismo e os romanos. Nas cidades, a gente culta falava latim; as classes baixas falavam diversos dialetos gaélicos. Os celtas eram um povo que ocupava os territórios da Ibéria, Suíça, Tirol, Bélgica, França e Bretanha. A mitologia que possuíam foi apagada pela ação dos romanos e das invasões bárbaras, salvo nos territórios de Gales e na Irlanda, onde se salvaram alguns restos dela.

No ano de 449, Roma se desintegra e retira as legiões da Bretanha. Foi um acontecimento importantíssimo, porque o país ficou sem a defesa com que contava e exposto aos ataques dos pictos pelo norte e dos saxões pelo leste. Supõe-se que estes últimos eram uma confederação de povos piratas, já que como povo não estão incluídos na *Germania* de Tácito. Eram "germanos do mar", afins dos posteriores *vikings*. Habitaram no baixo Reno e nos Países Baixos. Os anglos viviam no Sul da Dinamarca e os jutos, como diz seu nome, na Jutlândia. Ocorreu então que um chefe celta, Britano, ao ver que o sul e o oeste estavam ameaçados pelos piratas, teve a idéia de usar uns contra os outros. Com esse fim, chamou os jutos para que o ajudassem na luta com os pictos. É então que chegam os chefes germanos, Hengest[2], cujo nome significa "potro", e Horsa, cujo nome significa "égua".

---

[2] Ao longo das aulas, Borges chama alternadamente esse personagem lendário de "Hengest" e "Hengist". Para simplificar a compreensão do texto, daqui em diante grafa-se "Hengest".

"Germanos" é, então, o nome de uma série de tribos com diversos governos, que falavam dialetos afins e depois deram origem às atuais línguas dinamarquesa, alemã, inglesa, etc. Tinham mitologias comuns, das quais se salvou somente a escandinava, no ponto mais distante da Europa: a Islândia. Conhecemos por essa mitologia salva nas Eddas[3] algumas correspondências: por exemplo, o Odin escandinavo era o Wotan alemão e o Woden inglês. Os nomes dos deuses ficaram nos dias da semana, que foram traduzidos do latim para o inglês antigo: "Monday", *lunes* [segunda-feira], dia da Lua, "moon"; *martes* [terça-feira], dia de Marte, é "Tuesday", dia do deus germano da guerra e da glória; *miércoles* [quarta-feira], dia de Mercúrio, assimilou-se a Woden em "Wednesday"; o dia de Júpiter, *jueves* [quinta-feira], deu

---

[3] Chamam-se *Eddas* as duas antologias de mitologia e lendas da antiga literatura da Islândia. A *Edda menor* ou *prosaica* foi escrita em torno de 1300 pelo historiador islandês Snorri Sturluson (nota 23 da aula 7). Trata-se de um manual de poesia escáldica. A primeira parte, intitulada *Gylfaginning*, "A alucinação de Gylfi", foi traduzida por Borges para o castelhano (Alianza Editorial, Madri, 1984). A segunda se denomina *Skaldskaparmal*, "A linguagem da poesia escáldica", e trata longamente das *kennings*. A terceira, cujo nome é *Hattatal* ou "Enumeração dos *haettir*", exemplifica as formas métricas que Snorri conhecia. A *Edda maior* ou *poética*, de autor anônimo, é uma coleção de poemas heróicos e mitológicos; foi escrita na segunda metade do século XIII, mas os cantares que contém são muito anteriores, crê-se que tenham sido compostos entre os séculos VIII e XI. O trabalho de recompilação levado a cabo por Snorri Sturluson e pelo anônimo autor da *Edda poética* conseguiu salvar para nós, num grau considerável, a mitologia, as lendas e os métodos de composição poética da antiga Islândia. Nas demais nacionalidades germânicas, esse material desapareceu por completo ou só se salvou de maneira extremamente fragmentária: Borges lamenta mais de uma vez "o tratado de mitologia saxã que Beda não escreveu". As *Eddas* constituem a fonte mais detalhada e abrangente da mitologia germânica que sobrevive até nossos dias.

"Thursday", dia de Tor, com o nome escandinavo; o dia de Vênus é "Friday", a Frija alemã, Frig na Inglaterra, deusa da beleza; "Saturday" é o dia de Saturno; o domingo, dia do senhor – coisa que se vê no italiano, "domenica" –, ficou como o dia do Sol: "Sunday".

Das mitologias saxãs pouco resta. Como sabemos, na Escandinávia adoravam as valquírias, divindades guerreiras que voavam e levavam a alma dos guerreiros mortos para o paraíso; e sabemos que também foram veneradas na Inglaterra graças a um processo do século IX, em que uma velha foi acusada de ser uma valquíria. Quer dizer que essas mulheres guerreiras, que em seus cavalos voadores levavam os mortos ao paraíso, foram transformadas pelo cristianismo em bruxas. Assim, no conceito comum, os velhos deuses foram interpretados como demônios.

Embora não existisse uma unidade política germana, esses povos reconheciam uma unidade de outro tipo, nacional. Assim, chamavam os estrangeiros de "wealh", que vai dar em inglês "welsh", que se aplica aos galeses. Essa palavra também permanece no nome "Galícia", "galo", etc. Quer dizer que aplicavam esse nome a todo aquele que não fosse germano.

O chefe celta Vortigern chamou os jutos em sua ajuda. Estes partiram em suas naus a remo – não tinham mastros – e desembarcaram no condado de Kent. Empreenderam imediatamente a guerra e derrotaram os pictos com grande facilidade. E tão fácil o fizeram que pensaram em ocupar o país. Não se pode, na realidade, falar de uma invasão armada, porque essa conquista foi levada a cabo quase pacificamente. Imediatamente depois se forma o primeiro reino germânico da Inglaterra, regido por Hengest. Foram se formando assim uma multidão de pequenos reinos. Ao mesmo tempo, os germanos abandonaram em massa os territórios do Sul da Dinamarca e da Jutlândia e fundaram Nortúmbria, Wessex, Bernicia. Toda essa multidão de pequenos reinos se converteu um século depois ao cristianismo, pela ação de monges vindos de Roma e da Irlanda. Essas ações, a princípio complementares, chegaram a criar rivalidades entre os monges das duas procedências. Sobre essa conquista espiritual há vários detalhes a salientar, primeiramente a maneira pela qual os pagãos receberam Cristo. Conta Beda, o Venerável[4], de um rei que tinha dois altares: um dedicado a Cristo e outro aos demônios[5]. Esses demônios são, sem dúvida nenhuma, os deuses germânicos.

[4] Beda, o Venerável, historiador, teólogo e cronista anglo-saxão (673-735). Foi uma das figuras mais eruditas da Idade Média européia. Sua obra mais conhecida é a *Historia Ecclesiastica Gentis Anglorum* (*História eclesiástica da nação inglesa*), mas sua produção inclui muitas outras obras de caráter científico, teológico e histórico. Beda passou a maior parte da vida no mosteiro de St. Paul, em Jarrow, e era reconhecido em vida tanto por sua erudição como por seu caráter piedoso. Em 1899, foi canonizado; seu dia é 25 de maio. Borges desenvolve os pontos fundamentais da sua vida em *Literaturas germánicas medievales*, OCC, pp. 882-5.
[5] Trata-se de Raedwald, rei da Anglia Ocidental (faleceu c. 624), para o qual se crê possa ter sido realizado o enterro de Sutton Hoo. Beda, o Venerável, escreve: "Raedwald havia sido admitido ao sacramento de Cristo em Kent, mas em vão; pois ao voltar para casa foi seduzido por sua mulher e por certos mestres perversos e se afastou da sinceridade das suas crenças, e assim sua situação posterior foi pior que a anterior, já que, como os antigos samaritanos, parecia servir ao mesmo tempo a Cristo e aos deuses a que antes tinha servido; e ao mesmo tempo tinha um altar para oferecer sacrifícios a Cristo e outro, menor, para oferecer vítimas aos demônios" (*Historia Ecclesiastica Gentis Anglorum*, livro II, cap. XV. Da tradução em espanhol de M. H.). Esse fragmento parece ter impressionado Borges muito especialmente, já que o inclui, com algumas ligeiras mudanças, sob o título de "Por si acaso", em seu livro *Cuentos breves y extraordinarios*, escrito em colaboração com Adolfo Bioy Casares.

Aqui se apresenta outro problema. Os reis germânicos descendiam diretamente dos deuses. Não havia como negar a um chefe que rendesse homenagem a seus antepassados. Assim, os sacerdotes cristãos que foram encarregados por sua cultura de redigir as genealogias dos reis – algumas chegaram até nós – viram-se diante do dilema de não contradizer os reis e, ao mesmo tempo, não negar a *Bíblia*. A solução que encontraram foi realmente curiosa. Temos de notar que, para os antigos, o passado não remontava além de quinze ou vinte gerações: eles não podiam conceber um passado com a extensão com que nós o concebemos. Assim, nessas genealogias, após umas tantas gerações, vemos o entroncamento com os deuses que, por sua vez, se entroncavam com os patriarcas hebreus. Assim, por exemplo, o bisavô é Odin, o qual é neto de algum patriarca. Depois remontam diretamente a Adão. No máximo, a concepção deles do passado chegava a quinze gerações, ou pouco mais.

A literatura desses povos abarca muitos séculos. Foi perdida em grandíssima parte. Por Beda, o Venerável, a datamos como a partir de meados do século V. E do ano de 449 ao ano de 1066, em que se travou a batalha de Hastings, de todo esse grande período só nos restam quatro códigos e pouco mais[6]. O primeiro, o *Códice de Vercelli*, foi encontra-

---

[6] Borges se refere aos quatro códices que contêm a maior parte da poesia anglo-saxã que chegou aos nossos dias. Esses códices são: a) *Cotton Vitellius A. XV*, guardado no Museu Britânico, contém os poemas *Beowulf* e *Judith*; b) *Junius II*, na Biblioteca Bodleiana da Universidade de Oxford, contém os poemas do "Gênese", o "Êxodo", "Daniel" e "Cristo e Satã"; c) o *Codex Exoniensis* ou *Livro de Exeter*, na catedral de mesmo nome, que contém as elegias "The Wanderer", "The Seafarer" e "The Ruin", as adivinhas e vários poemas menores; d) o *Codex Vercellensis* ou *Livro de Vercelli*, que Borges menciona e que ainda se encontra na biblioteca da catedral de Vercelli, perto de Milão, e contém entre outros poemas "A visão da cruz". Sobrevivem também cerca de quatro-

do no mosteiro de mesmo nome, no Norte da Itália, no século passado. É um caderno em anglo-saxão, que se supõe foi levado por peregrinos ingleses que voltavam de Roma e, por sorte nossa, esqueceram no convento esse manuscrito. Há outros códices: a *Crônica anglo-saxã*, uma tradução de Boécio, de Orósio, leis, um "Diálogo de Salomão e Saturno"[7]. E nada mais. Depois vêm as epopéias. O famoso *Beowulf*, composição de mais de 3.200 versos, talvez suponha outras epopéias desaparecidas. Mas estas são absolutamente hipotéticas. Além do mais, dado que, depois da proliferação de cantos breves e a partir deles, se forma a epopéia, é lícito supor que esta pode ser isolada.

A poesia é, em todo caso, anterior à prosa. Parece que o homem canta antes de falar. Mas há outras razões muito importantes. Um verso, uma vez composto, age como modelo. Repete-se outra vez, e chegamos ao poema. Já a prosa é muito mais complicada, requer um esforço maior. Além disso, não devemos esquecer a virtude mnemônica do verso. Assim, na Índia, os códigos são em verso[8]. Suponho que devem

centos manuscritos que contêm textos em anglo-saxão em prosa, fato que Borges deixa de mencionar aqui, mas que explicita no início da aula 6.

[7] Uma tradução do diálogo em prosa de Saturno e Salomão aparece com o título "Un diálogo anglosajón del siglo XI" em sua *Breve antología anglosajona*, livro escrito em colaboração com María Kodama em 1978 e incluído nas *Obras completas en colaboración*.

[8] Borges se refere certamente aos *Dharmashastras*, derivados em verso dos *Dharmasutras*, "livros da lei" da religião hindu. Os *Dharmasutras* são manuais de conduta e consistem em máximas que regem os distintos aspectos da vida humana – legais, sociais, vitais e éticos –, de um ponto de vista religioso. Delimitam, entre outras coisas, o sistema de castas e o papel de cada pessoa na sociedade de acordo com sua idade, gênero e posição social. Os *Dharmasutras* foram compostos originalmente em prosa mas, com o tempo, foram-se acrescentando a eles estrofes ilustrativas após cada máxima. Isso deu lugar finalmente ao apa-

ter algum valor poético, mas não estão escritos em verso por isso, mas simplesmente porque nessa forma é mais fácil recordá-los. Devemos ver bem o que significa "verso". Essa palavra tem um sentido muito elástico. Não é a mesma concepção em todos os povos nem em todas as épocas. Por exemplo, nós pensamos em verso isossilábico e rimado; os gregos pensavam em verso entoado, caracterizado pelo paralelismo, frases que se balanceiam. Mas o verso germânico não é nada disso. Foi difícil encontrar a lei de construção desses versos, porque nos códigos eles não estão escritos – como nós fazemos – um debaixo do outro, mas em forma corrida. Além do mais, não há sinais de pontuação. Mas, de todas as maneiras, acabou-se descobrindo que em cada verso há três palavras, cuja primeira sílaba é tônica, e que estavam aliteradas. Encontraram-se rimas, mas são casuais: quem escutasse essa poesia seguramente não as ouviria. E digo quem escutasse porque eram poemas para ser lidos ou cantados com acompanhamento de harpa. No que concerne ao verso aliterado, um germanista diz que ele tem a vantagem de configurar uma unidade. Mas devemos acrescentar sua desvantagem, a de que não permite estrofe. De fato, se em castelhano nós escutamos o jogo de rimas, estas nos levam a esperar a conclusão; isto é, se um quarteto começa com rima em "-ia" e seguem-se dois versos com "-ava", esperamos que o quarto também seja em "-ia". Mas com a aliteração não acontece assim. Ao cabo de uns tantos versos, o som do primeiro, por exemplo, desapareceu da nossa mente e, assim, a sensação

recimento de códigos compostos em verso, chamados *Dharmashastras*. Hoje utiliza-se freqüentemente este último termo para se referir coletivamente ao conjunto de leis e regras que governam a conduta na religião hindu.

de estrofe desaparece. A rima, ao contrário, permite o agrupamento em estrofes.

Um recurso que os poetas germânicos descobriram tardiamente e utilizaram pouco foi o estribilho. Mas a poesia tinha desenvolvido outro instrumento poético de hierarquia: ele será representado pelas *kennings*[9], metáforas descritivas, cristalizadas. Porque, como os poetas falavam sempre das mesmas coisas, tocavam sempre os mesmos temas – isto é: a lança, o rei, a espada, a terra, o sol –, e essas palavras não começavam com a mesma letra, tiveram de procurar um recurso. A poesia era, como disse, somente épica. Não existia poesia erótica. A poesia sentimental aparecerá muito depois, no século IX, com as elegias anglo-saxãs. Assim, na poesia, que era somente épica, para nomear as coisas cujos nomes não começavam com a mesma letra, formaram-se palavras compostas. Formações desse tipo são absolutamente possíveis e usuais nas línguas germânicas. Depois eles se deram conta de que essas palavras compostas podiam perfeitamente ser utilizadas como metáforas. Foi assim que começaram a chamar o mar de "caminho da baleia", "caminho das velas" ou "banho do peixe"; chamaram a nau de "potro do mar", ou "cervo do mar", ou "javali das ondas", sempre usando nomes de animais; em regra geral, sentiam a nau como um ser vivo. O rei foi chamado de "pastor do povo" e também – isso seguramente pelos jograis, para seu benefício – "generoso de anéis". Essas metáforas, algumas das quais são lindas, foram utilizadas como lugares-comuns. Todos as usavam e todos as entendiam.

Na Inglaterra, os poetas acabaram se dando conta, porém, de que essas metáforas – algumas das quais, repito, eram

---

[9] Borges também trata desse tema em seu ensaio "Las kenningar", do livro *Historia de la eternidad*. Utiliza aí a forma plural escandinava *kenningar*, enquanto nestas aulas parece ter optado pelo plural *kennings*.

muito bonitas, como a que falava do pássaro chamando-o de "guardião do verão" – chegavam a travar a poesia, de modo que foram paulatinamente abandonadas. Mas, em compensação, na Escandinávia, foram levadas ao último grau de desenvolvimento: fizeram-se metáforas de metáforas, mediante combinações sucessivas. Assim, se nau era "cavalo do mar" e mar era "campo da gaivota", então a nau seria "o cavalo do campo da gaivota". Essa é uma metáfora, por assim dizer, de primeiro grau. Como o escudo era a "lua dos piratas" – os escudos eram redondos, feitos de madeira – e a lança era a "serpente do escudo", já que os destruía, então a lança seria a "serpente da lua dos piratas".

Evoluindo assim, chegou-se a uma poesia complicadíssima, obscura. Claro, isso se deu na poesia culta, nos meios mais altos da sociedade. E, como esses poemas eram recitados ou cantados, supunha-se que as metáforas primeiras, as que servem de base, já eram conhecidas do público. Conhecidas e muito conhecidas, quase identificadas com a palavra. Mas, seja como for, chegaram a ser obscuríssimas, tanto que é necessário fazer uma verdadeira adivinha para reconhecê-las em seu sentido real. Tanto é assim que transcritores de séculos posteriores, em outras versões dos mesmos poemas que temos, demonstram não entendê-las. Uma bastante simples, como esta: "o cisne da cerveja dos mortos", quando nos é apresentada, não sabemos interpretá-la. De modo que se a decompomos e vemos que "a cerveja dos mortos" significa o sangue e que o "cisne do sangue", isto é, a ave da morte, é o corvo, temos que "o cisne da cerveja dos mortos" significa simplesmente "corvo". E na Escandinávia fizeram-se assim poemas inteiros e de uma complexidade cada vez maior. Mas o mesmo não ocorreu na Inglaterra. As metáforas se mantiveram em primeiro grau, sem ir mais adiante.

No que concerne ao uso da aliteração, é curioso notar que, se num verso aparecem as palavras tônicas que começam por vogais distintas entre si, o verso é igualmente tido por aliterado. Se num verso há uma palavra com a vogal "a", outra com "e" e outras com "i", elas estão aliteradas. Na realidade, não podemos saber exatamente como se pronunciavam as vogais em anglo-saxão. O inglês antigo era, sem dúvida, de um som mais aberto e mais sonoro que o atual. O atual é construído com as consoantes agindo como cumes da sílaba. Em compensação, o anglo-saxão ou inglês antigo – ambos são sinônimos[10] – era de caráter eminentemente vocálico.

O léxico do anglo-saxão era, ademais, absolutamente germânico. Antes da conquista normanda, a única influência de interesse que se pode registrar é a entrada de umas quinhentas palavras aproximadamente, que foram tomadas do latim. Essas palavras eram principalmente religiosas ou, se não, conceitos que não existiam anteriormente nesses povos.

Quanto à conversão dos germanos, cabe dizer que não foi difícil, para os germanos politeístas, aceitar mais outro deus: um a mais não é nada. Já para nós, por exemplo, aceitar o paganismo politeísta seria bastante difícil. Para os germanos, não. A princípio, Cristo não foi mais que um deus

[10] Os antigos habitantes germânicos da Inglaterra chamavam seu idioma de *englisc*. Durante os séculos XVII e XVIII utilizou-se, para denominar essa língua em inglês, o termo *Anglo-Saxon*, adaptado do latim *anglo-saxonicus*. Em 1872, o filólogo Henry Sweet esclareceu, em seu prefácio a uma edição de textos do rei Alfredo, que utilizaria o termo "inglês antigo" (*Old English*) para se referir ao "estado puro e flexional da língua inglesa, comumente conhecida pelo título bárbaro e carente de sentido de 'anglo-saxão' (*Anglo-Saxon*)". Na época em que Sweet escrevia essas linhas, a filologia inglesa gozava de um prestígio eminentemente antiquário. O termo "inglês antigo" pretende evocar – com fins tanto patrióticos como filológicos – um *continuum* linguístico e cultural que vai da época medieval primitiva à forma atual e moderna da língua inglesa.

novo. O problema da conversão, além disso, não oferecia grandes dificuldades. A conversão não era, como seria atualmente, individual, mas, convertido o rei, convertia-se todo o povo.

As palavras que encontraram lugar no anglo-saxão por representar conceitos novos foram aquelas como "imperador", noção que eles não possuíam. Ainda agora, a palavra alemã "kaiser", que tem essa significação, vem da latina "cæsar". De fato, os germanos, em geral, conheciam bem Roma. Reconheciam-na como uma cultura superior e admiravam-na. Por isso, a conversão ao cristianismo significava a conversão a uma civilização superior. Era uma atração irresistível, sem dúvida.

Na próxima aula veremos o *Beowulf*, poema do século VII, o mais antigo de toda a épica, anterior ao *Poema del Cid*, do século XI ou X, e à *Chanson de Roland*[11], um século anterior ao *Cid* e ao *Nibelungenlied*[12]. É a mais antiga epopéia de todas as literaturas européias. Depois prosseguiremos com o "Fragmento de Finnsburh".

---

[11] *Chanson de Roland*, a mais conhecida das *chansons de geste* francesas, escrita por volta do ano 1100. Descreve a batalha de Roncesvalles, ocorrida no ano de 778, e as façanhas de Rolando, cavaleiro da corte de Carlos Magno.
[12] O *Nibelungenlied* ou "Canção dos nibelungos" [trad. bras. *A canção dos nibelungos*, São Paulo, Martins Fontes, 2ª ed., 2001] é um poema épico escrito em torno de 1200 em alto-alemão. Muitos dos fatos e histórias que o poema relata, no entanto, pertencem a épocas muito anteriores e aparecem ao mesmo tempo na *Völsungasaga* e nos cantares da *Edda maior* ou *Poética* da literatura antiga escandinava. Wagner baseou-se nessas três fontes para compor seu ciclo *Der Ring des Nibelungen*. Borges analisa e traduz fragmentos da "Canção dos nibelungos" em *Literaturas germánicas medievales*, OCC, pp. 910-5.

Sem data, provavelmente 15/10/1966[1]

Aula n.º 2

*O Beowulf. Caracterização dos germanos.
Antigos ritos funerários.*

Na aula passada, adiantamos que vamos tratar do poema épico *Beowulf*. O protagonista é um cavaleiro que, como veremos, encarnará as virtudes que eram apreciadas na Idade Média: a lealdade, a coragem, tudo isso está no livro de Beda, o Venerável. Mas entremos no *Beowulf*. O nome é em si mesmo uma metáfora que significa "lobo das abelhas", e seu sentido é "urso". É um poema extenso, na realidade: tem mais de três mil e duzentos versos, todos eles regidos pela lei do verso germânico: a aliteração. Sua linguagem é intrincada, utiliza constantemente o chamado hipérbato, ou seja, a alteração da ordem lógica da frase. Sabemos que não era essa a forma usual do germânico, menos ainda da poesia, porque outro fragmento conservado, o "Fragmento de Finnsburh", impressiona pela linguagem direta que utiliza. Assim, acreditou-se que esse estilo

---

[1] Esta é uma das aulas sem indicação de data. Borges dava aulas segundas, quartas e sextas. Considerando que a primeira foi sexta-feira 14 e a terceira, segunda-feira 17, e que não se dão aulas aos domingos, é lícito supor que esta aula tenha sido dada no sábado 15 de outubro, repondo talvez uma aula perdida quarta-feira 12 de outubro, que foi feriado, ou a da quarta-feira 19 de outubro, que talvez não fosse ser dada por alguma razão circunstancial.

se devia a um estádio primitivo, bárbaro, da criação poética. Mas, posteriormente, um germanista descobriu que ao longo do poema incluem-se ou entrelaçam-se alguns versos da *Eneida*, e que em outros combinam-se passagens dela, que se entretecem no texto. Portanto, damo-nos conta de que não estamos diante de um poema bárbaro, mas sim diante de um experimento erudito e barroco de um sacerdote; quer dizer, alguém que tinha acesso aos textos latinos e os estudava. O autor pegou uma antiga lenda germânica e fez com ela uma epopéia, seguindo as normas sintáticas latinas. Graças a esses versos intercalados, vemos que o autor se propôs fazer uma *Eneida* germânica. Um indício claro disso é o antes mencionado contraste com a linguagem direta do "Fragmento heróico de Finnsburh" e dos outros textos da época que possuímos, como os conjuros, etcétera.

Mas nesse intento o autor topou com um problema: não podia, guardando o decoro da época, falar elogiosamente dos deuses pagãos. Porque no século VIII ainda se estava muito perto da era pagã, que estava viva na gente. Nos princípios da era cristã, ocorreu a mesma coisa. Somente no século XVII, quase dez séculos depois, vemos Góngora falar tranqüilamente e sem problemas dos deuses pagãos. Mas [o autor do *Beowulf*] tampouco podia falar, em seu intento, de Cristo ou da virgem. O fato é que não os nomeia em parte alguma. Mas há dois conceitos que aparecem e que não sabemos se o autor compreendeu que se contradiziam. Encontra-se a palavra *god*, "deus", e aparece *wyrd*, "o destino". O destino, na mitologia germânica, era uma potência superior aos próprios deuses. Sabemos disso por meio da mitologia escandinava. Essa palavra sobreviveu em inglês moderno: Shakespeare emprega-a em *Macbeth*, falando das bruxas. Mas provavelmente não tinha aqui o mesmo sentido. Como quer que seja, essa palavra não é "bruxa" mas "emissária do destino", *weird sisters*, "irmãs do destino"[2]. Ao longo do *Beowulf* os conceitos, o de Deus, o novo, e o antigo, de "wyrd", se entretecem e são usados indistintamente.

O germanista Ker[3] censurou o *Beowulf*, já que, a seu ver, o argumento é infantil. A idéia do herói que mata um ogro, a mãe do ogro e depois um dragão é um conto bom para crianças. Mas na realidade esses elementos são inevitáveis e estão aí porque devem estar. Escolhida a lenda, fica impossível para o autor omitir o ogro, a bruxa e o dragão. Eles eram esperados pelo público, que conhecia a lenda. Além do mais, esses monstros eram símbolos das forças do mal e eram levados muito a sério pelo auditório.

Uma característica curiosa do poema é que se localiza primeiro na Dinamarca, depois na Suécia, nas regiões do Sul. Isso significa que, ao cabo de 300 anos ocupando novas terras, os anglo-saxões ainda tinham saudade das suas antigas pátrias do mar Báltico, e isso leva a supor uma afinidade entre os escandinavos e os anglo-saxões. Os personagens do poema são escandinavos: o próprio herói é príncipe da Suécia. Isso supõe, para o pesquisador, uma tentação: na tradição do povo godo encontra-se a lenda da sua origem, fazendo-o descender do Norte da Europa. Mas não há nenhuma prova disso. Comprovou-se que as primeiras notícias que deles se têm os situam ao sul do Danúbio. Mas Carlos XII da Suécia acreditou nela[4]. Tanto assim que, num problema com

---

[2] Ver a página correspondente às Nornas no *Libro de los seres imaginarios*, OCC, p. 674.
[3] W. P. Ker, erudito e historiador britânico, nascido em Glasgow, Escócia (1855-1923). Lecionou em Cardiff, no University College London, e em 1920 foi nomeado professor da Universidade de Oxford. Algumas das suas obras são: *Epic and Romance* (1897), *The Dark Ages* (1904) e *The Art of Poetry* (1923).
[4] Na lenda.

o papa, escreveu-lhe que não se sentisse tão seguro, que, se seus antepassados já haviam entrado em Roma uma vez, seus descendentes não tinham perdido a coragem. Isso aludia a uma possível invasão que repetiria a que os godos haviam feito na Itália. Agora, se observamos o nome "geata"[5], vemos que é facilmente assimilável a "godo". Portanto, se identificássemos os geatas aos godos, os espanhóis seriam parentes dos escandinavos. Portanto, todos os descendentes de espanhóis seríamos parentes de Beowulf!

Na *Odisséia* e na *Ilíada*, temos que os fatos que primam são os de sangue, os bélicos. Ao poeta do *Beowulf* interessavam, mais que os feitos militares, a hospitalidade, a cortesia, os presentes, os jograis; isto é, o que atualmente chamaríamos de vida social. Tudo isso era apreciado nessa época. Devia agradar aos saxões, que viviam num tempo violento e numa terra inóspita. A Europa era mais fria. Sabe-se disso porque as pesquisas demonstraram que animais que viviam antes em regiões do Sul da Europa encontram-se atualmente apenas no Norte. Assim, as renas, que viviam na Alemanha, agora são encontradas apenas na Escandinávia. A Inglaterra

---

[5] Borges, em suas *Literaturas germánicas medievales*, afirma que os *geatas* eram "uma nação do Sul da Suécia, que alguns identificaram aos jutos e outros aos godos". Franz Klaeber, em sua edição do *Beowulf*, explica que a identidade dos geatas "foi objeto de uma longa controvérsia, que trouxe à luz diversos aspectos dessa questão: lingüísticos, geográficos, históricos e literários. Grundtvig atribuiu os *geatas* à ilha de Gotland (ou, como segunda opção, a Bornholm); Kemble a Angeln, Schleswig; Haigh (como se pode imaginar), ao Norte da Inglaterra. Mas os únicos povos que foram admitidos como candidatos ao título são os jutos, do Norte da península da Jutlândia, e os chamados em escandinavo antigo de g*autar*, em sueco antigo de *gøtar*, ou seja, os habitantes de Västergotland e Östergotland, ao sul dos grandes lagos da Suécia. Foneticamente, a palavra anglo-saxã *geatas* corresponde exatamente à do escandinavo antigo *gautar*" (Franz Klaeber, *Beowulf with the Finnsburg Fragment*, p. XLVI).

era um país pantanoso. Os germanos viram nessa terra algo terrível, maléfico. Povoaram todo esse território de pântanos com seres do mal, demônios. Eram, ademais, um povo cuja psicologia se revela no fato de que contavam os anos pelos invernos, os dias pelas noites. O frio que reinava nessas terras é o que aparece constantemente nos textos; sempre se fala dos terrores da neve, do rigor do inverno. A chegada da primavera é saudada como um grande acontecimento.

Voltando ao poema, o primeiro episódio se ocupa extensamente de um rei mítico da Dinamarca, chamado Scyld Scefing, que quer dizer "escudo da espiga". Esse nome provém da lenda da sua origem. Certo dia, chega num barco misterioso um bebê à costa da Dinamarca. Ninguém conduzia o barco, e no seu fundo estava o menino, deitado num leito de armas, espigas e jóias. Esse menino prodigioso chega a ser rei e se torna tão forte que leva a grandeza a seu povo. Quer dizer, no conceito da época, "um bom rei": inspira terror a seus vizinhos, é forte, lutador, seus guerreiros o temem e respeitam. O tempo passa, o rei envelhece e sente que a hora do seu destino se aproxima. Prepara então seus funerais e dá ordens para que seja realizado de acordo com as suas instruções. São elas preparar uma nau, que reproduz as mesmas características daquela em que veio, e que o coloquem junto do mastro, rodeado de armas e de jóias, e depois o empurrem para o mar.

Todos os povos pensaram que os territórios da morte ficavam além do mar. Relacionava-se obscuramente a vida com o curso do sol e – se o sol nasce no Oriente e morre no Ocidente – fez-se uma similitude com a vida humana e se pensou que, quando esta terminava, a gente ia para as terras onde morria o sol, a oeste, além do mar. Assim, nas lendas celtas, pensava-se o Paraíso como situado no Ocidente. Na mitologia grega, os domínios da morte estavam além das águas, que era preciso atravessar para chegar a eles. De modo que essa nau que empurram para o mar tem esse sentido. Segue-se a isso uma descrição da nau, depois do rei junto do mastro, e dos súditos que, chorando, empurram a nau para o mar. É uma das cenas mais fortes de todo o poema[6]. Não podemos saber se na mente do poeta, que sentiu realmente essa cena, esse rei que é empurrado para o mar pelo qual chegou é um símbolo do homem, que misteriosamente volta ao lugar de que misteriosamente veio. Como quer que seja, esse rito de lançar a nau ao mar não é uma invenção do poeta, mas um costume germânico. Foram encontradas no fundo do mar naus em que havia esqueletos de homens e animais. Isso nos permite deduzir que não apenas se lançava o morto ao mar, mas que na última viagem ele era acompanhado de seus servidores e de seus animais favoritos. Era um costume germânico enterrar os mortos com um cachorro aos pés. No livro *Beau Geste*[7], o protagonista diz: "Teve um enterro de *viking*", quer dizer, com um cachorro aos pés. Alude a um sargento que jaz estendido. Num antigo texto registra-se o fato de que, ao empurrar a nau para o mar, ateavam-lhe fogo.

Foi intenção do autor [do *Beowulf*] registrar distintos ritos funerários dos povos germanos. Isso se evidencia no final do poema, em que se realiza o enterro de Beowulf numa pira funerária em frente ao mar, tão alta que do mar fosse divisada pelos navegantes, e ornada com armas, escudos, elmos. Esse traço também pode ser encontrado na *Odisséia*; também é um rito funerário.

Na próxima aula prosseguiremos com o estudo do *Beowulf* e provavelmente com o "Fragmento de Finnsburh".

---

[6] O fragmento correspondente a Scyld Scefing encontra-se traduzido em castelhano por Borges na *Breve antología anglosajona*, sob o título de "Fragmento de la gesta de Beowulf".
[7] *Beau Geste*, romance de Percival Cristopher Wren (1885-1941), publicado em 1925.

Segunda-feira, 17 de outubro de 1966

Aula nº 3

*O Beowulf. A valentia e a jactância:
Beowulf comparado com os* compadritos*.

Na aula anterior, falamos da epopéia do *Beowulf*. Hoje retomamos o tema. Relatei antes um dos episódios mais poéticos do poema: a criança que chega misteriosamente à costa da Dinamarca, que chega a ser rei do país, infunde temor nos inimigos. O poeta comenta: "Aquele era um bom rei", porque era isso o que se esperava de um rei, que fosse forte e belicoso, e fizesse que sua gente fosse temida pelos vizinhos. Passam-se os anos, o rei chega à hora marcada pelo destino. Quando sente que a morte se aproxima, dá ordens para o seu enterro. Preparam então a nau funerária.
O poeta nos diz que essa nau era "isig ond utfus". A primeira palavra quer dizer "gelada" e corresponde à palavra inglesa "iced" ou à alemã "eisig". Mas não sabemos se a nau estava coberta de gelo – é estranho que o poeta não tenha falado desse gelo antes – ou se quer dizer "resplandecente", "brilhante", "clara como gelo". A segunda palavra[1] é de tradução difícil, porque "fus" significa "ansiosa, ávida" e "ut" corresponde à palavra inglesa "out". Quer dizer que a nau esta-

---
* Malandro portenho. (N. do T.)
[1] Refere-se à terceira palavra, "fus". "Ond" equivale ao inglês moderno "and", isto é, ao "y" castelhano [português: "e"].

va, como se fosse um ser vivo, ansiosa por partir. Descreve-se depois o barco, fala-se de uma bandeira que tinha um tecido dourado, e sentam o rei encostado no mastro: "o poderoso contra o mastro", diz o poeta. Depois seus vassalos, chorando, empurram a nau para o mar, e então temos estes versos que recordei: "Ninguém, nem os conselheiros em suas assembléias, nem os heróis sob os céus, sabe quem recebeu essa carga." E diz-se do barco que foi impulsionado para longe pelo poder do mar: "Sob o poder do mar, foi viajar longe." Agora, também se fala de um antepassado, que também se chama Beowulf, como o herói epônimo que dá seu nome ao poema, mas que é outro Beowulf. Isso nos faz imaginar algum vínculo entre a casa real da Dinamarca e a casa real dos geatas, essa tribo um pouco misteriosa que uns identificaram com os jutos que invadiram a Inglaterra e outros com os godos. Quer dizer, com os antepassados dos espanhóis, os visigodos. Mas há muita discussão sobre isso.

Um traço singular do *Beowulf* é que a história, que veremos agora, é uma história primitiva – pueril até, segundo alguns –, mas o ambiente em que se desenrola essa fábula bárbara e primitiva não é o ambiente fantástico de um conto de fadas, apesar de os fatos o serem. É um ambiente que abunda em detalhes realistas, principalmente no que se refere à genealogia dos personagens. É, como disse o germanista inglês Ker, um ambiente sólido, de romance realista. Os fatos são fantásticos, mas sentimos os personagens como reais. E também como personagens falantes, como personagens presentes, que gostam da cortesia, do convívio, da cerimônia. É verdade que tudo isso era bastante precioso numa época aventurosa, uma época violenta que talvez não gostasse muito da violência, uma época bárbara mas que propendia à cultura, que gostava da cultura.

O poeta continua enumerando os reis da casa real da Dinamarca, e chegamos assim a um rei que se chama Hrothgar.

Esses grupos consonantais são comuns no idioma anglo-saxão, mas se perderam atualmente: "hr" – a letra rúnica que se segue pode ser traduzida pelo grupo "th"[2]. Teríamos outro exemplo no nome anglo-saxão do anel. Em inglês e em alemão, e creio que nas línguas escandinavas, diz-se "ring". Os anglo-saxões, porém, diziam "hring", e temos outros sons análogos. Por exemplo, "relinchar" em inglês é "neigh", já em anglo-saxão o verbo era "hnægan"[3]. Há outros grupos consonantais que não podemos pronunciar, porque não sabemos como se pronunciavam. Por exemplo, "soberbo" dizia-se "wlanc". Não sei como se poderia pronunciar o "wl". É possível que o "w" se pronunciasse como o "u". Mas voltemos ao poema.

O poeta enumera vários reis e recai por fim em Hrothgar, o rei da Dinamarca, que constrói um palácio que se chama "Heorot". E esse palácio é, nos diz o poeta, o mais

---

[2] Quando os monges da Inglaterra anglo-saxã começaram a escrever o inglês antigo, fizeram-no utilizando o alfabeto latino. Tiveram de se aver, porém, com dois sons consonantais que não tinham correlato em latim. Trata-se das consoantes interdentais que em inglês moderno se escrevem com o dígrafo "th" (tanto a consoante muda de "thin" como a sonora de "this"). Para representar esses dois sons, os escribas acrescentaram duas letras: tomaram emprestado o þ "thorn" do alfabeto rúnico e inventaram uma nova letra, ð "eth", a partir do "d" latino. Em inglês antigo, cada uma dessas duas letras era utilizada para representar tanto a consoante muda como a consoante sonora; as duas eram intercambiáveis. Em inglês antigo tardio, os escribas tendem a separar seu uso, escrevendo "þ" na posição inicial e "ð" nas outras. A letra ð deixou de ser usada durante o inglês médio; a þ continuou sendo utilizada até o século XVI. O esclarecimento de Borges demonstra que guardava na memória o nome do rei em sua grafia original (que utiliza a letra "þ": Hroþgar), mas queria explicar a seus alunos como escrevê-lo utilizando as letras que eles já conheciam.
[3] É evidente que Borges exemplificava oralmente aqui as diferentes fonéticas.

esplêndido dos palácios, embora devamos imaginá-lo feito de madeira. Por sinal, vi nos Estados Unidos casas muito bonitas, casas luxuosas, a casa de Longfellow[4], a casa de Emerson[5], que têm trezentos anos, e essas casas são de madeira. Atualmente, dizer em Buenos Aires "casa de madeira" é imaginar um casebre de madeira. Isso não acontece na Nova Inglaterra: uma casa de madeira pode ser muito boa, com vários andares, com sala, biblioteca, e são feitas de tal modo que o vento não entra.

O rei constrói esse palácio e o poeta nos diz que é o palácio que resplandece sobre todos os reinos vizinhos, ou seja, que é um palácio famoso. Podemos imaginar uma grande sala central em que o rei reúne seus vassalos e come. Suponho que comiam carne de porco, veado, bebiam cerveja em chifres; o vinho é muito raro, tinham de trazê-lo do Sul. Há no poema um jogral que alegra as reuniões cantando acompanhando-se com sua harpa. A harpa era o instrumento nacional de toda a gente germânica. A música, sem dúvida, devia ser bem simples.

O rei tem sua corte. Ali ele dá de presente anéis ou braceletes de ouro a seus vassalos. Por isso um dos títulos do rei é "dador de anéis", "beahgifa". Essa palavra, "beag"[6], é encontrada no idioma francês: "bague" significa "anel". É um rei poderoso, mas a barulheira ou as músicas das cortes inquietam ou incomodam um monstro que vive ali perto, numa região de lodaçais, de pântanos e de planícies desertas. Alguns imaginaram reconhecer na descrição das regiões em que vive o monstro, que se chama Grendel, uma descrição

---

[4] Henry Wadsworth Longfellow, poeta americano (1807-1882).
[5] Ralph Waldo Emerson, ensaísta, poeta e conferencista americano, nascido em Boston, Massachusetts (1803-1882).
[6] Em inglês antigo: "bracelete, anel".

de certas regiões da Inglaterra. Lincolnshire, por exemplo. Mas isso é meramente conjetural. O monstro é descrito como de forma humana, mas gigantesco. É um ogro, pertence evidentemente à antiga mitologia germânica, mas como o poeta é cristão quis vinculá-lo à tradição cristã, não à tradição pagã, e nos diz que é descendente de Caim. Esse monstro percorre os ermos e vive com a mãe no fundo de uma laguna, tão profunda que o herói, que mergulha nela, tem de nadar um dia inteiro para chegar à caverna subterrânea onde o ogro vive com a mãe, que é uma bruxa. O poeta a chama de "a loba do mar", "a feiticeira do mar". Também há tormentas, o que faz que essa laguna seja um pouco marítima, e há uma descrição das selvas que rodeiam a laguna. Dizem que os cervos temem se aproximar da laguna, como uma zona de tempestades, de neblina, de solidão, e por causa do que também poderíamos chamar de horror sagrado. A descrição da laguna e dos arredores abarca uns vinte versos. Isso hoje não nos espanta, mas pensemos que o poema foi redigido em fins do século VII ou, segundo opinam os eruditos, em princípios do século VIII, e está tomado pelo sentimento da natureza. Esse sentimento demora muito a aparecer em outras literaturas. Costuma-se dizer, com demasiada pressa – porque além do *Beowulf* aí está Shakespeare –, que o sentimento da natureza corresponde ao sentimento romântico. Isto é, ao século XVIII, uns dez séculos depois do *Beowulf*. A verdade é que há livros, livros insignes, em que a natureza tal como a sentimos agora não aparece. Para remeter-me ao exemplo mais famoso, creio – não sei se estou certo –, desconfio que no *Quixote*, por exemplo, não chove uma só vez. As paisagens que há no *Quixote* não correspondem à paisagem de Castela: são paisagens convencionais de prados, riachos e bosques, que correspondem ao romance italiano. Em compensação, no *Beowulf* temos o sentimento da natureza como algo temível, além do mais, como algo hostil aos homens; o sentimento da noite e da escuridão como algo temível, como certamente foram para os saxões, que tinham se estabelecido num país desconhecido, cuja geografia foram descobrindo à medida que iam conquistando o país. Seguramente os primeiros invasores germânicos não tinham uma noção muito precisa da geografia da Inglaterra. É absurdo imaginar que Horsa ou Hengest tenham visto um mapa. Totalmente incrível. Nem sequer sabemos se teriam ouvido o *Beowulf*, que está escrito num idioma muito contorto e abunda em metáforas que, sem dúvida, eram alheias aos anglo-saxões em sua língua oral. Por enquanto, não se encontra nunca na prosa. E nas regiões escandinavas, as mais afins aos saxões, temos uma divisão muito acentuada e deliberada entre a prosa, que pode ser muito eloqüente e muito patética mas é simplíssima, e a linguagem da poesia, que é entretecida de *kennings*, que é o nome que têm as metáforas que, conforme vimos, chegaram a uma extraordinária complexidade.

Pois bem, o rei Hrothgar domina a Dinamarca. Naturalmente, não se pensava em império então, a idéia de império é totalmente alheia à mente germânica. Mas era um rei próspero, um rei vitorioso, opulento, e depois o próprio júbilo da sua corte – uma das metáforas para a harpa é "madeira do júbilo" ou "madeira da festa" – incomoda Grendel, que ataca o castelo. A fábula é mal inventada, porque temos a princípio um rei poderosíssimo e depois esse rei, com seus vassalos, com sua tropa, a única medida que toma é rezar aos seus deuses, pedir ajuda a seus antigos deuses, Odin e Tor, e os outros. O poeta nos adverte que todas as suas súplicas eram inúteis. Os deuses não tinham nenhum poder contra o monstro. E assim se passam, inverossimilmente, doze anos, e cada tantas noites o ogro força as duas portas do castelo – não havia outras –, entra e devora um dos senhores. E o rei não faz nada. Depois chegam notícias dessas depredações do ogro. O ogro é gigantesco e é invulnerável às armas. As notícias são levadas ao país vizinho, a Suécia. E na Suécia há um jovem, um príncipe, Beowulf, e esse príncipe mostrara-se na infância como que lerdo, preguiçoso, mas quer se distinguir mediante uma façanha. Já havia participado de uma guerra contra os francos, mas isso não lhe basta e sai com catorze companheiros numa nau.

Naturalmente, o poeta faz que o mar seja tempestuoso, para que a viagem não seja fácil, seja difícil, e Beowulf desembarca na Dinamarca. Vai a seu encontro uma sentinela do rei, que é um aristocrata como Beowulf, é um príncipe. Beowulf diz que vem salvar o país e é recebido cortesmente na corte. Mas há um personagem que põe em dúvida a coragem pessoal de Beowulf, e então Beowulf relata uma espécie de certame, de concurso de natação, que durou inverossimilmente dez dias, um concurso com outro famoso nadador chamado Breca. Os dois nadam dez dias e dez noites. Têm de lutar com monstros marinhos, que arrastam Beowulf para o fundo do mar, onde com sua espada os mata e põe em fuga. Sobe depois à superfície, continua nadando e ganha a prova.

Agora estamos diante de um costume, um preconceito moderno que nos afasta do poema. Dizemos hoje, ou melhor, existe a idéia de que um homem valente não deve ser jactancioso. Pensamos que todo jactancioso é como o *miles gloriosus* da comédia latina[7], que todo jactancioso é covarde. Mas essa idéia não existia em geral na Antiguidade. Os heróis se jactavam de suas façanhas e podiam fazê-lo. Ao contrário, até se animavam com isso. Posso citar em apoio os versos dos *compadritos* do começo do século em Buenos

---

[7] Personagem das comédias de Plauto e Terêncio que contava grandes façanhas de batalhas de que não havia participado.

Aires, e creio que ninguém pensava que um homem era covarde porque dizia:

> *Soy del barrio 'e Monserrá,*
> *donde relumbra el acero,*
> *lo que digo con el pico,*
> *lo sostengo con el cuero.*

Ou:

> *Yo soy del barrio del norte,*
> *soy del barrio del Retiro,*
> *Yo soy aquel que no miro*
> *con quién tengo que pelear,*
> *y aquí en el milonguear,*
> *ninguno se puso a tiro.*

Ou:

> *Hágase a un lao, se lo ruego,*
> *que soy de la Tierra 'el Fuego.**

(Quer dizer, dos arredores da Penitenciária.)
Pois bem, Beowulf se parecia com os nossos *compadritos* de Monserrat ou do Retiro. Beowulf queria jactar-se da sua coragem. E isso não fazia ninguém pensar que ele era covarde. Para buscar um exemplo mais ilustre, temos a *Ilíada*, em

---

* Sou do bairro de Monserrá, / lá onde o aço faísca, / o que eu digo com a faca, / com o couro sustento à risca.
Eu sou do bairro do norte, / sou do bairro do Retiro, / não escolho nem prefiro / com quem tenho de brigar, / e aqui no bate-coxa / não tem um pra me igualar.
Chega pra lá, atenção, / sou de lá da Detenção. (N. do T.)

que os guerreiros dizem quem são e sua reputação não periga. Ao contrário, aumenta. É como um prelúdio necessário ao combate, para se aquecer faziam essas coisas. Até podiam se insultar também, podiam se acusar de covardia.

No *Beowulf*, depois do concurso de natação e da luta com os monstros marinhos, todos vão se deitar, e todos dormem. É outro traço mal inventado: estão esperando o ataque do ogro, e no entanto todos dormem tranqüilamente, o único que está acordado é Beowulf. E Beowulf está nu, porque sabe que as armas não ferem o monstro. Confia, ademais, na sua força física. Essa força é extraordinária. O poeta nos diz que em seu punho havia a força de trinta homens.

Logo chega o monstro, que cerca o castelo e, embora a porta esteja fechada com fortes trancas de ferro, derruba-a, surpreende o primeiro guerreiro adormecido que tem à mão e o devora inteiro, cru. Devora as mãos e os pés também, depois comete a imprudência de se aproximar de Beowulf. Então Beowulf, que ainda não tinha se levantado, pega a mão do ogro e quebra-a. Trava-se depois uma luta entre os dois. Luta de que, para maior brilho do herói, os outros não participam. E Beowulf, unicamente com a força das mãos – pensemos que estamos diante de um Hércules setentrional –, arranca o braço e o ombro do ogro. E, enquanto lutam, gritam. Isso corresponde à realidade. Nas cargas de infantaria, por exemplo, os homens também gritam. Há um verso de Kipling que lembra isso. Os dois gritam, pois. Todo o palácio de Heorot treme, está a ponto de vir abaixo, mas finalmente o ogro ferido cai mortalmente, foge para morrer no seu charco. No dia seguinte, celebram a morte do ogro e penduram seu braço como troféu, na sala. Há outro banquete, mas de noite a mãe do ogro, que é uma bruxa e muito forte também, vem resgatar o braço do filho morto e leva-o consigo, matando um guerreiro. Então Beowulf resolve procurar o charco em que o ogro vive, e aqui temos a descrição do charco, que é uma das passagens clássicas do poema. Alguns querem acompanhar Beowulf, mas ele é o herói: tem de realizar sozinho suas façanhas, como fez Hércules séculos antes. E se vêem na superfície do charco restos de carne humana, possivelmente a carne do ogro. E há também espuma como que ensangüentada. O herói mergulha e nada um dia inteiro até chegar a uma caverna. Essa caverna está seca, está iluminada por uma luz sobrenatural, mágica. E lá está a mãe do ogro, horrível, forte como ele. Beowulf entra em luta com ela e está a ponto de ser derrotado: ela é ainda mais forte que o filho. Mas [Beowulf] tem tempo de arrancar uma espada da parede. A mãe do ogro não é invulnerável ao ferro: com essa espada ele a mata, mas a espada se consome, porque a bruxa exala veneno do sangue. Depois Beowulf pega a cabeça do ogro e também leva a empunhadura da espada, não a folha, que foi consumida. Lá fora, esperam-no ansiosamente. Ele sobe com esse troféu derradeiro, e o poeta inventa um traço circunstancial: são necessários dois homens para levar a cabeça do gigante, tão pesada ela é. Depois Beowulf, todo ensangüentado, volta ao palácio de Hrothgar, que lhe agradece o que fez, cumula-o de presentes – aceitar esses presentes não é desonroso –, e Beowulf volta mais uma vez para o seu reino, ao Sul da Suécia.

Agora, Beowulf não era sueco. Os suecos pertenciam a outra tribo. Os geatas eram inimigos dos suecos. E assim se passam cinco anos... Perdão, cinqüenta anos, "cinqüenta invernos", diz o poeta. Os saxões contavam o tempo por invernos, dado o rigor do clima. Enquanto isso, Beowulf realiza muitas façanhas militares, mas o poeta as menciona de passagem, porque as que importam são a primeira e a última façanhas de Beowulf. E foi dito que uma das finalidades do poema é apresentar o príncipe exemplar, segundo o conceito da época. Isto é: forte, forte até o sobrenatural, já que tem a força de trinta homens, e ainda por cima destruidor de monstros, que são um perigo para todos – isso coincide outra vez com Hércules –, e além de tudo é justo. Porque quando ele morre, no fim do poema, invoca a Deus e diz que nunca, na sala dos banquetes, matou nenhum parente. Isso é considerado um fato bastante extraordinário, e talvez fosse mesmo na época. Passam-se cinqüenta anos, cinqüenta anos de vitória e, finalmente, de paz vitoriosa, e depois aparece outro personagem, que é um dragão que vive desde tempos imemoriais numa cova e guarda tesouros. A idéia do dragão como guardião de tesouros é comum em toda a antiguidade germânica. Recordemos o caso de Sigurdo ou Siegfried e o dragão, e recordemos na *História natural* de Plínio os grifos, que guardam montanhas de ouro e lutam com os arimaspos, que têm um olho só[8]. A idéia do dragão como guardião de tesouros é tão comum que na poesia escandinava uma das metáforas correntes para o ouro – que era entendida imediatamente por todos – era "leito de dragão". Ou seja, a gente imaginava o ouro com o dragão deitado em cima, dormindo em cima dele para melhor guardá-lo. Depois o poeta nos fala de um escravo, que fugiu, entra na caverna quando o dragão está dormindo e rouba um jarro de ouro. O escravo desaparece da fábula também. Na manhã seguinte, o dragão acorda, nota que falta o jarro de ouro, pensa que tem de se vingar desse roubo, mas tem um traço humano: antes de depredar a terra dos geatas, volta à cova e torna a examiná-la direitinho, para ver se o jarro não

---

[8] "(Os arimaspos são) homens notáveis por terem um só olho, e este, na metade da testa. Vivem em perpétua guerra com os grifos, espécie de monstros alados, para roubar-lhes o ouro que eles extraem das entranhas da terra e que defendem com não menos cobiça do que a dos arimaspos em despojá-los", Plínio, *História natural*, VII, 2. Citado por Borges na página que dedica aos monóculos no *Libro de los seres imaginarios*, OCC, p. 666.

está em algum lugar. Mas não o encontra, e então vira o terror do reino dos geatas, como o ogro, meio século antes, havia sido da Dinamarca. Então chegam ao velho Beowulf notícias do que acontece, e ele resolve de novo lutar com um monstro. E se quisermos ser um pouco imaginativos temos de ver essa história como a de um homem a que está reservado um destino: lutar com o monstro e morrer. O dragão é, de alguma maneira, pressentida ou não pelo poeta – isso sim não nos importa, porque as intenções dos autores são menos importantes que o resultado do que fazem –, o reencontro com seu destino. Quer dizer, o dragão é outra vez o ogro da Dinamarca, e o rei vai com sua gente, que quer acompanhá-lo, mas ele diz que não, que se arranjará sozinho como se arranjou cinqüenta anos antes com o ogro e com a mãe do ogro. Chega à boca da cova do dragão, que foi descrito por muitas metáforas – foi chamado de "manchado horror do crepúsculo", "guardião do ouro" –, e Beowulf o desafia. O dragão sai e os dois combatem. Há uma descrição suficientemente sanguinária do combate. Beowulf mata o dragão, mas o dragão exala fogo pelas narinas e Beowulf sabe que esse fogo vai envenená-lo. E há um servidor que se chama Wiglaf, que foi o único a acompanhá-lo até ali, o rei diz que vai entregar a alma ao Senhor – esse parágrafo é cristão –, mas que sabe que vai para o Céu, porque sua vida foi justa, e dá ordens para seus funerais. O funeral já não é o que vimos antes: não se trata de uma nau funerária. Manda erguer uma alta pira adornada de elmos, escudos e brilhantes armaduras: "Helmum behongen, hildebordum, beorhtum byrnum, swa he bena wæs". "Helmum behongen", "adornada de elmos" – a palavra germânica "helm" é a mesma[9]. Depois "hildebordum", "távola da batalha": assim se

---

[9] A palavra castelhana "yelmo" [português: "elmo"] procede, através do latim vulgar, do vocábulo germano-ocidental *helm*.

chamava o escudo, que era redondo, de madeira, e revestido de couro. E depois "beorhtum byrnum", de brilhantes armaduras, "swa he bena wæs", tal como ele havia ordenado. Depois deitam-no no alto da pira, ateiam fogo, e ele disse que além disso têm de erigir um túmulo que se veja do mar, para que a gente se lembre dele[10]. Depois enterram-no nesse túmulo, e então doze guerreiros a cavalo evoluem em torno da sepultura do rei, cantam a sua elegia e celebram suas louvações.

Agora, num texto medieval sobre a história dos godos, de Jordanes, descreve-se o enterro de Átila e o rito é o mesmo[11]. A pira, o túmulo e os guerreiros que cavalgam em tor-

---

[10] O Anexo anglo-saxão inclui uma tradução do fragmento correspondente ao funeral de Beowulf.

[11] Borges se refere à obra de Jordanes intitulada *De origine actibusque Getarum*. Também chamada *Getica*, foi escrita por Jordanes em meados do século VI, baseando-se na obra muito mais extensa e hoje perdida de Magnus Aurelius Cassiodorus. A *Getica* preserva as lendas que os godos contavam acerca da sua origem escandinava; também é uma fonte especialmente valiosa no que concerne ao povo dos hunos. A obra inclui uma descrição detalhada do funeral de Átila, que Borges compara com o de Beowulf. Jordanes escreve: "Não deixaremos de dizer algumas palavras sobre as muitas formas em que seu espírito foi honrado por sua raça. Seu corpo foi colocado no meio de uma planície e velado numa tenda de seda para que os homens o admirassem. Os melhores cavaleiros de toda a tribo dos hunos cavalgaram em círculos, à maneira dos números circenses, em torno do lugar a que havia sido trazido e disseram suas façanhas num canto fúnebre da seguinte maneira: 'O chefe dos hunos, rei Átila, nascido de seu pai Mundiuch, senhor das mais valentes tribos, dono único dos reinos de Cítia e Germânia – poderes até então desconhecidos –, capturou cidades e aterrorizou ambos os impérios do mundo romano e, aplacado pelas súplicas deles, aceitou tributo anual para evitar o saque do resto. E, quando conseguiu tudo isso pelo favor da sorte, caiu, não por uma ferida infligida pelo inimigo, nem pela traição dos amigos, mas rodeado por sua nação em paz, feliz em sua sina e sem sentir nenhuma dor. Quem pode

no cantando loas ao rei. Enfim, vê-se que o poeta era um poeta erudito: em seu poema quis registrar os diversos ritos funerários da gente germânica. Porque, embora Átila fosse huno, os germanos o consideravam seu, porque muitos reis germânicos foram vassalos dele. E o poema termina com o elogio de Beowulf, e o elogio é muito estranho. Alguns acreditaram ser uma interpolação – eu creio que não –, porque era de esperar que nesse elogio se falasse do ogro, do dragão, dos suecos contra os quais ele combateu, das suas vitórias, mas não se diz nada disso. O último verso[12] nos diz que ele era "manna mildust", "the mildest of men", o mais suave, o mais bondoso dos homens e o mais desejoso de elogio. Isso também contradiz nossa sensibilidade atual, porque vivemos numa época de propaganda: o fato de um homem

considerar isso uma morte, quando ninguém crê que mereça uma vingança?' Depois de chorarem-no com tais lamentações, celebraram sobre seu túmulo uma *strava*, como eles a chamam, com grande alegria. Cederam alternadamente aos extremos do sentimento e mostraram sua dor alternada com alegria. Depois, amparados pelo segredo da noite, enterraram seu corpo na terra. Cingiram seus ataúdes, o primeiro com ouro, o segundo com prata e o terceiro com a força do ferro, mostrando por esses meios que essas três coisas eram as apropriadas para o mais poderoso dos reis: ferro, por ter submetido as nações, ouro e prata, por ter recebido as honras de ambos os impérios. Acrescentaram também as armas de inimigos ganhadas em combate, jóias de raro valor, brilhantes com várias gemas e ornamentos de toda classe com os quais se preserva a condição régia. E, para que tão grandes riquezas se mantivessem ao resguardo da curiosidade humana, mataram os encarregados dessa tarefa – uma paga horrível para seus trabalhos –, e assim a morte repentina foi o destino daqueles que o enterraram, como também daquele que foi enterrado." (Os parágrafos que aqui se reproduzem, XLIX, 256-8, foram traduzidos da edição de C. G. Mierow, *Gothic History of Jordanes in English Version*, Princeton University Press, 1915. Da tradução em espanhol de M. H.)

[12] Na realidade o penúltimo verso do *Beowulf*.

desejar ser famoso não nos parece um traço digno de admiração. Mas devemos lembrar que esse poema foi escrito na Idade Média. Na Idade Média acreditava-se que todo elogio era justo: se um homem desejava ser elogiado, é que merecia ser elogiado. O poema termina com estas palavras: "o mais bondoso dos homens e o mais desejoso de elogio". Não se diz nada da sua coragem. É verdade que vimos essa coragem exemplificada ao longo do poema.

Há outro aspecto curioso nesse poema, é que no poema aparece um jogral e esse jogral canta – e não termina – uma lenda germânica talvez anterior ao *Beowulf*: a história de uma princesa da Dinamarca que se chama Hildeburh. O nome significa "castelo da guerra" ou "o castelo da batalha". Agora, talvez, esse fragmento, tal como o jogral o canta, não é evidentemente o cantar, o romance anterior, porque a linguagem é igual à linguagem do resto do *Beowulf*. Ou seja, é uma linguagem retórica em que abundam as metáforas, e sem dúvida a poesia primitiva dos germanos deve ter sido muito mais simples. Vemos isso, por exemplo, no *Cantar de Hildebrand*, que, embora composto mais ou menos na mesma época do *Beowulf*, corresponde a uma etapa muito primitiva, já que as aliterações são escassas, e creio que há uma só metáfora, uma metáfora duvidosa: a armadura é chamada de "vestimenta de batalha", "vestimenta de guerra", o que pode ou não ser uma metáfora. Está muito longe de metáforas complicadas, como "tecido de homens" para "batalha", que encontramos nos escandinavos, ou "caminho do cisne" para "o mar".

Agora, essa história está contada pela metade, e é tema do outro antigo fragmento épico dos anglo-saxões: o "Fragmento heróico de Finnsburh"[13], que consta de uns setenta

---

[13] O "Fragmento de Finnsburh" foi traduzido em castelhano por Borges e aparece na *Breve antología anglosajona*.

33

versos e deve ser, desconfio, anterior ao *Beowulf*, dado o caráter direto da sua linguagem. A fábula escolhida pelo autor do *Beowulf* não se presta ao desenvolvimento patético. Temos duas façanhas do mesmo herói. As duas façanhas estão separadas por um intervalo de cinqüenta anos e não há nenhum conflito no poema. Isto é, Beowulf sempre leva a cabo seu dever de valente, e nada mais. Morre corajosamente. O poema está cheio de sentenças piedosas. Algumas são evidentemente pagãs: diz, por exemplo, que "melhor que chorar o amigo morto é vingá-lo", evidentemente pagã. Isso corresponde a uma época em que a vingança era não apenas um direito mas também um dever, um homem tinha de vingar a morte do seu amigo. Mas não há conflito. Em compensação, na história de Hildeburh, que está intercalada no *Beowulf*, temos sim um conflito. Porque a história é esta: há uma princesa da Dinamarca que se chama Hildeburh, há uma discórdia entre os dinamarqueses e os frísios, isto é, gente dos Países Baixos. Decide-se então que uma princesa, a princesa da Dinamarca, se casará com o rei dos frísios. E assim, mediante essa aliança das duas casas reais, fica cicatrizada essa discórdia. Essa prática era tão comum que uma das metáforas da poesia saxã é "tecedora de paz", isto é, "a princesa", não porque fosse especialmente pacífica, mas porque servia para que se tecesse a paz entre nações vizinhas e rivais. Hildeburh se casa com o rei dos frísios e seu irmão vai visitá-la, chegando com sessenta guerreiros na corte. São recebidos com hospitalidade e lhes dão como alojamento os cômodos que rodeiam um recinto central com duas portas. Idêntico, digamos, ao palácio de Hrothgar. Mas de noite os frísios os atacam. Eles saem para se defender, combatem durante vários dias, e aí o irmão da princesa da Dinamarca mata seu sobrinho. No fim, os frísios se dão conta de que não podem com os dinamarqueses. Em ambos os poemas anglo-saxões há uma verdadeira simpatia pelos dinamarqueses e pelos geatas, claro, isto é, pela gente escandinava. Ao cabo de alguns dias, [os frísios] se dão conta de que não podem combater, de que não podem vencer [os dinamarqueses], e lhes propõem uma trégua, e o irmão da princesa aceita. Espera que passe o inverno para navegar – porque durante o inverno os mares ficavam obstruídos pelo gelo –, volta a seu país e lá reúne uma força maior que a dos sessenta guerreiros que o haviam acompanhado. Volta, ataca os frísios, mata o rei e volta a seu país levando a irmã, a princesa.

Agora, se esse poema existisse na íntegra, e é de supor que tenha existido, teríamos um conflito trágico, porque teríamos a história da princesa cujo filho morre nas mãos do tio. Quer dizer, o poeta teria aqui uma ocasião para ser patético, maior que no *Beowulf*, que simplesmente registra duas façanhas, incríveis para nós, contra um ogro e contra um dragão. Na próxima aula vamos examinar, e podemos examinar bem detalhadamente, o "Fragmento heróico de Finnsburh". Agora, o princípio do fragmento, da história, vamos deixar de lado, porque já contei. Vamos pegar o fragmento desde o início, que é o momento em que os dinamarqueses percebem que seu quarto foi forçado pelos frísios e que vão ser atacados por eles, até que os frísios se dão conta de que não podem com os dinamarqueses e que foram derrotados por eles. Vamos analisá-lo quase linha a linha. São uns sessenta versos. Vocês vão ver que a linguagem é muito direta, muito diferente da linguagem cerimoniosa do *Beowulf*. Provavelmente seu autor foi um homem de ação. Já no caso do *Beowulf* podemos imaginar o autor como um monge, de Nortúmbria, sugeriram, do Norte da Inglaterra, leitor de Virgílio, que se propôs o experimento, muito ousado na época, de escrever uma epopéia germânica. E isso nos levaria a um pequeno problema, que é o seguinte: por que, nas nações germânicas – e aqui estou pensando em Ulfilas[14], estou pensando nos saxões, estou pensando depois em Wycliff[15], na Inglaterra do século XIV, em Lutero –, por que nas nações germânicas houve traduções da *Bíblia* antes que nas nações latinas? Há um germanista de origem judaica, Palgrave[16], que deu com a solução, e a solução é a seguinte: a *Bíblia* que se lia na Idade Média era uma *Biblia Vulgata*, isto é, um texto latino. Agora, se alguém tivesse pensado em traduzir o texto bíblico para o provençal, ou o italiano, ou o espanhol, esses idiomas se pareciam demais com o latim para que a tradução não corresse o risco de parecer uma paródia do original. Em

[14] Ulfilas ou Wulfilas, "o filhote de lobo", bispo dos godos (311-c. 383). Professou o arianismo, doutrina teológica que negava a divindade de Cristo e a consubstancialidade das Três Pessoas da Trindade. É atribuída a ele a invenção do alfabeto gótico, que utilizou para realizar a primeira tradução da Bíblia numa língua germânica. Tanto o historiador Filostorgo como o bizantino Sócrates Escolástico garantem que traduziu a *Bíblia* completa; Filostorgo esclarece que Ulfilas passou por cima dos quatro *Livros dos Reis* para não espicaçar a natureza guerreira das tribos góticas. Grande quantidade do material traduzido por Ulfilas, porém, perdeu-se, e o que sobrevive chegou até nós em distintos fragmentos. De todos eles, o mais importante é o chamado *Codex Argenteus*, escrito com letras de ouro e prata sobre um pergaminho púrpura, que se conserva hoje na biblioteca da Universidade de Uppsala, na Suécia. Ulfilas exerceu seu trabalho missionário desde a sua consagração, por volta de 341, até a data da sua morte.
[15] John Wycliff, teólogo e filósofo inglês, precursor da reforma eclesiástica (c. 1330-1384). De acordo com suas teorias, a Igreja devia abandonar suas posses terrenas. Wycliff se rebelou contra a autoridade do pontificado e se opôs ao magistério eclesiástico. Sustentou que a única autoridade era a Bíblia e incentivou a primeira tradução completa das Escrituras para o inglês.
[16] Francis Palgrave (1788-1861), historiador da Inglaterra anglo-saxã e fundador do Departamento de Registros Públicos inglês. Entre suas obras estão *History of England*, *History of the Anglo-Saxons* e *Truth and Fictions of the Middle Ages*.

compensação, como as línguas germânicas eram totalmente diferentes do latim, a tradução podia ser feita sem risco algum. Quero dizer que, na Idade Média, quem falava provençal, espanhol ou italiano sabia que estava falando um idioma que era uma variação ou uma corrupção do latim. De modo que teria parecido irreverente passar do latim ao provençal. Já as línguas germânicas eram totalmente diferentes, [as traduções da *Bíblia*] eram feitas para pessoas que não sabiam latim, de modo que a tradução podia ser feita sem correr nenhum risco. Agora, talvez pudéssemos aplicar isso ao *Beowulf*. Por que o *Beowulf* é o primeiro poema épico escrito numa língua vernácula? Porque essa língua vernácula diferia tão profundamente do latim que ninguém, ao ler o *Beowulf*, podia pensar que estava lendo uma paródia da *Eneida*. Em compensação, teve de passar bastante tempo para que os jograis de língua românica se animassem a cometer epopéias em sua língua.

Na próxima aula veremos, pois, o "Fragmento heróico de Finnsburh", e veremos algum poema épico anglo-saxão muito posterior, com o qual concluiremos o primeiro tópico.

Sexta-feira, 21 de outubro de 1966

Aula nº 4

*O "Fragmento de Finnsburh". A "Ode de Brunanburh".
A tradução de Tennyson. Os* vikings.
Anedotas de uma viagem de Borges a York.

Na aula anterior, falamos do "Fragmento heróico de Finnsburh". Esse fragmento foi descoberto em começos do século XVIII e publicado por um antiquário, hoje diriam por um erudito. O manuscrito se perdeu depois disso. Esse fragmento corresponde a parte de uma romança cantada por um jogral na sala de Hrothgar, na epopéia do *Beowulf* [1].
Creio ter dado na aula anterior um resumo geral da história da princesa Hildeburh da Dinamarca, a qual seu irmão [Hrothgar] casa com um rei dos frísios, isto é, de um reino dos Países Baixos, para evitar uma guerra entre os dinamarqueses e os frísios. Passado um tempo – que deve ter sido considerável, porque quando o poema começa ela já está com um filho adulto –, seu irmão vai vê-la, visitá-la, vai acompanhado por sessenta guerreiros. Dão como quarto para eles uma espécie de aposento ao redor de uma sala central, que tem num extremo uma porta e no outro extremo, outra. E o poema começa, porque os guerreiros que vigiam vêem na escuridão da noite um brilho, um resplendor. E então supomos, pelo que vem depois, que há várias conjec-

---

[1] O jogral de Hrothgar recita essa história no poema do *Beowulf*, linhas 1063-1159.

turas para explicar esse brilho. E então o rei diz: "Não está ardendo o teto" – disse o rei, jovem na batalha –, "nem amanhece, nem voa para cá nenhum dragão" – essa explicação era possível naquela época –, "nem está ardendo o teto desta sala; estão lançando um ataque". E se vê pelos versos seguintes que esse brilho que eles viram era o brilho da lua, "brilhante sob as nuvens", sobre os escudos e as lanças dos frísios que vêm atacá-los assim, à traição.

A linguagem é sumamente direta e eu gostaria que vocês ouvissem os primeiros [versos], para que voltem a ouvir a dureza do antigo inglês, mais apropriada à poesia épica do que o inglês atual, em que já não restam vogais abertas e os sons das consoantes são menos duros.

"Hornas byrnað naefre?" "Horn" quer dizer "chifre", mas aqui quer dizer "teto"; "byrnað naefre", "arde nunca", não está ardendo; "hleoþrode ða, heaðogeong cyning", "o rei jovem na batalha". "Ne ðis ne dagað eastan, ne her draca..." – *draca* é "dragão" – "... ne fleogeð, ne her ðisse healle hornas ne byrnað, ac her forð berað", e depois o rei tem uma espécie de visão do que acontecerá depois, porque o que diz não se refere ao presente. Diz: "Cantam os pássaros." Esses pássaros são as aves de rapina que baixarão sobre os campos de batalha. Depois diz: "ressoa a madeira da batalha", *guðwudu*[2], isto é, "a lança". "O escudo responde à espada", e depois fala da lua que brilha sobre as armaduras dos que os atacam. E então ele diz a seus guerreiros que acordem, que se levantem, que pensem na coragem. Então muitos cavaleiros com adornos de ouro, quer dizer, com fios de ouro sobre as capas, se levantam, cingem as espadas, sacam-nas e avançam para as duas portas, a fim de defender a sala de Finn.

---

[2] *Guðwudu* é uma palavra composta formada por *guð*, "guerra, batalha", e *wudu*, "madeira, árvore".

O poema se intitula "Finnsburh", "o castelo de Finn". A palavra *burh* ou *burg* é uma palavra que vocês conhecem, que significa "castelo" e perdurou no nome de muitas cidades: Edimburgo, "castelo de Edin"; Estrasburgo, Gotemburgo – no Sul da Suécia – e a cidade castelhana de Burgos, que é um nome visigótico. Depois temos de falar de palavras como "burguês", habitante da cidade, "burguesia". Em francês deu a palavra *burgraves*, "os condes da cidade", nome de um drama de Hugo[3], e outros.

O poema nos diz então os nomes dos guerreiros que saem para defender o forte. Nessa enumeração aparece um que se destaca especialmente: chama-se Hengest, e o poema diz "o próprio Hengest". Conjeturou-se que esse Hengest é o mesmo que depois fundará o primeiro reino germânico na Inglaterra. Isso é verossímil, porque Hengest era juto. Óbvio é recordar que Jutlândia é o nome da parte norte da Dinamarca. Ou seja, antes de ser o capitão que depois funda o primeiro reino germânico na Inglaterra, Hengest pode ter guerreado entre os dinamarqueses que vinham do mesmo país. Além do mais, se esse Hengest não fosse o mesmo Hengest que iniciou a conquista da Inglaterra, não sei bem por que motivo o destacariam. O poeta é anglo-saxão. A conquista da Inglaterra se deu em meados do século V. O poema, supõe-se, é de fins do século VII. Pode ser anterior também, já que seu estilo é um estilo muito mais direto, que não tem as inversões latinas nem as complicadas *kennings*, metáforas, do *Beowulf*. Então, a um auditório inglês interessaria saber que um dos protagonistas foi um dos fundadores dos reinos saxões da Inglaterra.

Depois o poeta volta sua atenção para os que atacam traiçoeiramente os dinamarqueses. E entre eles está Garulf, filho da rainha Hildeburh e sobrinho de um dos seus defen-

---

[3] *Burgraves*, peça escrita por Victor Hugo por volta de 1843.

sores, em cujas mãos talvez morra. Uma pessoa lhe diz que [ele] é muito moço, que não deve arriscar a vida no ataque, já que não faltará quem queira tirá-la, porque ele é um príncipe, filho da rainha. Mas ele, um rapaz valente, não se deixa amedrontar por esse conselho e pergunta o nome de um dos defensores da porta. Agora, isso corresponde a uma época aristocrática. Ele, sendo príncipe, não ia combater com qualquer um: tinha de combater com outro que fosse do seu nível. E então o defensor responde: "Siegfried é meu nome, sou da estirpe dos Secgan" – perdeu-se a localização dessa tribo –, "sou um famoso aventureiro, estive em muitos conflitos duros, e agora o destino resolverá o que receberás de mim, ou o que posso receber de ti", isto é, o destino decidirá a qual dos dois caberá a glória da vitória e a qual, a morte.

O nome "Sigeferð" significa "de ânimo vitorioso", mas é evidentemente a forma saxã de "Siegfried", famoso pelos dramas musicais de Wagner, que mata o dragão, e sua correspondência escandinava seria "Sigurd" na *Völsungasaga*[4]. Depois, trava-se a batalha e então o poeta nos diz que os escudos, conforme havia previsto Garulf, retumbam sob o golpe das lanças. E caem muitos guerreiros dos que atacam, e o primeiro dos que caem é Garulf, aquele jovem frísio a quem tinham dito que não se aventurasse na primeira linha dos guerreiros. O combate prossegue, um tanto inverossimilmente, por cinco dias, e caem muitos frísios, mas não cai nenhum dos defensores. O poeta se entusiasma aqui e diz: "Nunca ouvi falar que se comportassem melhor na batalha de homens sessenta varões vitoriosos", ou, literalmente, "sessenta varões da vitória". Aqui a frase "batalha de homens"

---

[4] *Völsungasaga* é uma das *fornaldarsögur* ou "sagas de tempos antigos". Borges faz um resumo do conteúdo dessa saga na Aula 24, ao analisar *The Story of Sigurd the Volsung*, de William Morris.

parece uma redundância: toda batalha é batalha de homens. Mas realmente dá maior força à frase. E depois temos esta singular palavra composta: *sigebeorna*, varões da vitória, homens da vitória, para "varões vitoriosos". E o poeta também diz que toda a sala de Finnsburh brilhava com o brilho das espadas, "como se Finnsburh estivesse em chamas". Creio que há uma metáfora análoga na *Ilíada*, que compara uma batalha com um incêndio. Compara-a pelo brilho das armas e, além disso, por seu caráter mortal.

Talvez não seja inútil recordar que, na mitologia escandinava, a Valhalla, o paraíso de Odin, não é iluminado por candelabros, mas por espadas, que brilham com uma luz própria, sobrenatural. Depois o "protetor do povo" – é assim que se chama o rei dos frísios – pergunta como vai a batalha. Dizem-lhe que eles perderam muitos homens e que há um dos frísios que se retira, diz que seu escudo e seu elmo estão desfeitos, e então um dos jovens... E aqui cessa o fragmento, um dos mais antigos de todas as literaturas germânicas, sem dúvida anterior ao *Beowulf*. E por outras fontes sabemos o resto da história[5]. Sabemos que se estabelece uma trégua, mas que ao cabo de um ano permite-se que o rei dos dinamarqueses, irmão da rainha, volte à Dinamarca. Volta ao cabo de um ano e regressa com uma expedição, vence os frísios, destrói o castelo de Finn e volta com a irmã. De modo que temos um conflito trágico: uma princesa que perdeu o filho, possivelmente nas mãos do tio deste, seu irmão. É uma pena que não se tenha conservado um pouco mais desse poema, tão rico em possibilidades patéticas, mas devemos nos contentar com os sessenta e tantos versos que se salvaram.

Até aqui, as duas peças épicas anglo-saxãs que vimos são de tema escandinavo. Mas depois temos outra, bem poste-

---

[5] Ver a nota 1 no começo desta mesma aula.

rior, em que já ocorrem fatos na Inglaterra. E ocorrem celebrando feitos de armas entre saxões e escandinavos. Porque, por volta do século VIII, a Inglaterra, que era um país cristão, começou a sofrer as depredações dos *vikings*. Estes procediam principalmente da Dinamarca. Também havia noruegueses, mas chamavam todos eles de dinamarqueses. E não é impossível, melhor ainda, é verossímil que houvesse suecos. Eu gostaria de me deter aqui para falar dos *vikings*.

Os *vikings* talvez tenham sido a gente mais extraordinária entre os germanos da Idade Média. Foram os melhores navegantes da sua época. Tinham naus, chamadas "naus compridas", com um dragão, uma cabeça de dragão na proa. Tinham mastros, velas; tinham fileiras de remadores. De um dos reis noruegueses, Olaf, diz-se que era tão ágil que podia correr pulando de um remo a outro enquanto a nau navegava[6].

---

[6] Refere-se a Olaf Tryggvason (c. 964- c. 1000), rei da Noruega de c. 995 até a morte. Na saga que leva seu nome, pertencente à *Heimskringla*, lemos que "o rei Olaf era mais perito em todo exercício do que qualquer outro homem da Noruega cuja memória se preserva nas sagas; e era mais forte e mais ágil que a maioria dos homens, e há muitas histórias escritas sobre ele. (...) O rei Olaf podia correr pulando de um remo a outro da nave, enquanto seus homens remavam. Podia jogar com três adagas, de modo que uma delas estava sempre no ar e pegava sempre pelo cabo a que caía. O rei Olaf era um homem muito alegre e travesso, festivo e sociável; era muito violento em todos os aspectos; era muito generoso; era muito cuidadoso em seu vestir, mas na batalha superava todos em valentia. Distinguia-se por sua crueldade quando estava furioso e torturou muitos dos seus inimigos. Alguns, queimou vivo; fez outros serem destroçados por cães enlouquecidos; outros, mutilou ou atirou de altos precipícios. Por essas razões seus amigos tinham muito afeto por ele e seus inimigos o temiam sobremaneira; e assim alcançou grandes progressos em todas as suas empresas, já que alguns obedeciam a sua vontade por amizade e outros, por temor e terror", *Heimskringla, Saga de Olaf Tryggvason*, cap. 92. Da tradução em espanhol de M. H.

Os feitos marítimos e guerreiros dos *vikings* foram extraordinários. Temos em primeiro lugar a conquista do norte e do centro da Inglaterra, onde se estabeleceram numa região chamada *Danelaw*, "lei dos dinamarqueses", porque ali vigoravam as leis dinamarquesas. Foi ali que o povo se estabeleceu. Eram agricultores, eram guerreiros além disso, e acabaram se misturando com os saxões e perdendo-se entre eles. Mas deixaram muitas palavras no idioma inglês. Em geral, os idiomas tomam substantivos e adjetivos de outros idiomas. Mas, no caso inglês, também têm pronomes escandinavos. Por exemplo, a palavra "they", "eles", é uma palavra dinamarquesa. Os saxões diziam "hi", mas como "ele" se dizia "he", são palavras que se prestavam à confusão e acabaram adotando o dinamarquês "they"[7]. A palavra "dream", "sonho", também é dinamarquesa. No dialeto dos camponeses de Yorkshire, que foi uma das principais fundações dinamarquesas, perduram muitas palavras escandinavas. Quando estive em York[8], tive a oportunidade de conversar com o crítico de arte sir Herbert Read[9], e ele me disse que anos antes havia naufragado um navio dinamarquês ou norueguês, não me lembro, na costa de Yorkshire. Naturalmente, a gente, os moradores do povoado foram ajudar os náufragos. Ele conversou com o capitão, que falava inglês, como todos os escandinavos cultos – lá o inglês é ensinado nas escolas primárias, na Dinamarca, na Suécia, na Noruega –, mas os ma-

---

[7] Em inglês antigo havia, como no moderno, três pronomes pessoais da terceira pessoa do singular: *he* (masculino, escreve-se como em inglês moderno), *hit* (neutro, em inglês moderno *it*), *heo* (feminino, em inglês moderno *she*). O pronome plural era *hi* ou *hie* para os três gêneros. Tanto este como suas inflexões foram substituídos: *they, theirs* e *them* são de origem escandinava.
[8] Borges relata outras anedotas dessa viagem em sua *Autobiografia, op. cit.*
[9] Sir Herbert Read, poeta e crítico de arte inglês (1893-1968).

rinheiros e a gente mais primitiva não sabia inglês, mas conseguiram se entender com os pescadores e camponeses que foram ajudar. Isso é notável, se considerarmos que haviam passado pelo menos dez ou onze séculos. No entanto restavam bastantes rastros da língua escandinava no inglês para que aquela gente comum pudesse se entender. Ele me disse que um camponês de Yorkshire não diria "I am going to York", vou a York, mas sim "I'm going *till* York", e esse "till" é escandinavo. E poderíamos multiplicar os exemplos. Lembrei um, o do dia "Thursday", quinta-feira, que em saxão era *thunresdæg*, e que agora tem o nome escandinavo de Tor, graças à brevidade. Mas voltemos aos *vikings*.

Os *vikings* eram aventureiros individuais. Esta é uma das causas pelas quais não houve um império escandinavo. Os escandinavos não tinham consciência de raça. Cada um devia lealdade à sua tribo e a seu chefe. Houve um momento na história da Inglaterra em que podia ter havido um império escandinavo. Aquele momento em que Canuto, Knut, foi rei da Inglaterra, da Dinamarca e da Noruega. Mas ele não tinha consciência de raça. Escolheu imparcialmente como governadores e como ministros saxões ou dinamarqueses. A verdade é que a idéia de império era uma idéia romana, uma idéia totalmente alheia à mente germânica. Mas vejamos agora o que os *vikings* fizeram. Fundaram reinos na Inglaterra, na França, no condado de Normandia, isto é, de homens do Norte. Saquearam Londres e Paris. Teriam podido ficar nessas cidades, mas preferiram cobrar um tributo e retirar-se. Fundaram um reino dinamarquês na Irlanda. Acredita-se que a cidade de Dublin tenha sido fundada por eles. Descobriram a América, descobriram a Groenlândia e se estabeleceram na costa oriental da América[10]. O

---

[10] As viagens dos *vikings* a terras que parecem corresponder à costa leste da América do Norte são descritas na *Saga dos groenlandeses* e na *Saga*

nome de "Groenlândia" é quase lábia de comerciante, porque Groenlândia quer dizer "terra verde", quando é uma terra de geleiras. Mas deram-lhe o nome de "terra verde" para atrair os colonos. Depois abandonaram a América. Teriam podido ser os conquistadores da América, mas, logicamente, uma terra pobre, uma terra habitada por esquimós e peles-vermelhas, uma terra sem metais preciosos – não chegaram ao México – não tinha por que lhes interessar. Depois, para o sul, saquearam cidades da França, de Portugal, da Espanha, da Itália, e chegaram a Constantinopla. O imperador de Bizâncio, de Constantinopla, tinha uma guarda de guerreiros escandinavos[11]. Esses guerreiros tinham vindo da Suécia, haviam atravessado toda a Rússia. Disseram que o primeiro reino da Rússia foi fundado por um escandinavo chamado Rurik, que teria dado seu nome a todo o país. En-

de Eirik, o Vermelho. No início da década de 60, o explorador norueguês Helge Ingstad descobriu um assentamento *viking* em L'Anse aux Meadows, na ponta norte da Terra Nova, Canadá. Nas palavras de Antón e Pedro Casariego Córdoba, apareceram ali "oito casas, uma delas de grande tamanho (...) várias agulhas enferrujadas, um fragmento de agulha de osso de tipo nórdico, uma lamparina de pedra do mesmo tipo que as da Islândia medieval e, numa pequena forjaria, uma bigorna de pedra, um forno para extrair ferro do minério, escória, pedaços de ferro fundido e um pedaço de cobre". Tanto as provas de datação arqueológica como a presença de fundição do ferro e a semelhança na arquitetura com outros sítios de origem escandinava não deixam dúvida da chegada dos *vikings* à América por volta do ano 1000, aproximadamente cinco séculos antes de Cristóvão Colombo aportar no Novo Mundo.

[11] Borges se refere à chamada Guarda Varange, organizada em fins do século X por Basílio II, imperador de Bizâncio. Reconhecidos por sua temeridade, por sua ferocidade no combate e sua lealdade ao imperador, os varanges ou *væringjar* eram os soldados mais bem pagos do império; servir nessa guarda era uma honra que garantia por toda a vida prestígio e riqueza.

contraram-se túmulos de *vikings* na orla do Mar Negro. Eles também conquistaram aquelas pequenas ilhas que há no norte das Ilhas Britânicas, as Shetland, as Órcadas[12]. Os habitantes agora falam um dialeto em que há muitas palavras escandinavas. E existe um tal de Jarl, de quem se fala, que é conde de Órcadas... "viajante a Jerusalém", assim o chamavam[13]. E temos notícias também de outro *viking* que saqueou uma cidade na Itália e acreditou erroneamente que era Roma, e então ateou-lhe fogo para ter a honra de ser o primeiro escandinavo a incendiar Roma[14]. Posteriormente descobriu-se que se tratava de um pequeno porto sem importância, mas ele teve seu momento de glória, de felicidade militar. E além disso saquearam cidades no norte da África. Há no idioma escandinavo a palavra "Serkland", "terra de sarracenos", e essa palavra se refere indistintamente – já que os mouros tinham se estabelecido por lá – a Portugal, Marrocos, Argélia. Tudo isso era terra de sarracenos. E mais

---

[12] Arquipélagos ao norte da Escócia. Os navegantes escandinavos alcançaram e ocuparam essas ilhas durante os séculos VIII e IX.
[13] Borges evoca as expedições *vikings* à Terra Santa. O "peregrino a Jerusalém" é Sigurd Magnusson Jorsalafari (c. 1089-1130), filho do rei Magnus da Noruega. *Jorsalir* era o nome que os *vikings* davam a Jerusalém; a palavra escandinava *fari* significa "viajante"; "*Jorsalafari*" significa então "peregrino ou viajante a Jerusalém". Segundo se conta na *Heimskringla*, Sigurd Magnusson partiu com sessenta naus da Noruega para a Espanha no ano de 1107. Passou por Londres, Gibraltar e Sicília e chegou à Palestina em 1110. Para mais informações, podem-se consultar a *Saga de Sigurd, o Peregrino*, incluída na *Heimskringla* ou *Crônica dos reis da Noruega*, de Snorri Sturluson, e a *Saga dos condes de Órcadas*, de autor anônimo.
[14] Borges refere-se seguramente à aventura incendiária de um *viking* chamado Hastein ou Hasting, registrada por Benoît de St. Maur e pelo cronista Dudon de Saint Quentin em sua obra *De moribus et actis primorum Normanniae ducum*. Trata-se de um relato de caráter legendário e veracidade sumamente improvável.

abaixo está o que os historiadores escandinavos chamavam de Blaland, "terra azul", "terra de homens azuis", isto é, negros, porque confundiam um pouco as cores. Fora uma palavra, *sölr*, que significa "amarelado" e se aplica à terra não-lavrada e ao mar, não há cores. Fala-se da neve inúmeras vezes, mas nunca se diz que a neve é branca. Fala-se do sangue, e nunca se diz que é vermelho. Fala-se dos prados, e nunca se diz que são verdes. Ademais, não sabemos se isso correspondia a uma espécie de daltonismo ou se se trata simplesmente de uma convenção poética. Os gregos homéricos também falavam da cor do vinho. É verdade que não sabemos tampouco de que cor seria o vinho entre os gregos, mas não falam de cores. Em compensação, na poesia celta contemporânea e um pouco anterior à poesia germânica, as cores abundam: é cheia de cores. Aí, cada vez que se fala de uma mulher, fala-se do seu corpo branco, dos seus cabelos dourados ou cor de fogo, de seus lábios vermelhos. Fala-se também dos verdes campos, detalham-se as cores das frutas, etc. Quer dizer, os celtas viviam num mundo visual; os escandinavos, não.

    E agora, já que estamos no tema da poesia épica, vamos ver outras composições épicas muito posteriores, já que correspondem ao século IX. E vamos ver, primeiramente, a "Ode de Brunanburh", composta em princípios do século X. Figura na *Crônica anglo-saxã*[15]. Há várias versões dela, e aque-

---

[15] A *Crônica anglo-saxã* é um registro escrito em forma de anais sucessivos que refletem acontecimentos ocorridos na Inglaterra medieval. Crê-se que a crônica original foi compilada durante o reino de Alfredo, o Grande (871-899). A partir de então começaram a circular diversas cópias, que continuaram a se desenvolver independentemente em diferentes localizações geográficas. Assim, os manuscritos divergem entre si e começam a incorporar material de interesse local. Chegaram até nossos dias seis desses manuscritos, designados pelas letras do alfabeto.

les de vocês que sabem inglês podem ver uma tradução realmente esplêndida que figura nas obras de Tennyson. Ou seja, é facilmente acessível. Tennyson não conhecia o anglo-saxão, mas um filho seu tinha estudado essa forma primitiva do inglês e publicado numa revista especializada uma tradução em prosa da obra. Essa tradução interessou a seu pai, ao qual sem dúvida deve ter explicado as regras da métrica anglo-saxã. Disse-lhe que ela se baseava na aliteração e não na rima, que o número de sílabas em cada verso era irregular, e então Tennyson, poeta que muito apreciava Virgílio, tentou pela única vez na vida, e com um êxito indubitável, essa experiência até então não ensaiada em nenhum idioma, que foi o fato de escrever em inglês moderno um poema que correspondesse a uma tradução quase literal de um poema anglo-saxão, e escrito na métrica anglo-saxã[16]. É verdade que Tennyson exagera um pouco as leis dessa métrica. Por exemplo, há mais aliterações e uma aliteração mais justa na versão de Tennyson do que no poema original. Mas a versão merece, claro, ser lida. Vocês encontrarão em qualquer edição dos poemas de Tennyson a "Ode de Brunanburh"[17].

Mas antes de falar da ode seria bom falar dessa batalha, que segundo o poema foi uma das mais sangrentas e longas travadas na Inglaterra em toda a Idade Média, já que começou

A relação entre eles é tão complexa que vários autores afirmam que, em vez de citar uma só *Crônica anglo-saxã*, mais valeria falar, utilizando o plural, de "crônicas anglo-saxãs". O poema de Brunanburh aparece no anal de 937. O último anal, que corresponde ao ano de 1154, aparece na chamada crônica de Peterborough (crônica E) e registra a morte do rei Stephen.

[16] Lorde Alfred Tennyson compôs sua versão do poema de Brunanburh em fins de 1876, baseando-se na tradução em prosa de seu filho Hallam, publicada na *Contemporary Review* de novembro desse mesmo ano.
[17] O Anexo Anglo-Saxão inclui a tradução de Tennyson da "Ode de Brunanburh".

ao amanhecer e durou o dia todo até o ocaso, o que é muito demorado para uma batalha da Idade Média[18]. Pensemos em nossa famosa batalha de Junín[19], que durou três quartos de hora. Não se disparou um só tiro nela[20], e toda a batalha foi à força de sabre e de lança. Veremos que um dia para uma batalha da Idade Média representa uma duração muito grande, análoga à longa duração das batalhas da guerra civil dos Estados Unidos, as mais sangrentas do século XIX, e às longas batalhas da Primeira e da Segunda Guerra Mundiais.

As circunstâncias da batalha são curiosas. Temos uma aliança, que teria parecido imbatível no início, entre Constantino, rei da Escócia – a Escócia era um reino independente então –, e seu genro Olaf – no poema se chama Anlaf –, rei dinamarquês de Dublin. E depois o combate contra os saxões de Wessex. Wessex significa "terra dos saxões ocidentais". Também combatem cinco reis britanos, quer dizer, celtas. Temos, pois, essa coalizão de escoceses, escandinavos da Irlanda e reis britanos contra o rei saxão Aethelstan, o que quer dizer "pedra nobre", e um irmão dele. Há um fato que não foi explicado. De acordo com todas as crônicas, o rei dinamarquês de Dublin sai de Dublin para invadir a Inglaterra. O natural que se espera é que tivesse atravessado o canal da Irlanda e desembarcado na Inglaterra. Em vez disso, por razões que desconhecemos – talvez procurando agir de surpresa –, fez com suas naus – que eram quinhentas e levavam uns cem guerreiros cada – toda a volta pelo norte da Escócia, e desembarcou num lugar que não foi identificado direito, no Leste da Inglaterra, não no Oeste como

---

[18] A batalha de Brunanburh ocorreu no ano de 937.
[19] Da batalha de Junín, travada em 6 de agosto de 1824, participou o bisavô de Borges, coronel Isidoro Suárez, à frente de uma célebre carga de cavalaria peruana e colombiana que decidiu o resultado do combate.
[20] Refere-se à batalha de Junín.

seria de esperar. Ali suas forças se uniram às escocesas de Constantino e com os últimos reis britanos, que vinham de Gales. Formaram assim um exército formidável. Em seguida o rei Aethelstan e seu irmão Eadmund avançam vindos do sul para se encontrar com eles. Os dois exércitos se encontram, se enfrentam e resolvem esperar até o dia seguinte para iniciar a batalha – as batalhas de então tinham algo de um torneio. Ocorre ao rei Anlaf um estratagema para conhecer a disposição do acampamento saxão. Ele se disfarça de jogral, pega a harpa – sem dúvida sabia tanger a harpa e cantar – e se apresenta na corte do rei saxão. Os dois idiomas, como disse, se pareciam. Além do mais, conforme eu já disse, naquele tempo as guerras não eram vistas como a guerra entre um povo e outro, mas entre um rei e outro, de modo que o aparecimento de um jogral dinamarquês não tinha por que alarmar nem surpreender ninguém. Levam o jogral até o rei Aethelstan, ele canta em dinamarquês, sem dúvida, o rei escuta-o com prazer e depois lhe dá, provavelmente lhe atira, umas moedas. E o jogral, que observou a disposição do acampamento saxão, vai embora. E aqui acontece algo que não está comentado nas crônicas, mas que não é difícil adivinhar. O rei Anlaf recebeu moedas. Essas moedas lhe foram dadas pelo rei saxão, que ele pensa matar ou, em todo caso, derrotar no dia seguinte. E ele pode pensar muitas coisas. Pode pensar – e isso é o mais verossímil – que aquelas moedas lhe darão azar na batalha que se travará no dia seguinte. Mas também há que pensar que não fica bem aceitar dinheiro do homem com quem pensa combater. Agora, se ele joga fora as moedas, as moedas podem ser encontradas e podem descobrir seu ardil. Então ele resolve enterrá-las. Mas entre os homens do rei saxão há um que tinha combatido antes sob o comando de Anlaf e que desconfia da identidade do falso jogral, segue-o, vê-o enterrar as moedas e suas suspeitas se confirmam. Então ele volta e diz ao seu rei, o saxão: "Esse jogral que esteve cantando aqui na verdade é Anlaf[21], rei de Dublin". E o rei diz: "por que não me disse antes?" E o soldado, evidentemente uma pessoa nobre, lhe diz: "Rei, eu te jurei lealdade. Que pensarias da minha lealdade se eu traísse um homem a quem antes jurei lealdade? Mas meu conselho é que mudes teu acampamento." Então o rei fica reconhecido ao soldado, muda toda a exposição do acampamento e no lugar que ocupava – isso é um tanto ou quanto pérfido de parte do rei saxão – deixa um bispo que havia chegado com a sua gente. Antes do raiar do dia, os escoceses, os dinamarqueses, os britanos tentam um ataque-surpresa, matam devidamente o bispo e no dia seguinte se trava a batalha, que dura o dia inteiro e é cantada na "Ode de Brunanburh". Agora, essa batalha também foi cantada pelo grande poeta islandês, o *viking* e poeta Egil Skallagrimsson, que guerreou do lado dos saxões contra seus irmãos escandinavos. E morreu na batalha, combatendo a seu lado um irmão de Egil, que depois celebrou a vitória saxã num poema famoso na história da literatura escandinava[22]. Esse poema, esse panegírico do rei, encerra uma elegia à morte do seu irmão. É um poema estranho, um panegírico, um canto à vitória que encerra uma

---

[21] Ao longo da aula, Borges se refere ao personagem ora como Anlaf, ora como Olaf. A fim de simplificar a compreensão do texto, aqui e em outras passagens empregamos sempre Anlaf, nome com que Borges se refere ao personagem na resenha desse poema encontrada em *Literaturas germánicas medievales* (OCC, pp. 885-6).

[22] A *Saga de Egil Skallagrimsson* inclui o relato da batalha de Vinheid (cap. 54), em que Egil e seu irmão Thorolf combatem sob o comando do rei saxão Aethelstan. Alguns autores supõem que a batalha de Vinheid corresponde à de Brunanburh, mas há dúvidas a esse respeito. A *Saga de Egil Skallagrimsson* figura como volume 72 da coleção *Biblioteca personal* de Hyspamérica, publicada em começos de 1986, que, com prefácios de Borges, reunia livros favoritos do escritor.

elegia, um canto de tristeza pela morte do seu irmão, caído a seu lado na batalha.

Mas voltemos ao poema. Não sabemos quem o escreveu. Provavelmente foi escrito por um monge. Esse homem, embora escrevesse no início do século X, tinha a mente cheia de toda a poesia épica saxã anterior. Encontraremos uma frase do *Beowulf* incrustada em seu poema. Fala, por exemplo, de cinco reis jovens postos para dormir pela espada. É um dos poucos rasgos de ternura que há no poema, falar desses reis jovens. Agora, era de esperar, num poema composto na Idade Média, algo como um agradecimento a Deus. Agradeceria a Deus por ter dado a vitória aos saxões e não aos inimigos. Mas o poeta não diz nada disso: o poeta celebra a glória que o rei e seu irmão alcançaram, a "longa glória", "o longo Marte", como diz literalmente o poema: "ealdorlangne tyr". A palavra "tyr", que equivaleria ao deus clássico Marte, também significa "glória". "Ganharam com o fio das espadas perto de Brunanburh" – *sweorda ecgum*, "fio das espadas", "by the edge of the sword". Depois o poeta diz que combateram durante o dia inteiro, "Desde que o sol..." – *mære tungol*, "essa famosa estrela", assim o chama – "... deslizou sobre os campos até que a gloriosa criatura caiu no Ocidente". Depois descreve a batalha, e o poeta sente uma evidente felicidade diante da derrota dos inimigos. Fala do astuto, traiçoeiro escocês Constantino, que teve de voltar para sua terra no Norte e não teve nenhuma razão para se jactar do seu encontro de lanças, do estalido dos estandartes... Usa muitas metáforas para se referir à batalha. E antes fala de Anlaf. Diz que Anlaf teve de fugir para as suas naus e buscar refúgio em Dublin, acompanhado por uns poucos, que mal pôde salvar sua vida. E diz que eles foram perseguindo todo o dia os inimigos que odiavam. Há uma menção a Deus no poema, uma só menção a Deus, que é quando chama o sol de "brilhante candeia de

Deus", "*godes condel beorht*". É a única recordação da divindade. O poema, embora evidentemente escrito por um cristão — estamos no início do século X —, é um poema que corresponde ao antigo espírito heróico dos germanos. Depois de ter descrito a batalha, detém-se com evidente júbilo no corvo, de bico "duro como o chifre", que come, devora os cadáveres dos homens. E fala também dessa "besta cinzenta habitante do bosque", fala dos lobos, que comem os cadáveres. Tudo isso com uma espécie de júbilo. Mas, quando fala dos dinamarqueses que voltam para Dublin, diz que voltam envergonhados, porque a derrota era considerada uma desonra, principalmente se era acompanhada da fuga. Anlaf e Constantino, segundo a ética germânica, deviam ter morrido na batalha que haviam perdido. Era desonroso se salvarem, saírem com vida. E depois disso o poeta nos fala do rei e do príncipe. Diz que eles voltaram cavalgando a Wessex, "cada um em sua glória"[23]. E depois desse canto de exaltação acontece algo que também é singular na Idade Média, porque devemos pensar que a gente daquela época, como os índios pampas aqui, por exemplo, não devia ter muita consciência histórica. No entanto, esse poeta, que era evidentemente um homem culto, já que conhecia na ponta da língua todas as antigas metáforas, todas as leis da versificação germânica, diz que nunca havia sido travada naquela ilha, na Inglaterra, uma batalha maior, desde que os saxões e os anglos, "duros ferreiros da guerra" — diz isso como se a guerra fosse um instrumento, um instrumento de ferro —, chegaram a essas ilhas, movidos — e Tennyson traduz — "by the hunger of glory", "pela fome da glória". E nos diz que "sobre o vasto mar buscaram os britanos e se apoderaram da terra".

---

[23] Este verso pertence à tradução de Tennyson. Ver as traduções da "Ode de Brunanburh" no Anexo Anglo-Saxão.

Ou seja, esse poeta do século X, de começos dele, recorda a conquista germânica da Inglaterra, que ocorreu no século V, e une a memória dessa vitória presente, que deve ter sido emocionante para os saxões – já que era comum que os escandinavos os derrotassem, era raro que fossem eles os vencedores –, e a vinculada às glórias muitas vezes seculares dos primeiros germanos que chegaram à Inglaterra.

Na próxima aula veremos outra peça épica anglo-saxã, uma peça que comemora uma vitória, não uma derrota, dos noruegueses sobre os anglo-saxões, e depois falaremos da poesia propriamente cristã, isto é, a poesia baseada na *Bíblia* e no sentimento cristão.

Segunda-feira, 24 de outubro de 1966

Aula n.º 5

*A "Balada de Maldon". Poesia cristã.
O hino de Caedmon. O alfabeto rúnico.
Características das elegias anglo-saxãs.*

    Na última década do século X ocorreu na Inglaterra um acontecimento militar de importância relativa, mas que a teve muito grande para a história da literatura inglesa, já que dele surgiu a "Balada de Maldon", que não se refere a uma vitória mas a uma derrota[1]. Dir-se-ia que as derrotas são mais favoráveis para a poesia do que as vitórias. Pensemos, para nos limitar a um só exemplo, na famosa *Chanson de Roland*, que é um dos grandes poemas da literatura francesa e cujo tema, conforme vocês sabem, foi uma derrota da retaguarda do exército de Carlos Magno por um grupo de montanheses vascos que figuram como sarracenos no poema.

    Na *Crônica anglo-saxã*, escrita pelos monges de diversos mosteiros, lê-se que, na última década do século X, no ano de novecentos e noventa e tantos, não me lembro da data exata[2], um grupo de *vikings* noruegueses comandados pelo célebre rei Olaf Tryggvason desembarcou na costa oriental da Inglaterra e saiu ao encontro de Byrhtnoth, o alcaide do vilarejo. Os *vikings* pediram-lhe tributos. O que fez ele?

---

[1] Derrota dos anglo-saxões na luta contra os noruegueses, como explicou Borges no fim da aula anterior.
[2] A batalha de Maldon ocorreu em 10 ou 11 de agosto de 991 (as fontes medievais diferem acerca do dia exato).

Negou-se a pagar os tributos. Isso aconteceu às margens de um rio que agora se chama Blackwater, "água negra". E travou-se um combate entre os *vikings*, que eram os primeiros guerreiros e navegantes da época, e um pequeno grupo de milicianos. Os milicianos saxões foram derrotados pelos *vikings*, e pouco depois o rei da Inglaterra, que se chamava Aethelred e foi apelidado de "o desprevenido", "o não-preparado", se rebaixou a pagar um tributo anual aos dinamarqueses[3], e o governo continuou a cobrá-lo muito depois de ter desaparecido o perigo das invasões *vikings*.

Agora, ao que parece, [o poeta foi] testemunha ocular da batalha, provavelmente um dos combatentes. Isso se deduz pela abundância de traços circunstanciais. Na Idade Média, não inventavam traços circunstanciais. Agora estão ao alcance de qualquer romancista, de qualquer jornalista. Na época, as pessoas pensavam de outro modo: pensavam de um modo platônico, alegórico. E a abundância de traços circunstanciais que existe na "Balada de Maldon" é uma prova segura do seu caráter autêntico, ou seja, ninguém teria pensado em inventá-los. Na balada se conservam alguns traços da antiga poesia épica saxã. Por exemplo, os personagens falam demais, pronunciam pequenos discursos que são bastante inverossímeis no meio de uma batalha.

Conservam-se também algumas fórmulas da antiga epopéia. Fórmulas que já encontramos em "Finnsburh" e no

---

[3] Aethelred II, chamado Unræd e atualmente "the unready" (968-1016). Subiu ao trono em 978. O nome Aethelred significa "nobre conselho". Logo depois de começar seu reinado, Aethelred enfrentou fortes ondas de ataques *vikings*, a que respondeu tomando medidas tão impopulares quanto inúteis. Fazendo um trocadilho, seus contemporâneos o apelidaram de "Unræd", que quer dizer "mal aconselhado" ou "que toma decisões ruins". A etimologia popular associou o apelido de Aethelred, "Unræd", ao inglês moderno *unready*, daí ser atualmente chamado de "o desprevenido".

Beowulf. Mas, em geral, o idioma é o idioma oral e coloquial e, o que é mais importante, sentimos que tudo o que se diz na balada é certo. As coisas não podiam ter ocorrido de outro modo. A não ser que imaginemos um romancista genial e anônimo nessa época. Mas em geral se supõe, e toda a história da balada faz sentir, que as coisas devem ter acontecido assim mesmo, ou pelo menos que assim se contaram depois, na aldeia. Há uma crestomatia francesa publicada pela Aubier que tem um plano da batalha. E nesse plano podemos acompanhar as diversas alternativas da batalha, melhor dizendo, do combate. O nome "batalha" é grande demais para Maldon.

Trata-se desgraçadamente de um fragmento. Não sabemos como o poeta começa e não sabemos como acaba. No entanto o mais possível é que começasse dizendo "Vou contar o que aconteceu em Maldon", ou talvez "Eu estive aqui", ou algo parecido. O fragmento começa com as palavras "*brocen wurde*", "foi rompido*". E nunca saberemos o que foi rompido. Não sabemos se se trata de um cerco ou se se trata dos homens que ali ficavam. Depois começa a narração, mas não sabemos qual é o sujeito. Imaginamos que é o alcaide, porque disse que rompessem fileiras, que apeassem, que mandassem a chicotadas os cavalos para o pasto e avançassem. Isso se refere, naturalmente, ao grupo de milicianos, que deviam ser camponeses, pescadores, lenhadores, e entre eles estavam as escoltas do alcaide. Então o alcaide lhes diz para formar fileiras. Mais além se viam as altas naus dos *vikings*, essas naus com um dragão na proa e velas listadas, e os *vikings* noruegueses já haviam desembarcado. Depois entra em cena – porque este poema é muito bonito – um rapaz, que nos dizem era "Offan mæg", "parente de

---

* Ou quebrado. (N. do T.)

Offa". Agora, como Offa foi um dos reis dos pequenos reinos da Inglaterra, supomos que isso pode não se referir a Offa, mas que se queria dizer que era um homem de determinado reino. Do reino de Mércia, creio que era. E esse rapaz é, conforme vemos, um jovem aristocrata, que está passando por ali e não pensa na guerra, porque tem um falcão no punho: quer dizer, estava se dedicando ao que se chama caça de volataria. Mas, quando o *earl* dá essas ordens, o jovem compreende que o senhor não vai tolerar covardia e entra na batalha. E acontece algo, algo que é real e tem um valor simbólico, algo que um diretor cinematográfico aproveitaria hoje em dia. O rapaz sente que as coisas estão feias, então deixa que o querido falcão – esse epíteto "querido" é muito raro nessa poesia de ferro dos saxões –, que o querido falcão voe para o bosque, e entra na batalha. O texto diz: "Deixou que o querido falcão voasse da sua mão para o bosque e entrou na batalha":

he let him þa of handon   leofne fleogan
hafoc wið þæs holtes   and to þære hilde stop

E o poeta acrescenta que quem o tivesse visto agir daquele modo teria compreendido logo que não ia fraquejar no momento de empunhar as armas. Efetivamente, matam o rapaz depois. E aqui podemos ver vários símbolos, involuntários claro. Podemos pensar que o falcão pode ser um símbolo da vida do rapaz. E podemos pensar também que o fato de soltar o falcão de caça e entrar na batalha significa o trânsito de um tipo de vida a outro. O rapaz deixa de ser um jovem cortesão e passa a ser um guerreiro que está disposto a morrer, não por sua pátria, porque o conceito de pátria teria sido anacrônico então, mas por seu senhor, o alcaide, que por sua vez combatia, não pela Inglaterra, mas por seu senhor, o rei.

Depois aparece outro guerreiro que pertencia à escolta do senhor, e que diz que tinha dito muitas vezes que gostaria de lutar diante do seu senhor, e que nesse momento podia tornar realidade sua jactância. A palavra "jactância", como disse, não era uma palavra censurável então. Entendia-se que um homem valente podia, e até devia, jactar-se da sua coragem. Temos agora duas hostes. Numa margem estão os *vikings* noruegueses, na outra a milícia dos saxões. E o senhor mostra aos saxões, que evidentemente são camponeses, como devem se comportar. Diz a eles que têm de pensar nas suas mãos e na coragem, e depois lhes mostra como devem fazer para empunhar os escudos e a lança. Os outros soltaram seus cavalos. Combatia-se a pé, mas o senhor cavalga de uma ponta da fila à outra exortando seus homens, dizendo-lhes que não temam nada. E eles, enquanto isso, vêem como os *vikings* vão desembarcando. Podemos imaginar os *vikings* com seus elmos ornamentados com chifres, ver chegar aquela gente toda. E o senhor vai caminhando para lá e para cá, exortando-os.

Aparece então outro personagem, e esse personagem é o *wicinga ar*, o mensageiro dos *vikings*. O mensageiro grita da outra margem, porque estão separados pelo rio Blackwater, que se chama "Pante" no poema. E o mensageiro diz: "Mandam-me a ti audazes navegantes, e dizem que estão prontos para fazer uma trégua contigo, que pareces o mais poderoso aqui, se lhes entregares anéis de ouro, ou braceletes de ouro..." – supomos que não circulava moeda naquele tempo[4] – "... conforme eles preferirem, e, se mandares tua

---

[4] Tanto na oferta do mensageiro *viking* ("beagas wið gebeorge", anéis em troca de paz) como na resposta de Byrhnoth ("To heanlic me þinceð þæt ge mid urum sceattum to scype gangon unbefohtene", "creio que seria uma vergonha se vocês se fossem com nossas riquezas para as naves, sem serem enfrentados"), as palavras *beagas* ("braceletes, anéis")

gente debandar, eles estão prontos para voltar às suas naus. Oferecemos a paz contra o tributo, e é melhor que nos entregues esse ouro e que não nos destruamos mutuamente".

Então o alcaide levanta o escudo, levanta a lança. Isso foi interpretado de duas maneiras: segundo alguns comentadores, significava que ele ia falar e que todos tinham de guardar silêncio para ouvir suas palavras, mas também é possível que ele quisesse mostrar diante de todos que não tinha medo do norueguês. Por isso levanta o escudo, brande a lança e responde irado; diz: "Ouve, marinheiro, o que diz esta gente" – ou esta tropa, porque a palavra "folc" tem os dois sentidos. A gente estaria dizendo: "Como vamos nos render assim! Para que nos trouxeram!", etc. E acrescenta: "Pagaremos um tributo, mas não o faremos com ouro, e sim com velhas lanças e com espadas. Leva essa notícia odiosa ao teu chefe. Diz-lhe que aqui há um vassalo de Aethelred, que está pronto para defender a terra de Aethelred e que se prepara para o combate." Então o *wicinga ar*, o mensageiro dos *vikings*, vai dar as notícias ao rei norueguês e a batalha começa.

Mas a batalha começa de um modo não satisfatório, porque estão separados pelo rio e têm de combater a flechadas. E caem alguns saxões, caem alguns noruegueses também. Agora, há um lugar em que existe uma ponte ou um vau, o texto é obscuro nesse ponto, e mandaram três ou quatro saxões para defender esse vau, e nos dão o nome deles. Um deles se chama "o comprido" – devia ser muito alto. E então os noruegueses propõem, gritando da outra

---

e *sceattas* (o termo numismático atual para as moedas anglo-saxãs de prata, mas na época provavelmente uma medida de peso) podem ser lidas em sentido poético: ambas significam aqui "riquezas", num sentido geral. A moeda circulava, sim, mas o tributo aos *vikings* era pago com uma combinação de ouro, prata, jóias, anéis, as próprias moedas e tudo o que houvesse à mão. É isso o que o *viking* está pedindo.

margem, outra coisa. Propõem que os deixem atravessar pelo vau sem hostilizá-los, porque do lado em que estão os saxões há uma campina, atrás da campina há um bosque, e essa campina é uma cancha para o combate. Porque os combates eram vistos então como torneios.

E aqui o chefe acede, e o poeta emprega a palavra *ofermod*, que corresponde à palavra *Übermut* em alemão, e que corresponde a "temeridade". Essa palavra é repetida duas vezes no poema, e o poeta nos faz sentir que o saxão, ao aceder, cometeu um ato de temeridade que deve ser castigado. Na *Chanson de Roland* temos exatamente a mesma coisa, já aludi a ela antes. Rolando teria podido focar seu chifre, seu *oliphant*[5]. A palavra "olifante" tem a mesma origem de "elefante", porque o chifre era feito com o marfim da presa do elefante. Mas não o faz, não quer chamar Carlos Magno em sua ajuda e por isso é finalmente vencido pelos sarracenos.

E aqui o alcaide – sabemos por outros textos que o alcaide era um homem alto, um homem erudito, isto é, que sabia latim e era versado nas Escrituras, e se conservam algumas cartas dele a um letrado da época – comete a fraqueza de permitir que os *vikings* atravessem o rio, e então nesse poema há um momento de serenidade, porque o poeta diz que "a água não importava aos noruegueses", "for wætere ne murnon", e os noruegueses atravessam o rio, no alto os escudos, para não molhá-los. O poeta diz: "lidmen to lande, linde bæron", "os homens das naus na terra, no alto os escudos". Os saxões os deixam desembarcar e começa a batalha.

Toda ela é a princípio favorável aos saxões. Dá o nome dos combatentes, e aqui há um aspecto que já torna indubitável o fato de que a descrição é autêntica. É o fato de que

---

[5] Em francês "*oliphant*" e em castelhano [e português] "olifante": pequena trompa de marfim, talhada numa presa de elefante, que os cavaleiros utilizavam para a guerra ou para a caça.

entre os saxões há covardes que fogem. Agora o chefe saxão, o alcaide, apeou do cavalo para combater ao lado dos seus homens. E esses covardes – um se chamava Godric, nome que já encontramos no "Fragmento heróico de Finnsburh"[6] – montam no cavalo do chefe e fogem. Então alguns dos saxões que estão mais longe pensam que o chefe fugiu. Se o chefe fugiu, eles não têm nenhuma obrigação de continuar combatendo, porque a lealdade era para com o chefe e não para com a pátria. E fogem também. E aqui começa a previsível derrota dos milicianos saxões nas mãos dos *vikings*. Descrevem-se atos isolados de bravura. Fala-se de um soldado que fez que sua lança "atravessasse o pescoço do soberbo *viking*". Depois também são detalhados os feitos de armas do chefe saxão. Esse episódio também está na *Chanson de Roland*, é um traço épico que também pode ter sido verdadeiro. E ele, antes de morrer – ele é um cristão combatendo com pagãos, combatendo contra os adoradores de Odin e Tor –, dá graças a Deus por todas as felicidades que conheceu na Terra e, entre essas felicidades, esta última felicidade: o combate contra os pagãos. Então pede a Deus que deixe que sua alma chegue até ele e que os demônios não se interponham em seu caminho.

O chefe morre bravamente, e então há uma conversa entre os que ficam. Aparece um velho soldado, e esse velho soldado diz palavras em que parece estar cifrada toda a atitude que os germanos tinham diante da vida. Ele diz: "Quanto mais anos suportamos, quanto menor é nossa força, tanto maior deve ser nossa coragem. Eu quero ficar aqui, ao lado do meu senhor." Isto é, ele opta deliberadamente pela morte.

[6] No "Fragmento de Finnsburh" não há, na realidade, nenhum Godric. Borges talvez se lembre desse nome no lugar de Guthere, Garulf ou Guthlaf, que, estes sim, aparecem no poema.

E também há um refém, um refém da dura estirpe da Nortúmbria, porque o combate é travado no Sul da Inglaterra. Esse refém, de uma das pequenas guerras civis, combate junto com os que antes eram seus inimigos, mas que são saxões ou anglos como ele, contra os noruegueses. E há um rapaz que diz ao senhor: "Eu ficarei aqui para morrer; eles não esperam mais a vitória." Fala do senhor e diz: "he wæs ægðer min mæg and min hlaford", "era meu parente e meu senhor". E estes também morrem. Entre os que morrem está o rapaz que voluntariamente deixou o falcão voar e entrou na batalha. Antes disso, há uma descrição do combate e também se fala das águias, dos corvos, dos lobos, animais que não podem faltar em nenhuma manifestação épica germânica. Depois há um Godric que morre valentemente, e o poema é interrompido com estas palavras: "Este não era o Godric que fugiu..."

Agora, todo esse poema é escrito num inglês bem direto, encontramos apenas uma ou outra *kenning*, uma ou outra fórmula épica. Mas é o espírito da épica antiga, e tem uma vantagem que me parece inestimável em relação ao *Beowulf*: é que quando lemos o *Beowulf* sentimos que estamos diante da obra de um literato que se propôs escrever uma *Eneida* germânica, que está se referindo a fatos lendários que nem imagina direito. Em compensação, aqui, sentimos a verdade.

Publicou-se faz pouco na Suécia um romance, não me lembro do nome do autor, cuja versão inglesa é *The Long Ships*, "As naus compridas"[7]. O tema são as aventuras de um

---

[7] O título original desse romance em sueco é *Röde Orm*. Foi originalmente publicado em dois volumes (em 1941 e 1945) e seu autor foi o poeta, romancista e ensaísta sueco Frans Gunnar Bengtsson (1894-1954). O capítulo que Borges recorda é o primeiro da segunda parte, que tem por título "Concerning the Battle that Was Fought at Maldon, and what Came after it", "Acerca da batalha que foi travada em Maldon e o que aconteceu depois dela".

viking, e no primeiro capítulo descreve-se o combate de Maldon. Agora, há alguns críticos que dizem que o poema ficou inacabado porque chegaram notícias de que todo o sacrifício daqueles milicianos havia sido inútil, que o rei da Inglaterra tinha pagado com ouro o tributo que o alcaide quis pagar com velhas lanças e com espadas envenenadas. O mais provável porém é que se tenha perdido o resto do poema. Esse poema foi traduzido por Gordon naquele livro que assinalei da última vez, da Everyman's Library, *Anglo-Saxon Poetry*[8], e é o último poema épico saxão. Depois o poema se perde e a tradição épica também se perde. Mas, como o poema que vimos anteriormente – a "Ode de Brunanburh" –, já não procede da tradição continental. Já não se fala das antigas terras dos ingleses, já não se fala dos Países Baixos, da foz do Reno nem da Dinamarca, mas os personagens são saxões da Inglaterra: anglo-saxões. Porque parece que esse é o verdadeiro significado da palavra: não quer dizer "anglo e saxões", mas sim "saxões da Inglaterra", para diferenciar dos que Beda, o historiador, chama de *antiqui saxones*, ou seja, os saxões que não participaram da conquista das Ilhas Britânicas.

Até agora acompanhamos a poesia épica, de fins do século VII até fins do século X. Mas há duas correntes que às vezes se misturam: a poesia épica, que corresponde à tradição pagã, e a poesia cristã, que é a que estudaremos agora. Quer dizer, começamos agora o segundo ponto.

Essa poesia cristã não começou sendo-o totalmente, porque no início os reis se convertiam à fé cristã, obrigavam seus vassalos e súditos a também fazê-lo, mas isso não significava uma conversão moral. Quer dizer, continuavam sen-

---

[8] *Anglo-Saxon Poetry*, de R. K. Gordon, volume 794 da Everyman's Library.

do fiéis aos antigos ideais germânicos, que eram a coragem e a lealdade, não, é claro, a humildade e o amor ao inimigo. Isso era inconcebível então. E talvez continue sendo por muito tempo.

Na *Historia Ecclesiastica Gentis Anglorum*, "das gentes da Inglaterra", de Beda, fala-se do primeiro poeta cristão da Inglaterra, do qual se conservaram apenas alguns versos[9]. Chamava-se Caedmon, e a história desse primeiro poeta cristão é bastante curiosa; vamos recordá-la mais adiante, quando falarmos de Coleridge e Stevenson. A história é a seguinte: Caedmon era um homem entrado em anos, era pastor de ovelhas de um mosteiro, era um homem velho e tímido. E era costume na época que, depois de comer, a harpa passasse de mão em mão, cada um dos comensais tinha de tocar harpa e cantar. E Caedmon se sabia igualmente incapaz da música e do canto. Uma noite, uma noite entre tantas noites, Caedmon, que estava ceando com seus companheiros na sala do mosteiro, viu a harpa, a harpa temida que ia se aproximando dele. Então, para não dizer o que já tinha dito tantas vezes, o que todos saberiam que ele diria, levantou-se com um pretexto qualquer e foi embora. Devia ser inverno, porque ele foi para o estábulo e deitou-se para dormir com os animais, que não deviam ser muitos, claro. A Inglaterra – estamos no século VII – era um país pobre, pantanoso, de invernos muito mais rigorosos que os de agora, e o pobre Caedmon adormeceu e no sonho viu um personagem, sem dúvida um anjo, e esse personagem – os psicólogos podem explicar isso facilmente, e os que não são psicólogos também – deu-lhe uma harpa e lhe disse: "Canta." O pobre Caedmon disse em sonho, como tantas vezes em vigí-

---

[9] Borges cita e comenta a passagem do livro IV da *Historia Ecclesiastica* que narra a história de Caedmon, em *Literaturas germánicas medievales*, OCC, p. 881.

lia: "Não sei cantar", e o outro disse: "Canta a origem das coisas criadas." E então Caedmon, assombrado, compôs um poema. O poema foi conservado e não é muito bom. Trata-se dos primeiros versículos do *Gênese*, que ele deve ter ouvido, mais ou menos amplificados e com palavras alteradas. Mas todos ficaram tão horrorizados com isso, que ele teve de ir falar com as autoridades do mosteiro. A abadessa ouviu os versos, pareceu-lhe que eram bons, mas quis pô-lo à prova e ordenou a um dos sacerdotes que lesse os versos seguintes do *Gênese*, e disse-lhe que os versificasse. No dia seguinte, Caedmon, que era analfabeto, trouxe a passagem versificada, que foi transcrita, e Caedmon assim prosseguiu, versificando o *Pentateuco* até o dia da sua morte. Diz Beda que na Inglaterra muitos cantaram bem, mas que ninguém cantou tão bem quanto ele, porque os outros tiveram homens como mestres e ele teve como mestre Deus ou seu anjo.

Caedmon profetizou a hora da sua morte, e estava tão certo do seu destino póstumo que não esperou a hora da morte rezando, mas dormindo. E passou assim do sono ao outro sono, a morte, e, segundo se disse, devemos pensar que se encontrou com seu anjo no outro mundo. E assim morre Caedmon, deixando uns versos medíocres – eu os li – e uma bonita lenda[10]. E até, como veremos depois ao lermos a obra de Coleridge e de Stevenson, uma tradição literária que parece ligada à Inglaterra: a tradição de versificar em sonho.

[10] Os "medíocres" versos de Caedmon são os seguintes: "*Louvaremos agora o guardião do reino dos céus / o poder criador e seu propósito / as obras do glorioso pai, que de cada maravilha / o eterno Senhor criou o princípio. / Primeiro criou, para os filhos da terra, / o céu como teto, o sagrado Criador, / depois o mundo, o Protetor da Humanidade, / o eterno Senhor, construiu em seguida / para os homens a terra, o Senhor todo-poderoso*" (da tradução em espanhol de M. H.).

Depois de Caedmon já vêm outros poetas religiosos. O mais famoso é Cynewulf, o que significa "lobo audacioso". O mais curioso de Cynewulf, cujos poemas são paráfrases da *Bíblia*, é o hábito que teve de assinar seus poemas. Há poetas que fizeram isso, claro, de um modo mais eficaz que Cynewulf. Talvez o mais famoso seja um poeta americano, Walt Whitman, que fala de si mesmo em seus versos e diz: "Walt Whitman, um cosmos, filho de Manhattan, turbulento, sensual, paternal, comendo, bebendo, semeando."[11] E tem um poema que diz: "Que vês, Walt Whitman?", e responde: "Vejo uma redonda maravilha que gira pelo espaço." E depois: "Que ouves, Walt Whitman?", e no fim deseja boa vontade a todos os países do mundo, "From me and American sent", "enviados por mim e pela América"[12]. Ronsard[13] também o fez num soneto. E Lugones o fez um pouco de piada. Alguém pergunta em *Lunario sentimental*: "O poeta tomou suas lições / Quem é? / Leopoldo Lugones, doutor em Lunologia."[14] Mas Cynewulf escolheu outra maneira. Entre os per-

---

[11] "*Walt Whitman, a kosmos, of Manhattan the son, / Turbulent, fleshy, sensual, eating, drinking and breeding, / No sentimentalist, no stander above men and women or apart from them, / No more modest than imodest*" (do poema "Song of Myself", canto 24, em *Leaves of Grass*).
[12] O poema se intitula "Salut au Monde" e pertence à seção "Calamus" do livro *Leaves of Grass*. A terceira estrofe começa com a pergunta: "*What do you hear Walt Whitman?*" A quarta estrofe reza: "*What do you see Walt Whitman? / Who are they you salute, and that one after another salute you? / I see a great round wonder rolling through space.*" No fim do canto 11 lê-se: "*Health to you! good will to you all, from me and America sent!*"
[13] Pierre de Ronsard, poeta francês (1524-1585).
[14] "*REINALDO: E que mais foi isso, senão uma comédia?... / DOROTEA: Uma comédia! / REINALDO: Sim, que na lua certo colega compôs. / GRACIANA: Quem é? / REINALDO: Leopoldo Lugones, doutor em Lunologia.*" Parágrafos finais de "Los tres besos (cuento de hadas)", pertencente a *Lunario Sentimental* (1909).

sas é comum essa prática, mas parece que os persas o faziam para que outros não atribuíssem a si seus poemas. Por exemplo, o grande poeta persa Hafiz[15] se menciona [a si mesmo] muitas vezes, sempre elogiosamente, em seus poemas. Diz, por exemplo: "Hafiz", e alguém responde: "Os anjos no céu estão aprendendo de cor seus últimos poemas." Agora, Cynewulf – lembremos que o romance policial é um gênero típico da língua inglesa, embora tenha sido inventado nos Estados Unidos por Edgar Allan Poe –, Cynewulf precede a criptografia e toma as letras do seu nome. Ele tem um poema sobre o Juízo Final[16], e diz nele: "C e Y se ajoelham, rezando; N eleva suas preces; E tem confiança em Deus; W e U sabem que irão para o Céu; L e F tremem." Isso está escrito em letras rúnicas.

As letras rúnicas eram o antigo alfabeto de toda a gente germânica[17]. Essas letras não eram feitas para a escrita cursiva. Eram feitas para serem gravadas em pedra ou em metal. No Tâmisa, foi encontrada uma faca com o alfabeto rúnico. Essas letras tinham um valor mágico, eram vinculadas à antiga religião. Assim, Cynewulf escreve seus poemas numa escrita latina, aprendida com os romanos, mas quando chega às letras significativas emprega letras rúnicas, que os

---

[15] Hafiz (1320?-1389?), poeta lírico persa.
[16] No poema que tem por título "Christ", versos 797-807, as letras do nome de Cynewulf aparecem entrelaçadas com seu relato sobre o juízo final. Seguindo um procedimento similar, Cynewulf também assinou os seguintes poemas: "Elene", "Juliana" e "The Fate of the Apostles". A identidade de Cynewulf permanece envolta em mistério. Diversos autores identificaram o autor desses poemas com Cenwulf, abade de Peterborough (falecido no ano de 1006), com Cynewulf, bispo de Lindisfarne (falecido em 782) ou com Cynwulf, um sacerdote de Dunwich, sem que tenha sido possível chegar até hoje a nenhuma conclusão definitiva a esse respeito.
[17] Ver o apêndice sobre o alfabeto rúnico.

saxões usaram, como também os escandinavos usaram, mas sempre como escrita epigráfica. São letras – não sei se vocês já viram – facetadas, angulosas, porque eram feitas para ser gravadas com uma faca na pedra ou no metal, ao contrário da escrita cursiva, que tende, para maior facilidade da mão, a formas redondas. Há na Inglaterra monumentos, num deles estão gravados os versos iniciais do "Sonho da cruz", que veremos depois, e estão gravados com letras rúnicas. Houve um sábio sueco que disse que os gregos tinham imitado em sua escrita as letras rúnicas, dos germanos. Isso é totalmente inverossímil. O mais provável é que tenham chegado ao norte moedas fenícias e romanas, e que lá a gente do Norte tenha aprendido a escrita rúnica. Quanto à origem do nome, é estranha. A palavra "run" em saxão quer dizer "cochicho", "o que se diz em voz baixa". E por isso quer dizer "mistério", porque o que se diz em voz baixa é o que não se quer que os outros ouçam. De modo que "runas" quer dizer "mistérios". Mistérios são letras. Mas isso também pode corresponder ao assombro de gente primitiva diante do fato de que as palavras, nesses signos primitivos, pudessem ser comunicadas por meio de símbolos. Sem dúvida para eles era um fato muito estranho que uma lâmina de madeira encerrasse signos, e que esses signos fossem transformados em sons, em palavras. Também, outra explicação seria que só a gente erudita sabia ler, e então chamavam as letras de "mistérios" porque o povo não as conhecia. São diversas explicações da palavra "runa". E, já que usei a palavra "rúnico", gostaria de lhes recordar que no Cemitério Britânico[18] vocês podem ver cruzes que se chamam por algum erro de "rúnicas". São cruzes de forma circular, geralmente de pedra avermelhada ou cinzenta. E a cruz está inscrita dentro do

---

[18] O Cemitério Britânico da cidade de Buenos Aires, situado na avenida El Cano, 4568.

círculo. São de origem celta. Os celtas e a gente germânica em geral não gostavam dos espaços abertos. Gostavam que, num quadro, por exemplo, não ficasse nenhum espaço livre – talvez pensassem que isso fosse prova da preguiça do pintor. Não sei o que me disseram de um quadro exposto ultimamente, que consta de uma superfície branca. E só. Parece um concerto dado em Paris faz pouco, que durou três quartos de hora e consistiu no silêncio absoluto dos instrumentos. Com isso se evitam erros e se prescinde também de qualquer conhecimento de música. Houve um compositor francês do século passado que disse que *"pour rendre le silence en musique..."*, "para exprimir o silêncio em música, eu necessitaria de três bandas militares". O que me parece mais inteligente, claro, do que exprimir o silêncio por meio do silêncio. Pois bem, essas cruzes rúnicas são círculos. Dentro está a cruz, mas a cruz tem hastes que vão crescendo até se unir. Sempre fica um pequeno espaço entre os quatro braços da cruz, e este é entretecido com um desenho de linhas que se cruzam, algo como um tabuleiro de xadrez. E podemos pensar que esse estilo corresponde um pouco ao estilo poético de que tudo está encadeado, de que tudo é por meio de metáforas. Quer dizer, gostavam muito do intrincado e do barroco, embora fossem gente simples. A poesia cristã anglo-saxã é, para mim, o menos valioso dessa poesia. Salvo as elegias anglo-saxãs. Agora, esses poemas não são especificamente cristãos, mas são poemas que, embora redigidos no século IX, já têm um caráter romântico. Têm antes de mais nada esta característica singularíssima: são poemas pessoais. Na Idade Média isso não existia em nenhuma região da Europa. Porque o poeta cantava o rei, uma batalha, cantava o que sua gente podia sentir. Mas as chamadas elegias anglo-saxãs – já veremos que a palavra "elegias" não é de todo própria – são poemas pessoais, poemas que começam sendo, alguns deles, pessoais desde o primeiro verso. Chamaram-nas de "elegias", mas "elegia" na realidade seria um "poema que se escreve para lamentar a morte de alguém". Já esse poema chamado "elegia" não o é por lamentar a morte de alguém, mas por seu tom, melancólico. Não sei quem lhes deu esse nome, mas agora são conhecidas assim e constituem a contribuição, a primeira contribuição pessoal dos saxões à poesia germânica. Porque, fora da "Balada de Maldon", que já vimos e que abunda em traços circunstanciais que se antecipam às sagas escandinavas, muito posteriores, tudo o mais que vimos foi composto na Inglaterra, mas podia teoricamente ter sido composto em outro lugar. Podemos supor, por exemplo, um poeta da Alemanha ou dos Países Baixos, dos países escandinavos, que tomasse a lenda escandinava do *Beowulf* e a versificasse, ou um poeta dinamarquês que contasse a história dos guerreiros dinamarqueses no castelo de Finn, ou um poeta de qualquer outra tribo que cantasse uma vitória do seu povo, como fez o autor do fragmento de Brunanburh. Já as elegias são individuais, e uma delas, a que se chamou "The Seafarer", "O navegante"[19], começa com versos que profetizam o "Canto de mim mesmo", "The Song of Myself" de Walt Whitman. E começa assim: "Posso cantar uma canção verdadeira sobre mim mesmo, posso cantar minhas viagens", "Mæg ic be me sylfum soðgied wrecan, siþas secgan". E isso é uma coisa totalmente revolucionária na Idade Média. Esse poema foi traduzido pelo célebre poeta contemporâneo Ezra Pound[20]. Quando li há anos a versão de Ezra Pound, pareceu-me absurda. Porque eu não podia adivinhar, ao lê-la, que o poeta tinha uma teoria pessoal da tradução. O poeta achava – como Verlaine, digamos, como tantos outros e

---

[19] Um fragmento dessa elegia foi traduzido por Borges e figura em sua *Breve antología anglosajona* sob o título de "El navegante".
[20] Ezra Pound, poeta americano (1885-1972).

talvez com razão – que o mais importante no poema não é o sentido das palavras, mas o som. O que, claro, é verdade. Não sei se já lembrei aquele exemplo de "La princesa está pálida / en su silla de oro" "[A princesa está pálida / em seu assento de ouro]. Esse verso é muito bonito, mas se o traduzirmos para o espanhol, digamos – quer dizer, se usarmos as mesmas palavras, mas colocando-as em outra ordem, numa ordem diferente –, veremos que toda a poesia desaparece. Se dissermos, por exemplo: "En su silla de oro está pálida la princesa" [Em seu assento de ouro está pálida a princesa], não resta do verso absolutamente nada. O mesmo se dá com muitos versos, talvez com todos os versos, exceto, claro, a poesia de caráter narrativo.

Agora, Ezra Pound traduziu assim os versos: "May I for myself song's truth reckon, / Journey's jargon."[21] Isso mal dá para compreender, mas parece com o som do texto saxão. "May I for myself – ou about myself – song's truth reckon" se parece com "Mæg ic be me sylfum soðgied wrecan", e depois "journey's jargon" repete a aliteração de "siþas secgan". "Secgan", naturalmente, é a mesma palavra que "say". Mas vamos entrar na análise desse poema e de outro, que se intitula "A ruína", um poema inspirado nas ruínas da cidade de Bath, isso na próxima aula. Falarei também do mais estranho dos poemas saxões, o mais curioso de todo esse

[21] Transcrevemos em seguida os primeiros versos da tradução de Pound ao lado do original em inglês antigo:

May I for my own self song's truth reckon
Journey's jargon, how I in harsh days
Hardship endured oft.
Bitter breast-cares have I abided
Known on my keel many a care's hold
And dire sea-surge, and there I oft spent
Narrow nightwatch nigh the ship's head
While she tossed close to cliffs. Coldly afflicted,
My feet were by frost benumbed.

Mæg ic be me sylfum   soðgied wrecan
siþas secgan,   hu ic geswincdagum
earfoðhwile   oft prowade
bitre breostceare   gebiden hæbbe
gecunnad in ceole   cearselda fela
atol yþa gewealc.   þær mec oft bigeat
þonne he be clifum cnossað.   Calde geþrungen
wæron mine fet,   forste gebunden...

período, que tem por título a frase "The Dream of the Rood", "O sonho da cruz". E depois de ter falado desses poemas, depois de ter visto e analisado os elementos divergentes que o último deles encerra, quer dizer, de ter observado o cristão e o elemento pagão na composição do poema – porque no último poema, "The Dream of the Rood", embora o poeta seja um cristão devoto e, quem sabe, até um místico, perduram elementos da antiga epopéia, dos germanos –, depois disso direi algumas palavras sobre o fim dos saxões na Inglaterra, e vou contar a história da batalha de Hastings, que, verdadeira ou não, é um dos acontecimentos mais dramáticos da história da Inglaterra e da história do mundo.

Quarta-feira, 26 de outubro de 1966

Aula nº 6

Origens da poesia na Inglaterra.
As elegias anglo-saxãs.
Poesia cristã: "A visão da cruz".

A história das origens da poesia da Inglaterra é assaz misteriosa. Como sabemos, a única coisa que resta do que se compôs na Inglaterra desde o século V, digamos desde 449, até pouco depois da conquista normanda, no ano de 1066, é, fora as leis e a prosa, o que se conservou em quatro códices ou livros de manuscritos, casuais[1]. Esses códices pressupõem, claro, uma literatura anterior bastante rica. Os textos mais antigos talvez sejam exorcismos, remédios para curar dores reumáticas, para proporcionar fertilidade às terras incultas. Há um contra um enxame de abelhas[2]. Nesse aspecto há um reflexo da antiga mitologia saxã, hoje perdida, e que só podemos adivinhar por sua afinidade com a mitologia escandinava, que se conservou. Por exemplo, num exorcismo contra as dores reumáticas aparecem inesperadamente as valquírias, sem que delas se fale[3]. Os versos dizem assim: "Eram sonoras ou... ressonantes, sim ressonantes, quan-

---
[1] O que é casual, entende-se, é a sobrevivência desses códices e não de outros.
[2] O Anexo Anglo-Saxão inclui traduções desses três conjuros.
[3] Borges se refere a esse conjuro tanto na página que dedica às valquírias (OCC, p. 708) como na que dedica aos elfos (OCC, p. 624) em seu *Libro de los seres imaginarios*.

do cavalgavam na colina. Eram resolutas, quando cavalgavam na terra. Poderosas mulheres..." Depois isso se perde e no fim do exorcismo há uma invocação cristã, porque o feiticeiro, o curandeiro, o bruxo diz: "Eu te ajudarei", e depois diz: "Se Deus quiser." Este é um verso cristão, evidentemente posterior. Depois, em outro verso, em outra estrofe, diz-se que essa dor será curada se for obra das feiticeiras, se for obra dos deuses, "*esa geweorc*" – "ese" eram os deuses escandinavos[4] –, se for obra dos elfos...

Pois bem, até agora vimos a tradição épica desde o *Beowulf*, o "Fragmento heróico de Finnsburh", até sua última aparição na "Balada de Maldon", balada que prefigura, por sua abundância de detalhes circunstanciais, as ulteriores sagas ou narrações em prosa islandesas. Mas no século IX ocorre uma revolução. Nem sequer sabemos se quem a fez estava consciente dela. Nem sequer sabemos se as peças que se conservaram foram as primeiras. Mas acontece algo muito importante, talvez o mais importante que pode acontecer na poesia: a descoberta de uma nova entoação. Os jornalistas, muitas vezes, para falar de um poeta novo, dizem "uma voz nova". Mas aqui a frase teria diretamente este sentido: há uma voz nova, uma entoação nova, um novo emprego da linguagem. E isso deve ter sido muito difícil, já que a linguagem anglo-saxã, o inglês antigo estava, por sua aspereza mesma, predestinado à épica, isto é, à celebração da coragem e da lealdade. Por isso, nas peças épicas que vimos, é na descrição de batalhas que os poetas se saem especialmente bem. É como se ouvíssemos o ruído das espadas, o golpe das lanças nos escudos, o tumulto dos gritos da batalha. E no século IX aparecem o que se convencionou chamar de "elegias anglo-saxãs". Essa poesia não é a poesia da batalha. Tra-

---

[4] *Ese* corresponde em inglês antigo ao escandinavo *Æsir*.

ta-se de poemas pessoais. Mais ainda, de poemas solitários, de poemas de homens que dizem sua solidão e sua melancolia. E isso é uma coisa totalmente nova no século IX, em que a poesia era genérica, em que o poeta cantava as vitórias ou as derrotas do seu clã, do seu rei. Em compensação, aqui o poeta já fala pessoalmente, antecipa-se ao movimento romântico, o movimento que estudaremos ao ver a poesia inglesa do século XVIII. Conjeturei – esta é uma conjetura pessoal minha, não se encontra em nenhum livro, que eu saiba – que essa poesia melancólica e pessoal pode se dever à procedência celta, pode ser de origem celta. Parece-me inverossímil, pensando bem, supor, como se diz comumente, que os saxões, os anglos e os jutos, ao invadir a Inglaterra, passaram à faca toda a população. É mais natural supor que guardaram os homens como escravos e as mulheres como concubinas. Não teria nenhum sentido matar toda a população. Além do mais, isso é atualmente comprovado na Inglaterra: o tipo germânico propriamente, digamos de linhagem de gente alta, loura ou ruiva, corresponde aos condados do Norte e da Escócia. Já no Sul e até o Oeste, onde se refugiaram os habitantes primitivos, abunda gente de estatura mediana e de cabelos castanhos. Em Gales, abunda gente de cabelos negros. No Norte, nas terras altas, as Highlands da Escócia, também. Além do mais, sem dúvida, há muita gente loura na Inglaterra que não é de origem saxã, mas escandinava. Isso se observa em Northumberland, Yorkshire e nas terras baixas da Escócia. E essa mistura de saxões, escandinavos, com celtas pode ter produzido – aqui estamos no conjetural, naturalmente – as chamadas "elegias anglo-saxãs". Na aula anterior disse que se chamavam elegias por seu tom melancólico, já que não são elegias no sentido de que nelas se chora a morte de um indivíduo. Na aula anterior vimos o princípio de uma das elegias mais famosas, "The Seafarer",

"O navegante", que começa com uma declaração pessoal. O poeta diz que cantará uma canção verdadeira sobre si mesmo e que contará suas viagens. Depois vem uma enumeração dos rigores da vida do navegante. Fala-se das tempestades, do turno da noite no barco. Fala-se do frio, do barco que bate nos recifes. Aqui está o tema do mar, que é um dos temas eternos, uma das constantes da poesia da Inglaterra. E há imagens estranhas. Mas não estranhas na maneira em que são as *kennings*, que têm algo de pré-fabricado. Chamar, por exemplo, "remo da boca" a língua não é uma metáfora natural no sentido de que haja uma afinidade profunda entre as duas coisas. Vê-se aí o homem de letras saxão, escandinavo, buscando uma metáfora nova. Em compensação, temos aqui versos como "norþan sniwde", "nevou vindo do norte"; depois "hægl feol on eorþan", "o granizo caiu na terra"; "corna caldast", "a mais fria das sementes". Parece estranho comparar o gelo, a neve, o granizo – enfim: o frio, a morte – com a semente, que significa a vida. E ao ler isso sentimos que o poeta não procurou, à maneira dos literatos, um contraste. Que viu o granizo e, ao vê-lo cair, pensou na queda da semente.

Durante a primeira parte do poema, o poeta, que é um navegante, fala dos rigores do mar. Fala do frio, do inverno, das tempestades, dos acasos da vida do marinheiro. E esses acasos deviam ser tremendos então nos tremendos mares do norte, em embarcações frágeis e pequenas. Depois ele diz que pouco podem saber desses rigores os que gozam do prazer da vida nas cidades, nas modestas cidades de então. Fala do verão; o verão era a época escolhida para navegar, em outras épocas o gelo das geleiras obstruía os mares. E diz então: "Cantou o guardião do verão..." – creio que é o cuco – "... anunciando amargos pesares": "singeð sumeres weard, sorge beodeð / bitter in breosthord", "ao tesouro do peito", isto é, ao coração. Mas esta *kenning*, "tesouro do peito", já era evidentemente uma frase conhecida quando o poeta a usava. Dizer "tesouro do peito" era como dizer "coração".

Fala das tempestades e, quando cremos que esse poema se refere simplesmente aos rigores, há uma surpresa, porque o poeta não só fala dos rigores mas fala também – este tema vamos encontrar em Swinburne[5], em Kipling[6] e outros – do fascínio que o mar exerce sobre ele. E esse é um tema especificamente inglês. E é natural que seja assim, já que a Inglaterra – tão importante na história do mundo – é, se a vemos num globo terrestre, uma pequena ilha desgarrada nos confins ocidentais e setentrionais da Europa.

Quero dizer que, se a uma pessoa que ignora a história, fosse mostrado o globo terrestre, essa pessoa nunca pensaria que essa breve ilha desgarrada pelo mar, essa breve ilha na qual entra o mar, viria a ser o centro de um império. E no entanto assim aconteceu. Há uma frase inglesa análoga também, "run away to sea", que corresponde ao destino dos que fogem da família, que têm de se aventurar nos perigosos mares do Norte. Depois vêm uns versos que são um verdadeiro assombro para o leitor. Fala daqueles que sentem a vocação do mar. Fala de um homem que é navegante por natureza. E os versos dizem: "Não tem ânimo para a harpa, nem para a distribuição de anéis" – lembremos que os reis distribuíam anéis em suas salas –, "nem para o gozo da mulher, nem para a grandeza do mundo. Só busca as altas correntes salgadas." Depois, ambos os sentimentos adversos convivem na elegia do navegante: os perigos, as tempestades e a atração do mar.

Agora, há quem tenha interpretado todo esse poema como alegórico. Diz-se que o mar significa a vida; as tem-

---

[5] Algernon Charles Swinburne, poeta inglês (1837-1909).
[6] Rudyard Kipling, poeta e escritor inglês (1865-1936).

pestades, os rigores da vida; e a atração do mar, as atrações da vida. Mas não devemos esquecer que a gente na Idade Média possuía a capacidade de ler um poema em dois planos distintos. Quer dizer, quem lia esse poema pensava no mar, no navegante, e também pensava em que o mar pode ser uma alegoria ou um símbolo da vida. Há um texto muito posterior, um texto que se escreve muitos séculos depois, mas que é um texto medieval também, a epístola de Dante ao Can Grande della Scala[7], na qual diz que seu poema, que é o poema máximo de todas as literaturas, a *Divina Comédia*, foi escrito por ele para ser lido de quatro modos distintos. Poderia ser lida como uma descrição da vida do pecador, do penitente, do bem-aventurado, do justo, e mais: como uma descrição do inferno, do purgatório e do céu. Mais adiante leremos um poema de Langland[8] que causou não pouca perplexidade nos leitores atuais, porque o lêem como se fosse sucessivo. Ao que parece, trata-se de uma série de visões. Essas visões vêm a ser facetas de uma mesma coisa. Em nosso tempo, temos poetas como George[9] ou Pound, que querem que seus poemas não sejam lidos – só que isso é muito difícil de honrar em nossa era – sucessivamente, mas pedem paciência ao leitor e que os leiam como diversas facetas de um mesmo objeto poético. Parece que,

---

[7] A carta ao Can Grande della Scala, de Verona, é a última que se conserva de Dante. Foi escrita por volta de 1303 e é importante porque constitui um comentário sobre *La Divina Comedia*, feito por seu próprio autor. Até 1920, a epístola foi considerada apócrifa, mas então um grupo de estudiosos e críticos italianos e estrangeiros, após uma minuciosa análise, demonstrou, sem dar margem à dúvida, sua autenticidade.
[8] William Langland, poeta inglês (c. 1332-c. 1400). Atribui-se a ele a autoria do poema *Piers Plowman*.
[9] Stefan George, poeta alemão (1868-1933).

na Idade Média, essa capacidade que perdemos, ou que quase perdemos agora, era mais fácil. Diante de um texto, os leitores ou os ouvintes sentiam que podiam interpretá-lo de diversos modos. Adiantando-nos sobre o que virá bem depois, podemos dizer que os contos policiais de Chesterton são feitos para ser lidos como contos fantásticos, como parábolas também. E o fato é que isso acontece na elegia do navegante. No fim da elegia, o poema já é estritamente, explicitamente simbólico. E não há dúvida de que isso não oferecia dificuldade alguma no século IX. Não se deve supor que somos necessariamente mais complexos que os homens da Idade Média, homens versados em teologia e nas sutilezas teológicas. Sem dúvida ganhamos muito, mas é possível que tenhamos perdido algo.

Esta é uma das elegias. Temos outra das elegias, que é a elegia do "Wanderer", "Elegia do homem errante"[10]. Aqui o tema é o tema que teve certamente sua importância social na Idade Média, a do homem que perdeu numa batalha seu protetor, seu senhor, e está procurando outro. O homem que ficou fora da sociedade. Isso é muito importante numa sociedade de estratos como a da Idade Média. O homem que perdia seu protetor ficava sozinho, e é natural que se lamentasse da sua sorte. O poema começa falando do homem solitário, do homem que busca a proteção do senhor e que tem "como companheiro o pesar e o anseio", o desterro "frio como o inverno". "O destino foi consumado", diz depois. Aqui também podemos pensar no contexto geral da vida, mas também no caso particular do homem que não encontra apoio algum. Diz que seus amigos morreram nas batalhas, que seu senhor morreu, que ele está sozinho. Esta é outra elegia famosa.

---

[10] Uma tradução dessa elegia foi incluída no Anexo Anglo-Saxão.

Depois temos uma que se intitula "A ruína"[11], e que foi situada na cidade de Bath, porque em Bath ainda existem os restos, que vi, de grandes banhos termais romanos[12]. E as próprias construções devem ter parecido prodigiosas aos pobres saxões, que no início só podiam edificar moradias de madeira. Já disse que as cidades e as estradas romanas eram como que instrumentos demasiado complexos para os invasores que chegavam da Dinamarca, dos Países Baixos, da foz do Reno, para os quais uma cidade, uma rua, uma rua em que havia casas que estavam umas ao lado das outras, tinham algo de misterioso e de incompreensível. Esse poema começa dizendo: "Maravilhosa, prodigiosa, é a pedra lavrada deste muro, despedaçada pelo destino", "wyrde gebræcon". Depois fala de como toda a cidade foi destroçada, fala depois da água que surge das fontes termais, e o poeta imagina que festas deve ter havido naquelas ruas e se pergunta: "Onde está o cavalo? Onde está o cavaleiro? Onde os distribuidores de ouro?" – os reis. E imagina-os com armaduras brilhantes, imagina-os ébrios de vinho, resplandecentes de ouro, magníficos, e se pergunta o que terá acontecido com essas gerações. Depois vê os muros despedaçados, o vento que atravessa as casas. Dos adornos pouco resta. Vê muros em que há cobras gravadas, e isso tudo o enche de melancolia[13]. Já que usei a palavra "melancolia", gostaria de lembrar

---

[11] Borges dá uma tradução desse poema em seu livro *Literaturas germánicas medievales*, OCC, pp. 877-8.

[12] Bath, chamada pelos romanos de Aquae Sulis, situa-se na Grã-Bretanha, junto do rio Avon. As ruínas dos banhos termais foram montadas como um moderno centro turístico-arqueológico aberto à visitação pública.

[13] As perguntas retóricas do poeta, o vento que atravessa as casas e as formas de serpentes gravadas nas paredes, na realidade não pertencem ao poema "A ruína", mas sim a uma passagem de tom e tema muito semelhante que se encontra na "Elegia do homem errante". Ver a tradu-

que é muito curioso o destino dessa palavra. "Melancolia" quer dizer "humor negro", e atualmente a palavra "melancolia" é uma palavra triste para nós. Antes significou "humor" do corpo, cuja predominância correspondia a um temperamento melancólico, precisamente.

Agora, nós nunca saberemos se aqueles poetas da Inglaterra, de possível sangue celta, se deram conta de quão extraordinário, de quão revolucionário era o que estavam fazendo. É bem possível que não. Não creio que naquela época houvesse escolas literárias. Creio que escreveram esses versos porque os sentiam, que não sabiam quão extraordinário era o que estavam fazendo: como estavam obrigando um idioma de ferro, um idioma épico, a dizer algo para o qual esse idioma não havia sido forjado, a expressar tristezas e solidões pessoais. E no entanto o fizeram.

Temos também um poema, talvez um pouco anterior, que se chama "Lamento de Deor"[14]. De Deor só sabemos que foi poeta de uma corte da Alemanha, a da Prússia, que perdeu o favor do seu rei e foi suplantado por outro cantor. O rei tomou-lhe as terras que lhe tinha dado. Deor se viu só, e depois foi imaginado como personagem dramático por outro poeta da Inglaterra, cujo nome se perdeu. Deor, no poema, se consola pensando nas desventuras passadas. Pensa em Welund, que se chamava Völund na poesia escandinava e Wieland na Alemanha, e que era um guerreiro. Esse guerreiro foi feito prisioneiro – uma espécie de Dédalo setentrional, é o que ele é –, e fabrica asas com as penas dos seus cisnes e foge voando da prisão, como Dé-

ção desta última no Anexo Anglo-Saxão e comparar com a tradução de Borges do poema "A ruína" (ver nota 11). Ambos os poemas incluem descrições de ruínas e muros erodidos pelo tempo.
[14] Esse poema foi traduzido por Borges para o castelhano. Figura na *Breve antología anglosajona* sob o simples título de "Deor".

dalo, mas antes se vinga ultrajando a filha do rei. O poema começa dizendo: "Quanto a Welund, conheceu entre serpentes o desterro." É possível que essas serpentes não sejam reais, é possível que se trate de uma metáfora das espadas forjadas por ele... "Welund him be wurman wræces cunnade", e depois "homem resoluto, conheceu o desterro", "o desterro frio como o inverno", também diz. Agora, isso, que para nós não é uma frase esquisita, deve ter sido quando foi feita. Porque o natural seria interpretar "o frio desterro do inverno", mas não "o desterro frio como o inverno", o que já corresponde a uma mentalidade mais complexa. E em seguida, depois de enumerar algumas desventuras de Welund, vem um estribilho: "þaes ofereode, þisses swa mæg", "aquilo passou, isso também pode passar", e esse estribilho é uma invenção importante, porque já vimos que a poesia aliterada não permitia formar estrofes. Já o estribilho permite. Depois o poeta recorda outra desventura: a desventura da princesa cujos irmãos foram mortos por Welund. Recorda sua tristeza[15] ao ver que ela estava grávida. Depois diz: "Aquilo passou, isso também passará." Depois o poeta recorda tiranos, personagens verdadeiros ou históricos, ou lendários, da tradição germânica. E entre eles aparece Eormanrico, rei dos godos. Dizemos que tudo isso é recordado na Inglaterra. Fala de Eormanrico e do seu coração de lobo, Eormanrico "que regeu a vasta nação do povo dos godos" – "ahte wide folc", vasta nação; "Gotena rices", do reino dos godos. E acrescenta: "þaet wæs grim cyning", "esse era um rei cruel", depois diz "tudo aquilo passou, também isso passará".

Falamos das elegias anglo-saxãs e agora vamos passar aos poemas propriamente cristãos. Vamos falar de um dos poemas mais curiosos das chamadas "elegias anglo-saxãs".

---

[15] A tristeza da princesa.

Esse poema, que registra uma visão possivelmente real, possivelmente de invenção literária, costuma ser intitulado então "The Dream of the Rood", que outros traduzem, usando palavras latinas, "The Vision of the Cross", "A visão da cruz". E o poema começa dizendo: "Sim, agora narrarei o mais precioso dos sonhos" – ou das visões, na Idade Média não se distinguia muito bem entre sonhos e visões. Diz Eliot[16] que agora não cremos muito nos sonhos, atribuímos a eles uma origem fisiológica ou psicanalítica. Mas, na Idade Média, quando as pessoas acreditavam na possível origem divina dos sonhos, isso as fazia sonhar sonhos melhores.

O poeta começa dizendo: "Hwæt! Ic swefna cyst secgan wylle", "Sim, quero contar o mais precioso dos sonhos, que saiu ao meu encontro à meia-noite, quando os homens capazes de articular, capazes de palavra, descansam no repouso". Quer dizer, quando o mundo está silencioso. E o poeta diz que pareceu ver uma árvore, a mais resplandecente das árvores. Diz que essa árvore saiu da terra e crescia até o céu. Descreve depois de um modo quase cinematográfico essa árvore. Diz que a via mutável, às vezes raiada de sangue, às vezes coberta de jóias e roupagens. E diz que essa alta árvore que ia da terra ao firmamento, que essa alta árvore era adorada pelos homens na terra, pelos bem-aventurados e pelos anjos no céu. E diz: "leohte bewunden, beama beorhtost", "crescia no ar, a mais resplandecente das árvores", e que ele, ao ver essa árvore adorada pelos homens e pelos anjos, sentiu-se envergonhado, sentiu-se manchado por seus pecados. Depois, inesperadamente, a árvore começa a falar,

---

[16] Thomas Stearns Eliot, poeta, dramaturgo e crítico anglo-americano, nascido em St. Louis, Missouri, Estados Unidos (1888-1965). Estudou na Universidade de Harvard, depois na Sorbonne e finalmente em Oxford. Em 1914 estabeleceu-se em Londres e em 1927 tornou-se súdito britânico. Ganhou o prêmio Nobel de literatura em 1948.

como falará séculos depois, na célebre inscrição do Inferno, da Porta do Inferno. Essas palavras de cor escura que Dante vê acima da porta: "Per me si va ne la città dolente, / per me si va ne l'eterno dolore, / per me si va tra la perduta gente", e depois "queste parole di colore oscuro"[17], e depois sabemos que essas palavras estão escritas acima da Porta do Inferno. Esse foi um maravilhoso lampejo de Dante. Não começou dizendo: "Vi uma porta, e acima da porta estas palavras." Começa pelas palavras que estão escritas acima da Porta do Inferno, que costumam ser impressas em maiúsculas. Mas aqui acontece algo mais estranho. Essa árvore, que já adivinhamos como a Cruz, fala. E fala como um ser vivo, como um homem que quer se lembrar de algo que aconteceu muito tempo antes e que está a ponto de esquecer, e que vai juntando suas recordações. A árvore diz então: "Isso aconteceu faz muitos anos, ainda me lembro que fui cortada na orla de um bosque, se apoderaram de mim meus fortes inimigos." Depois conta como esses inimigos a levaram e como a plantaram numa colina, como fizeram que ela fosse uma forca para os homens culpados, para os foragidos.

E depois aparece Cristo. Então a árvore pede desculpas, pede que a perdoem por não ter caído sobre os inimigos de Cristo. Nesse poema, cheio de fundo e verdadeiro sentimento místico, retorna o antigo sentimento germânico. E então, ao falar de Cristo, chama-o de "esse jovem herói que era Deus Todo-Poderoso", "þa geong hæleð, þæt wæs god ælmihtig", e então pregam Cristo na cruz com pregos escuros, "mid deorcan næglum", "with dark nails" seria em inglês atual. E a cruz treme quando sente o abraço de Cristo.

---

[17] "Por mim se vai à cidade dolente, / por mim se vai à eterna dor, / por mim se vai entre a perdida gente", "essas palavras de cor escura" ou "essas sombrias palavras": Dante Alighieri, *Divina Comedia*, Canto III do Inferno, versos 1-3 e 10.

É como se a cruz fosse a mulher de Cristo, sua esposa, a cruz compartilha a dor de Deus crucificado. Depois a erguem com Cristo, que está morrendo. E então, pela primeira vez no poema, porque até então havia usado a palavra *beam*[18], "a árvore", essa palavra que encontramos em *beam*, "viga". Quer dizer, a árvore foi árvore até o momento em que abraça o jovem, em que os dois tremem como num abraço nupcial. E então a árvore diz: "Rod wæs ic aræred", "Cruz fui levantada". A árvore não era uma cruz até esse momento. Depois a cruz descreve como a terra fica escura, como o mar treme, como o véu do templo se rasga. A cruz é identificada com Cristo. Depois descreve a tristeza do Universo quando Cristo morre, e depois chegam os apóstolos para enterrar Cristo. E a cruz diz: "Os apóstolos tristes no entardecer." Não sabemos se o poeta estava totalmente consciente de quão bem se unem essas palavras, "tristeza" e "entardecer". É possível que esse sentimento fosse novo então. O fato é que enterram Cristo, e a partir daí o poema se dilui – como ocorre com quase todas as elegias anglo-saxãs, como ocorrerá depois com muitas passagens do romance picaresco espanhol –, se dilui em considerações morais. A cruz diz que no dia do Juízo Final se salvarão os que acreditarem nela, os que souberem se arrepender. Ou seja, o poeta esquece sua esplêndida invenção pessoal de fazer que a história da paixão de Cristo seja contada pela cruz, e o fato de que a cruz também pense na dor de Cristo.

Há várias elegias anglo-saxãs. Creio que as mais importantes são "O navegante", em que convivem o horror do mar e o fascínio do mar, e essa extraordinária "Visão da cruz", em que a cruz fala como se fosse um ser vivo. Há outras poesias

---

[18] *Beam*, palavra que em inglês antigo significa "árvore". Aparenta-se ao alemão *Baum*, de igual significado, e deu em inglês moderno *beam*, que significa "viga ou travessão".

cristãs em que se tomam episódios da *Bíblia*. Por exemplo, "Judite que mata Holofernes". Temos um poema sobre o Êxodo, e nesse poema há uma característica que não é essencialmente poética, mas que é curiosa porque nos mostra quão distantes estavam os saxões da *Bíblia*. O poeta tem de descrever os israelitas que atravessam o Mar Vermelho perseguidos pelos egípcios. E tem de descrever o mar que se abre para deixá-los passar e que depois afogará os egípcios. O poeta não sabe muito bem como descrever os israelitas. Então, como estão atravessando o mar e tem de empregar uma palavra para descrevê-los como navegantes, usa a palavra mais inesperada, atualmente, para nós. Ao falar dos israelitas que atravessam o Mar Vermelho, chama-os de "*vikings*". Mas, naturalmente, para ele a idéia de "navegante" e de "*viking*" eram idéias afins.

Já estamos bastante perto do fim dos saxões. A Inglaterra já foi invadida pelos escandinavos e será invadida pelos normandos. Na próxima aula veremos o trágico fim do reinado dos saxões na Inglaterra. Os saxões continuarão na Inglaterra, e continuarão na Inglaterra como vassalos, assim como os britanos foram vassalos dos saxões. Porque os noruegueses foram para os saxões o que os saxões tinham sido para os britanos, isto é, piratas e depois senhores. A história dessa conquista foi salva para nós na *História dos reis da Noruega*[19], de Snorri Sturluson, e nas crônicas saxãs. E, antes de

---

[19] A *Crônica dos reis da Noruega* foi escrita por Snorri Sturluson no início do século XIII. Consta de dezesseis sagas que correspondem aos soberanos que ocuparam o trono da Noruega entre os anos de 850 e 1177. Como Borges explica, no primeiro códice dessa obra falta a primeira página. A segunda página "começa com as palavras *Kringla Heimsins*, que significam 'a redonda bola do mundo'. Por isso o códice foi chamado *Kringla Heimsins* ou *Kringla* ou *Heimskringla*. Duas palavras casuais ficaram como título da obra, duas palavras que, no entanto, sugerem a vastidão do seu âmbito". Jorge Luis Borges, *Literaturas*

falar do que aconteceu com a língua inglesa, gostaria de me deter na próxima aula sobre o que aconteceu no ano de 1066, o ano da batalha de Hastings. E veremos como o idioma mudará depois, o que acontecerá com a língua e a literatura inglesa.

germánicas medievales, OCC, p. 960. Para mais informação sobre Snorri Sturluson, ver a nota 23 da Aula 7.

Sexta-feira, 28 de outubro de 1966

Aula nº 7

*Os livros escritos por Deus.
O bestiário anglo-saxão. As adivinhas.
Poema da sepultura. A batalha de Hastings.*

Por toda a Idade Média correu a concepção de que Deus havia escrito dois livros, e um desses livros era, previsivelmente, a Sagrada Escritura, a *Bíblia*, ditada a diversas pessoas pelo Espírito Santo, e o outro livro era o Universo, todas as criaturas. E se repetiu que o dever de todo cristão era estudar ambos os livros, o livro sagrado e esse outro livro enigmático, o Universo. Agora, no século XVII, Bacon, Francis Bacon[1], volta a essa idéia, mas volta de um modo científico. A idéia é que temos a Sagrada Escritura de um lado e, do outro, o Universo, que temos de decifrar. Mas na Idade Média encontramos a idéia de que os dois livros, o livro por excelência, a *Bíblia*, e o outro livro, o Universo – naturalmente, fazemos parte do segundo livro –, tinham de ser estudados do ponto de vista ético. Isto é, não se tratava de estudar a natureza à maneira de Bacon, que é a maneira da ciência moderna, fazendo experiências, pesquisando as coisas físicas, mas sim buscando exemplos morais nela. E isso ainda persiste em fábulas sobre a abelha ou a formiga, que nos ensinam a trabalhar, a idéia da cigarra, que é ociosa, etc. E em todas as literaturas da Europa encontram-se livros que

---

[1] Francis Bacon, filósofo e ensaísta inglês (1561-1626).

se chamam "fisiólogos"[2]. Aqui a palavra significa "médicos" ou "bestiários", porque os exemplos eram procurados entre os animais, verdadeiros ou fabulosos. É o caso, por exemplo, da Ave Fênix. Acreditava-se na Ave Fênix, ela vinha a ser um símbolo da ressurreição, porque arde, morre e depois ressuscita. E no inglês antigo, no anglo-saxão, também houve um Bestiário. Parece que o Bestiário primitivo, ou que se deu como primitivo, foi escrito no Egito, em grego. Por isso há referência a tantos animais egípcios, verdadeiros ou fabulosos, como a Ave Fênix, que vem morrer na cidade sagrada de Heliópolis, a cidade do sol. Do Bestiário anglo-saxão só se conservaram dois capítulos. Esses capítulos são curiosos, porque se referem à pantera e à baleia. E a pantera é, espantosamente, um símbolo de Cristo[3]. Isso pode nos espantar, mas também devemos pensar que a pantera, para os saxões da Inglaterra, para os anglo-saxões, era simplesmente uma palavra da *Bíblia*. Naturalmente, nunca tinham visto uma pantera, que é um animal de outras latitudes. E havia um texto, não me lembro que versículo é, no qual a pantera aparece e é identificada com Cristo. Então diz-se aí, no texto anglo-saxão sobre a pantera – sabia-se também que tinha muitas cores, isto é, que tinha manchas, era um ani-

---

[2] O bestiário ou *Physiologus* foi um gênero que teve enorme aceitação durante a Idade Média. Constava de umas 48 seções, cada uma das quais descrevia atributos ou costumes de seres mais ou menos reais ou fabulosos, que serviam para demonstrar virtudes cristãs, fazer alegorias bíblicas e alertar sobre pecados ou desvios da fé. O bestiário foi traduzido para diversos idiomas e circulou por mais de quinze séculos; todas as traduções provêm de um original em grego, que se supõe escrito em Alexandria no século II da nossa era. O nome *Physiologus*, que significa "naturalista", é utilizado atualmente como título do bestiário, mas corresponde na realidade ao autor ou fonte original da obra.
[3] Borges se refere ao poema anglo-saxão da pantera em seu *Libro de los seres imaginarios*, OCC, p. 679.

mal assim brilhante, resplandecente –, identifica-se a pantera com Cristo. Diz-se que a pantera é um animal de voz musical e de respiração suave, o que não parece confirmado pelos jardins zoológicos ou pela zoologia. Diz-se que dorme durante vários meses e depois acorda – isso pode corresponder aos dias em que Cristo está morto antes de ressuscitar –, que é um animal benéfico, que das cidades e dos campos vêm homens ao ouvir sua voz musical e que tem um inimigo, que é o dragão. E o dragão vem a ser o símbolo do demônio.

Há um dito que nunca pude me explicar e que vocês talvez possam me ajudar a resolver. É um verso de Eliot, que creio está nos *Quartetos*[4]. Diz: "Came Christ, the tiger", "Chegou Cristo, o tigre". Agora, não sei se essa identificação que faz Eliot de Cristo com o tigre se baseia em alguma reminiscência do antigo texto saxão que identifica Cristo com a pantera, que é uma espécie de tigre, ou se simplesmente – mas não creio, seria fácil demais – Eliot procura uma surpresa. Porque sempre se compara Cristo com o cordeiro, com um animal manso, e ele pode ter procurado o oposto. Mas, neste caso, creio que não teria pensado no tigre, e sim no lobo, ou talvez o lobo tenha lhe parecido ser uma comparação fácil demais para o cordeiro. O verso de Eliot é: "Na juventude do ano" – não usa a palavra

---

[4] Trata-se do vigésimo verso do poema "Gerontion". Esse poema não se encontra nos *Four Quartets*, como desconfiava Borges, mas no livro *Poems* (1920). Transcrevemos em seguida a segunda estrofe: "*Signs are taken for wonders. 'We would see a sign!' / The word within a word, unable to speak a word / Swaddled with darkness. In the juvescence of the year / Came Christ the tiger / In depraved May, dogwood and chestnut, flowering judas, / To be eaten, to be divided, to be drunk / Among whispers; by Mr. Silvero / With caressing hands, at Limoges / Who walked all night in the next room.*"

youth, mas uma palavra antiga, de inglês médio, *juvescence* – "Came Christ, the tiger". Sem dúvida, "Cristo, o tigre" alcança o efeito do espanto. Mas creio que quando se lê Eliot deve-se supor que, para escrever seu poema, ele buscava algo mais que a simples surpresa do leitor. A surpresa como efeito literário é um efeito momentâneo, que logo se desgasta.

De modo que temos este piedoso poema sobre a pantera, pantera que depois é explicada como imagem de Cristo, como um exemplo de Cristo dado aos homens. Temos depois o outro poema, que é o poema "A baleia", à qual dão o nome de Fastitocalon, que acho que se parece, mas não sei, em grego, com um nome de tartaruga[5]. Então, aqui se fala da baleia. A baleia, sim, os saxões conheciam, já vimos que uma das metáforas clássicas do mar é "caminho da baleia", o que cai bem, porque a vastidão da baleia parece sugerir ou acentuar a vastidão do âmbito da baleia, o mar. Diz-se que a baleia dorme ou simula dormir, e os marinheiros a tomam por uma ilha e desembarcam nela. A baleia afunda e os devora. Aqui a baleia vem a ser um símbolo do inferno. Agora, talvez, essa idéia da baleia que os marinheiros tomam por uma ilha nós encontramos em lendas irlandesas[6]. Lembro-me de uma gravura em que há uma baleia, que evidentemente não é uma ilha, e que além do mais está se rindo, e depois se vê um barquinho. E no barquinho está são Bran-

---

[5] *Fastitocalon* é uma deformação do grego *aspidochelone*, de *aspís*, "escudo", e *chelone*, "tartaruga". A palavra foi se deformando com as traduções e cópias sucessivas do bestiário. Borges dá um resumo do poema da baleia na página correspondente a Fastitocalon em seu *Libro de los seres imaginarios*, OCC, p. 628.

[6] Borges analisa a origem dessa lenda na página que dedica ao "Zaratán" em seu *Libro de los seres imaginarios*, OCC, p. 711. Aí também se refere ao poema anglo-saxão da baleia e traduz o fragmento da *Viagem de são Brandão*.

dão, o santo[7], com uma cruz, que com grande prudência vai embarcar na baleia que está rindo dele. Também encontramos isso no *Paraíso Perdido* de Milton, em que fala da baleia, que muitas vezes o marinheiro encontra perto das costas da Noruega, e desembarca nela, acende o fogo, então o fogo acorda a baleia, a baleia submerge e devora os marinheiros. Aqui há um toque poético de Milton. Ele poderia ter dito: "A baleia venturosamente dormindo", "on the Norway sea", no mar da Noruega. Mas não põe isso. Põe "on the Norway foam"[8], que fica muito mais bonito: "Na espuma da Noruega".

Temos pois esses trechos, e depois há um longo poema anglo-saxão, que se refere à Ave Fênix e começa com uma descrição do Paraíso terrestre. O Paraíso terrestre é figurado como uma meseta, sobre uma alta montanha do Oriente. Também no Purgatório de Dante, no cume dessa espécie de montanha artificial ou sistema de terraços que constituem o Purgatório, é que está o Paraíso terrestre. E no poema saxão o Paraíso terrestre é descrito com palavras que lembram outras da *Odisséia*. Diz-se, por exemplo, que não há excesso de frio, de calor, de verão ou de inverno, que não há granizo, que não há chuva, que também não é acabrunhante o calor do sol, e depois se fala da Ave Fênix, que é um dos ani-

---

[7] São Brandão, o Navegante (c. 486-578). Fundou numerosos mosteiros e igrejas, dos quais o mais famoso é o de Clonfert, onde foi enterrado. A obra que narra sua legendária viagem à Terra Prometida e inclui o encontro com a baleia descrito por Borges se intitula *Navigatio Sancti Brandani* ou *Viagem de são Brandão*.

[8] "... *or that sea-beast / Leviathan, which God of all his works / Created hugest that swim th' ocean-stream. / Him, haply slumbering on the Norway foam*", "... ou aquela besta marinha / O Leviatã, que de todas as suas criaturas / Deus criou como a maior das que nadam nas águas do oceano. / Ele, venturosamente dormindo na espuma da Noruega" (John Milton, *Paradise Lost*, Book I).

mais descritos na *História natural* de Plínio. Aqui podemos advertir que, quando Plínio fala dos grifos[9], ou quando fala do dragão, ou quando fala do Fênix, isso já não se deve a que Plínio acredite neles. Creio que a explicação é outra. A explicação é que Plínio queria reunir num volume tudo o que se refere aos animais, e que aí ele reunia o verdadeiro e também a fábula, para tornar o texto mais completo. Mas ele mesmo diz às vezes "o que é duvidoso" ou "conta-se que", pelo que se vê que não devemos imaginá-lo como um ingênuo, mas simplesmente como uma pessoa que tem uma concepção diferente do que deve ser uma história natural. Essa história tinha de incluir não apenas o que se sabe de certo sobre qualquer animal, mas também sobre as superstições. Creio que, por exemplo, ele acreditava que o rubi torna os homens invisíveis, a esmeralda os torna eloqüentes, etc. Quer dizer, não, ele não acreditava. Ele sabia que existiam essas superstições e as incluía em seu livro também.

Refiro-me a essas duas peças do bestiário anglo-saxão porque são curiosas, não porque tenham materialmente maior mérito poético. Além disso há uma série de adivinhas anglo-saxãs[10], uma série de adivinhas que não são concebidas como engenhosas, à maneira dos enigmas gregos. Vocês devem se lembrar, por exemplo, do famoso enigma da Esfinge: "Qual o animal que anda de quatro de manhã, de dois ao meio-dia e de três à tarde?", e descobre-se que tudo isso é uma longa metáfora da vida do homem, que engatinha quando é criança, que é bípede, que se mantém nos

---

[9] Animais fabulosos com corpo de leão e cabeça e asas de águia. Borges dedica uma página aos grifos em seu *Libro de los seres imaginarios*, OCC, p. 639. Ver também a nota 8 da Aula n.º 3.
[10] Borges inclui seis dessas adivinhas anglo-saxãs, traduzidas para o castelhano, que correspondem ao peixe, a um vendedor de alho, ao cisne, à traça, a um cálice, à lua e ao sol, em *Literaturas germánicas medievales*, OCC, pp. 890-1.

dois pés ao meio-dia e depois, na velhice, que é comparada com o crepúsculo, se apóia num bastão[11]. Agora, os enigmas anglo-saxões não são engenhosos, são antes descrições poéticas das coisas, e há algumas cuja solução se ignora e outras cuja solução é evidente. Por exemplo, há uma que se refere à traça e fala de um ladrão que entra de noite numa biblioteca e se alimenta com as palavras de um sábio, mas não aprende nada com elas. Temos assim que se trata da traça. E há outra sobre o rouxinol, como os homens o ouvem. Há outra sobre o cisne, sobre o ruído das suas asas, há outra sobre o peixe: diz-se que ele é errante e que sua casa – o rio, evidentemente – também é errante, mas, se o tiram da sua casa, morre. Naturalmente, um peixe morre fora d'água. Quer dizer, os enigmas anglo-saxões são poemas lentos, não engenhosos, mas com um sentimento muito vivo da natureza. Vimos que o sentimento da natureza é uma das peculiaridades da literatura inglesa desde suas origens, desde seus princípios. Depois temos os poemas bíblicos, que são meras extensões do texto bíblico, extensões oratórias e muito inferiores certamente ao texto sagrado em que seus autores se inspiraram. Depois temos outros em que se tomam temas da mitologia comum ou da lenda germânica, mas dos quais vimos o principal, creio, que são os textos épicos: o *Beowulf*, o "Fragmento heróico de Finnsburh", a "Ode de Brunanburh" – esplendidamente traduzida por Tennyson, e em qualquer edição das obras de Tennyson vocês podem encontrar essa tradução exemplar da "Ode de Brunanburh" – e a "Balada de Maldon", de que não encontrei até agora uma tradução exemplar, mas que vocês encontrarão traduzida literalmente no volume de Gordon, *Anglo-Saxon Poetry*.

---

[11] Ver a página correspondente à Esfinge no *Libro de los seres imaginarios*, OCC, p. 627.

Depois há um poema muito triste, um poema escrito após a conquista normanda e traduzido admiravelmente pelo poeta americano Longfellow[12], que também traduziu as coplas de Manrique do espanhol, a *Divina Comédia* do italiano, e depois traduz muitos dos cantos escandinavos e de trovadores provençais. Traduziu os poetas românticos alemães, traduziu baladas do alemão. Era um homem que tinha vasta cultura e, durante os anos da Guerra de Secessão, para se distrair dessa guerra, que foi a mais sangrenta do século XIX, traduziu em hendecassílabos, brancos, sem rima, toda a *Divina Comédia*, conforme eu disse. Agora, o poema "A sepultura"[13] é um poema muito estranho. Supõe-se que foi composto no século XI ou no início do século XII, isto é, em plena Idade Média, numa época cristã. No entanto, nesse poema, "A sepultura", não há nenhuma referência à esperança do Céu ou ao temor do Inferno. É como se o poeta só acreditasse na morte física, na corrupção do corpo, e imaginasse, além disso, como num conto do nosso Eduardo Wilde, "La primera noche de cementerio"[14] [A primeira noite de cemitério], que o morto guarda consciência dessa corrupção. O poema começa: "Para ti uma casa foi construída antes que nascesses" – isto é, para cada um de nós já há um lugar determinado na terra para sermos enterrados –, "A ti o pó foi destinado antes que saísses da tua mãe": "De wes molde imynt, er ðu of moder come", vocês podem ver que o final já se parece bastante com o inglês, já transluz o

---

[12] Henry Wadsworth Longfellow, poeta americano (1807-1882).
[13] Esse poema foi traduzido por Borges para o castelhano e figura em sua *Breve antología anglosajona*.
[14] Esse conto, que aparece em numerosas antologias das narrativas de Eduardo Wilde, foi incluído por Borges em sua compilação *Cuentistas y pintores argentinos*, publicada em 1985 por Ediciones de Arte Gaglianone.

inglês. "Escura é essa casa", diz depois... Perdão, "Sem portas é essa casa, e dentro está escura". Em inglês seria: "Doorless is that house, and dark it is within", e nesse inglês antigo tardio, que já está profetizando, prefigurando o inglês, diz: "Dureleas is þet hus and dearc hit is wiðinnen." Já neste anglo-saxão, embora não haja palavras latinas, estamos nos aproximando do inglês. Depois descreve a casa. Diz que essa casa não tem um teto muito alto, que o teto está construído tocando o peito, que é muito baixo, "que aí estarás muito só" – diz –, "deixarás teus amigos, nenhum amigo se abaixará para te perguntar se gostas dessa casa". Depois diz: "a casa está fechada e a morte tem a chave". Depois há outros versos, quatro versos acrescentados, vê-se que a mão que os escreveu é outra, já que o tom é diferente. Porque diz: "Nenhuma mão acariciará teus cabelos", e isso já corresponde a uma ternura que parece posterior, porque todo o poema é muito triste, muito duro. Todo o poema é uma só metáfora: a metáfora da casa como morada última do homem. Mas esse poema foi escrito com tanta intensidade que é um dos grandes poemas da poesia inglesa. E a tradução de Longfellow, que costuma vir no fim, não somente é literal, mas às vezes o poeta segue a ordem exata, a mesma ordem dos versos anglo-saxões. De toda a literatura anglo-saxã, é a que está escrita numa linguagem mais fácil, porque é a que está mais próxima do inglês atual.

Há muitas antologias da poesia anglo-saxã, e há uma feita na Suíça – não me lembro do nome do autor – com um critério muito inteligente. É o seguinte: em vez de começar pelo *Beowulf* ou pelo "Fragmento de Finnsburh", que são do século VII ou VIII, ele inicia pelo mais novo, isto é, pelo que está mais próximo do inglês atual. Logo, a antologia é retrospectiva, a antologia vai chegando ao anglo-saxão do século VIII e começa com o anglo-saxão do século XII, isto é, à medida que vamos nos adiantando nos textos, os textos são mais difíceis, mas os primeiros, os do começo, nos ajudam.

Agora vamos encerrar este segundo tópico, mas será preciso dizer algo de história também. Primeiro vou me referir à história do idioma, para que vocês percebam como se passou do anglo-saxão ao inglês atual. Agora, ocorreram dois fatos capitais, e esses dois fatos, quando ocorreram, devem ter parecido catastróficos, terríveis. E, no entanto, prepararam o inglês para ser o que Alfonso Reyes chamou de "a língua imperial" do nosso século. Ou seja, o anglo-saxão era um idioma muito mais complicado gramaticalmente do que o inglês atual. Havia nele, como em alemão e nas línguas escandinavas, três gêneros gramaticais. Em espanhol temos dois, e isso já é suficientemente complicado para os estrangeiros. Não há nenhuma razão para que digamos "a mesa" ou "o relógio", por exemplo; tem-se de aprender em cada caso. Mas em inglês antigo, como em alemão e nas línguas escandinavas, havia três gêneros gramaticais. Assim, temos "o lua", "a sal" e "o estrela". Agora, supõe-se que "o lua" corresponde a uma época antiquíssima, corresponde à época do matriarcado, à época em que as mulheres eram mais importantes que os homens. A mulher regia a família, e então a luz mais brilhante, o sol, viram-na como feminino. Na mitologia escandinava temos analogamente uma deusa do sol e um deus da lua. Agora, li em *El imperio jesuítico*, de Lugones[15] – suponho que Lugones não se engana – que em guarani acontece o mesmo, que em guarani se diz "a sol" e "o lua". É curioso que na poesia alemã isso tenha influído, já que em alemão se diz "o lua", "der Mond", como "mona", "lua", era masculino em inglês antigo, e "sunne", "sol", era feminino. Em *Assim falou Zaratustra*, Nietzsche compara o

---

[15] Borges incluiu esse livro de Leopoldo Lugones como volume 12 da coleção *Biblioteca personal*.

sol com um gato que anda num tapete de estrelas. Mas não diz "eine Katze", que poderia ser uma gata também, mas "ein Kater", "um gato", "um macho". Depois pensava na lua como um monge que olha com inveja para a Terra, e não como uma monja. Assim, os gêneros gramaticais, que são mais ou menos casuais, também influem na poesia. E em inglês [antigo] o nome para mulher é neutro, *wif* [16], mas também pode ser masculino porque havia uma palavra *wifmann*, e como *mann* era masculino, dizia-se "o mulher" ou "a mulher" também. Em inglês atual, tudo isso é muito mais simples. Em espanhol, por exemplo, dizemos "alto", "alta", "altos", "altas". Ou seja, temos gênero gramatical para os adjetivos. Em inglês temos *high*, que pode significar "alto", "alta", "altos", "altas", conforme o que venha depois. Agora, a que se deve essa simplificação que faz do inglês um idioma muito mais simples gramaticalmente, porém, é claro, muito mais rico em vocabulário do que o inglês antigo? Isso se deve ao fato de que os *vikings*, dinamarqueses, noruegueses, se estabeleceram no norte e no centro da Inglaterra. Agora, o antigo escandinavo se parecia com o inglês. Os saxões tinham de se entender com os escandinavos, que eram seus vizinhos, e além disso bem cedo os saxões chegaram a se confundir com os escandinavos, que eram menos numerosos: a raça escandinava se fundiu com a saxã. Mas tinham de se entender. E então, para se entender, já que o vocabulário era muito parecido, fez-se uma espécie de língua franca, e o inglês foi simplificado.

Isso deve ter sido muito triste para os saxões cultos. Imaginem vocês se de repente notássemos que as pessoas dissessem "o colher", "o mesa", "o casa", "a garfo", etc. Pensaríamos: "Caramba, o idioma está degenerando, chegamos à

---

[16] Dessa palavra provém a palavra do inglês moderno "wife", "esposa".

perfeição do macarrônico." Mas os saxões, que devem ter pensado a mesma coisa, não podiam prever que isso ia fazer do inglês um idioma mais fácil. Vejam que atualmente o inglês quase não tem gramática. É o dicionário mais simples que há, gramaticalmente. Porque é difícil na pronúncia e quanto à ortografia inglesa; vocês sabem que, no que se refere aos nomes próprios, quando de repente alguém se torna célebre, a gente não sabe como se pronuncia. Porque, por exemplo, quando Somerset Maugham[17] começou a escrever, a gente dizia "Moguem", porque não podia saber como se pronunciava. Depois temos as letras que ficaram da pronúncia antiga. Por exemplo, "faca" em inglês se diz "naif", mas se escreve *knife*. Por que esse "k"? Porque em inglês antigo ele era pronunciado e ficou como uma espécie de fóssil perdido[18]. Temos também "nait", "cavaleiro", que se escreve *knight* em inglês atual. Parece absurdo, mas é porque em anglo-saxão a palavra era *cniht*, "servidor". Ou seja, [o "c" inicial] era pronunciado. Depois o inglês foi se enchendo de palavras francesas por causa da conquista normanda.

Vamos falar agora desse ano de 1066, que é o ano da batalha de Hastings. Agora, há historiadores ingleses que dizem que o caráter inglês não estava formado quando ocorreu a invasão normanda. Outros dizem que sim. Mas creio que os primeiros são verossímeis. Creio que a conquista normanda foi muito importante para a história da Inglaterra e, naturalmente, isso quer dizer para a história do mundo. Creio que, se os normandos não houvessem invadido a Inglaterra, a Inglaterra seria atualmente o que é, digamos, a Dinamarca. Ou seja, seria um país muito culto, admirável politicamente, mas um país provinciano, um país que não exerceu

---

[17] William Somerset Maugham, romancista e dramaturgo de língua inglesa nascido em Paris (1874-1965).
[18] Em inglês antigo, "faca" era *"cnif"*.

maior influência na história do mundo. Os normandos é que tornaram possível o Império Britânico e a difusão da raça inglesa em todas as partes do mundo. Eu creio que, se não tivesse havido a invasão normanda, não teríamos tido depois um império inglês. Quer dizer, não haveria ingleses no Canadá, na Índia, na África do Sul, na Austrália. Talvez não existissem os Estados Unidos também. Ou seja, toda a história do mundo teria mudado. Porque os normandos tinham um senso executivo, um senso de organização de que os saxões careciam. Vemos isso na própria *Crônica anglo-saxã*, escrita por um monge saxão, inimigo dos normandos, mas eles falavam de Guilherme, o Conquistador[19], o bastardo, que era normando, e quando morreu disseram que nunca tinha havido na Inglaterra um rei mais poderoso do que ele. Porque antes o país era dividido em pequenos reinos. É verdade que houve um Alfredo, o Grande[20], mas ele nunca chegou à concepção de que a Inglaterra podia ser puramente anglo-saxã ou inglesa. Alfredo, o Grande, morreu com a idéia

---

[19] Guilherme, o Conquistador (William the Conqueror) (c. 1028-1087). Duque da Normandia e rei da Inglaterra desde que venceu em Hastings o rei saxão Harold, no ano de 1066. Borges descreve os pormenores dessa batalha nas páginas seguintes.

[20] O rei Alfredo, chamado "Alfred the Great" (849-899). Desde sua coroação como rei de Wessex, em 871, Alfredo teve de enfrentar a constante ameaça dos invasores *vikings*. No ano de 878, os dinamarqueses tomaram Wessex e Alfredo foi obrigado a fugir. Mas voltou pouco depois e derrotou os invasores em Eddington. No ano de 886, Alfredo firmou com os dinamarqueses o tratado de Wedmore, que estabelecia a participação da Inglaterra. O Norte e o Leste da ilha ficaram sob controle dinamarquês, mas Alfredo conseguiu, em troca, ampliar seus domínios além dos limites de Wessex, obtendo além disso a conversão ao cristianismo do rei Guthrum. Alfredo nunca reinou sobre toda a Inglaterra, mas suas reformas e vitórias militares assinalaram o início do processo de consolidação territorial que permitiu a seus sucessores levar adiante a unificação da Inglaterra anglo-saxã.

de que a Inglaterra seria em boa parte um país escandinavo e, na outra parte, um país saxão. Mas chegaram os normandos e conquistaram toda a Inglaterra, quer dizer, chegaram até a fronteira da Escócia. Além do mais são gente muito enérgica, gente com um grande senso de organização, com um grande senso religioso também, e encheram a Inglaterra de mosteiros – os saxões já tinham sentimento religioso, claro. Mas vamos ver os acontecimentos dramáticos desse ano de 1066 da Inglaterra. Temos então na Inglaterra um rei que se chama Harold, filho de Godwin. E Harold tinha um irmão que se chamava Tostig. Vi no condado de Yorkshire uma igreja saxã construída pelos dois irmãos. Não me lembro exatamente da inscrição, mas me lembro que pedi que a lessem para mim e fiz bonita figura porque a traduzi, coisa que os cavalheiros ingleses que estavam comigo não eram capazes de fazer, porque não haviam estudado anglo-saxão. Eu mais ou menos, mas quem sabe não trapaceei um pouco ao ler a inscrição que havia na igreja. Na Inglaterra devem restar cinqüenta ou sessenta igrejas saxãs. Esta era uma igreja pequena. São edifícios de pedra cinzenta, quadrados, pobres. Os saxões não foram grandes arquitetos, só o foram mais tarde sob a influência normanda. Mas o estilo gótico eles entenderam de outra maneira, porque o gótico geralmente tende à altura. Mas Yorkminster, a catedral de York, é a maior catedral da Europa. Tem umas janelas chamadas "the York sisters", "as irmãs de York". Essas janelas não foram destruídas pelos soldados de Cromwell, porque são janelas de vidro de diversas cores, primando o amarelo. E os desenhos são o que hoje chamaríamos de abstratos, ou seja, não há figuras. E não foram destruídos pelos soldados de Cromwell – que destruíam tudo o que fosse imagem, porque as viam como ídolos. As "York sisters", precursoras da arte abstrata, não; elas se salvaram, e é uma sorte, porque são realmente lindíssimas.

Temos pois o rei Harold e seu irmão, o conde Toste ou Tostig, conforme os textos. Agora, o conde acreditava que tinha direito a parte do reino, que o rei devia dividir a Inglaterra com ele. O rei Harold não concordou, e então Tostig se foi da Inglaterra e tornou-se aliado do rei da Noruega, a quem chamavam Harald Hardrada, Harald, o resoluto, o duro... É uma pena que tenha quase o mesmo nome de Harold, mas não se pode modificar a história. Esse personagem é um personagem muito interessante, porque, à maneira de muitos escandinavos cultos, não apenas era guerreiro mas, além disso, era poeta. E parece que em sua última batalha, a batalha de Stamford Bridge, compôs dois poemas. Compôs um, recitou-o e disse: "Não ficou bom."[21] Então compôs outro, em que havia mais *kennings*, mais metáforas, e que por isso lhe pareceu melhor. Além disso, esse rei andou por Constantinopla e teve amores com uma princesa grega. Ele escreveu – diz Farley[22], com uma frase que poderia ser de Hugo – "madrigais de ferro". O conde Tostig, que também tinha um partido na Inglaterra, foi à Noruega e buscou a aliança de Harald. Eles desembarcaram perto de uma cidade que o historiador islandês Snorri Sturluson[23] chama de Jorvik, e

---

[21] Este episódio aparece na *Saga de Harald Hardrada*, Parte II, cap. 94, da *Heimskringla* de Snorri Sturluson.
[22] Refere-se provavelmente a James Lewis Farley, jornalista e escritor inglês, nascido em Dublin (1823-1885). Foi cônsul da Turquia em Bristol e contribuiu para melhorar as relações entre esse país e a Inglaterra. Alguns dos seus escritos são: *Two Years Travel in Syria, The Massacres in Syria, New Bulgaria, The Druses and the Maronites, Modern Turkey, The Resources of Turkey* e *Egypt, Cyprus and Asiatic Turkey*.
[23] Snorri Sturluson: poeta, erudito e historiador islandês (1179-1241). O mais conhecido dos autores medievais da Islândia. Escreveu a *Heimskringla* ou *Crônica dos reis da Noruega* e a *Edda menor* ou *prosaica*. Também lhe é atribuída a autoria da *Saga de Egill Skallagrimson*. Snorri Sturluson estudou em Oddi sob a tutela do sábio Jon Loptsson e foi,

que é a atual cidade de York. Ali se reuniram, naturalmente, muitos saxões que eram partidários seus e não de Harold. Este veio do Sul com seu exército. Os dois exércitos se enfrentaram. Era de manhã. Já disse que as batalhas de então tinham algo de torneio. O exército saxão saiu com trinta ou quarenta cavaleiros. Podemos imaginá-los cobertos de ferro. Talvez os cavalos também tivessem ferros. Se vocês viram, *Alexandre Nevsky*[24] pode lhes servir para imaginar essa cena. Agora quero que vocês pensem muito bem em cada uma das palavras que [eles] vão dizer. Claro que essas palavras podem muito bem ter sido inventadas pela tradição, ou pelo historiador islandês que registra a cena, mas cada uma das palavras tem seu valor. Aproximam-se pois esses quarenta cavaleiros saxões, quero dizer ingleses, do exército norueguês. E lá estava o conde Tostig, e a seu lado o rei da Noruega, Harald. Agora, quando Harald desembarcou na costa da Inglaterra, o cavalo tropeçou e ele caiu. E ele disse: "Nas viagens, um tombo traz sorte." Algo como quando Júlio César desembarcou na África, caiu e, para que isso não fosse tomado por mau

em seu tempo, não apenas o erudito mais destacado, mas também, provavelmente, o homem de linhagem mais nobre de toda a Islândia. Além do estudo, Snorri se interessava pela riqueza e pelo poder; não lhe faltaram nem uma nem outro. Participou de intrigas envolvendo o rei da Noruega, Hakon IV, e prometeu entregar a Islândia à sua coroa, mas depois – por razões que hoje não se entendem muito bem – retardou bastante essa entrega. Como assinala Borges, a vida de Snorri Sturluson foi descrita como "uma complexa crônica de traições". No ano de 1241, ante uma deselegância de Snorri, o rei Hakon perdeu a paciência e encomendou seu assassinato. Borges desenvolve os pontos fundamentais da sua vida em *Literaturas germânicas medievales*, OCC, pp. 950-1. Ver também o prólogo de Borges à sua tradução da primeira parte da Edda Menor ou Prosaica, intitulada *Gylfaginning*, ou *A alucinação de Gylfi*.

[24] O célebre filme de Sergei M. Eisenstein, estreado em 1938.

agouro pelos soldados, disse: "Tenho-te, África!" Então este[25] recordou um provérbio. Vêm pois os cavaleiros, ainda estão a certa distância, mas a distância suficiente para que os cavaleiros possam ver a cara dos noruegueses, e os noruegueses a cara dos saxões. Então o chefe desse pequeno grupo grita: "Está aqui o conde Tostig?" Então Tostig compreende e diz: "Não nego estar aqui." Então o cavaleiro saxão diz a ele: "Trago-te uma mensagem do teu irmão, Harold, rei da Inglaterra. Ele te oferece a terça parte do seu reino e seu perdão" – pelo que ele fez, claro, porque se aliou a estrangeiros noruegueses e invadiu a Inglaterra. Então Tostig fica pensativo um momento. Ele bem que gostaria de aceitar a oferta. Ao mesmo tempo ali estão o rei da Noruega e seu exército. Então ele diz: "Se aceitar a oferta, que há para o meu senhor?" – o outro era rei da Noruega, e ele era conde. "Para meu senhor Harald, rei da Noruega?" Então o cavaleiro fica pensativo por um momento e diz: "Também nisso teu irmão pensou. Oferece-lhe seis pés de terra inglesa e, já que ele é tão alto, mais um", acrescenta encarando-o. Quando da [Segunda] Guerra Mundial, no começo, num dos seus discursos, Churchill disse que passados tantos séculos a Inglaterra continuava mantendo sua oferta aos invasores, que também oferecia a Hitler seis pés de terra inglesa. A oferta continuava válida.

Então Tostig pensa um momento e depois diz: "Nesse caso, diz a teu senhor que combateremos, e que Deus verá a quem cabe a vitória." O outro não diz mais nada e se afasta. Enquanto isso, o rei da Noruega já compreendeu tudo, porque os idiomas eram parecidos, mas não disse uma palavra. Tem suas desconfianças. E, quando os outros voltam a se reunir com o grosso do exército, pergunta a Tostig, porque no

---

[25] Refere-se a Harald.

tal diálogo todos ficam incólumes: "Quem era esse cavaleiro que falou tão bem?", disse. Vejam só. E Tostig lhe diz: "Esse cavaleiro era meu irmão Harold, rei da Inglaterra." Agora vemos por que Harold perguntou no começo: "Está aqui o conde Tostig?" Naturalmente sabia que estava, porque está vendo seu irmão. Mas pergunta-lhe dessa maneira para indicar a Tostig que não deve traí-lo. Se os noruegueses tivessem sabido que ele era o rei, teriam-no matado imediatamente.

De modo que o irmão também se porta com lealdade, porque simulou não o conhecer, e ao mesmo tempo se porta com lealdade para com o rei da Noruega, porque diz: "Que há para o meu senhor?" Então o rei da Noruega, recordando a frase anterior e a frase do outro, diz: "Não é muito alto, mas parece muito firme em seu cavalo."

Logo se trava a batalha de Stamford Bridge – ainda se pode ver o lugar – e os saxões derrotam os noruegueses e os partidários de Tostig, e o rei da Noruega conquista os seis pés de terra inglesa que lhe tinham prometido de manhã. Agora, essa vitória é um pouco triste para Harold, porque ali estava seu irmão. Mas era uma grande vitória, já que eram em geral os noruegueses que derrotavam os saxões, e aqui não.

Estão celebrando a vitória. Nisso chega outro cavaleiro, um cavaleiro muito cansado, e vem com uma notícia. Vem dizer a Harold que o sul foi invadido pelos normandos. Então, o exército cansado com a vitória de Harold tem de se dirigir, fazendo marchas forçadas, para Hastings. E ali, em Hastings, os normandos esperam. Agora, os normandos eram gente escandinava também, mas estavam havia mais de um século na França, tinham esquecido o idioma dinamarquês, eram franceses realmente. E tinham o costume de rapar a cabeça.

Então Harold manda um espião – isso era fácil na época –, manda-o ao acampamento normando. O espião volta e lhe diz que fique tranqüilo, porque o acampamento é um acampamento de frades, que não vai acontecer nada. Mas eram os normandos. No dia seguinte trava-se a batalha, e temos um episódio que, se não é histórico, digamos, historicamente, é histórico de outra maneira. Entra outro personagem em ação, outro cavaleiro. É Taillefer, um jogral. Nessa história há muitos cavaleiros. É um jogral normando, e pede a Guilherme, o Bastardo, que depois seria Guilherme, o Conquistador, permissão para ser o primeiro a entrar em batalha. Pede-lhe essa honra, que é uma honra terrível, porque naturalmente os primeiros a entrar em batalha são os primeiros a morrer. Então ele entra no combate jogando com a espada, atirando-a e pegando-a de volta, ante os saxões atônitos. Os saxões deviam ser gente séria, claro, mas não creio que existem rapazes assim. E ele entra na batalha – diz-nos a antiga crônica inglesa de William de Malmesbury[26] – cantando a "cantilena Rollandi", isto é, cantando uma antiga versão da *Chanson de Roland*. É como se, com ele, entrasse toda a cultura francesa, toda a luz da França na Inglaterra.

Agora, o combate dura o dia todo. Os saxões e os normandos tinham armas diferentes. Os saxões tinham machados de guerra, armas terríveis. Os normandos não conseguem romper o cerco que os saxões formam, e então recorrem a um antigo ardil de guerra, que é simular uma fuga. Então os saxões saem em sua perseguição, os normandos dão meia-volta e derrotam os saxões. E assim terminou o domínio dos saxões na Inglaterra.

Há outro episódio, que também é poético, mas é poético de outro modo, é o tema do poema de Heine intitula-

---

[26] A "antiga crônica inglesa" citada por Borges é a *Gesta Regum Anglorum*, "História dos reis da Inglaterra", escrita pelo cronista e historiador inglês William de Malmesbury (c. 1090-1143), por volta do ano de 1125.

do "Schlachtfeld bei Hastings", "Campo de batalha em Hastings". *Schlacht*, naturalmente, está vinculado à palavra inglesa *slay*, "matar", e à palavra *slaughter*, "matança". "*Slaughterhouse*" é como se chamam na Inglaterra os matadouros. [O episódio] é este: os saxões são vencidos pelos normandos. Essa derrota é natural, porque já haviam sido dizimados por sua vitória sobre os noruegueses, porque já chegavam muito cansados, etc. Há um problema, que é o de encontrar o cadáver do rei. Porque há mercadores que seguiram o exército e eles, naturalmente, roubam as armaduras dos cadáveres, os arreios dos cavalos, e o campo de batalha de Hastings está cheio de homens e de cavalos mortos. Então há um mosteiro perto dali, e os monges, naturalmente, querem dar sepultura cristã a Harold, o último rei saxão da Inglaterra. Então um monge, o abade, lembra-se que o rei teve uma amada, uma amada que não é descrita, mas que podemos imaginar facilmente, porque se chama Edith Swaneshals, Edith Pescoço de Cisne. De modo que devia ser uma mulher muito alta, loura, de pescoço fino. Ela é uma das muitas mulheres que o rei teve. Cansou-se dela, abandonou-a, e ela vive numa choça no meio do bosque. Envelheceu prematuramente. Além do mais, as pessoas naquela época envelheciam muito cedo, da mesma maneira que amadureciam muito cedo. Então o abade pensa que, se há alguém que pode reconhecer o cadáver do rei – ou seja, o corpo nu do rei, deve ter pensado –, é essa mulher, que o conheceu tanto, que ele abandonou agora. Vão então à choça, a mulher sai, uma mulher já velha. Os monges lhe dizem que a Inglaterra foi ganha pelos franceses, pelos normandos, que isso aconteceu ali perto, em Hastings, e pedem que ela vá procurar o corpo do rei. Isso é o que diz a crônica. Agora, Heine, naturalmente, aproveita isso, descreve o campo de batalha, descreve a pobre mulher abrindo caminho entre o fedor dos mortos e as aves de rapina que estão se encarniçando neles, e ela logo reconhece o corpo do homem que amou. Não diz nada, mas cobre-o de beijos. Então os monges reconhecem o rei, enterram-no, dão-lhe sepultura cristã.

Agora, também existe uma lenda conservada numa crônica anglo-saxã, que diz que o rei Harold não morreu em Hastings, mas depois da batalha retirou-se para um convento e que lá fez penitência pelos muitos pecados que havia cometido – parece que sua vida foi tormentosa. E [diz a crônica] que às vezes Guilherme, o Conquistador, que reinaria depois na Inglaterra, quando tinha uma dificuldade a resolver, ia ver esse monge anônimo que outrora havia sido Harold, rei da Inglaterra, e lhe perguntava o que devia fazer. E sempre seguia seus conselhos, porque, naturalmente, interessava aos dois, ao conquistado e ao conquistador, o bem-estar da Inglaterra. De modo que vocês podem escolher entre essas duas versões, mas desconfio que vão preferir a primeira, a de Edith Pescoço de Cisne, que reconhece seu examante, e não a outra, a do rei.

Depois temos dois séculos, e nesses dois séculos é como se as letras inglesas ocorressem de modo subterrâneo, porque na corte se fala francês, os clérigos falavam latim e o povo falava saxão, falava quatro dialetos saxões que além do mais estavam se misturando com o dinamarquês. É necessário esperar do ano de 1066 ao século XIV para que a literatura inglesa, que havia continuado de um modo rústico e canhestro, que havia continuado como um rio subterrâneo, ressurja. Temos então os grandes nomes de Chaucer[27], de Langland, temos então um idioma, o inglês, que foi profundamente penetrado pelo francês. A tal ponto que, atualmente, há mais palavras de origem latina do que de origem

---

[27] Geoffrey Chaucer, poeta inglês (c. 1343-1400).

germânica num dicionário inglês. Mas as palavras germânicas são as essenciais, são as palavras que correspondem ao fogo, aos metais, ao homem, às árvores. Em compensação, todas as palavras da cultura são palavras latinas.

E concluímos aqui o segundo tópico.

Segunda-feira, 31 de outubro de 1966

Aula n.º 8

Resenha histórica até o século XVIII.
Vida de Samuel Johnson.

Embora desde a última sexta-feira tenham passado para nós apenas uns dias, para nossos estudos vai ser como se houvessem passado muitos mais. Vamos abandonar o século XI para dar um pulo no vazio e chegar ao século XVIII. Mas antes devemos, para encher esse vazio, fazer uma resenha dos grandes acontecimentos que se passaram nesse tempo.

A partir da batalha de Hastings, que marca o fim do domínio saxão na Inglaterra, o idioma inglês entra em crise. Desde o século V até o século XII, a história inglesa se vinculou à Escandinávia, seja com os dinamarqueses – os anglos e os jutos provinham das terras da Dinamarca ou da foz do Reno – ou com os noruegueses, depois, com as invasões *vikings*. Mas a partir da invasão normanda, no ano de 1066, vincula-se à França, separando-se da história escandinava e da sua influência. A literatura se quebra e a língua inglesa ressurge dois séculos depois, com Chaucer e Langland.

A vinculação à França se dá, poderíamos dizer, de início belicosamente. Ocorre então a Guerra dos Cem Anos, em que os ingleses são derrotados absolutamente. No século XIV aparecem na Inglaterra os primeiros albores do protestantismo, o que se dá antes que em qualquer outra nação. A partir desse momento, dá-se a formação do que depois seria o

Império Britânico. A guerra com a Espanha dá à Inglaterra a vitória e, com ela, o domínio dos mares.

No século XVII produz-se a guerra civil, em que o Parlamento se rebela contra o rei. Produz-se então o surgimento da República, fato que escandalizou enormemente as nações européias da época.

A República não durou. Veio então o período da Restauração, que culminou com a volta da monarquia, que eles ainda mantêm.

O século XVII é o século dos poetas metafísicos, barrocos. É então que o republicano John Milton[1] escreve seu grande poema, *O Paraíso Perdido*. No século XVIII, em compensação, dá-se o império do Racionalismo. É o século da Razão. O ideal da prosa mudou. Não é mais o da prosa extravagante como o do século XVII, mas ela aspira à claridade, à eloqüência, à justificação lógica das expressões. No que concerne ao pensamento abstrato, abundam as palavras de origem latina.

Entraremos agora na vida de Samuel Johnson, vida que se conhece muito bem. É a vida que melhor conhecemos, de todos os homens de letras. E a conhecemos pela obra de um amigo seu, que se chamava James Boswell.

Samuel Johnson nasce[2] no vilarejo de Lichfield, no condado de Straffordshire, que é um lugarejo mediterrâneo da Inglaterra mas que, digamos, profissionalmente, não é sua pátria. Quer dizer, não é a pátria da sua obra. Johnson consagrou toda a sua vida às letras. Morreu em 1784, antes da Revolução Francesa, à qual, por sinal, teria sido contrário, já que era um homem de idéias conservadoras, profundamente crente.

---

[1] John Milton, poeta inglês nascido em Londres (1608-74).
[2] No ano de 1709.

Sua infância foi pobre. Era um rapaz doentio e contraiu tuberculose. Quando ainda era pequeno, os pais o levaram a Londres para que a rainha o tocasse, e esse contato o curasse da sua doença. Uma das suas primeiras lembranças é a da rainha, que o tocou e lhe deu uma moeda. Seu pai era livreiro, o que para ele foi uma grande sorte. E, paralelamente às leituras que faria em casa, educou-se na Grammar School de Lichfield. Lichfield significa "campo dos mortos".
Samuel Johnson era fisicamente deformado, embora possuísse uma grande força. Era pesado e feio. Tinha o que chamamos tiques nervosos. Foi a Londres, onde conheceu a pobreza. Foi à Universidade de Oxford, mas não chegou a ingressar nela, muito pelo contrário: riram-se dele. Voltou então a Lichfield e fundou uma escola. Casou-se com uma mulher velha, mais velha que ele. Era uma mulher velha, feia e ridícula. Mas ele lhe foi fiel. Depois ela morreu. Talvez na sua época isso fosse uma característica que poderia ser o indício de quanto esse homem era religioso. Teve além disso traços maníacos. Evitava cuidadosamente, por exemplo, tocar as juntas das lajotas com o pé. Também evitava tocar nos postes. No entanto, apesar desses traços de excentricidade, foi uma das inteligências mais razoáveis da época, uma inteligência realmente genial.
Quando da morte da sua mulher, fez uma viagem a Londres, onde editou uma tradução de *Uma viagem à Abissínia*, do padre Lobo[3], um jesuíta. Mais tarde escreveu um romance sobre a Abissínia, para cobrir os gastos do enterro da mãe. Esse romance foi escrito numa semana. Editou vários jornais, que saíam uma ou duas vezes por semana, cujos textos eram principalmente seus. Embora fosse proibido publicar as sessões do Congresso, ele costumava assistir a essas sessões

---

[3] Jerónimo Lobo, jesuíta português (1596-1678). Em Lisboa entrou na Companhia de Jesus e realizou um vigoroso trabalho de missionário.

e depois as publicava, com um pouco de fantasia literária. Em suas informações, inventava discursos, por exemplo, e sempre se arranjava para dar a melhor parte aos conservadores. Nessa época escreveu dois poemas, "Londres" e "A vanidade das esperanças humanas", "The Vanity of Human Wishes". Nessa época, Pope[4] era considerado o melhor poeta da Inglaterra. As poesias de Johnson, que foram editadas anonimamente, tiveram grande difusão e foi dito que eram melhores que as de Pope. Mais tarde, já conhecido, o próprio Pope o felicitou. "Londres" era uma tradução livre de uma sátira de Juvenal[5]. Isso nos demonstra a concepção diferente do que era uma tradução, que se tinha na época, em relação à nossa concepção. Na época não existia a concepção de tradução estrita, como hoje, que se considera a tradução um trabalho de fidelidade verbal. Essa concepção da tradução literal se baseia nas traduções bíblicas. Estas sim eram feitas com muito respeito. A *Bíblia*, redigida por uma inteligência infinita, era um livro que o homem não podia tocar, alterar. A idéia de tradução literal não é, portanto, de origem científica, mas sim uma mostra de respeito para com a Bíblia. Groussac[6] diz que "o inglês da Bíblia do século XVII é um idioma tão sagrado quanto o hebraico do Antigo e do Novo Testamento". Johnson tomou Juvenal como modelo de "Londres" e aplicou o que Juvenal diz das sensaborias da vida de um poeta em Roma à vida de um poeta em Londres. Quer dizer, evidentemente, sua tradução não tinha nenhuma intenção de ser literal.

[4] Alexander Pope, poeta e ensaísta inglês (1688-1744).
[5] Décimo Júnio Juvenal, poeta latino (60?-140?). Os dois poemas de Samuel Johnson que Borges menciona aqui são inspirados em obras de Juvenal. "London: A Poem", de 1738, baseia-se na terceira sátira de Juvenal. "The Vanity of Human Wishes", de 1749, tem como modelo a décima sátira do mesmo autor.
[6] Paul Groussac, escritor argentino nascido na França (1848-1929).

Nos periódicos que Johnson publicava, ele próprio se fez conhecer. E tanto que entre os escritores era tido como um dos primeiros. Era considerado um dos principais escritores da época, mas o público o desconhecia, e assim ficou até que publicou seu *Dicionário da língua inglesa*[7]. Considerava-se que o idioma inglês havia chegado ao seu apogeu e que, em seguida, havia declinado por causa da constante contaminação com os galicismos. Portanto já havia chegado o momento de fixá-lo. Referindo-se a isso, disse Johnson: "A língua inglesa está a ponto de perder o caráter teutônico."

Segundo Carlyle[8], o estilo de Johnson era "apergaminhado". É verdade, os parágrafos são compridos e pesados. Mas, apesar disso, atrás de cada página podemos encontrar pensamentos sensatos e originais. Boileau[9] tinha escrito que as tragédias que não respeitavam o lugar único da ação eram absurdas. Johnson reagiu contra isso. Boileau tinha dito que era impossível o espectador se acreditar primeiro num lugar e, depois, em Alexandria, por exemplo. Censurava também a falta de unidade de tempo. Do ponto de vista do senso comum, o argumento parecia irrefutável, mas Johnson o contradiz dizendo que "o espectador que não está louco sabe perfeitamente que não está em Alexandria nem em outro lugar, mas no teatro, que está na platéia assistindo a um espetáculo". Essa réplica se dirigia às regras das três unidades, que provinham de Aristóteles e que Boileau defendia.

Agora, uma comissão de livreiros foi visitá-lo e lhe propôs a redação de um dicionário que incluísse todas as palavras do idioma. Isso era uma coisa nova, insólita. Na Idade Média, no século X ou IX, quando um erudito lia um texto

---

[7] *Dictionary of the English Language* (1755).
[8] Thomas Carlyle, escritor, historiador e pensador inglês (1795-1881). Borges dedica a ele a Aula nº 16.
[9] Nicolas Boileau-Despreaux, poeta e crítico francês (1636-1711).

latino e encontrava uma palavra anômala, que não entendia, incluía entre duas linhas sua tradução para a língua vernácula. Depois eram reunidas, e assim foram se formando glossários, mas que no início eram apenas de palavras latinas difíceis. Esses glossários foram publicados separadamente, depois começaram a se tornar dicionários. Os primeiros foram italianos e franceses. Na Inglaterra, o primeiro dicionário foi feito por um italiano e se denominou *A Worlde of Wordes*, "um mundo de palavras"[10]. Seguiu-se a ele um dicionário etimológico, em que se procurou incluir todos os vocábulos, mas não atendendo ao seu significado, e sim para dar as origens ou etimologias saxãs ou latinas de uma palavra. Saxãs ou teutônicas, claro. Na Itália e na França houve academias que compuseram dicionários que não registravam todas as palavras. Não queriam registrá-las: deixavam de fora as palavras rústicas, dialetais, de *argot*, as demasiado técnicas, próprias de cada profissão. Não queriam ser ricos em palavras, e sim ter poucas palavras mas boas. Queriam sobretudo precisão, impor um limite ao idioma. Na Inglaterra não havia academias nem nada semelhante. O próprio Johnson, que publicou um projeto de dicionário inglês cujo principal motivo era fixar o idioma, não acreditava que o idioma pudesse ser fixado definitivamente. O idioma não é obra de sábios, mas de pescadores. Quer dizer, o idioma é feito por gente humilde, feito pelo acaso, e o costume cria normas de correção que devem ser procuradas nos melhores escritores. Para a busca desses escritores, Johnson estabeleceu um limite que vai de sir Philip Sidney[11] aos escritores anteriores à Restauração, fato que, pensava ele, coincidia com

---

[10] Esse dicionário inglês-italiano foi publicado em 1598 pelo lexicógrafo e tradutor Giovanni Florio (1553-1625).
[11] Sir Philip Sidney, escritor, poeta e político inglês (1554-1586). Autor do romance pastoril *A Arcádia*.

uma deterioração da linguagem pela introdução de galicismos, palavras de origem francesa.

De modo que Johnson decidiu fazer o dicionário. Quando os livreiros foram vê-lo, assinou um contrato. Neste se especificava um prazo de trabalho de três anos e uma retribuição de mil e quinhentas libras, que no fim das contas foram mil e seiscentas. Ele queria que o livro fosse uma antologia, queria acrescentar uma passagem de um clássico inglês a cada palavra. Mas não pôde fazer tudo o que tinha em mente. Queria fazer tanto, que em cada palavra incluía diversas passagens para fazer entender os diversos matizes de cada palavra. Mas os dois volumes que publicou não o satisfizeram. Pôs-se a reler os autores clássicos, os ingleses. Em cada obra marcava as passagens em que uma palavra era empregada com felicidade, e uma vez marcada punha ao lado a letra inicial. Ia marcando dessa maneira todas as passagens que lhe pareciam ilustrativas de cada palavra. Tinha seis amanuenses. Cinco eram escoceses. Johnson sabia pouco inglês antigo. As etimologias, acrescentadas com posterioridade, são a parte mais frouxa da sua obra, assim como as definições. Devido a essa sua ignorância do inglês antigo e sua conseqüente incapacidade para o trabalho das etimologias, ele costumava dizer-se, brincando: "fazedor de dicionários, ganha-pão inofensivo". Denominava-se um lexicógrafo.

Um amigo que tinha disse-lhe um dia que a Academia Francesa, com quarenta membros, havia levado quarenta anos para fazer o dicionário da língua francesa. E Johnson, que era nacionalista exacerbado, respondeu: "Quarenta franceses e um inglês, a proporção é justa." E fez o mesmo cálculo com o tempo: se os franceses, quarenta pessoas, quarenta anos cada, precisaram de um total de mil e seiscentos anos, isso equivale perfeitamente aos três que demora um inglês. Mas a verdade é que não foram três, mas nove, os anos que necessitou para completar a obra. E os livreiros sabiam o tempo todo que contariam com ele, que ele cumpriria o compromisso. Por isso lhe deram mais cem libras.

Esse dicionário foi bom até a publicação do Webster[12]. Até então vigorou. Atualmente vê-se que Webster, americano, tinha um conhecimento mais profundo que Johnson. Em nossos tempos, o *Oxford Dictionary* é o melhor, é o dicionário histórico da língua. Johnson deveu sua fama ao dicionário. Chegaram a chamá-lo "Dictionary Johnson". Quando Boswell o conheceu numa livraria, designaram-no por seu apelido, "Dictionary", que lhe davam também por sua aparência.

Johnson conheceu a pobreza durante anos – em certo momento, travou um duelo epistolar com o conde de Chesterfield, que mais tarde aparecerá em seu "Londres" –, os sótãos e o cárcere, e, ao afastar-se deles, o mecenas[13]. Por essa época, faz uma edição de Shakespeare. Na realidade, é uma das suas últimas obras. Deixa um prólogo irreverente, em que assinala os defeitos das obras. Tem também uma tragé-

---

[12] Noah Webster, lexicógrafo americano (1758-1843). Em 1806, Webster publicou seu *Compendious Dictionary of the English Language* e em 1828, uma obra muito mais abrangente, o *American Dictionary*.

[13] O que Borges provavelmente recorda aqui é a linha 48 do poema "The Vanity of Human Wishes", em que Johnson fala dos pesares que deve enfrentar quem escolhe o ofício de escritor. Na primeira edição desse poema, que data de 1749, Johnson escreve: "*Esforço, Inveja, Necessidade, o Sótão e o Cárcere*". Após sua amarga experiência com lorde Chesterfield, que lhe negou seu apoio, Johnson modificou o poema, trocando "sótão" por "o mecenas" em sua enumeração de desgraças: "*Esforço, Inveja, Necessidade, o Mecenas e o Cárcere*". Transcrevemos a seguir os versos relevantes do poema: "*Deign on the passing world to turn thine eyes, / And pause awhile from letters to be wise; / There mark what ills the scholar's life assail, / Toil, Envy, Want, the Patron, and the Jail. / See nations slowly wise, and meanly just, / To buried merit raise the tardy bust. / If dreams yet flatter, once again attend, / Hear Lydiat's life, and Galileo's end.*"

dia em que aparece Maomé, e uma novela, *Raselas, príncipe da Abissínia*, que foi comparada com o *Cândido* de Voltaire. Nos últimos anos de vida, Johnson abandona a literatura e se dedica a conversar na taberna, onde forma um círculo literário do qual se erige em chefe, melhor dizendo, em ditador.

Samuel Johnson, abandonada a carreira literária, mostra-se uma das maiores almas inglesas.

Quarta-feira, 2 de novembro de 1966

Aula n.º 9

Raselas, príncipe da Abissínia, *de Samuel Johnson.*
A lenda do Buda.
Otimismo e pessimismo. Leibniz e Voltaire.

Hoje falaremos do conto *Raselas, príncipe da Abissínia*. Esse conto não constitui o mais característico de Johnson. Muito mais característica é sua carta ao conde de Chesterfield[1]. Ou certos artigos do *The Rambler*[2], ou o prólogo do Dicionário, ou o prólogo da sua edição crítica de Shakespeare. Mas [*Raselas*] é a obra mais acessível, já que circula por aí uma versão de Mariano de Vedia y Mitre[3], e além disso é de fácil leitura: pode ser lido numa tarde. Johnson escreveu-a, segundo dizem, para pagar o enterro da mãe, es-

---

[1] Ao iniciar o projeto do dicionário, Johnson mandou um folheto ao então ministro lorde Chesterfield, anunciando seu plano, mas este não foi bem recebido. Sete anos depois, porém, quando Johnson completou sua tarefa, lorde Chesterfield publicou no jornal *World* dois ensaios em que o felicitava. Johnson respondeu publicando uma carta em que lembrava ao ministro sua atitude anterior e lhe dizia, entre outras coisas: "Não é um mecenas, milorde, quem olha com desdém para um homem que luta entre as ondas para salvar sua vida e, quando o vê chegar são e salvo à praia, o cumula de atenções."
[2] *The Rambler*, algo como "O divagador", era um periódico de ensaios, quadros morais e análises de costumes que Johnson fundou e editou por vários anos.
[3] Johnson, Samuel. *La historia de Raselas, príncipe de Abisinia*. Tradução e prólogo de Mariano de Vedia y Mitre. Coleção "Vértice". Editorial Guillermo Kraft Limitada, Buenos Aires, 1951.

creveu-a depois de ter redigido o famoso dicionário, quando já era o homem de letras mais famoso da Inglaterra, mas não era um homem rico. Começaremos pelo título: *Raselas, príncipe da Abissínia*. E recordaremos assim um traço significativo: uma das primeiras obras, talvez a primeira publicação de Samuel Johnson, foi uma tradução da *Viagem à Abissínia*, do jesuíta português Lobo, que Johnson não fez diretamente, mas através de uma versão francesa[4]. O importante para nós agora é o fato de que Johnson tinha notícias precisas da Abissínia, já que havia traduzido um livro sobre esse país. No entanto, em sua novela ou conto longo *Raselas*, não usa em nenhum momento do seu conhecimento da Abissínia. Agora, não devemos pensar numa distração de Johnson ou num esquecimento. Isso seria totalmente absurdo, tratando-se de um homem como Johnson. Devemos pensar em sua concepção da literatura – uma concepção tão alheia à nossa, contemporânea – e devemos nos deter nela. Há, além do mais, um capítulo do mesmo *Raselas* em que um dos personagens, o poeta Imlac, exprime sua concepção da poesia. E, evidentemente, já que Johnson – que foi tantas coisas – nunca foi um criador de personagens, Imlac exprime nesse capítulo, intitulado "Da natureza da poesia", a concepção que Johnson tinha da poesia, da literatura em geral, podemos dizer. O príncipe Raselas pergunta ao sábio poeta Imlac o que é a poesia, qual a sua índole, e Imlac lhe diz que a

---

[4] O manuscrito que relata as experiências do padre Lobo na Abissínia, escrito originalmente em português, permaneceu inédito até ser traduzido em francês pelo abade Legrand. A tradução de Legrand foi publicada em 1728 com o seguinte título: *Voyage historique d'Abissinie du R. P. Jerome Lobo de la Compagnie de Jesus; traduit du Portugais; continuée et augm. de plusieurs dissertations, lettres et memoires par M. Le Grand*. Samuel Johnson fez sua tradução para o inglês, *A Voyage to Abyssinia by Father Jerome Lobo*, a partir dessa versão.

função do poeta não é contar as listas da tulipa ou deter-se nos diversos matizes do verde, da folhagem. O poeta não deve tratar do individual, mas do genérico, já que o poeta escreve para a posteridade. Diz que ao poeta não deve importar o local, o próprio de uma classe humana, de uma região, de um país. Que, já que a poesia tem essa alta missão de ser eterna, o poeta não deve se ocupar dos problemas – é claro que Johnson não usa a palavra "problemas", que naquele tempo se aplicava especificamente à matemática –, que não deve se ocupar do que inquieta sua época, mas deve buscar o eterno, as paixões eternas do homem, portanto temas como a brevidade da vida humana, as vicissitudes do destino, a esperança que temos da imortalidade, os vícios, as virtudes, etcétera.

Ou seja, Johnson tinha uma concepção da literatura que difere totalmente do contemporâneo, do nosso. Agora a gente sente instintivamente que cada poeta é devedor da sua nação, da sua classe, das inquietudes contemporâneas. Mas Johnson visava algo mais elevado. Johnson pensava que um poeta deve escrever para todos os homens do seu século. Por isso em *Raselas*, além de haver uma referência geográfica – fala-se da origem do pai das águas, o Nilo, há alguma referência geográfica ao clima –, embora tudo aconteça na Abissínia, poderia acontecer em qualquer outro país. E isso, repito, Johnson não fez por negligência ou por ignorância, mas porque correspondia à sua concepção da literatura. Não devemos esquecer, além disso, que *Raselas* foi escrito faz mais de duzentos anos e que, nesse lapso de tempo, os hábitos e as convenções da literatura mudaram muito. Há, por exemplo, uma convenção literária que Johnson aceita e que agora nos é incômoda: a do monólogo. Seus personagens abundam em solilóquios, e Johnson não fez isso por acreditar que as pessoas fossem dadas ao monólogo, mas como uma maneira cômoda de exprimir o que sentia e, ao mesmo tempo, de exprimir sua própria eloqüência, que era grande. Recordemos o exemplo análogo dos discursos das obras históricas de Tácito. Aí, naturalmente, Tácito não supunha que aqueles bárbaros tivessem dirigido aqueles discursos às suas tribos, mas os discursos eram uma maneira de exprimir o que aquela gente poderia sentir. E os contemporâneos de Tácito não os aceitavam como documentos históricos, mas como peças retóricas utilizadas para facilitar a compreensão do que Tácito estava descrevendo. O estilo de *Raselas*, no início, corre o risco de nos parecer um pouco pueril e demasiado ornamentado. Mas Johnson acreditava na dignidade da literatura. Logo, para nós parece lento, é um estilo moroso. Mas ao cabo de oito ou dez páginas essa lentidão se torna – em todo caso, tornou-se para mim e para muitos leitores – agradável. Há uma tranqüilidade na sua leitura, e devemos nos acostumar a ela. Depois, através da fábula, Johnson vai abrindo seu caminho. Sentimos a melancolia, a gravidade, a sinceridade, a probidade, que são fundamentais em Johnson, através da fábula, que é bastante tênue, claro.

Agora, a fábula de *Raselas* é esta: o autor supõe que os imperadores da Abissínia haviam separado do resto do reino, perto da nascente do Nilo – o pai das águas, como o chama –, um vale chamado "the Happy Valley", o vale venturoso, que era rodeado por altas montanhas. O único acesso que esse vale tinha para o mundo era uma porta de bronze, continuamente vigiada, além de muito forte e maciça. Era realmente impossível abri-la. Depois supõe que desse vale foi excluído tudo o que pode entristecer os homens. Nesse vale há campinas e bosques que o rodeiam, é fértil, há um lago e, no centro do lago, uma ilha em que está o palácio do príncipe. Os príncipes vivem aí até que morre o imperador, e então cabe ao primogênito ser imperador da Abissínia. Enquanto isso, o príncipe e os seus vivem entregues aos prazeres, claro que não só aos prazeres físicos, de que se fala pouco no texto – Johnson era um autor que respeitava o leitor, lembremos aquele dito de que "O leitor francês / deve ser respeitado" de Boileau, que se aplicava a todos os leitores da época –, [mas também] aos prazeres intelectuais, aos prazeres das ciências e das artes. Agora, nesta idéia de um príncipe condenado a um cativeiro feliz há um reflexo, provavelmente ignorado pelo próprio Johnson, da lenda do Buda, que teria chegado até ele na história de Barlaão e Josafá[5], que foi utilizada como tema de uma das comédias de Lope de Vega: a idéia de um príncipe educado no meio de uma felicidade artificial. A lenda do Buda, podemos recordar, pode ser resumida assim: havia um rei na Índia, uns cinco séculos antes da era cristã, contemporâneo de Heráclito, de Pitágoras, a quem é revelado por meio de um sonho de sua mulher que ela dará à luz um filho, que esse filho pode ser imperador do mundo, ou pode ser o Buda, o homem destinado a salvar os homens da infinita roda das reencarnações. O pai, naturalmente, prefere que seja imperador do mundo e não redentor da humanidade. E sabe que, se o filho conhecer as misérias da humanidade, renunciará a ser rei e será o Buda, o redentor – a palavra Buda significa "desperto". E então resolve que ele vai viver recluso num palácio, sem saber nada das misérias da humanidade. O príncipe é um grande atleta, um arqueiro, um cavaleiro. Tem um harém populoso e chega aos vinte e nove anos. Quando alcança essa idade, sai para dar uma volta de carruagem e chega a uma das portas do palácio, que dá para o norte. Enxerga então um ser que nunca viu antes, uma pes-

---

[5] "Barlaão e Josafá" é uma adaptação cristã da lenda do Buda, escrita em grego no século VII por um monge chamado João, do mosteiro de Sabbas, perto de Jerusalém. Essa obra teve grande difusão na Idade Média e influiu em vários autores, entre os quais se incluem, além de Lope de Vega, Raimundo Lúlio e dom Juan Manuel.

soa esquisitíssima, cujo rosto está sulcado pelas rugas, é arqueado, apóia-se num cajado, anda com passo vacilante, o cabelo é branco. [O príncipe] pergunta quem é aquele ser estranho, que mal é humano, e o cocheiro diz que é um ancião e que, com o passar dos anos, ele será esse ancião, que todos os homens serão ou foram. Ele volta para o palácio, perturbadíssimo com o espetáculo e, ao cabo de um tempo, dá outro passeio, por outro caminho, e se encontra com um homem caído no chão, muito pálido, descarnado, talvez com a brancura da lepra. Pergunta quem é e dizem que é um doente e que ele, com o tempo, será doente, que todos os homens serão. Depois faz sua terceira saída, para o sul, digamos, e acontece algo ainda mais estranho. Vê vários homens que levam um homem que parece adormecido, mas que não respira. Pergunta quem é e lhe dizem que é um morto. É a primeira vez que ouve a palavra "morto". Faz uma quarta saída e encontra um homem velho mas robusto, que traja um hábito amarelo e pergunta quem é. E lhe dizem que é um asceta, um "iogue" – a palavra "ioga" tem a mesma raiz de "jugo", que significa uma disciplina –, e que esse homem está além de toda a adversidade do mundo. Então o príncipe Sidarta foge do seu palácio e decide buscar a salvação, torna-se o Buda, ensina a salvação aos homens. E segundo uma versão dessa lenda – vocês vão me perdoar essa digressão, mas a história é bonita – o príncipe, o cocheiro e os quatro personagens que ele vê, o ancião, o doente e o asceta são a mesma pessoa. Ou seja, ele assumiu diversas formas para consumar seu destino de Bodisatva, de pré-Buda. Há um eco dessa palavra no nome de Josafá. Agora, um eco dessa lenda deve ter chegado a Johnson, porque o princípio dessa lenda é o mesmo: temos um príncipe recluso no cativeiro do Happy Valley, do "vale venturoso". E esse príncipe faz vinte e seis anos – pode haver um eco dos vinte e nove da lenda do Buda – e sente a insatisfação de ver que todos os seus desejos estão satisfeitos. Quando quer alguma coisa, tem. Isso produz nele um estado de desespero. Afasta-se do palácio, dos músicos e dos prazeres, sai do palácio e vai caminhar sozinho. Então vê os animais, as gazelas, os cervos. Mais acima, na encosta da montanha, estão os camelos, os elefantes. E pensa que esses animais são felizes, porque lhes basta desejar algo e, tendo satisfeito suas necessidades, deitam-se para dormir. Mas no homem há como que um anseio infinito, tendo satisfeito tudo o que pode desejar, gostaria de desejar outras coisas e não sabe o que são. Depois conhece um inventor. Esse inventor inventou uma máquina para voar. Isso sugere ao príncipe a possibilidade de embarcar nessa máquina, fugir do Vale venturoso e conhecer diretamente as misérias da humanidade. Vem em seguida uma passagem um pouco jocosa que Alfonso Reyes cita em seu livro *Rilindero*, como se aqui estivesse prefigurada a ficção científica dos nossos dias, a obra de Wells ou de Bradbury, porque o inventor se atira de uma torre em seu avião rudimentar, leva um tombo tremendo, quebra a perna e então o príncipe compreende que deve procurar outras maneiras de fugir do vale. Fala então com Imlac, o poeta cuja concepção da poesia já discutimos, fala com sua irmã, que está cansada como ele da felicidade, da satisfação imediata de todos os desejos, e resolvem fugir do vale. E aqui a novela se transforma de repente num relato psicológico. Porque Johnson nos diz que durante um ano o príncipe estava tão contente por ter tomado a decisão de evadir-se do vale, que essa resolução já lhe bastava, que não fez nada para pô-la em execução. Todas as manhãs pensava: "Vou me evadir do vale", e então se entregava aos banquetes, à música, aos prazeres dos sentidos e da inteligência. E assim se passaram os anos. E uma manhã ele compreendeu que vinha vivendo simplesmente de esperança. Pôs-se então a explorar as montanhas, para ver se encontrava algo, e encontrou finalmente uma caverna pela qual as águas dos rios se descarregavam no lago. Acompanhado por Imlac explorou-a e viu que havia um lugar, uma espécie de greta, pela qual podia evadir-se. Após três anos de tomada a decisão, ele, sua irmã, Imlac e uma dama da corte chamada Pekuah resolvem deixar o vale feliz. Sabiam que bastava escalar o círculo de montanhas para estarem a salvo, porque ninguém conhecia essa passagem entre as rochas. Efetivamente aproveitam uma noite para escapar e, ao cabo de algumas vicissitudes – muito poucas, porque Johnson não estava escrevendo um romance de aventuras mas estava reescrevendo seu poema sobre a vanidade das esperanças humanas –, encontram-se do outro lado das montanhas, ao norte. Depois, vem um grupo de pastores e, no início – este é um traço humano muito verossímil –, o príncipe e a princesa se espantam com que os pastores não caiam de joelhos diante deles. Porque embora queiram se misturar com o comum da humanidade, embora queiram ser homens como os outros, estão naturalmente acostumados às cerimônias da corte. Dirigem-se depois para o norte, onde tudo lhes chama a atenção, a mesma indiferença das pessoas. Eles levam umas jóias escondidas, porque no palácio estão os tesouros dos reis da Abissínia. Aliás, no palácio há colunas ocas cheias de tesouros. Há também espiões para vigiar os príncipes, mas eles conseguiram escapar. Depois chegam a um porto no mar Vermelho. E o porto, as naus chamam-lhes poderosamente a atenção. Demoram meses para embarcar. A princesa, a princípio, está aterrorizada. Mas seu irmão e Imlac lhe dizem que ela tomou uma decisão, e navegam. Aqui, espera-se que o autor intercale uma tempestade, para divertir os leitores. Mas Johnson não está pensando nisso. Aliás, é notável que Johnson tenha escrito esse livro, de estilo tão lento e musical, esse livro em que todos os períodos são equilibrados, não há nenhuma frase que termine de modo brusco, há uma música monótona mas muito ágil, e foi o que Johnson escreveu pensando na morte da mãe, a quem amava tanto. Finalmente chegam ao Cairo. O leitor entende que o Cairo é como uma metáfora, uma imagem de Londres. Fala-se do comércio da cidade, da princesa e do príncipe, que estão como que perdidos entre essas multidões humanas que não os saúdam, que os acotovelam, que os empurram. E Imlac vende algumas das jóias que levaram, compra um palácio, se estabelece ali como mercador e conhece as pessoas mais consideráveis do Egito, isto é, da Inglaterra, porque Johnson tomou toda essa roupagem oriental emprestada das *Mil e uma noites*, que haviam sido traduzidas no início do século XVIII por um orientalista francês, Galland[6]. Mas há pouco de cor oriental, isso não interessava a Johnson. Fala-se então das nações da Europa. Imlac diz que eles, comparados com as nações da Europa, são bárbaros. Que as nações da Europa têm meios para se comunicar. Fala das cartas que chegam em pouco tempo, fala das pontes, volta a falar das muitas naus. Eles já viajaram numa, da Abissínia ao Cairo. E o príncipe lhe pergunta se os europeus são mais felizes. Imlac responde que a sabedoria e a ciência são preferíveis à ignorância, que a barbárie e a ignorância não podem ser fontes de felicidade, que os europeus são certamente mais sábios que os abissínios, mas que ele não pode afirmar, pelo comércio que teve com eles, que sejam mais felizes. Depois assistimos a diversas conversas com filósofos. Um

[6] Antoine Galland, erudito e orientalista francês (1646-1715). É conhecido por sua versão das *Mil e uma noites*, intitulada *Mille et une Nuits*, que adaptou para o francês em tradução livre de manuscritos sírios. Borges critica e compara as diversas traduções dessa obra no ensaio "Los traductores de las 1001 noches", do livro *Historia de la eternidad* (1936). Borges também incluiu uma seleção da tradução de Galland como volume 52 da coleção *Biblioteca personal* de Hyspamérica.

deles diz que o homem pode ser feliz se viver de acordo com as leis da natureza, mas não pode explicar quais são essas leis. O príncipe compreende que, quanto mais conversar com ele, menos entenderá o filósofo da natureza. Despede-se cortesmente dele, depois chegam-lhe notícias de um asceta, um homem que faz catorze anos vive na Tebaida[7], na solidão. E resolve ir visitá-lo. Ao fim de vários dias – creio que a viagem é feita de camelo – chegam à caverna do asceta. A caverna foi disposta em vários cômodos. O asceta oferece a eles carne e vinho. Ele próprio é um homem frugal, alimenta-se de legumes e leite. O príncipe pede que conte sua história. O outro diz que foi militar, que conheceu o tumulto das batalhas, a vergonha das derrotas, o gozo das vitórias, que chegou a ser famoso e depois viu que, por intrigas cortesãs, davam um cargo mais alto a um oficial menos experimentado e menos corajoso que ele. Foi então buscar o retiro, e desde há muitos anos vive sozinho ali, entregue à meditação. O príncipe – esse conto é uma parábola, é uma fábula do homem que busca a felicidade – lhe pergunta se é feliz. O filósofo responde que a solidão não lhe serviu para afastar-se da imagem da cidade, de seus vícios e seus prazeres. Que, muito pelo contrário, quando tinha os prazeres a seu alcance, ele se saciava e pensava em outra coisa. Mas agora, que está vivendo na solidão, a única coisa que faz é pensar na cidade e nos prazeres a que renunciou. Diz a eles que é uma sorte terem chegado naquela noite, porque ele tomou a decisão de voltar no dia seguinte para o Cairo. Sai da solidão. O príncipe lhe diz que acha que ele está enganado. O outro lhe diz que claro, naturalmente, para ele a solidão

---

[7] Uma das três divisões do Egito antigo, também chamada Alto Egito, cuja capital era Tebas. Em fins do século III, os primeiros eremitas cristãos se refugiaram nos desertos do oeste dessa região, escapando da perseguição dos romanos.

é novidade, mas que já leva catorze ou quinze anos de solidão, que está farto, então os dois se despedem e o príncipe vai visitar a grande pirâmide. E Johnson diz que a pirâmide é a obra mais considerável que os homens executaram, a pirâmide e a Muralha da China. Diz que esta se pode explicar: de um lado, temos um povo temeroso, pacífico, muito civilizado, e do outro hordas de cavaleiros bárbaros que poderiam ser detidos pela muralha. Entende-se por que a muralha foi construída. Quanto às pirâmides, sabemos que são um monumento sepulcral, mas para conservar aquele homem não se necessita dessa vasta estrutura.

Depois o príncipe e a princesa, Imlac e Pekuah, chegam à entrada da pirâmide. A princesa fica aterrorizada – o temor é o único traço seu que vemos na novela –, diz que não quer entrar, que lá dentro podem estar os espectros dos mortos. Imlac diz que não há nenhuma razão para supor que os espectros gostem dos cadáveres e que já esteve ali. Pede-lhe que entre. Ele, em todo caso, entra primeiro. A princesa consente em entrar. Chegam então a uma câmara espaçosa e aí falam sobre o fundador das pirâmides. E dizem: "Aqui temos um homem onipotente sobre um vasto império, um homem que sem dúvida dispunha de todas as satisfações possíveis. E no entanto a que chega? Chega ao tédio. Chega à tarefa inútil de fazer que milhares de homens acumulem uma pedra sobre outra até construir uma pirâmide inútil." Aqui podemos recordar sir Thomas Browne[8], um bom escritor do século XVII, autor de uma frase que vocês conhecem: "o espectro da rosa", "the ghost of a rose"[9]. Essa

---

[8] Sir Thomas Browne, escritor inglês (1605-1682). Escreveu sua obra *Religio medici* por volta de 1635. Outras obras suas: *Pseudodoxia epidemica* (1646), *Urn Burial* (1658) e a abaixo citada, *The Garden of Cyrus* (1658).
[9] Esta frase se encontra num dos parágrafos finais da obra *The Garden of Cyrus*, de sir Thomas Browne. Na passagem, o autor comenta quão

frase, creio eu, foi inventada por sir Thomas Browne. E o sábio Imlac, ao falar das pirâmides, diz: "Who can't have pity on the builder of the pyramids?" A frase anterior quer dizer: "Quem pode não se compadecer do construtor das pirâmides?" Então o príncipe diz: "Quem crê que o poder, o luxo, a onipotência podem fazer os homens felizes? E a este eu digo: olha para a pirâmide e confessa a tua insensatez."[10] Depois visitam um convento. No convento conversam com os monges, e os monges lhes dizem que estão acostumados com uma vida dura, que sabem que sua vida será dura, mas que não têm a certeza de que será feliz. Fala-se também do amor, das vicissitudes da ansiosa e incerta felicidade do amor, e, depois de ter conhecido assim o mundo, de ter visto os homens e suas cidades, o príncipe, Imlac, a princesa e Pekuah, a aia da princesa, resolvem voltar ao vale feliz, onde não serão felizes mas não serão mais infelizes do que fora do vale.

Quer dizer, toda essa história de *Raselas* é realmente uma negação da felicidade dos homens e foi comparada com o *Cândido* de Voltaire[11]. Pois bem, se compararmos página por página, linha por linha, o *Cândido* de Voltaire com o *Raselas* de Johnson, notaremos imediatamente que o *Cândido* é um livro muito mais engenhoso que *Raselas*, mas que o

---

decepcionantes são as imagens das plantas que aparecem nos sonhos e nota que, ao sonhar, o sentido do olfato também se empobrece: "Além disso, Hipócrates falou tão pouco e os mestres onirócritas deixaram descrições tão pobres de plantas, que há pouco incentivo para sonhar com o próprio Paraíso. Tampouco a mais doce delícia dos Jardins servirá de consolo nos sonhos, nos quais o empobrecimento desse sentido dá a mão a aromas deleitáveis e, ainda que na cama de Cleópatra, dificilmente pode causar algum prazer conjurar o fantasma de uma rosa" (*The Garden of Cyrus*, cap. V. Da tradução em espanhol de M. H.).
[10] No capítulo 33 de *Raselas, príncipe da Abissínia*.
[11] François Marie Arouet, dito Voltaire, escritor francês (1694-1778).

próprio engenho de Voltaire serve para desmentir sua tese. Leibniz[12], contemporâneo de Voltaire, havia proclamado a teoria de que vivemos no melhor dos mundos possíveis, e chamaram isso, por piada, de "otimismo". A palavra "otimismo", que agora utilizamos para significar "bom humor", foi uma palavra inventada para ir contra Leibniz: ele acreditava que vivemos no melhor dos mundos possíveis. E há uma parábola de Leibniz em que se imagina uma pirâmide. Essa pirâmide não tem base, mas tem ápice. Cada um dos níveis da pirâmide corresponde a um mundo, e o mundo de cada nível é superior ao mundo que está abaixo, e assim infinitamente, porque a pirâmide não tem base, é estritamente infinita. Então Leibniz faz que seu herói viva uma vida inteira em cada um dos níveis da pirâmide. No fim, ao cabo de infinitas reencarnações, chega ao ápice. E quando chega ao último nível tem uma impressão parecida com a felicidade, crê que chegou ao céu, e então pergunta: "Onde estou agora?" E então lhe explicam que está na Terra. Quer dizer que nós estamos no mais feliz dos mundos possíveis. Agora, claro, este mundo está cheio de infelicidades, creio que basta uma dor de dente para nos convencer de que não somos habitantes do Paraíso. Mas Leibniz explica isso dizendo que equivale às cores escuras que há num quadro. Ele nos inventa uma ilustração tão engenhosa quanto falaz. Diz para imaginarmos uma biblioteca de mil volumes. Cada um desses volumes é a *Eneida*. Pensava-se que a *Eneida* era a obra mais elevada – ou a *Ilíada*, se preferirem – da literatura humana. Essa biblioteca consta de mil exemplares da *Eneida*. Agora, o que vocês preferem, uma biblioteca com mil exemplares da *Eneida* – ou da *Ilíada*, ou de qualquer outro

---

[12] Gottfried Wilhelm Leibniz, filósofo e matemático alemão (1646-1716).

livro de que gostem muito, porque o livro só serve de exemplo –, ou preferem uma biblioteca em que há um só exemplar da *Eneida* e obras de escritores tão inferiores como qualquer contemporâneo nosso? Então o leitor responde naturalmente que prefere a outra biblioteca, de temas variados. Então Leibniz retruca: "Pois bem, essa outra biblioteca é o mundo." No mundo temos seres perfeitos e momentos de felicidade tão perfeitos quanto o de Virgílio. Mas temos outros tão ruins quanto a obra de Fulano ou Beltrano, não tenho por que especificar o nome.

Mas esse exemplo é falso, porque o leitor pode escolher entre os livros, mas, se nos toca ser a obra ruim de Fulano de Tal, sabe lá se somos muito felizes... Há um exemplo parecido de Kierkegaard[13]. Ele diz que vamos supor um prato delicioso. Todos os ingredientes desse prato são deliciosos, mas para os ingredientes desse prato é necessário que haja, por exemplo, uma gota de fel. E diz: "Cada um de nós é um dos ingredientes desse prato, mas, se toca a mim ser a gota de fel, será que vou ser tão feliz quanto a gota de mel?" E Kierkegaard, que tinha um sentimento religioso profundo, diz: "Do fundo do Inferno agradecerei a Deus por ser a gota de fel que é necessária para a variedade e a concepção do universo." Voltaire não pensava assim, pensava que neste mundo há muitos males, que os males são mais numerosos que os bens, e então escreveu o *Cândido* como demonstração do pessimismo. E um dos primeiros exemplos que escolhe é o do terremoto de Lisboa, e diz que Deus permitiu o terremoto de Lisboa para castigar os habitantes por seus muitos pecados. Voltaire se pergunta então se realmente os habitantes de Lisboa são mais pecadores do que os habitantes de Londres ou de Paris, que não foram julgados dignos de

---

[13] Søren Kierkegaard, filósofo e teólogo dinamarquês (1813-1855).

um terremoto de justiça divina. Agora, o que se poderia dizer contra o *Cândido* e a favor de *Raselas* é que um mundo em que existe o *Cândido*, que é uma obra deliciosa, cheia de piadas, não é um mundo tão ruim assim, já que permite o *Cândido*. Em compensação, pode-se pensar que Voltaire está brincando com a idéia de que o mundo é terrível. Porque, seguramente, quando escreveu o *Cândido*, não sentiu o mundo como terrível. Estava expondo uma tese e divertindo-se muito ao expô-la. Em compensação, no *Raselas* de Johnson sentimos a melancolia de Johnson. Sentimos que para ele a vida era essencialmente horrível. E a mesma pobreza de invenção que existe em *Raselas* faz que *Raselas* seja mais convincente.

Veremos pelo livro que daremos da próxima vez a profunda melancolia de Johnson. Sabemos que ele sentia a vida como horrível, de um modo que Voltaire não pôde sentir. É verdade que Johnson também deve ter derivado um considerável prazer, no exercício da literatura, da sua facilidade de escrever longas sentenças musicais, sentenças que nunca são ocas, que sempre têm um sentido. Mas sabemos que foi um homem melancólico. Johnson vivia, além disso, atormentado pelo temor de ficar louco, era muito consciente das suas manias. Creio que comentei da última vez que era comum eles terem uma reunião e ele se pôr a dizer em voz alta o Pai-Nosso. Johnson era uma pessoa bajulada pela sociedade, mas conservava deliberadamente sua rusticidade. Estava, por exemplo, num grande banquete, tinha ao lado uma duquesa, do outro um acadêmico, e quando comia – principalmente se a comida estava um pouco passada, ele gostava da comida um pouco passada – inchavam-lhe as veias da testa. A duquesa fazia-lhe uma observação cortês, e ele respondia afastando-a com a mão e emitindo um grunhido qualquer. Era um homem que, digamos, aceito pela sociedade, a desdenhava. E em sua obra literária há, como na obra literária de Swinburne, muitas preces. Uma das composições a que costumava se entregar eram as orações, nas quais pedia perdão a Deus pelo pouco que havia suportado, pelas muitas insensatezes e loucuras que havia cometido em sua vida. Mas tudo isso, o exame do caráter de Johnson, vamos deixar para a outra aula, porque as intimidades de Johnson são reveladas menos por ele – que procurou ocultá-las e não se queixou delas – do que por um personagem extraordinário, James Boswell, que se dedicou a freqüentar Johnson e a anotar dia a dia todas as conversas de Johnson, e deixou assim a melhor biografia de toda a literatura, segundo diz Macaulay[14]. De modo que dedicaremos nossa próxima aula à obra de Boswell e ao exame do caráter de Boswell, tão discutido, negado por uns e enaltecido por outros.

---

[14] O comentário de Macaulay é, na realidade, um cumprimento de dois gumes. Em seu ensaio de 1831, Macaulay afirma que Boswell era "pesado, fraco, vaidoso, cacete e tagarela", nada mais que um imbecil dotado de boa memória. Apesar disso, de seu encontro com Johnson surgiu a melhor biografia já escrita. "Não estamos seguros de que haja em toda a história do intelecto humano um fenômeno mais estranho do que esse livro" – afirma Macaulay. "Muitos dos maiores homens que viveram escreveram biografias. Boswell foi um dos homens mais insignificantes que viveu e, apesar disso, ganhou de todos eles."

Segunda-feira, 7 de novembro de 1966

Aula nº 10

Samuel Johnson visto por Boswell.
A arte da biografia. Boswell e seus críticos.

O doutor Johnson já havia chegado aos cinqüenta anos de idade. Tinha publicado seu dicionário, pelo qual ganhou mil e quinhentas libras esterlinas – que depois viraram mil e seiscentas, já que os editores resolveram lhe dar mais cem no fim do trabalho –, e sua atividade decresceu. Publicou depois sua edição de Shakespeare, que na realidade só completou porque os editores já haviam recebido o pagamento dos subscritores, de modo que era necessário que a edição fosse completada. Quanto ao mais, o doutor Johnson se dedicou à conversação.

Foi por essa época que a Universidade de Oxford, na qual não pudera ingressar, decidiu lhe conceder o título de doutor "honoris causa". Fundou um clube, que ele presidia ditatorialmente, segundo consta na biografia de James Boswell, e após a publicação do dicionário ficou famoso, conhecido, mas não rico. De modo que sua vida transcorreu por algum tempo na pobreza, em que vivia "with pride of literature", com orgulho da literatura. Mas, de acordo com o relato de Boswell, parece que exagerou um pouco. Na realidade ele tinha certa tendência ao ócio, de modo que durante algum tempo viveu quase sem fazer nada, uma vez publicado o dicionário, sem dúvida trabalhando na edição de Shakespeare que mencionamos. O caso é que, apesar das suas numerosas obras, tinha uma tendência natural à ociosidade. De fato, preferia conversar a escrever. Assim, trabalhou unicamente nessa edição de Shakespeare, que foi uma das suas últimas obras, porque chegaram a ele queixas e depois sátiras, o que o fez decidir-se a completar a obra, além do fato de que os subscritores já tinham pagado.

Johnson tinha um temperamento especial. Durante certo tempo se interessou vivamente pelo tema dos fantasmas. E tanto lhe interessou que passou algumas noites numa casa deserta para ver se encontrava um. Parece que não conseguiu. Há uma passagem famosa do escritor escocês Thomas Carlyle, creio que está em seu *Sartor Resartus* – o título quer dizer "o alfaiate remendado, o alfaiate cerzido", já veremos por quê –, na qual ele fala de Johnson e diz que Johnson queria ver um fantasma[1]. E Carlyle pergunta: "O que é um fantasma? Um fantasma é um espírito que tomou forma corpo-

---

[1] O parágrafo que Borges menciona se encontra no capítulo VIII, "Natural supernaturalism", do *Sartor Resartus* de Carlyle. Diz assim: "Mais uma vez, poderia algo ser mais milagroso do que um verdadeiro fantasma? O inglês Johnson desejou, a vida toda, ver um; mas não conseguiu, apesar de ter ido a Cock Lane, dali às abóbadas e de ter batido nos ataúdes. Doutor tolo! Será que nunca olhou ao seu redor, com o olho da mente tanto quanto com o do corpo, para aquelas multidões da vida humana que tanto amava? Será que nunca olhou dentro de si? O bom doutor era um espírito, tão real e verdadeiro quanto o coração podia querer. Cerca de um milhão de fantasmas percorrem as ruas a seu lado. Mais uma vez lhes digo: suprimam a ilusão do Tempo, comprimam os sessenta anos em três minutos. Que outra coisa era ele, que outra coisa somos nós? Acaso não somos espíritos, que tomamos forma num corpo, numa aparência, e que nos desvanecemos novamente no ar e na invisibilidade? Isso não é uma metáfora, mas um simples fato científico: partimos do Nada, tomamos forma e somos aparições; à nossa volta, como à volta do mais autêntico espectro, está a eternidade, e para a Eternidade os minutos são como anos e éons" (Da tradução em espanhol de M. H.).

ral e aparece por um tempo entre os homens." Em seguida Carlyle acrescenta: "Como não ocorreu a Johnson que, ante o espetáculo das multidões humanas de que ele tanto gostava nas ruas de Londres, se um fantasma é um espírito que tomou por um breve lapso de tempo uma forma corporal, como não lhe ocorreu que essas multidões de Londres eram fantasmas e que ele próprio era um fantasma? O que é cada homem, senão um espírito que assumiu uma breve forma corporal e depois desaparece? O que são os homens, senão fantasmas?"

Foi por essa época que o governo *tory*, conservador, e não *whig*, liberal, resolveu reconhecer a importância de Johnson e acordou lhe pagar uma pensão. O conde de Bute[2] foi encarregado de tratar do assunto com Johnson. E assim foi, já que não se animavam a outorgá-la diretamente, devido à fama de Johnson e às suas múltiplas declarações sobre pensões e outras coisas dessa índole. Tanto assim que era famosa sua definição de uma pensão, que aparece no dicionário, segundo a qual uma pensão é uma soma periódica recebida por um mercenário do Estado, geralmente por ter traído sua pátria. E, como Johnson era um homem muito violento, não se animavam a lhe dar a pensão sem antes consultá-lo. Corria a lenda, ou a história, de que Johnson teve uma discussão com um livreiro e o derrubou com uma pancada, dada não com uma bengala mas com um volume, um in-fólio, o que torna mais literária a anedota e atesta, além disso, a força de Johnson, já que os in-fólios,

---

[2] John Stuart, terceiro conde de Bute (1713-92). Estadista britânico nascido em Edimburgo, Escócia. Era amigo pessoal e tutor de Jorge III. Quando este subiu ao trono, ganhou um cargo em sua corte, foi nomeado secretário de Estado e, em 1762, primeiro-ministro. Sua atuação, porém, foi totalmente impopular e em 1763 viu-se obrigado a renunciar ao cargo.

suponho eu, são de difícil manejo, principalmente no caso de uma briga.

 Johnson concordou, digamos, com uma entrevista com o primeiro-ministro, o qual então, com sumo tato, sondou-o sobre o tema e garantiu que lhe outorgariam essa pensão – que era de trezentas libras esterlinas por ano, soma considerável para a época – não pelo que faria – isso significava que o Estado não estava comprando Johnson – mas pelo que havia feito. Johnson agradeceu a honra e, mais ou menos, deu a entender que podiam conceder-lhe essa pensão sem temor de uma reação áspera da sua parte. Não sei se recordei ou não que ofereceriam a Kipling, séculos depois, ser poeta laureado e que Kipling não quis sê-lo, apesar de ser amigo do rei. Disse que aceitar aquela honra entravaria sua liberdade para criticar o governo quando este agisse mal. Além disso, Kipling sem dúvida pensou que não acrescentava nada à sua fama literária ser nomeado poeta laureado. Johnson aceitou a pensão, o que provocou numerosas sátiras. Ninguém deixou de recordar sua definição de uma pensão e, mais tarde, numa livraria, aconteceu algo que sem dúvida não foi importante para ele na hora. Geralmente os fatos importantes das nossas vidas são triviais quando acontecem. Vêm a ser importantes depois.

 Estava ele, pois, numa livraria quando encontrou um jovem, James Boswell. Esse jovem havia nascido em Edimburgo no ano de 1740 e morreria no ano de 1795. Era filho de um juiz. Na Escócia os juízes tinham direito ao título de lorde e podiam escolher o lugar do qual queriam ser lordes. Agora, o pai de Boswell tinha um pequeno castelo em ruínas. A Escócia abunda em castelos em ruínas, castelos pobres situados no alto das Highlands, das terras altas da Escócia, e, ao contrário dos castelos do Reno, que dão idéia de uma vida opulenta, de pequenas cortes mais ou menos faustuosas, estes não, dão a impressão de uma vida de batalhas, de duras batalhas com os ingleses. O castelo se chamava Auchinleck. O pai de Boswell era, por conseguinte, lorde Auchinleck, e seu filho também. Mas não era um título, digamos, originário, de nascimento, e sim um título judicial. Agora, embora Boswell tivesse uma inclinação para as letras, seus pais quiseram destiná-lo à advocacia. Estudou em Edimburgo e depois, por mais de dois anos, na Universidade de Utrecht, na Holanda. Isto também fazia parte dos costumes da época: estudar em várias universidades, nas Ilhas Britânicas e no continente. Dir-se-ia que Boswell tinha pressentido seu destino. Assim como Milton soube que seria poeta antes de ter escrito uma só linha, Boswell sempre sentiu que seria biógrafo de algum homem ilustre da época. Assim, visitou Voltaire, procurou se aproximar de homens ilustres da época. Visitou Voltaire em Berna, Suíça, tornou-se amigo de Jean-Jacques Rousseau – tornou-se amigo por quinze ou vinte dias, porque Rousseau era um homem de péssimo gênio –, depois se tornou amigo de um general italiano, Paoli[3], da Córsega. Quando voltou à Inglaterra escreveu um livro sobre a Córsega e, numa festa em Stratford upon Avon para celebrar o aniversário de nascimento de Shakespeare, apresentou-se vestido de aldeão da Córsega. Para que as pessoas o reconhecessem como autor do livro sobre a Córsega, levava um cartaz no chapéu em que havia escrito "Corsica's Boswell", "Boswell, o da Córsega", e sabemos disso por seu testemunho e pelo testemunho de seus contemporâneos.

Johnson sentia uma aversão especial aos escoceses, de modo que o fato de lhe apresentarem o jovem Boswell como

---

[3] Pasquale di Paoli (1725-1807). Liderou a luta de independência da Córsega, primeiro contra Gênova, depois contra a França. Boswell fez uma viagem de seis semanas à Córsega em 1765, para entrevistar Di Paoli, com o qual estabeleceu estreita amizade.

escocês não agiu a favor deste. Não me lembro neste momento do nome do dono da livraria[4], mas sei que um amigo de Johnson – que depois foi amigo de Boswell – disse que não podia imaginar nada mais humilhante para o homem[5] do que o fato de esse livreiro ter lhe dado uma palmada no ombro. É claro que isso não ocorreu durante a primeira entrevista: Johnson também não teria permitido que lhe dessem palmadas. E Johnson falou mal da Escócia, depois se queixou do seu amigo Garrick, o famoso ator David Garrick, e disse que Garrick tinha lhe negado ingressos para uma senhora amiga dele. Estava representando uma peça, não sei qual, de Shakespeare. Então Boswell disse: "Não posso acreditar que Garrick tenha agido de modo tão mesquinho." Agora, Johnson falava mal de Garrick, mas não permitia que outros falassem. É um privilégio que ele se reservava, dada a estreita amizade que unia os dois. Então disse [a Boswell]: "Senhor, conheço Garrick desde a infância e não permito que se faça nenhuma observação contra ele", embora ele [próprio] acabasse de fazê-la. E Boswell teve de pedir desculpas. Depois Johnson foi embora, sem saber que havia ocorrido algo muito importante para ele, algo que determinaria sua fama mais que o dicionário, mais que *Raselas*, mais que a tragédia *Irene*, mais que sua tradução de Juvenal, mais que seus periódicos. Boswell queixou-se um pouco da maneira dura com que Johnson o havia tratado, mas o outro jurou-lhe que os modos de Johnson eram bruscos e que achava que Boswell podia se aventurar a um segundo encontro com Johnson. Naturalmente, não havia telefone naquela época, as visitas eram anunciadas. Mas Boswell dei-

---

[4] "Mr. Thomas Davies, o ator, que então tinha uma livraria na Russel Street, Covent Garden" (de *The Life of Samuel Johnson* de James Boswell). Boswell conheceu Johnson em 1763.
[5] Para Johnson.

xou passar três ou quatro dias, depois se apresentou na casa de Johnson e este recebeu-o bem.

Agora, acontece uma coisa muito estranha com Boswell, uma coisa que foi interpretada de duas maneiras diferentes. Vou tomar as duas opiniões extremas: a do ensaísta e historiador inglês Macaulay[6], que escreveu em meados do século XIX[7], e a de Bernard Shaw[8], escrita, creio eu, por volta de 1915 ou algo do gênero. E há toda uma gama de juízos intermediários entre os dois. Diz Macaulay que a primazia de Homero como poeta épico, de Shakespeare como poeta dramático, de Demóstenes como orador, de Cervantes como romancista, não é menos indiscutível que a primazia de Boswell como biógrafo. Depois diz que esses diversos nomes eminentes deveram sua eminência a seu talento ou a seu gênio, e que o estranho de Boswell é que ele deve sua primazia como biógrafo à sua insensatez, à sua inconsciência, à sua vaidade e à sua imbecilidade. Cita em seguida uma série de casos em que Boswell aparece como um personagem ridículo. Diz que, se houvesse acontecido com qualquer pessoa as coisas que aconteceram com Boswell, ela teria desejado que a terra a tragasse. Mas Boswell se dedicou a publicar esses fatos[9]. Por exemplo, uma grosseria que lhe fez

---

[6] Thomas Babington Macaulay, barão de Rothley, historiador, político e ensaísta inglês (1800-1859).
[7] O ensaio de Macaulay apareceu em setembro de 1831, depois da publicação, nesse mesmo ano, da edição da biografia de Boswell anotada por John Wilson Croker.
[8] George Bernard Shaw, dramaturgo e ensaísta irlandês (1856-1950).
[9] Em seu ensaio de 1831, Macaulay escreve: "Aquelas fraquezas que a maioria dos homens esconde nos mais secretos recônditos da mente, para não serem vistas pelo olho da amizade nem do amor, foram precisamente essas fraquezas que Boswell exibiu diante de todo o mundo. Foi perfeitamente franco, porque a fraqueza da sua compreensão e o tumulto do seu espírito o impediam de saber quanto estava se expon-

uma duquesa na Inglaterra, o fato de que todos os membros do clube a que pertenceu acreditavam que não podia existir pessoa menos inteligente que Boswell. Mas Macaulay esquece que devemos a narração de quase todos esses fatos ao próprio Boswell. Além do mais, creio *a priori* que uma pessoa de parcas luzes pode escrever um bom verso. Conheci poetas, "de cujo nome não quero me lembrar", que eram pessoas extraordinariamente vulgares e até triviais, fora da sua poesia, mas eram bastante bem informadas para saber que um poeta deve exibir sentimentos delicados, deve mostrar uma nobre melancolia em seus poemas, deve se limitar a certo vocabulário. E então essas pessoas eram, fora da sua obra, algumas, uns desastrados, para dizer a verdade, mas quando escreviam faziam-no com decoro porque haviam aprendido o ofício. Agora, creio que isso pode se dar no caso de uma composição breve – um boboca pode dizer uma frase engenhosa –, mas parece muito difícil que um boboca possa escrever uma biografia admirável de setecentas ou oitocentas páginas, apesar de ser um boboca ou, segundo Macaulay, pelo fato de ser um boboca.

Agora vejamos a opinião contrária, que é a opinião de Bernard Shaw. Bernard Shaw, em algum dos seus longos e agudos prólogos, diz que recebeu uma herança apostólica de autor dramático, que essa herança lhe vem dos trágicos gregos, de Ésquilo, Sófocles, de Eurípides, e depois passa por Shakespeare, por Marlowe[10]. Diz que na realidade ele não é melhor do que Shakespeare, que se tivesse vivido no século de Shakespeare não teria escrito obras melhores do que *Hamlet* ou *Macbeth*, que agora pode fazê-lo, porque Shakespeare

do ao ridículo (...) Sua fama é grande; e será, não duvidamos, duradoura; mas é fama de um tipo muito peculiar e, na realidade, se parece maravilhosamente com a infâmia" (Da tradução espanhola de M. H.).
[10] Christopher Marlowe, dramaturgo e poeta inglês (1564-93).

o chateia, porque leu autores melhores do que Shakespeare. Mas antes mencionou outros autores dramáticos, autores um pouco inesperados neste catálogo. Temos, diz, os quatro evangelistas, esses quatro grandes autores dramáticos que criaram o personagem de Cristo. Antes tivemos Platão, que criou o personagem de Sócrates. Depois temos Boswell, que criou o personagem de Johnson. "E depois, agora, têm a mim, que criei tantos personagens que não vale a pena enumerá-los, a lista seria quase infinita, além de ser muito conhecida." "Enfim – diz –, recebo essa herança apostólica que começa com Ésquilo, que termina em mim e que sem dúvida continuará." De maneira que temos aqui estas duas opiniões extremas: uma, a de que Boswell foi um imbecil que teve a sorte de conhecer Johnson e de escrever sua biografia – esta é a de Macaulay –, e a outra, a contrária, a de Bernard Shaw, que diz que Johnson foi, além de seus méritos literários, um personagem dramático criado por Boswell.

Seria muito estranho que a verdade estivesse exatamente entre ambos os extremos. Lugones, no prólogo de *El imperio jesuítico*, diz que as pessoas costumam dizer que a verdade se encontra no meio de duas afirmações extremas, mas que seria muito estranho que numa causa houvesse, digamos, cinqüenta por cento a favor e cinqüenta por cento contra. O mais natural é que haja cinqüenta e dois por cento contra e quarenta e oito por cento a favor, ou o que for. E que isso pode se aplicar a toda guerra e a toda discussão. Quer dizer, sempre haverá um pouco mais de razão de um lado e um pouco mais de desrazão do outro, ou o que for.

Agora voltemos à relação entre Boswell e Johnson. Johnson era um homem famoso, era um ditador das letras inglesas e, ao mesmo tempo, era um homem que padecia de solidão, como muitos homens famosos. Além disso, Boswell era um rapaz jovem, tinha vinte e tantos anos. Johnson era de origem humilde, seu pai era livreiro num pequeno povoado de Staffordshire. O outro era um jovem aristocrata. Quer dizer, é sabido que os homens de certa idade se rejuvenescem com a companhia dos jovens. Johnson era, além do mais, uma pessoa extremamente desastrada: vestia-se de qualquer jeito, seus modos eram intoleráveis, comia com gula. Quando comia, inchavam-lhe as veias da testa, emitia toda sorte de grunhidos ao comer, não respondia às perguntas que lhe faziam, afastava assim[11] com as mãos uma senhora que lhe perguntava algo e grunhia enquanto isso, punha-se a rezar no meio de uma reunião. Mas sabia que tudo lhe ia ser tolerado, porque ele era um personagem. No entanto, Boswell tornou-se amigo dele. Boswell não o contradizia, ouvia com reverência suas opiniões. É verdade que às vezes Boswell o aborrecia com perguntas de difícil resposta. Perguntava, por exemplo, para saber o que o doutor Johnson responderia: "O que faria o senhor se estivesse trancado numa torre com uma criança recém-nascida?" Claro que Johnson respondia: "Não penso responder a uma inépcia dessas." E Boswell anotava essa resposta, ia para casa e a escrevia. Mas, passados uns dois ou três meses de amizade, Boswell decidiu ir para a Holanda, a fim de prosseguir seus estudos jurídicos. Então Johnson, que tinha se apegado a Londres; Johnson, que disse: "Quando um homem diz que está cansado de Londres, o que quer dizer é que está cansado da vida"; Johnson acompanhou Boswell até o porto. Creio que fica algumas milhas ao sul de Londres. Quer dizer que ele suportou a longa e então penosa viagem de diligência, e Boswell diz que ficou no porto vendo como se afastava o veleiro e dando-lhe adeus com a mão. Só se veriam uns dois ou três anos depois. Já Boswell, após seu fracasso com Voltaire,

---

[11] Obviamente, essa palavra deve ter sido acompanhada de um gesto.

de seu fracasso com Rousseau, de seu êxito, que não podia ser muito grande, com Paoli – porque Paoli não era um personagem muito importante –, pensou em se dedicar a ser biógrafo de Johnson. Johnson dedicou seus últimos anos – creio que já dissemos isso – à conversação. Mas antes publicou umas *Vidas*, que ele escreveu, dos poetas ingleses. Entre elas há uma de fácil aquisição, que recomendo a vocês: a *Vida de Milton*. É escrita sem nenhuma reverência por Milton. Milton era republicano, já havia participado das campanhas contra os reis. Johnson, ao contrário, era um fervoroso defensor da monarquia e um leal súdito dos reis da Inglaterra. Agora, nessas *Vidas* há elementos realmente interessantes. Além disso, podemos encontrar nelas detalhes que não eram comuns na época. Por exemplo, Johnson escreveu a vida do célebre poeta Alexander Pope. Teve manuscritos verdadeiros, não como os de Valéry[12]. O que me contam do coitado do Valéry é que, em seus últimos anos, não era um homem rico e que se dedicou a fabricar falsos manuscritos. Quer dizer, ele escrevia um poema, botava um adjetivo qualquer, depois riscava e punha o adjetivo definitivo. Mas o adjetivo que figurava como sendo o primeiro, ele tinha inventado depois, para corrigi-lo e chegar ao adequado. Ou às vezes vendia manuscritos nos quais havia variado algumas palavras e não as tinha corrigido para que ficassem como rascunhos seus. E depois os vendia. Johnson porém possuía, como disse, manuscritos verdadeiros de Pope, com correções. É curioso ver como Pope às vezes começa usando um epíteto poético. Diz, por exemplo, "a prateada luz da lua", depois diz "os pastores abençoam a prateada luz da lua". Depois, em vez de "prateada", põe um epíteto deliberadamente prosaico:

[12] Paul Valéry, poeta e crítico francês (1871-1945).

"the useful light", "a útil luz"¹³. Johnson conserva tudo isso em suas biografias, e além do mais algumas são tão boas que podem ser tomadas como exemplo. Mas Boswell pensou diferente. Essas biografias de Johnson eram bastante breves. Mas Boswell teve a idéia de uma biografia extensa, uma biografia em que estivesse registrada, ademais, a conversação de Johnson, a quem ele via um par de vezes por semana, às vezes mais. A *Vida do doutor Johnson*¹⁴, de Boswell, foi muitas vezes comparada com as *Conversações com Goethe*, de Eckermann, livro que a meu ver não é comparável, apesar de ter sido elogiado por Nietzsche como o melhor livro que se escreveu em língua alemã. É que Eckermann era um homem de escassas luzes que sentia grande reverência por Goethe, que falava com ele *ex cathedra*. Eckermann muito poucas vezes se animava a contradizer o que Goethe dizia, depois ia para casa e escrevia. O livro tem algo de catecismo. Ou seja, Eckermann pergunta, Goethe fala, o outro registra o que Goethe disse. Mas esse livro – que é muito interessante, já que Goethe se interessava por tantas coisas, podemos dizer que se interessava pelo Universo –, esse livro não é uma obra dramática; Eckermann quase não existe, salvo como uma espécie de máquina que registra o que Goethe falou. Dele próprio não sabemos nada, nada do seu caráter – com certeza teve um, mas isso não se deduz do livro, isso não se infere do livro. Em compensação, o que Boswell planejou, em todo caso o que Boswell executou foi algo completamente diferente: foi fazer da biografia de Johnson uma obra dramática com diversos personagens. Lá está Reynolds¹⁵, lá está

---

[13] Esta frase pertence à versão de Pope para o "Catálogo das naus", canto II da *Ilíada*.
[14] Publicada pela primeira vez, em dois volumes, em 1791, com o título original de *The Life of Samuel Johnson, LL.D.*
[15] Sir Joshua Reynolds, pintor inglês, nascido em Devon, Grã-Bretanha (1723-1792). Retratou personagens importantes da sua época. Em 1768,

Goldsmith[16], algumas vezes os integrantes do cenáculo ou, como diríamos agora, da *peña** de que Johnson era líder. E estes aparecem e atuam como personagens de uma comédia. Ou seja, têm caráter próprio. E, antes de todos, o doutor Johnson, que é apresentado de uma maneira às vezes ridícula mas sempre simpática. É o que acontece com o personagem de Cervantes, o Quixote, um personagem às vezes ridículo e sempre simpático, principalmente na segunda parte, quando o autor aprendeu a conhecer o que seu personagem é e esqueceu seu propósito inicial de ridicularizar os romances de cavalaria. Isso é verdade, porque, à medida que os escritores vão desenvolvendo seus personagens, vão conhecendo-os melhor. De modo que assim temos um personagem às vezes ridículo, mas que pode ser grave e de profundos pensamentos, e que sobretudo é um dos personagens mais simpáticos da história, porque Quixote é mais real para nós que o próprio Cervantes, como sustentou Unamuno e tantos outros. E, como eu disse, isso acontece sobretudo na segunda parte, quando o autor esqueceu aquela intenção que era simplesmente escrever uma sátira contra os livros de cavalaria. Logo, como acontece com todo livro extenso, o autor acaba se identificando com o herói. É necessário que o faça para lhe insuflar vida, para lhe dar vida. No fim, dom Quixote é um personagem um pouco ridículo, mas também um cavaleiro digno do nosso apreço, da nossa lástima às vezes, mas sempre simpático. E essa mesma sensação é a que nos dá a imagem do doutor Johnson que Boswell nos apresenta, com seu aspecto grotesco, seus braços compridos, seu aspecto desastrado. Mas é simpático.

Reynolds foi nomeado presidente da vistosa Real Academia de Arte e, em 1784, pintor do rei.
[16] Oliver Goldsmith, dramaturgo, romancista e poeta anglo-irlandês (1728-74).
* Círculo, associação. (N. do T.)

Também é notável seu ódio pelos escoceses, que o escocês Boswell nota. Não sei se já disse que existe uma diferença fundamental na maneira como escoceses e ingleses pensam. O escocês costuma ser, talvez por obra das muitas discussões teológicas que [os escoceses] sustentaram, muito mais intelectual, mais raciocinador. O inglês é impulsivo, não necessita de teorias para sua conduta. Em compensação, os escoceses tendem a ser muito mais pensadores e raciocinadores. Enfim, muitas diferenças.

Voltemos então a Johnson. As obras de Johnson são de valor literário, mas, como muitas vezes acontece, conhecendo a pessoa, apreciando-a, dá muito mais vontade de ler a obra. Por isso convém ler a biografia de Boswell antes de ler a obra de Johnson. Além disso, o livro é de leitura muito fácil. Acho que a Editora Calpe lançou uma edição que, embora não seja completa, traz fragmentos suficientes para conhecer a obra. Se não, como quer que seja, eu os aconselharia a ler essa ou outra edição. Ou, se quiserem ler em inglês, o original da obra de Boswell é um livro de fácil leitura e, além do mais, não requer uma leitura sucessiva, cronológica. É um livro que vocês podem abrir em qualquer página com a certeza de que vão continuar lendo mais trinta ou quarenta, é tudo muito fácil de seguir.

Agora, da mesma maneira que vimos a semelhança que Johnson tem com o Quixote, temos de pensar que, assim como Sancho é o companheiro a que às vezes o Quixote maltrata, assim também vemos Boswell com respeito ao doutor Johnson: um pouco boboca e fiel companheiro. E há personagens que servem para destacar a personalidade dos heróis. Quer dizer, muitas vezes os autores necessitam de um personagem que sirva de marco e contraste para as façanhas do herói. Assim é Sancho, e esse personagem na obra de Boswell é o próprio Boswell. Ou seja, Boswell aparece como um personagem de frágil consistência. Mas acho impossível que

Boswell não tenha se dado conta disso. E isso mostra que Boswell tinha se colocado como contraste do doutor Johnson. Além disso, o fato de que o próprio Boswell conta anedotas nas quais ele cai no ridículo faz que ele não caia de todo no ridículo, já que, se ele as escreveu, não foi porque não se desse conta, mas sim porque se deu conta da importância dessa anedota para ressaltar Johnson.

Há uma escola filosófica hindu que diz que não somos atores da nossa vida, que somos espectadores, e ilustra isso com a metáfora do bailarino. Agora talvez fosse melhor dizer do ator. Quer dizer, um espectador vê um bailarino ou um ator ou, se vocês preferirem, lê um romance, e acaba se identificando com esse personagem que está sempre diante dos seus olhos. A mesma coisa disseram esses pensadores hindus anteriores ao século V da nossa era. A mesma coisa acontece conosco. Eu, por exemplo, nasci no mesmo dia em que nasceu Jorge Luis Borges, exatamente. Já o vi em algumas situações às vezes ridículas, às vezes patéticas. E, como sempre o tive diante dos olhos, identifiquei-me com ele. Quer dizer, segundo essa teoria, o eu seria duplo: há um eu profundo, e esse eu está identificado – mas separado – com o outro. Agora, não sei qual é a experiência que vocês têm, mas às vezes aconteceu comigo, principalmente em dois momentos distintos: em momentos em que me aconteceu algo muito bom, e em momentos, sobretudo, em que me aconteceu algo muito ruim. E durante uns segundos senti: "Mas o que tenho a ver com isso tudo? É como se isso tudo acontecesse com outro." Quer dizer, senti que há algo profundo em mim que estava alheio àquilo. E isso sem dúvida Shakespeare também sentiu, porque numa das suas comédias há um soldado, um soldado covarde, o *miles gloriosus* da comédia latina. Esse homem é um fanfarrão, faz os outros acreditarem que agiu como um valente, promovem-no, fazem-no capitão. Depois descobrem seu embuste e então, à vista de toda a tropa, arrancam-lhe os galões, degradam-no. Então ele fica sozinho e diz: "Não serei capitão, mas acaso por isso vou deixar de comer, de beber e de dormir como antes?" "Não serei capitão", simplesmente "the thing I am shall make me live", "a coisa que sou me fará viver"[17]. Quer dizer, ele sente que, para lá das circunstâncias, para lá da covardia, da humilhação, ele é outra coisa, essa espécie de força que está em nós, o que Spinoza chamaria de "Deus", o que Schopenhauer[18] chamaria de "vontade", o que Bernard Shaw chamaria de "força vital" e Bergson[19], "elã vital". E creio que isso também aconteceu com Boswell.

Ou talvez Boswell tenha sentido simplesmente a necessidade estética de, para ressaltar melhor Johnson, ter ao lado dele um personagem que fosse o contrário. Algo como, nos romances de Conan Doyle, o medíocre doutor Watson faz ressaltar o brilhante Sherlock Holmes. E ele deu a si mesmo o papel ridículo, que mantém ao longo de todo o livro. Sentimos porém, da mesma maneira que sentimos ao ler os romances de Conan Doyle, sentimos que uma amizade sincera une os dois. E é natural, como disse, que assim fosse, já que Johnson era um homem célebre e solitário, e é claro que gostava de sentir a seu lado a amizade desse homem muito mais moço, que o admirava de modo tão evidente. Há outro problema que se levanta aqui, não me lembro se já aludi a ele antes, que é a razão que levou Johnson a dedicar seus últimos anos quase integralmente à conversação. Johnson quase parou de escrever, fora essa edição de Shakespeare, que ele teve de fazer porque os editores a reclamavam. Ago-

---

[17] Em *All's well that ends well*, ato 4, cena 3: "*Captain I'll be no more; / But I will eat and drink, and sleep as soft / As captain shall: simply the thing I am / Shall make me live.*"
[18] Arthur Schopenhauer, filósofo alemão (1788-1860).
[19] Henri L. Bergson, filósofo francês nascido em Paris (1859-1941).

ra, isso poderia ser explicado de uma maneira. Poderia ser explicado porque Johnson sabia que gostava de conversar, porque Johnson sabia que a flor da sua conversa, o melhor da sua conversa seria recolhido por Boswell. Ao mesmo tempo, se supusermos que Boswell mostrou alguma vez a Johnson o manuscrito, a obra perderá muito. Temos de aceitar o fato, verdadeiro ou não, de que Johnson ignorava isso. Mas isso explicaria o silêncio de Johnson, o fato de que Johnson sabia que o que ele dizia não se perdia. Agora, Wood Krutch[20], um crítico americano, perguntou-se se o livro de Boswell reproduz exatamente as conversas de Johnson, e chega à conclusão, de caráter muito verossímil, de que não reproduz a conversa de Johnson da maneira como teriam feito um taquígrafo, uma fita magnética ou lá o que fosse, mas que transmite o efeito da conversa de Johnson. Quer dizer, é bem possível que Johnson não fosse sempre tão epigramático nem tão engenhoso quanto a obra o apresenta, mas, sem dúvida, depois das reuniões do clube, a lembrança que os interlocutores guardavam era essa. Há frases, claro, que parecem cunhadas por Johnson.

    Alguém disse a Johnson que não se podia conceber uma vida mais miserável do que a vida dos marinheiros. Que ver um navio de guerra, ver os marinheiros aglomerados, açoitados às vezes, era ver o nadir, era ver o mais fundo da condição humana. Então Johnson lhe disse: "A profissão dos soldados e dos marinheiros tem a dignidade do perigo. Todo homem se envergonha por não ter estado no mar ou numa batalha." Isso condiz com a coragem que sentimos no dou-

---

[20] Joseph Wood Krutch, naturalista, conservacionista, escritor e crítico americano (1893-1970). Escreveu uma biografia de Johnson em 1944. Ensinou na Universidade de Colúmbia, nos Estados Unidos, entre 1937 e 1952. Sua autobiografia, publicada em 1962, se intitula *More Lives Than One*, "Mais vidas que uma".

tor Johnson. E sentenças como essa se encontram em quase todas as páginas da obra. Volto a recomendar a vocês que leiam o livro de Boswell. Agora, disseram que o livro abunda em *hard words*, em *dictionary words*, em palavras difíceis, de dicionário. Mas não se deve esquecer que as palavras que são difíceis para os ingleses são palavras fáceis para nós, porque são palavras intelectuais de origem latina. Em compensação, conforme eu já disse mais de uma vez, as palavras comuns do inglês, as palavras de uma criança, de um camponês, de um pescador, são as de origem germânica, saxã. De modo que um livro como o de Gibbon[21], por exemplo, a *História da destruição e queda do Império Romano*, ou as obras de Johnson, ou a biografia de Boswell, ou em geral os livros do século XVIII, ou qualquer obra intelectual inglesa atual, digamos a obra de Toynbee[22], por exemplo, abundam em "hard words", em palavras difíceis para os ingleses, que requerem uma cultura da parte do leitor, mas que são facílimas para nós, porque são palavras latinas, isto é, espanholas.

Na próxima aula falaremos de James Macpherson, de suas polêmicas com Johnson e da origem do movimento romântico, que surge, não devemos esquecer, na Escócia, antes de ocorrer em qualquer outro país da Europa.

[21] Edward Gibbon, historiador inglês (1737-94). Seleções do seu livro podem ser encontradas no volume 27 da coleção *Biblioteca personal*.
[22] Arnold Toynbee, historiador inglês (1889-1975).

Quarta-feira, 9 de novembro de 1966

Aula n.º 11

O movimento romântico. Vida de James Macpherson.
A invenção de Ossian. Opiniões sobre Ossian.
Polêmica com Johnson. Reivindicação de Macpherson.

Esta aula vai durar dez minutos menos que as anteriores, porque prometi dar uma conferência sobre Victor Hugo. De modo que peço desculpa a vocês, e falaremos hoje, precisamente, do movimento romântico, que é o movimento em que Victor Hugo desempenhou tão importante papel.

O movimento romântico é, quem sabe, o mais importante registrado pela história da literatura, talvez porque não foi apenas um estilo literário, porque não inaugurou apenas um estilo literário, mas um estilo vital. No século passado, tivemos Zola[1], o naturalista. E Émile Zola, o naturalista, é inconcebível sem Hugo, o romântico. Ainda hoje temos pessoas que são nacionalistas ou comunistas, e o são de um modo romântico, embora prefiram alegar razões de ordem econômico-social, ou seja lá o que for. Disse que há um estilo de vida romântico. Por exemplo, um caso famoso seria o de Lord Byron[2]. A poesia de Byron foi – injustamente, a meu entender – excluída da célebre antologia da poesia inglesa publicada faz alguns anos. Mas Byron continua representando um dos tipos românticos. Byron, que vai para a Grécia

---

[1] Émile Zola, escritor francês (1840-1902).
[2] George Gordon Byron, sexto barão de Rochdale, chamado Lord Byron, poeta inglês (1788-1824).

morrer pela liberdade desse país, oprimido então pelos turcos. E temos poetas de destino romântico, um dos poetas máximos da língua inglesa, Keats[3], que morre de tuberculose. Dir-se-ia que morrer jovem é parte do destino romântico. Pois bem, como definir o Romantismo? A definição é difícil, precisamente porque todos sabemos do que se trata. Se digo "neo-romântico", vocês sabem precisamente o que quero dizer, do mesmo modo que se falo do sabor do café ou do sabor do vinho: sabem exatamente a que me refiro, embora eu não pudesse definir, seria impossível fazê-lo, sem recorrer a uma metáfora.

Eu diria porém que o sentimento romântico é um sentimento agudo e patético ao mesmo tempo, algumas horas de deleite amoroso, a idéia de que tudo passa, um sentimento mais profundo dos outonos, dos crepúsculos da tarde, da passagem das nossas próprias vidas. Há uma obra de filosofia histórica muito importante, *A decadência do Ocidente*, do filósofo prussiano Spengler[4], e nesse livro, que foi escrito durante os trágicos anos da Primeira Guerra Mundial, Spengler enumera os grandes poetas românticos da Europa[5]. E nessa lista, que abarcará uma linha em que figuram Hölderlin[6], Goethe, Hugo, Byron, Wordsworth, quem encabeça a lista é James Macpherson[7], um poeta quase esquecido. Pode ser que alguns de vocês estejam ouvindo o nome dele pela primeira vez. Mas todo o movimento romântico é inconcebível, impensável, sem James Macpherson. O destino de Mac-

---

[3] John Keats, poeta lírico inglês (1795-1821).
[4] Oswald Spengler, filósofo alemão (1880-1936). A obra mencionada, cujo título original em alemão é *Der Untergang des Abendlandes*, foi publicada em dois volumes entre 1918 e 1922.
[5] Na primeira parte, 2º volume, capítulo IV de *A decadência do Ocidente*.
[6] Friedrich Hölderlin, poeta alemão (1770-1843).
[7] James Macpherson, poeta escocês (1736-1796).

pherson é um destino curioso, um destino de homem que deliberadamente se apaga para a maior glória da sua pátria, a Escócia.

Macpherson nasce nas Highlands da Escócia, nas Terras Altas da Escócia, nas serras da Escócia, no ano de 1736, e morre em 1796. Agora, a data oficial do movimento romântico na Inglaterra é o ano de 1798, ou seja, é posterior em dois anos à morte de Macpherson. E para a França a data oficial seria 1830, ano da "bataille de Hernani", ano em que houve aquela ruidosa polêmica entre os partidários do drama *Hernani* de Hugo e seus adversários. Assim, o Romantismo começa na Escócia e chega depois à Inglaterra – onde foi prefigurado, mas só prefigurado, pelo poeta Gray[8], autor da "Elegia composta num cemitério de aldeia"[9], admiravelmente traduzida para o espanhol pelo argentino Miralla[10].

---

[8] Thomas Gray, poeta inglês (1716-1771).
[9] Borges se refere ao poema de Gray intitulado "An Elegy Written in a Country Church Yard", cuja data de composição é incerta e que foi publicado pela primeira vez em 1751. O poema se inspira no cemitério de Stoke Podges, em Buckinghamshire, Inglaterra, onde o próprio Gray foi enterrado.
[10] José Antonio Miralla, poeta e combatente pela independência, nascido em Córdoba, Argentina (1789-1825). Órfão em tenra idade, foi levado para Buenos Aires por seu tio, o decano Gregorio Funes. Em 1810 viajou para Lima, onde estudou e se formou em direito na Universidade de San Marcos. Foi para a Espanha, de onde teve de fugir, perseguido pela Inquisição por causa da sua relação com intelectuais partidários da Revolução Francesa. Escapou primeiro para a Inglaterra, depois para a Itália e para a França. Em 1816, radicou-se em Havana, Cuba, onde se dedicou ao comércio do tabaco e do açúcar, fundou um jornal de tendência liberal e entrou em contato com sociedades secretas que lutavam pela independência da ilha. Participou posteriormente de uma conspiração para derrotar o governo espanhol, mas com o fracasso desta Miralla foi preso e teve seus bens confiscados. Conseguiu fugir para os Estados Unidos, passou mais tarde à Colômbia e, em 1825, partiu para o México, onde faleceu aos 35 anos. Nem

Depois chega à Alemanha por obra de Herder[11]. Depois se difunde por toda a Europa e chega assaz tardiamente à Espanha. Quase poderíamos dizer que a Espanha, um país que figura tanto na imaginação dos poetas românticos de outros países, produziu um só poeta essencialmente romântico, os outros são muito mais oradores por escrito. Este a que me refiro é, naturalmente, Gustavo Adolfo Bécquer, discípulo do grande poeta judeu-alemão Heine[12]. E não discípulo de toda a obra de Heine, mas dos começos, do *Lyrisches Intermezzo*, "Intermédio lírico", de Heine.

Mas voltemos agora a Macpherson. O pai de Macpherson era sitiante, de origem humilde, e a família, ao que parece, não era de origem celta mas de origem inglesa, diríamos saxã. Ainda hoje na Escócia os ingleses são chamados, com desprezo e zombaria, de "os saxões". Essa palavra é comum na linguagem oral da Escócia e da Irlanda também.

Macpherson nasce e se cria num lugar agreste ao norte da Escócia, onde ainda se falava um idioma gaélico, isto é, um idioma celta, afim, naturalmente, ao galês, ao irlandês e à língua bretã levada à Bretanha – antes chamada Armórica – pelos bretões que se refugiaram das invasões saxãs do século V. Por isso, ainda hoje se fala de Grã-Bretanha, para distingui-la da pequena Bretanha, na França. E na França chamam de Bretagne aquela região do país em que se fala o idioma bretão, que se imaginou durante certo tempo afim dos *patois*, simplesmente porque, como os franceses não en-

---

suas viagens nem suas aventuras políticas impediram-no de desenvolver sua vocação literária. Em sua passagem pela Inglaterra, traduziu admiravelmente para o castelhano o poema "Elegy Written in a Country Church Yard", de Thomas Gray. Entre suas obras, contam-se também *A la Muerte de Mr. William Winston, La Libertad* e *La Palomilla Ausente.*
[11] Johann Gottfried von Herder, pensador alemão (1744-1803).
[12] Heinrich Heine, poeta e ensaísta alemão (1797-1856).

tendem nenhum dos dois, deduziram que se tratava de idiomas parecidos, o que é parte de uma profunda ideologia. Pois bem, o conhecimento que Macpherson teve do idioma gaélico era um conhecimento oral. Ele nunca foi capaz de ler os manuscritos gaélicos, que usavam uma escrita diferente. Poderíamos pensar num correntino culto daqui, isto é, um homem que tem um conhecimento oral do guarani, mas que não poderia nos explicar direito as leis gramaticais desse idioma. Esse Macpherson se educou na escola primária do seu vilarejo, depois na Universidade de Edimburgo. Ouviu muitas vezes os bardos cantar. Não sei se já falei deles. Vocês sabem que a Escócia era dividida – e de certo modo ainda é – em clãs. Isso foi uma pena para a história da Escócia, porque os escoceses se viram lutando não só contra os ingleses e os dinamarqueses, mas guerreando entre si. Assim, quem percorreu a Escócia, como eu, sentiu-se atraído pelo espetáculo de pequenos castelos no alto das grandes – mais que altas – colinas da Escócia. Aquelas ruínas que se destacam contra um céu de entardecer. E digo entardecer porque há regiões do norte da Escócia em que, embora brilhe o sol – a palavra "brilhe" é um termo estranho aqui –, há desde o crepúsculo da manhã até o crepúsculo da tarde uma luz semelhante à do entardecer, o que não deixa de entristecer um pouco o estrangeiro.

Macpherson tinha ouvido os bardos, e os grandes clãs da Escócia tinham bardos que eram encarregados de relatar a história e as façanhas da família. Eles eram poetas e cantavam naturalmente em idioma gaélico. É parecida com a organização da literatura que houve em todos os países celtas. Não sei se lhes disse que na Irlanda a carreira literária durava dez anos. O candidato tinha de passar por dez exames sucessivos. No começo só podia usar metros simples, digamos o hendecassílabo, e só podia tratar dez temas. Depois, uma vez dado o exame, que era dado oralmente, numa sala escura, davam o tema ao poeta, o metro que devia usar, levavam-lhe alimentos. E ao cabo de dois ou três dias iam interrogá-lo e permitiam que tratasse outros temas e usasse outros metros. E ao cabo de dez anos um poeta atingia o grau mais alto, mas para chegar a ele tinha de ter um conhecimento cabal da história, da mitologia, da jurisprudência, da medicina – que era entendida como magia naqueles tempos –, e recebia uma pensão do governo. Usava além disso uma linguagem tão carregada de metáforas, que só seus colegas podiam entendê-lo. E tinha direito a mais provisões, a mais cavalos, a mais vacas, que o rei de cada um dos pequenos reinos da Irlanda ou de Gales. Agora, essa mesma prosperidade da ordem dos poetas determinou sua ruína. Porque, segundo a lenda, chegou uma hora em que o rei teve de ouvir seu elogio; pronunciaram-no dois dos principais poetas da Irlanda, e o rei não era versado no estilo gongórico dos poetas, não entendeu uma só palavra do elogio. Ele decidiu dissolver a ordem, e os poetas se viram no olho da rua. Mas nas grandes famílias da Escócia reatou-se um grau um pouco inferior dessa ordem: o grau de bardo. E James Macpherson ouviu isso quando era rapaz. Teria uns vinte anos quando publicou um livro intitulado *Cantares heróicos da Escócia vertidos da língua gaélica à língua inglesa por James Macpherson*[13].

Esses cantares tinham um caráter épico, e havia acontecido algo que agora não entendemos totalmente e que terei de explicar, mas algo facilmente compreensível. No século XVIII, e durante muitos séculos, tinha-se pensado que Homero era indiscutivelmente o maior dos poetas. E, apesar do que disse Aristóteles, chegou-se a crer que o gênero literário

---

[13] O livro foi editado em 1760, e seu título original era *Fragments of Ancient Poetry Collected in the Highlands of Scotland, and Translated from the Gaelic or Erse Language by James Macpherson.*

da *Ilíada* e da *Odisséia* era o gênero superior. Quer dizer, um poeta épico era inevitavelmente superior a um poeta lírico ou a um poeta elegíaco. De modo que, quando os literatos de Edimburgo – Edimburgo era uma cidade não menos intelectual, talvez até mais intelectual do que Londres – souberam que Macpherson havia recolhido fragmentos épicos nas Terras Altas da Escócia, isso os impressionou muito. Porque lhes deixou entrever que existia a possibilidade de uma antiga epopéia, e isso daria à Escócia uma primazia literária sobre a Inglaterra e sobre todas as outras regiões modernas da Europa. E aqui intervém um personagem curioso, o doutor Blair, autor de uma retórica que foi traduzida em espanhol e ainda circula por aí[14].

Blair leu os fragmentos traduzidos por Macpherson. Não conhecia o idioma gaélico. E então ele e um grupo de cavalheiros escoceses deram uma espécie de bolsa a Macpherson para que percorresse as serras da Escócia e recolhesse antigos manuscritos – ele disse que os vira –, e também anotasse cantares dos bardos das diversas grandes casas da Escócia. James Macpherson aceitou o encargo. Acompanhou-o um amigo, um amigo mais versado que ele no idioma gaélico, capaz de ler os manuscritos. E, ao fim de pouco mais de um ano, Macpherson voltou a Edimburgo e publicou um poema chamado *Fingal*[15], que atribuiu a Ossian,

---

[14] Refere-se a Hugh Blair (1718-1800). Famoso pároco, amigo de Alexander Carlyle, Adam Ferguson, Adam Smith e James Macpherson, para quem escreveu *A Critical Dissertation on the Poems of Ossian, the Son of Fingal* (1763). O livro de retórica a que Borges faz referência é *Lectures on Rhethoric and Belles Lettres*, publicado em 1783 e que continuou sendo usado como livro de texto até já bem entrado o século XIX.
[15] O livro foi publicado em 1762 e se chamou *Fingal: Ancient Epic Poem in Six Books*. Um ano depois, Macpherson publicou uma suposta nova compilação de lendas e poemas celtas, intitulada *Temora: An Ancient Epic Poem in Eight Books*.

que é a forma escocesa do nome irlandês Oisin, e Fingal é a forma escocesa do nome irlandês Finn. Naturalmente, os escoceses quiseram nacionalizar essas lendas, que eram de origem irlandesa. Não sei se lhes disse que, na Idade Média, a palavra "scotus" significava "irlandês", e não "escocês". Assim temos o grande filósofo panteísta Scotus Erigena[16], cujo nome significava "Scotus", irlandês, e "Erigena", nascido em Erin, Irlanda. É como se ele se chamasse "Irlandês Irlandês". Pois bem, o que Macpherson fez foi recolher fragmentos. Esses fragmentos pertenciam a ciclos distintos. Mas o que ele necessitava, o que ele queria para sua querida pátria, Escócia, era um poema, de modo que reuniu esses fragmentos. Naturalmente, havia que preencher os intervalos, e ele os preencheu com versículos – depois veremos por que digo "versículos" – de sua invenção. Há que advertir também que o conceito de tradução que hoje vigora não é o que vigorava no século XVIII. Por exemplo, a *Ilíada* de Pope, que era considerada uma versão exemplar, é o que hoje chamaríamos de uma versão muito livre.

Então, Macpherson publica seu livro em Edimburgo, e teria podido fazer uma tradução rimada, mas felizmente escolheu a forma rítmica, baseada nos versículos da Bíblia, sobretudo os salmos. Há publicada em Barcelona uma tradução espanhola de *Fingal*, que Macpherson atribui a Ossian, filho de Fingal. E Macpherson apresenta Ossian como um velho poeta cego que canta no castelo em ruínas de seu pai. Aqui já temos a sensação do tempo que é típico dos românticos. Porque na *Ilíada* ou na *Odisséia*, por exemplo, ou mesmo na *Eneida*, que é uma epopéia artificial, sente-se o tempo, mas não se sente que as coisas ocorreram faz muito tempo, isso é típico do movimento romântico. Há uns versos

[16] Johannes Scotus Erigena, filósofo e teólogo irlandês (830?-880?).

de Wordsworth[17] que eu gostaria de recordar aqui. Ele ouve uma moça escocesa cantando – já voltaremos a estes versos – e se pergunta quais são os temas que está cantando, e diz: "Está cantando coisas desventuradas e antigas, e batalhas que ocorreram faz muito tempo." Diz Spengler que o século XVIII foi o primeiro em que se construíram ruínas artificiais, essas ruínas que ainda vemos nas margens dos lagos[18]. E poderíamos dizer que uma dessas ruínas artificiais foi o *Fingal*, atribuído a Ossian, de Macpherson.

Como Macpherson não queria que os personagens fossem irlandeses, fez de Fingal, pai de Ossian, rei de Morgen, que era a costa setentrional e ocidental da Escócia. Fingal sabe que a Irlanda foi invadida pelos dinamarqueses. Vai então ajudar os irlandeses, vence-os e volta. Se lêssemos hoje o poema, depararíamos com muitas frases que pertencem ao dialeto poético do século XVIII. Mas essas frases, naturalmente, passariam inadvertidas então, e o que se notava era o que hoje chamaríamos de "frases românticas". Por exemplo, há um sentimento da natureza, há no poema uma parte que fala das neblinas azuis da Escócia, fala-se das montanhas, das selvas, das tardes, dos crepúsculos. Depois, as batalhas não são descritas de modo circunstanciado: usam-se grandes metáforas, à maneira romântica. Se dois exércitos

---

[17] William Wordsworth, poeta inglês (1770-1850). Borges dedica a ele a aula 12.
[18] "O parque inglês, com suas emoções atmosféricas, substituiu na década de 1750 o parque francês; sacrificou as grandiosas perspectivas em nome da natureza sensitiva de Addison e Pope, e introduziu o motivo das *ruínas artificiais*, que dão à paisagem maior profundidade histórica. Nunca se imaginou nada mais esquisito. A cultura egípcia restaurava os edifícios da época primitiva, mas nunca teria se atrevido a *construir ruínas*, como símbolo do passado." *A decadência do Ocidente*, primeira parte, 2º volume, capítulo IV (p. 66 da edição de 1923 da editora Calpe).

entram em batalha, fala-se de dois grandes rios, de duas grandes cataratas que misturam suas águas. E depois temos uma cena como esta: um rei entra numa assembléia. Resolveu travar batalha com os dinamarqueses no dia seguinte. Os outros compreendem a decisão que ele tomou antes que ele diga uma palavra, e o texto diz: "Viram a batalha em seus olhos, a morte de milhares em sua lança." Além disso, fala-se do rei que vai da Escócia à Irlanda, "alto na proa da sua nau". E quando se fala do fogo ele é chamado de "rubro fio da bigorna", talvez com uma reminiscência distante das *kennings*.

Agora, esse poema se apoderou da imaginação da Europa. Poderíamos enumerar centenas de admiradores. Mas vou mencionar dois assaz inesperados. Um deles foi Goethe. Se vocês não encontrarem uma versão do *Fingal* de Macpherson, poderão encontrar a tradução de duas ou três páginas neste romance exemplar do romantismo que se chama *Os sofrimentos do jovem Werther*[19], traduzidas literalmente do inglês para o alemão por Goethe. E Werther, protagonista desse romance, diz: "Ossian – não iria dizer Macpherson, naturalmente – tomou o lugar de Homero no meu coração." Há uma palavra em Tácito, uma palavra – não me lembro qual é neste momento – que se refere aos cantares militares dos germanos[20]. Naquela época, confundiam os germanos com os

---

[19] *Die Leiden des jungen Werthers* (1774). Trad. bras. São Paulo, Martins Fontes, 2ª ed., 1998.
[20] A palavra a que Borges se refere é provavelmente "baritus", termo mencionado por Tácito em sua *Germania*. Lê-se aí: "Dizem que entre [os germanos] também houve um Hércules e, quando vão entrar em combate, louvam-no em seus cantos como o mais valente dentre os valentes. Também têm outros cantos, com cuja entoação, a que chamam 'baritus', exaltam os ânimos e com o mesmo canto predizem a sorte da próxima luta, pois causam terror ou se atemorizam, conforme a gritaria dos guerreiros, e esse canto parece uma harmonia não tanto de vozes mas de bravura." Segundo J. M. Requejo, tradutor de Tácito,

celtas, seus inimigos. De modo que toda a Europa sentiu-se herdeira desse poema, toda a Europa, não só a Escócia.

O outro inesperado admirador de Ossian foi Napoleão Bonaparte. Um erudito italiano, o *abate* Cesarotti, havia vertido para o italiano o Ossian de Macpherson[21]. E sabemos que Napoleão levou consigo em todas as suas campanhas, do sul da França à Rússia, um exemplar do Ossian de Cesarotti. Nas arengas de Napoleão a seus soldados, nessas arengas que precederam as vitórias de Iena, de Austerlitz e a derrota final de Waterloo, advertem-se ecos do estilo de Macpherson. Bastam-nos estes dois ilustres e tão diferentes admiradores[22].

Na Inglaterra, porém, a reação foi um pouco diferente, ou totalmente, por obra do doutor [Samuel] Johnson. O doutor Johnson desprezava e odiava os escoceses, embora seu biógrafo James Boswell fosse escocês. [Johnson,] além disso, era um homem de gostos clássicos. Devia incomodá-lo sobremaneira a idéia de que a Escócia, por volta dos séculos VI ou VII, tenha produzido uma longa epopéia. Além disso, Johnson sem dúvida sentiu a ameaça que havia para a

---

a origem da palavra "baritus" é incerta. Poderia estar relacionada com os bardos celtas, mas também foi identificada com os sons que fazem os elefantes.

[21] Melchiore Cesarotti, poeta e ensaísta italiano (1730-1808). Sua tradução da obra de Macpherson, realizada em verso, chamou-se *Poesie di Ossian* (1763-72).

[22] Os textos de Macpherson também atraíram os músicos românticos. Entre 1815 e 1817, o compositor austríaco Franz Schubert musicou mais de dez extensos textos de Ossian, que lhe chegaram em traduções para o alemão de E. Baron De Harold. Numa data já tardia, em 1843, o compositor alemão Robert Schumann (que também era escritor) comentava numa nota jornalística a estréia de uma abertura dedicada a Ossian, *Nachklänge aus Ossian*, do "jovem compositor dinamarquês" Niels Gade.

literatura clássica, que ele reverenciava, nessa obra nova em que já se encontrava plenamente o movimento romântico. Boswell registra uma conversa entre Johnson e o doutor Blair: Blair lhe disse que não havia dúvida nenhuma sobre o antigo texto e falou: o senhor acha que muitos jovens do nosso tempo seriam capazes de escrever um poema como este? E Johnson respondeu: "Sim, senhor – falou com grande gravidade –, muitos homens, muitas mulheres e muitas crianças." Além disso, Johnson esgrimiu outro argumento não menos grave. O argumento é que Macpherson dizia que esse poema era uma tradução literal de manuscritos antigos, e disse-lhe que mostrasse esses manuscritos.

Segundo alguns biógrafos de Macpherson, ele tratou de consegui-los e publicá-los de alguma maneira. A polêmica entre Johnson e Macpherson continuou acesa como nunca. Macpherson chegou a publicar um livro para provar a semelhança entre seu poema e os textos. Mas, seja como for, Macpherson foi acusado de falsário. E sem dúvida, se isso não tivesse sido feito, não o veríamos hoje como um grande poeta. Macpherson passou o resto da vida prometendo a publicação dos manuscritos. Chegou a tal ponto, que propôs publicar os originais, mas em grego. Isso, é claro, era uma maneira de ganhar tempo, que é o que ele tratava de fazer.

Atualmente, não nos interessa se o poema é ou não é apócrifo, mas o fato de que nele já está prefigurado o movimento romântico. Há contudo uma polêmica entre Johnson e Macpherson que continua viva. Existe uma troca de correspondência bastante nutrida entre ambos. Mas, em que pese a Johnson, o estilo de Macpherson, do Ossian de Macpherson, propagou-se por toda a Europa e com ele se inaugura o movimento romântico, nele já está dado o movimento romântico. Na Inglaterra, temos um poeta, Gray, que escreve uma elegia dedicada aos mortos anônimos de um cemitério. Em Gray já encontramos o tom melancólico do romantismo. [E também] no livro *Relíquias de antiga poesia*[23]. Neste, há traduções de romanças e baladas escocesas, e um prólogo extenso em que se reivindica o fato de que a poesia é obra do povo. Essa obra do bispo Percy é importante por seu valor intrínseco e porque inspira um livro de Herder, *Vozes do povo*[24], em que há não mais apenas cantares da Escócia, mas *Lieder* alemães, baladas tradicionais, etc. Com ele, já se estende à Alemanha a busca das "criações do povo", como evidencia o título do livro.

Vamos ver que, sem Macpherson e essas elegias do bispo Percy, o movimento romântico teria existido – era, quase poderíamos dizer, um algo histórico –, mas com características bem diferentes. Além disso, mostraremos que não ocorreu a ninguém que a questão poderia se referir a Macpherson e que este, como autor do poema, tinha se mostrado originalíssimo. A versificação que ele emprega não é versificação, mas uma prosa rítmica nunca usada em nenhuma obra original anterior a ele. De modo que por esse simples fato podemos considerá-lo um precursor de Whitman e de todo escritor que tenha trabalhado e escrito em verso livre. Nunca teria podido existir como existiu o livro *Leaves of Grass* de Whitman, com o estilo que emprega, sem a contribuição originalíssima de Macpherson.

E há um traço nobre que devemos levar em conta ao julgar Macpherson, é que ele nunca quis ser considerado poeta, que o que ele quis foi se sacrificar para a maior glória da Escócia, que sacrificou a fama e renunciou ao título de poeta por isso. Sabemos, além disso, que escreveu uma

---

[23] *Reliques of Ancient English Poetry* (1765). Seu autor, que Borges menciona a seguir, foi o erudito e bispo inglês Thomas Percy (1729-1811).
[24] *Volkslieder*, publicado em 1778-79.

grande quantidade de poesias e que as destruiu, por achá-las semelhantes às dos bardos da Escócia, sem ser como as deles. De modo que também renunciou a essa produção própria.

Veremos na próxima aula como o Romantismo continuou, já em outro país, a Inglaterra.

Segunda-feira, 14 de novembro de 1966

Aula nº 12

Vida de William Wordsworth.
"The Prelude" e outros poemas.

Wordsworth nasceu em [Cockermouth], Cumberland, em 1770, morreu como poeta laureado da Inglaterra em 1850. Procede da família Lonsdale, que significa "gente da fronteira", família que tinha se endurecido em guerras contra escoceses e dinamarqueses.

Educou-se na Grammar School do seu vilarejo, depois em Cambridge. Em 1790 foi para a França. Descobriu-se faz pouco algo que causou certo escândalo. Descobriu-se que teve amores com Anette Vallon, que lhe deu um filho.

Foi partidário da Revolução Francesa. Chesterton disse a esse respeito – muitos ingleses foram partidários da Revolução – que um dos acontecimentos mais importantes da história inglesa foi a revolução que esteve a ponto de se produzir. [Wordsworth] foi, então, revolucionário na juventude, mas depois deixou de ser. Deixou de ser, e deixou de ser partidário da Revolução Francesa, porque esta culminou na ditadura de Napoleão.

No que diz respeito à sua produção, ela é em grande parte dedicada à geografia. Lembro-me que Alfonso Reyes dizia a mesma coisa de Unamuno. Dizia que a emoção da paisagem substituía em Unamuno a emoção da música, à qual era insensível. E Wordsworth viajou muitas vezes pelo continente. Esteve na França, no norte da Itália, na Suíça, na Alemanha, e também viajou pela Escócia, Irlanda e, naturalmente, pela Inglaterra. Estabeleceu-se no que foi chamado de Lake District, distrito dos lagos, também ao norte da Inglaterra, um pouco a oeste. Uma região de lagos e montanhas muito semelhante à Suíça, só que as alturas são menos consideráveis. Mas visitei ambos os países, e a impressão que causam é parecida. Conta-se que um guia suíço foi um dia a esse distrito dos lagos, na Inglaterra, e a princípio não notou a diferença de altitude entre os cumes. O clima, além disso, é frio, neva muito.

Agora, a vida de Wordsworth foi uma vida consagrada à poesia. Voltou à Inglaterra – não veria mais Anette Vallon –, casou-se com uma jovem inglesa, teve vários filhos que morreram com pouca idade. O próprio Wordsworth tinha ficado órfão muito cedo, e seus meios lhe permitiram dedicar-se exclusivamente à literatura, à poesia e às vezes à prosa. Era um homem de grande vaidade, um homem muito duro. Creio que Emerson[1] conta que foi visitá-lo, fez-lhe uma observação, Wordsworth refutou-a imediatamente – segundo seu costume, porque bastava que lhe dissessem uma coisa para que ele sustentasse o contrário – e, ao cabo de dez ou quinze minutos, Wordsworth emitiu a mesma opinião que havia achado absurda em Emerson. Então Emerson, com toda a cortesia, lhe disse: "Bem, foi o que eu disse há pouco." Então Wordsworth, indignado, disse: "Mine, mine, not yours!!", "isso é meu, é meu, não é seu!" O outro entendeu que não se podia discutir com um homem daquele caráter. Além disso, como todos os poetas que professam uma teoria, que estão convencidos dela, acreditava que tudo o que se conformasse a essa teoria era aceitável. Por isso a obra de

---

[1] Ralph Waldo Emerson, filósofo, escritor e poeta americano (1803-82).

Wordsworth é, como a de Milton, uma das mais desiguais da literatura. Ele tem poemas em que há uma melodia, uma sinceridade na paixão, uma simplicidade incomparáveis. E temos longas zonas desérticas. Isso foi observado por Coleridge[2], essa diferença que há. A verdade é que Wordsworth tinha muita facilidade para escrever, escrevia quando estava inspirado, quando a musa o premia, e outras vezes escrevia simplesmente porque tinha se proposto produzir versos, cem ou quantos fossem, naquele dia. As teorias e a prática de Wordsworth causaram escândalo no início. Depois foram aceitas, e foi visto – como acontece com todos os velhos poetas que não fracassaram –, foi visto um pouco como uma instituição, tanto que lhe deram o título de poeta laureado. Ele aceitou. Lembram que não era apenas um bom caminhante, mas também um excelente patinador.

Da sua amizade com Coleridge falaremos depois. O caso é que os dois se conheceram por volta de mil e novecentos e tantos. Os dois eram jovens, os dois estavam entusiasmados com a Revolução Francesa. Coleridge propôs a fundação de uma colônia socialista na América do Norte, nas margens de um grande rio, e também concordavam em suas opiniões estéticas. Em fins do século XVIII, a poesia – com exceção da prosa de Macpherson, de que falei da outra vez, e de alguns poemas de Gray – havia chegado a um dialeto poético, o que se chamou de pseudoclassicismo. Por exemplo, um poeta que se respeitasse não falava da brisa, falava do "brando zéfiro". Não falava do sol, falava de "Febo". Preferia não falar da lua, a palavra era corrente demais, mas falar da "casta Diana". Havia todo um dialeto poético baseado na mitologia clássica, na mitologia já morta para os leitores e para os ouvintes, uma dicção poética. Wordsworth

---

[2] Samuel Taylor Coleridge, poeta britânico (1772-1834). Borges dedica a ele as Aulas 13 e 14.

havia planejado com Coleridge a publicação de um livro que se intitularia *Lyrical Ballads*, baladas líricas, que apareceu em 1798. Essa data é importante na história da literatura inglesa e na história da literatura européia, porque constitui um dos documentos deliberadamente românticos. Quer dizer, muito anterior à obra de Hugo ou dos outros.

Quando Wordsworth conversou com Coleridge, resolveram dividir entre si os temas do volume em dois grupos. Um trataria da poesia que está nas coisas comuns, nos episódios comuns, nas vicissitudes comuns de toda vida. A outra parte, encomendada a Coleridge, trataria da poesia do sobrenatural. Mas Coleridge era muito preguiçoso, também estava entregue ao ópio, era opiófago como o grande prosista poético De Quincey[3] e, quando chegou o momento de publicar o livro, o caso é que Coleridge contribuiu com duas composições, e todas as outras haviam sido escritas por Wordsworth. O livro apareceu com a assinatura de Wordsworth, e de duas composições se disse que eram de um amigo que preferia não revelar seu nome.

Poucos anos depois, saiu uma segunda edição com um prólogo polêmico de Wordsworth. Nesse prólogo, Wordsworth explica sua teoria da poesia. Dizia Wordsworth que, quando uma pessoa adquire um livro de versos, espera encontrar nesse livro certas coisas. E se o poeta não as cumpre, se o poeta frustra essa expectativa, o leitor pode pensar duas coisas: pode pensar que o poeta é um inepto, um incapaz, ou pode até pensar que é um vigarista que não cumpriu o prometido. Então Wordsworth fala da dicção poética. Diz que todos ou quase todos os poetas contemporâneos a buscam, que ele se deu tanto trabalho para evitá-la quanto outros

---

[3] Thomas Quincey, chamado De Quincey, escritor britânico (1785-1859).

para encontrá-la. De modo que a ausência de dicção poética, de expressões como "brando zéfiro", de metáforas mitológicas, etc., isso foi deliberadamente excluído por ele. E diz que procurou uma linguagem singela, mais ou menos afim da linguagem oral, sem os balbucios, as hesitações, as repetições desta. Wordsworth pensava que a linguagem mais natural é a dos campos, porque pensava que a maioria das palavras têm sua origem nas coisas naturais – falamos do "rio do tempo", por exemplo – e que a linguagem se conserva mais pura na região em que a gente está vendo continuamente campos, montes, rios, montanhas, auroras, ocasos e noites. Mas ao mesmo tempo ele não queria admitir nenhum elemento dialetal na sua linguagem. De modo que poemas como *Leaves of Grass* de Whitman, de 1855, as *Baladas dos quartéis* de Kipling, a poesia contemporânea de Sandburg[4] tê-lo-iam horrorizado.

No entanto, essa poesia que se fez depois procede de Wordsworth. [Wordsworth] dizia que a poesia tem sua origem num "overflow", num transbordamento de emoções poderosas, produzido por uma agitação da alma. Então teriam podido objetar-lhe: se isso acontece, basta que um homem seja abandonado por uma mulher, que o pai de um homem morra, para que se produza poesia. E a história da literatura demonstra que não é assim. Uma pessoa muito emocionada mal pode se exprimir. E Wordsworth expõe aqui sua teoria psicológica da origem da poesia. Diz que a poesia nasce da emoção recordada na tranqüilidade. Imaginemos um tema dos que falei: um homem que é abandonado pela mulher que ele ama. Nesse momento, o homem pode se entregar ao desespero, pode procurar a resignação, pode tratar de se dis-

---

[4] Carl August Sandburg, poeta, escritor, jornalista, editor e folclorista americano (1878-1967).

trair, pode procurar o álcool, ou o que for. Mas seria muito estranho que se sentasse para escrever um poema. Mas passa um tempo, um ano, digamos. O poeta está mais serenado, então lembra tudo o que lhe aconteceu, isto é, revive a emoção. Mas desta segunda vez ele não apenas é um autor que recorda exatamente o que sofreu, o que sentiu, quanto se desesperou, mas um espectador também, um espectador do seu eu pretérito. E esse momento, diz Wordsworth, é o momento mais propício para a produção da poesia, é o momento da emoção recordada e revivida na tranqüilidade. Wordsworth também queria que num poema não houvesse outra emoção que a exigida pelo tema, pelo impulso primário do poema. Quer dizer, rechaçava totalmente o que se chamam adornos da poesia. Quer dizer, Wordsworth achava perfeito escrever um poema sobre a emoção da aurora na montanha ou numa cidade. Mas achava errado que num poema dedicado a outro tema – a morte ou a perda da mulher amada, por exemplo – interviesse uma paisagem ou uma descrição. Porque dizia que isso era buscar "a foreign splendor", um esplendor forasteiro ou forâneo ao tema central. Agora, é verdade que Wordsworth era um homem do século XVIII, e não é permitido a nenhum homem, por mais revolucionário que seja, diferir totalmente da sua época. Assim, Wordsworth às vezes incorre – e isso torna ridículas algumas das suas páginas – na mesma dicção censurada por ele. Num poema, ele fala de um pássaro, depois não torna a vê-lo e pensa que podem tê-lo matado. Ele quer dizer, e diz, que os homens do vale podem tê-lo matado com seus rifles. Mas, em vez de dizê-lo diretamente, diz: "Os homens do vale podem ter apontado o tubo mortífero", em vez de dizer "fuzil"[5]. Mas isso era um pouco inevitável.

---

[5] Borges certamente recorda a primeira parte (versos 238-268) do Livro Primeiro de *The Recluse*, intitulado "Home at Grasmere". Em seus

Wordsworth escreveu alguns dos sonetos mais admiráveis da poesia inglesa, geralmente dedicados a temas naturais. Há um, famoso, que se situa na ponte de Westminster, em Londres. Esse poema corresponde, como todos os bons poemas de Wordsworth, a uma sinceridade. Porque ele sempre tinha dito que a beleza estava nas montanhas, nas planícies desertas. No entanto, nesse poema ele diz que nunca teve uma sensação de serenidade igual à que teve naquela manhã, atravessando a ponte de Westminster, quando toda a cidade dormia[6]. Há um soneto muito curioso, em que ele está num porto e vê chegar um navio, e se apaixona por ele, podemos dizer, e lhe deseja boa sorte, como se o navio fosse uma mulher[7]. Agora, Wordsworth planejou além disso dois poemas filosóficos. Um deles, "The Prelude", era autobiográfico, isto é, meditações de um caminhante solitário. E aí

---

versos, Wordsworth nota a falta de dois cisnes: "... *Two are missing, two, a lonely pair / Of milk-white Swans; wherefore are they not seen / Partaking this day's pleasure?*" ("Faltam dois, dois, um par solitário / de cisnes brancos como leite; por que não se pode vê-los / participando do prazer deste dia?"). O poeta oferece entre outras a seguinte explicação: "*The dalesmen may have aimed the deadly tube*" ("Os homens do vale podem ter apontado o tubo mortífero").

[6] Trata-se do poema intitulado "Composed upon Westminster Bridge", de 3 de setembro de 1802, cujos versos são os seguintes: "*Earth has not anything to show more fair: / Dull would he be of soul who could pass by / A sight so touching in its majesty: / This city now doth, like a garment, wear / The beauty of the morning; silent, bare / Ships, towers, domes, theatres, and temples lie / Open unto the fields, and to the sky / All bright and glittering in the smokeless air. / Never did sun more beautifully steep / In his first splendor, valley, rock, or hill; / Never saw I, never felt, a calm so deep! / The river glideth at his own sweet will / Dear God! The very houses seem asleep / And all that mighty heart is lying still!*"

[7] O soneto, sem título, é o que começa com o verso "With ships the sea was sprinkled far and nigh". Borges volta a citá-lo no fim desta aula. Na nota 14, o poema é transcrito textualmente.

há um sonho que vou contar. Um comentador de Wordsworth observou que ele deve ter sonhado com grande nitidez, porque há um poema dele intitulado "Ode sobre as intimações da imortalidade", em que baseia seu argumento a favor da imortalidade – o poema deriva de recordações da infância – na doutrina platônica da preexistência da alma. Diz que, quando era garoto, todas as coisas tinham um esplendor, uma nitidez que foi se apagando depois. Diz que as coisas tinham "the freshness and the glory of a dream"[8], "o frescor e a glória do sonho". Em outro poema, para dizer que algo é vivo, diz que é "vivo como um sonho". Sabemos que ele teve experiências alucinatórias. Havia estado em Paris pouco antes do que foi chamado de o reino do Terror, e da sacada da sua casa, uma casa alta, viu todo um céu carmesim e pareceu-lhe ouvir uma voz que profetizava a morte. Depois, de novo na Inglaterra, teve de atravessar de noite as ruínas de Stonehenge, um círculo de pedra anterior à época dos celtas, mas onde os druidas executavam sacrifícios. E achou que via os druidas com suas facas de pedra, pedernal, sacrificar humanos. Mas volto ao sonho.

Alguém disse que o sonho deve ter sido sonhado por Wordsworth, mas eu acho – vocês podem julgar, claro – que o sonho é bem preparado demais para ser realmente um sonho. Quer dizer, antes de relatar o sonho, Wordsworth nos conta as circunstâncias anteriores, e nessas circunstâncias, que não são especificamente vivas, está a semente do sonho. Wordsworth diz que sempre lhe preocupara um temor,

---

[8] O título original do poema é "Ode: Intimations of Immortality from Recollections of Early Childhood". Foi composto entre 1802 e 1806 e publicado pela primeira vez em 1807. Borges cita o quarto verso, que na realidade se lê: "*The glory and the freshness of a dream*", alterando inadvertidamente a ordem das palavras. Não nos esqueçamos de que dizia tudo de cor.

o temor de que as duas obras máximas da humanidade, as ciências e as artes, pudessem desaparecer por obra de alguma catástrofe cósmica. Atualmente, temos mais direito a esse temor, dados os progressos da ciência. Mas, naquela época, essa idéia era uma idéia estranha, pensar que a humanidade podia ser eliminada do planeta e, com a humanidade, a ciência, a música, a poesia, a arquitetura. Isto é, todo o essencial do trabalho dos homens ao longo de milhares de anos e de centenas de gerações. E ele diz que conversou com uma pessoa sobre isso e essa pessoa lhe disse que ela também compartilhava esse temor, e que no dia seguinte a essa conversa foi à praia. Vocês verão como em todos esses fatos está preparado o sonho de Wordsworth. Wordsworth chega pela manhã à praia, e na praia há uma gruta. Na gruta, ele procura refúgio contra os raios do sol, mas da gruta se vê a praia, a dourada praia, e o mar. Wordsworth senta-se para ler, e o livro que ele lê – isso é importante – é o *Quixote*. Logo chega o meio-dia – a hora do calor, como dizem na Espanha –, ele se deixa vencer pelo peso da hora, o livro cai da mão, e então Wordsworth diz: "I passed into a dream", "entrei num sonho". E no sonho ele já não está na praia, na gruta diante do mar. Está num vasto deserto de areia negra, uma espécie de Saara. Agora, vocês vêem que o deserto, e a areia negra do deserto já é sugerida pela branca areia da praia. Está perdido no deserto, e vê uma figura que se aproxima dele, e essa figura tem na mão esquerda um caracol. E na outra mão uma pedra que também é um livro. Esse homem se aproxima dele a galope em seu camelo. Agora, naturalmente, vocês vêem como tudo isso é preparado pelas circunstâncias anteriores, por uma mente inglesa, antes de mais nada. Há uma relação entre a Espanha e os árabes, além disso esse cavaleiro em seu camelo, esse cavaleiro com uma lança, é como que uma transformação de Dom Quixote. O cavaleiro se aproxima de Wordsworth, que está perdido nesse negro deserto. Pede que o outro o ajude e então este aproxima o caracol do ouvido do sonhador "in an unknown tongue", "numa língua desconhecida que no entanto entendi". Ouve uma voz, uma voz que profetiza a destruição da Terra por um segundo dilúvio. Então o árabe, com uma fisionomia grave, diz-lhe que assim é e que ele tem a missão de salvar desse dilúvio, dessa inundação, as duas obras capitais da humanidade. Uma, que tem parentesco "with the stars", "com as estrelas", "untouched by space or time", "intocadas pelo espaço e pelo tempo". Essa obra é a ciência. E a ciência é representada por uma pedra, que ao mesmo tempo é um livro. Nos sonhos, costuma acontecer essa ambivalência. Sonhei às vezes com uma pessoa que às vezes era outra, ou que tinha as feições de outra, e isso não me surpreendia no sonho, o sonho pode manejar essa linguagem.

Então ele mostra a pedra a Wordsworth, e então ele vê que a pedra não é somente uma pedra, mas a *Geometria* de Euclides, e isso representa a ciência. Quanto ao caracol, esse caracol é todos os livros, é toda a poesia que os homens já escreveram, escrevem e escreverão. E ele ouve todo esse poema como uma voz, uma voz cheia de desespero, de júbilo, de paixão. O árabe lhe diz que ele tem de enterrar, salvar esses dois objetos capitais, a ciência e a arte, representados pelo caracol e pela *Geometria* de Euclides. Então o sonhador pede que o salve e depois vê que o árabe olha através dele e vê alguma coisa, e esporeia seu camelo. Então ele vê algo como uma grande luz que vai enchendo a terra, e compreende que essa grande luz é o dilúvio. O árabe foge. O sonhador corre atrás do árabe pedindo-lhe que o salve. As águas estão alcançando-o quando acorda.

De Quincey diz que esse sonho, que talvez seja o mais sublime, deve ser lido. Mas De Quincey acreditava que o sonho havia sido inventado por Wordsworth. Claro, isso é o que nunca vamos saber. Creio que o mais provável é que

Wordsworth tenha tido um sonho parecido, que depois o melhorou e, além disso, o preparou. Depois, quando o árabe se afasta no sonho, Wordsworth acompanha-o com os olhos e vê que o árabe às vezes é um árabe em seu camelo, às vezes é Dom Quixote em seu Rocinante. Depois de contar o sonho, diz que talvez não o tenha sonhado. Que talvez haja na tribo dos beduínos – o árabe é um beduíno – algum louco pensando que o mundo pode ser inundado e que quer salvar a ciência e as artes. Vocês encontrarão essa passagem – não sei se foi traduzida – no segundo livro do *Prelude*, esse longo poema de Wordsworth.

Agora, em geral, quando se fala de Wordsworth, fala-se do poema "Sobre as intimações da imortalidade", esse poema de que lhes falei e que se refere à doutrina platônica. Mas creio que o especial de Wordsworth é, fora algumas baladas...[9] Há um poema, "To a Highland Girl", "para uma moça das Terras Altas da Escócia"[10]. Esse tema é um dos primeiros

---

[9] Borges não termina a frase.
[10] O título do poema é "The Solitary Reaper", foi composto entre 1803 e 1805 e publicado em 1807. O texto original é: "*Behold her, single in the field, / Yon solitary Highland Lass! / Reaping and singing by herself / Stop here, or gently pass! / Alone she cuts and binds the grain, / and sings a melancholy strain: / O listen! For the Vale profound / Is overflowing with sound. // No Nightingale did ever chant / More welcome notes to weary bands / Of travellers in some shady haunt, / Among Arabian sands: / A voice so thrilling never was heard / In spring-time from the Cuckoo-bird, / Breaking the silence of the seas / Among the farthest Hebrides. // Will no one tell me what she sings? / Perhaps the plaintive numbers flow / For old, unhappy far-off things, / And battles long ago: / Or is it some more humble lay, / Familiar matter of to-day? / Some natural sorrow, loss or pain, / That has been, and may be again? // Whatever the theme, the Maiden sang / As if her song could have no ending; / I saw her singing at her work, / And over the sickle bending; / I listened, motionless and still; / And, as I mounted up the hill, / The music in my heart I bore, / Long after it was heard no more.*"

poemas que Rilke[11] escreveu, o tema de uma moça cantando no campo, e da canção, da melodia recordada muito tempo depois. Agora, o poema de Wordsworth agrega a circunstância, para ele misteriosa, de que a moça cantava em dialeto gaélico, em idioma celta, incompreensível para ele. E ele se pergunta qual é o tema do canto e pensa: "unhappy far away things, and battles long ago", "em coisas infelizes e distantes, em batalhas que aconteceram, que ocorreram há muito tempo". Mas essa música que havia enchido o vale como uma corrente, essa música continua ressoando em seus ouvidos. Depois temos a série de Lucy Gray, poemas sobre uma moça pela qual ele estava apaixonado. Depois a moça morre, então ele pensa que ela agora faz parte da terra e que está condenada a girar eternamente, como as pedras e as árvores. Há um poema de quando a sombra de Napoleão caiu sobre a Inglaterra, por assim dizer, como cairia depois a sombra de outro ditador. Um momento em que a Inglaterra ficou sozinha para combater Napoleão, assim como num momento da Segunda Guerra Mundial também ficou sozinha. Então Wordsworth escreve um soneto dizendo: "Outro ano passou, outro império caiu e ficamos sós para lutar contra o inimigo." Depois diz que essa circunstância tem de enchê-los de felicidade, "o fato de que devemos estar sós, o fato de que não devemos depender de ninguém, de que nossa salvação está em nós". Depois se pergunta se os homens que dirigem a Inglaterra estão à altura da sua alta missão, do seu alto destino. E depois pergunta "se realmente são dignos desta terra e das suas tradições", e não são, diz, "um bando servil", porque nesse momento ele também insulta o governo. E se não são um bando servil, que são obrigados a tratar "with danger that they fear", "com o perigo que temem", "and

---

[11] Rainer Maria Rilke, poeta tcheco de língua alemã (1875-1926).

with honor that they don't understand", "e com a honra que não entendem"[12]. Wordsworth também escreveu uma peça de teatro e poemas sobre diversos lugares da Inglaterra.

Agora, Wordsworth sempre tinha dito que a linguagem tinha de ser uma linguagem simples, mas nesses poemas ele chega a um esplendor de linguagem que teria repelido em sua juventude, quando ainda era um fanático da sua teoria. Fala, por exemplo, de uma antecâmara de uma capela em Cambridge, onde há um busto de Newton, e fala de Newton: "with his prism and silent face", "com seu prisma, que lhe serviu para formular sua teoria da luz, com seu prisma e seu rosto silencioso". Depois diz: "The marble index of a mind for ever travelling through strange seas of thought"[13], "o índice de mármore de uma mente, eternamente atravessando estranhos mares de pensamento", "alone", "sozinha". Isso não tem nada a ver com as primeiras teorias of Wordsworth. Wordsworth a princípio foi uma espécie de escândalo, escreveu um poema perigosamente intitulado "The idiot

---

[12] O soneto se intitula "November, 1806". Foi composto em 1806 e publicado no ano seguinte. A versão original é a seguinte: *Another year! – another deadly blow! / Another mighty Empire overthrown! / And We are left, or shall be left, alone / The last that dare to struggle with the Foe. / 'Tis well! From this day forward we shall know / That in ourselves our safety must be sought; / That by our own right hands it must be wrought; / That we must stand unpropped, or be laid low. / O dastard whom such foretaste doth not cheer! / We shall exult, if they who rule the land / Be men who hold its many blessings dear, / Wise, upright, valiant; not a servile band, / Who are to judge of danger which they fear, / And honour which they don't understand.*

[13] "On the Statue of Newton in Trinity Chapel", do livro III de *The Prelude*. Citamos em seguida os versos 58-63: "*And from my pillow, looking forth by light / Of moon or favouring stars, I could behold / The antechapel where the statue stood / Of Newton with his prism and silent face, / The marble index of a mind for ever / Voyaging through strange seas of thought, alone.*"

boy", "o garoto idiota", e Byron não cedeu à piada fácil de dizer que era um poema autobiográfico.

As pessoas começaram a refutar sua teoria. O próprio Coleridge lhe disse que nenhuma poesia devia se apresentar acompanhada de uma teoria, porque isso era pôr o leitor de sobreaviso. Se o leitor – diz ele –, antes de ler um livro de poemas, lê um prólogo polêmico, desconfia que os argumentos desse prólogo foram formulados para persuadi-lo de gostar dessa poesia, e então a repele. Além do mais – dizia Coleridge –, a poesia deve se impor por si mesma, o poeta não deve fazer nenhum arrazoamento sobre sua obra. Isso agora nos parece estranhíssimo, porque vivemos numa época de cenáculos, de manifestos, de publicidade das artes. No entanto, Coleridge viveu em fins do século XVIII, inícios do XIX, e então Wordsworth teve de lhe explicar, e de explicar aos leitores, para que os leitores não procurassem em sua poesia algo que não estava nela, mas para que vissem que ele havia escolhido deliberadamente temas simples, personagens humildes, uma linguagem singela, uma ausência das metáforas profissionais da poesia, etc. Atualmente Wordsworth é considerado um dos grandes poetas da Inglaterra. Falei de Unamuno uma vez. Sei que ele era um dos poetas preferidos de Unamuno. Claro, é muito fácil encontrar páginas frouxas nele. Ezra Pound o fez e disse que Wordsworth era "a silly old sheep", "uma ovelha velha e boba". Mas creio que um poeta deve ser julgado por suas melhores páginas.

Não sei se recordei alguma vez que Chesterton se comprometeu a compilar uma antologia dos piores versos do mundo, desde que o deixassem escolher entre os melhores poetas. Porque Chesterton diz que o fato de escrever páginas ruins é típico dos grandes poetas. Porque, diz Chesterton, o fato é que, quando Shakespeare queria escrever uma página disparatada, sentava-se e o fazia diretamente, dava-se esse gosto. Em compensação, um poeta medíocre pode não ter versos péssimos. Pode não ter, porque está consciente da sua mediocridade e porque está continuamente se policiando. Em compensação, Wordsworth tem consciência da sua força, por isso há tanto lastro, há tanta parte morta na sua obra. Quanto ao mais, fora esse sonho de Wordsworth, que não sei por que foi excluído das antologias, as peças principais de Wordsworth – salvo, talvez, aquela em que fala daquele alto veleiro que vê e do qual se enamora – estão em todas as antologias da poesia inglesa.

Foram traduzidas muitas vezes, mas a tradução da poesia inglesa para o espanhol é, já constatei, difícil, muito difícil. Porque o idioma inglês, como o chinês, é essencialmente monossilábico. Assim, num verso numa linha inglesa cabem mais versos que numa linha espanhola. Como traduzir, por exemplo, "With ships the sea was sprinkled far and nigh like stars in heaven"[14], "com barcos, o mar estava salpicado aqui e ali como as estrelas no céu". Não sobra nada na tradução. E no entanto essa linha é memorável.

Falei hoje de Wordsworth. Na próxima aula falarei do seu amigo, colaborador e, por fim, polemista: Coleridge, o outro grande poeta dos começos do movimento romântico.

---

[14] A linha pertence ao soneto sem título de Wordsworth mencionado na nota 7 desta aula. Transcrevemos em seguida o poema completo: "*With Ships the sea was sprinkled far and nigh, / Like stars in heaven, and joyously it showed / Some lying fast at anchor in the road, / Some veering up and down, one knew not why. / A goodly Vessel did I then espy / Come like a giant from a haven broad; / And lustily along the bay she strode, / tackling rich, and of apparel high. / This Ship was nought to me, nor I to her, / Yet I pursued her with a Lover's look / This Ship to all the rest did I prefer: / When will she turn, and whither? She will brook / No tarrying; where She comes the winds must stir: / On went She, and due north her journey took.*"

Quarta-feira, 16 de novembro de 1966

Aula n.º 13

*Vida de Samuel Taylor Coleridge. Um conto de Henry James.
Coleridge e Macedonio Fernández comparados.
Coleridge e Shakespeare.* In Cold Blood, *de Truman Capote.*

Uma das obras mais importantes de um escritor – talvez a mais importante de todas – é a imagem que deixa de si mesmo na memória dos homens, para lá das páginas escritas por ele. Pois bem, pessoalmente, Wordsworth foi um poeta superior a Samuel Taylor Coleridge, de quem falaremos hoje. Mas pensar em Wordsworth é pensar num cavalheiro inglês da época vitoriana, parecido com tantos outros. Já pensar em Coleridge é pensar num personagem de romance. Tudo isso é interessante para a análise crítica e para a imaginação, e assim o sentiu o grande romancista americano Henry James. A vida de Coleridge foi um conjunto de fracassos, de frustrações, de promessas não cumpridas, de hesitações. Há um conto de Henry James intitulado "O fundo Coxon"[1], que foi inspirado pela leitura de uma das primeiras biografias de Coleridge. O protagonista desse conto é um homem de gênio, um conversador de gênio, melhor dizendo, que passa a vida em casa dos amigos. Eles esperam dele uma grande obra. Sabem que, para executar essa obra,

---

[1] Este conto, cujo título original é "The Coxon Fund", apareceu na revista *The Yellow Book* em julho de 1894 e em forma de livro, pela primeira vez, em *Terminations*, publicado em Londres por Heinemann e em Nova York pela Harper, em 1895.

necessita de tempo e descanso. E a heroína é uma moça nas mãos de quem a sorte põe a escolha do candidato para esse fundo, Coxon, deixado por uma tia dela, lady Coxon. E a moça sacrifica a possibilidade do seu casamento, sacrifica toda a sua vida para que a pessoa que receba essa bolsa seja o homem de gênio. Este aceita a anuidade, que é considerável, e depois o autor nos dá a entender – ou declara, não me lembro – que o grande homem não escreve nada, só deixa alguns rascunhos. O mesmo poderíamos dizer de Samuel Taylor Coleridge: foi o centro de um círculo brilhante, o dos chamados "*lake poets*"*, porque viviam nas imediações dos lagos. Foi amigo de Wordsworth, mestre de De Quincey. Foi amigo do poeta Robert Southey[2], que deixou entre suas muitas obras um poema chamado "A Tale of Paraguay", "Um conto do Paraguai", baseado nos textos do jesuíta Dobrizhoffer[3], que foi missionário no Paraguai. Nesse grupo, Coleridge era considerado um mestre, os outros julgavam-se pessoalmente inferiores a ele. No entanto, a obra de Coleridge, que abrange vários volumes, consta na realidade de uns poucos poemas – poemas inesquecíveis, isso sim – e de algumas páginas de prosa. Algumas estão na *Biographia Literaria*[4], outras pertencem às conferências que deu sobre

---

* Poetas dos lagos. (N. do T.)
[2] Robert Southey, poeta e historiador inglês (1774-1843).
[3] Martino Dobrizhoffer, jesuíta austríaco (1717-91). Foi pastor dos abipões, tribo do norte da zona guarani, e companheiro do padre Florian Baucke ou Paucke, em meados do século XVIII. A versão original do seu livro é escrita em latim e consta de três volumes. Intitula-se *Historia de Abiponibus equestri, bellicosaque Paraquariae natione, copiosis barbararum gentium*. Foi publicado em Viena por Joseph Nob. de Kurzbek em 1784 e traduzida, primeiro, para o alemão no mesmo ano, depois para o inglês, em 1822. Existe um exemplar do original em latim na Sala do Tesouro da Biblioteca Nacional.
[4] *Biographia Literaria*, publicada originalmente em 1817.

Shakespeare. Vejamos em primeiro lugar a vida de Coleridge, depois entraremos no exame da sua obra, não poucas vezes ininteligível, aborrecida, plagiada também.

Coleridge nasce em 1772, isto é, dois anos depois do nascimento de Wordsworth, que corresponde, como vocês sabem, ao ano de 1770, muito fácil de lembrar. Digo isso porque estamos na véspera dos exames. E Coleridge morre em 1834. Seu pai é um pastor protestante do Sul da Inglaterra. O reverendo Coleridge foi pastor de um povoado rural e impressionava muito seus ouvintes porque costumava intercalar em seus sermões o que chamava "the inmediate tongue to the Holy Ghost", "a língua imediata do Espírito Santo". Quer dizer, longas passagens em hebraico, que seus rústicos paroquianos não compreendiam, mas que veneravam ainda mais por isso mesmo. Quando o pai de Coleridge morreu, seus paroquianos sentiram certo desprezo por seu sucessor, porque ele não intercalava passagens ininteligíveis no idioma imediato do Espírito Santo.

Coleridge educou-se em Christ Church, onde foi colega de Charles Lamb[5], que deixou uma espécie de retrato escrito dele. Estudou depois na Universidade de Cambridge, onde conheceu Southey, com quem planejou uma colônia socialista numa região remota e perigosa dos Estados Unidos. Depois, por uma razão que nunca foi totalmente explicada, mas que é um dos mistérios que são parte da vida de Coleridge, Coleridge alistou-se num regimento de dragões. "Eu – diria Coleridge mais tarde –, o menos eqüestre dos homens." Nunca aprendeu a andar a cavalo. Ao cabo de dois meses, um dos oficiais o encontrou escrevendo versos em grego numa das paredes do quartel, versos em que ele exprimia seu desespero ante aquele impossível destino de cavalei-

---

[5] Charles Lamb, literato inglês (1775-1834).

ro que havia inexplicavelmente escolhido. O oficial conversou com ele, conseguiu que lhe dessem baixa, e Coleridge voltou a Cambridge e planejou pouco depois a fundação de um jornal que aparecerá todas as semanas. Coleridge correu a Inglaterra procurando assinantes para a publicação. Ele próprio nos conta que chegou a Bristol, que conversou com um cavalheiro, que esse cavalheiro lhe perguntou se tinha lido o jornal do dia, e ele respondeu que não acreditava que entre os deveres de um cristão estivesse o de ler jornais, o que causou certa hilaridade, porque todos sabiam que o objetivo da sua viagem a Bristol era conseguir assinantes para o seu jornal. Coleridge, quando o convidaram para uma conversa e lhe ofereceram trabalho, tomou a estranha precaução de encher o cachimbo com sal até a metade e a outra metade com fumo. Mas, apesar disso, não estava acostumado a fumar e ficou doente. Temos aqui um dos episódios inexplicáveis da vida de Coleridge, a execução de atos absurdos. O jornal foi finalmente publicado. Chamava-se *The Watchman*, algo como "o vigia noturno" ou "o vigilante", e constou na realidade de uma série de sermões, mais que de notícias, e morreu ao cabo de um ano. Coleridge colaborou além disso com Southey num drama, *The Fall of Robespierre*, "A queda de Robespierre"[6], em outro sobre Joana d'Arc, a quem faz falar, por exemplo, sobre o Leviatã, sobre magnetismo, temas que sem dúvida não figuraram nas conversas da santa, e entretanto pode-se dizer que não fez outra coisa senão conversar. Escreveu alguns poemas que examinaremos mais adiante, que se intitulam "O velho marinheiro", "The Ancient Mariner"... Outro se intitula "Christabel" e outro "Kubla Khan", o nome daquele imperador da China que protegeu Marco Polo.

---

[6] *The Fall of Robespierre* foi publicado pela primeira vez em 1794.

A conversa de Coleridge era uma conversa muito curiosa. Diz De Quincey, que foi seu discípulo e admirador, que cada vez que Coleridge conversava era como se traçasse no ar um círculo. Quer dizer, ia se afastando do tema inicial e depois voltava a ele, mas muito lentamente. A conversa de Coleridge podia durar duas ou três horas. No fim, descobria-se que, descrevendo um círculo, tinha voltado ao ponto de partida. Mas geralmente os interlocutores tinham durado menos que a conversa, tinham ido embora. De modo que a impressão que tinham era de uma série de digressões inexplicáveis.

Seus amigos pensaram que uma boa saída para o gênio de Coleridge seriam as conferências. Efetivamente, anunciavam-se as conferências, havia muita gente que fazia assinatura para essa série de conferências. Geralmente, quando chegava a data marcada, Coleridge não aparecia e, quando aparecia, falava de qualquer tema, menos do tema prometido. Houve algumas vezes em que falou de tudo, até mesmo do tema da conferência. Mas essas ocasiões foram raras.

Coleridge casou-se bastante jovem. Conta-se que visitava uma casa em que havia três irmãs. Ele estava apaixonado pela segunda, mas pensou que se a segunda se casasse antes da primeira, pensou – conforme disse a De Quincey – que isso podia ferir o orgulho sexual da primeira. E então, por delicadeza, casou-se com a primeira, pela qual não estava apaixonado. Não é muito surpreendente saber que esse casamento fracassou. Coleridge se desentendeu com a mulher e com os filhos, depois viveu em casa de amigos. Seus amigos se consideravam honrados com essas visitas de Coleridge, honrados. No começo, supunham que essas visitas durariam uma semana, mas duravam um mês, e em alguns casos chegaram a durar anos. E Coleridge aceitava essa hospitalidade com, não ingratidão, mas com uma espécie de distração, porque Coleridge foi o mais distraído dos homens.

Coleridge viajou à Alemanha e se deu conta de que nunca tinha visto o mar, apesar de tê-lo descrito admiravelmente, inesquecivelmente, em seu poema "The Ancient Mariner". Mas o mar não o impressionou. O mar da sua imaginação era mais vasto que o mar da realidade. Depois, outra característica de Coleridge era a de anunciar obras ambiciosas: *História da filosofia*, *História da literatura inglesa*, *História da literatura alemã*. E ele escrevia aos amigos – que sabiam que ele mentia, e ele também sabia que eles sabiam – que esta ou aquela obra estava bem adiantada. No entanto, não havia escrito uma linha.

Entre as obras que executou, figura uma tradução da trilogia *Wallenstein*, de Schiller[7], que segundo alguns juízes, alguns alemães entre eles, é superior ao original. Um dos temas que mais preocuparam a crítica é o dos plágios de Coleridge. Em sua *Biographia Literaria*, ele anuncia, por exemplo, que vai dedicar o capítulo seguinte a explicar a diferença que existe entre a razão e o entendimento, ou entre a fantasia e a imaginação. E depois o capítulo em que ele traça essa diferença importante é uma tradução de Schelling[8] ou de Kant, a quem admirava. Disseram que Coleridge tinha se comprometido com a editora a entregar um capítulo e que entregou um capítulo plagiado[9]. Agora, o mais provável é

---

[7] Friedrich von Schiller, historiador, poeta e dramaturgo alemão (1759-1805).
[8] Friedrich W. J. von Schelling, filósofo alemão (1775-1854).
[9] Segundo John Spencer Hill, "na *Biographia* inteira... encontramos claros indícios de uma composição apressada; mas em nenhuma outra parte esse fato fica mais evidente do que nos capítulos 12 e 13, que foram os últimos a ser escritos, em setembro de 1815. Como já se sabe há muito tempo, o capítulo 12 da *Biographia* consiste, na maior parte, em parágrafos traduzidos – alguns deles copiados literalmente, e nenhum deles atribuído a seu autor – das obras de F. W. J. Schelling intituladas *Abhandlungen zur Erläuterung des Idealismus der Wissenschaftslehre* e *Sys-*

que Coleridge tivesse se esquecido do que havia traduzido. Coleridge viveu uma vida, digamos, quase puramente intelectual. O pensamento lhe interessava mais que a escrita do pensamento. Tive um amigo mais ou menos famoso, Macedonio Fernández, com quem acontecia a mesma coisa. Lembro-me que Macedonio Fernández vivia mudando de uma pensão para outra e que, cada vez que mudava, deixava na gaveta uma série de manuscritos. Perguntei por que perdia assim o que havia escrito, e Macedonio Fernández me respondia: "Mas você acha que somos tão ricos assim para perder alguma coisa? O que me ocorreu uma vez, vai me ocorrer de novo, de maneira que não perco nada." Talvez Coleridge pensasse a mesma coisa. Há um artigo de Walter Pater[10], um dos prosistas mais famosos da literatura inglesa, que diz que Coleridge, pelo que pensou, pelo que sonhou, pelo que executou e, mais ainda, "pelo que deixou de executar" – "for what he failed to do" –, representa o arquétipo, quase poderíamos dizer, do homem romântico. Mais que Werther, mais que Chateaubriand, mais que nenhum outro. E a verdade é esta, que há em Coleridge algo que parece cumu-

---

tem des transcendentalen Idealismus. O capítulo 12 não é a única parte, nem Schelling o único filósofo alemão que Coleridge plagiou em sua *Biographia Literaria*, mas o fato é que a maioria dos plágios aparece nesse capítulo, que Coleridge deve ter escrito com o livro de Schelling aberto diante dos olhos. É claro que a pressa em terminar a obra não basta para justificar essa conduta (...), mas explica até certo ponto, isso sim, por que os plágios são tão longos e freqüentes nessa parte do livro" (*A Coleridge Companion*, p. 218).
[10] Walter Horatio Pater, crítico e ensaísta inglês (1839-94). Estudou na King's School de Canterbury e na Universidade de Oxford, onde depois trabalhou e ensinou. Entre as suas obras estão: *Studies in the History of the Renaissance* (1873), *Imaginary Portraits* (1887), *Plato and Platonism* (1893), *Miscellaneous Studies* (1895) e o romance *Marius the Epicurean* (1885).

lar a imaginação. É a própria vida, que é de demoras, de promessas não-cumpridas, de conversação brilhante. Tudo isso corresponde a um tipo humano.

O curioso é que a conversa de Coleridge foi recolhida, como foi recolhida a conversa de Johnson, mas quando lemos as páginas de Boswell, essas páginas cheias de epigramas, de frases breves e agudas, compreendemos por que Johnson foi tão admirado como conversador. Já os volumes de *Table Talk*, de conversas à mesa de Coleridge, raras vezes são admiráveis. Abundam em trivialidades também. Mas, talvez, numa conversa, mais importante do que o que se diz é o que o interlocutor sente como existindo por trás das palavras pronunciadas. E sem dúvida havia na conversa de Coleridge uma espécie de magia que não estava nas palavras, mas no que as palavras deixavam adivinhar, no que transparecia por trás dessas palavras.

Mas há também, é claro, passagens admiráveis na prosa de Coleridge. Há por exemplo uma teoria dos sonhos. Coleridge dizia que nos sonhos estamos pensando, só que não pensamos por meio de raciocínios, mas por meio de imagens. Coleridge sofria de pesadelos, e chamou-lhe a atenção o fato de que, embora um pesadelo seja espantoso, poucos minutos depois de ter acordado o horror do pesadelo desapareceu. E explicava a coisa assim: dizia que na realidade – na vigília, quero dizer, porque os pesadelos para quem os sonha são realidades –, na vigília um homem pode se enlouquecer por causa de um fantasma falso, pelo simulacro de um fantasma executado por obra de uma piada. Em compensação, temos sonhos horríveis e, quando acordamos, embora acordemos tremendo, eles nos deixam sossegados ao cabo de uns cinco ou dez minutos. E Coleridge explicava a coisa assim: Coleridge dizia que nossos sonhos, inclusive os mais vivos, os pesadelos, correspondem a operações intelectuais. Quer dizer, um homem está dormindo, sente uma opressão no peito e então, para explicar essa opressão, sonha que um leão deitou em cima dele. Depois o horror dessa imagem o desperta, mas aquilo tudo correspondeu a uma operação intelectual. Era assim que Coleridge explicava os pesadelos, são pensamentos imperfeitos, atrozes, mas são obra da imaginação, isto é, são operações intelectuais, e por isso não deixam maior marca em nós.

Essa questão dos sonhos é muito importante, tratando-se de Coleridge. Na aula passada contei um sonho de Wordsworth. Na próxima falarei do poema mais famoso de Coleridge, "Kubla Khan", baseado num sonho. E isso nos recordará o caso do primeiro poeta da Inglaterra, Caedmon, que sonhou com um anjo que o obriga a compor um poema sobre os primeiros versículos do *Gênese*, sobre a criação do mundo.

Depois, Coleridge é um dos primeiros na Inglaterra a respaldar o culto de Shakespeare. Diz George Moore, um escritor irlandês de princípios deste século, que, se o culto de Jeová cessasse na Inglaterra, seria substituído imediatamente pelo culto de Shakespeare. Um dos que instauraram esse culto, junto com alguns pensadores alemães, foi Coleridge. E, falando de pensadores alemães, o pensamento dos filósofos alemães era quase desconhecido na Inglaterra. A Inglaterra, no início do século XIX, tinha esquecido quase totalmente sua origem saxã. Coleridge estudou alemão, como Carlyle estudaria, e recordou aos ingleses sua vinculação com a Alemanha e com as nações escandinavas. Isso tinha sido esquecido na Inglaterra. Mas depois vieram as guerras napoleônicas, os ingleses e os prussianos foram irmãos de armas na vitória de Waterloo contra Napoleão, e os ingleses sentiram aquela antiga e esquecida fraternidade. E os alemães, por obra de Shakespeare, também a sentiram.

Entre as muitas páginas manuscritas que Coleridge deixou, há muitas páginas escritas em alemão. Ele morou na

Alemanha também. Em compensação, nunca conseguiu aprender francês, apesar de que mais da metade do vocabulário inglês, quase dois terços, consta de palavras francesas. E essas palavras são as que correspondem ao intelecto, ao pensamento. Contam que puseram numa mão de Coleridge um livro em francês e na outra sua tradução para o inglês. Coleridge leu a tradução inglesa, depois voltou ao texto francês e não pôde compreendê-lo. Quer dizer, houve uma afinidade entre Coleridge e o pensamento alemão, ao mesmo tempo que ele se sentia muito distante do pensamento francês. Coleridge dedicou parte da vida a uma reconciliação talvez impossível entre as doutrinas da igreja anglicana, "the Church of England", e a doutrina de Kant, que ele venerava. É estranho que Kant tenha interessado Coleridge mais que Berkeley[11], já que no idealismo de Berkeley teria podido encontrar mais facilmente o que procurava.

E agora chegamos ao pensamento de Coleridge sobre Shakespeare. Coleridge tinha estudado a filosofia de Spinoza. Vocês hão de se lembrar que essa filosofia se baseia no panteísmo, isto é, na idéia de que só existe um ser real no Universo, e esse ser é Deus. Nós somos atributos de Deus, adjetivos de Deus, momentos de Deus, mas não existimos realmente. Só existe Deus. Há um verso de Amado Nervo[12], nesse verso está expressa essa idéia: "Deus existe, sim. Nós é que não existimos." Coleridge estaria plenamente de acordo com esse verso de Amado Nervo. Na filosofia de Spinoza, como na filosofia de Scotus Erigena, fala-se da natureza criadora e da natureza já criada, *natura naturans* e *natura naturata*. E é sabido que Spinoza, para falar de Deus, usa uma palavra como sinônimo de Deus: *Deus sive natura*, "Deus ou a natureza", como se ambas as palavras significassem a mes-

---

[11] George Berkeley, filósofo e prelado irlandês (1685-1753).
[12] Amado Nervo, poeta mexicano (1870-1919).

ma coisa. Só que *Deus* é a *natura naturans*, a força, o ímpeto da natureza – *the Life Force*, diria Bernard Shaw. E isso Coleridge aplica a Shakespeare. Ele diz que Shakespeare foi como o Deus de Spinoza, uma substância infinita capaz de assumir todas as formas. Assim, segundo Coleridge, Shakespeare se baseou na observação para a criação da sua vasta obra. Shakespeare tirou tudo de si[13].

Nestes últimos anos tivemos o caso de um romancista americano, Truman Capote, que soube que se havia cometido um horrível assassinato num estado mediterrâneo dos Estados Unidos. Haviam entrado dois ladrões na casa de um senhor para roubá-lo – tratava-se do homem mais rico da cidade. Os dois ladrões entraram na sua casa, mataram o pai, a mulher e uma filha dele[14]. O mais moço dos assassinos, dos ladrões, quis ultrajar a filha do senhor, mas o outro observou que eles não podiam deixar testemunhas com vida e que, além disso, lhe parecia imoral ultrajar uma mulher, e que deviam se ater ao plano primitivo, que era o de matar todas as testemunhas possíveis. Logo, mataram a tiros os três[15], foram presos. Truman Capote, que até então havia escrito páginas de prosa muito cuidadas – à maneira de

---

[13] No capítulo XV da sua *Biographia Literaria*, Coleridge afirma que "Shakespeare não foi um mero filho da natureza, nem um autômato do gênio, nem um veículo passivo de inspiração possuído pelo espírito, ou possuindo-o; primeiro estudou pacientemente, meditou de forma profunda, compreendeu de maneira minuciosa, até que o conhecimento, tendo-se transformado no habitual e intuitivo, se uniu a seus sentimentos habituais e deu afinal à luz aquele poder estupendo (...) Shakespeare atrai todas as formas e todas as coisas para si, para a unidade de seu próprio IDEAL (...) [Shakespeare] se transforma em todas as coisas, sem deixar nunca de ser ele mesmo" (da tradução espanhola de M. H.).
[14] E também um filho, de que Borges não lembra.
[15] Os quatro, entenda-se.

Virginia Woolf, digamos –, transferiu-se para essa cidadezinha perdida, obteve permissão para visitar periodicamente os processados e, para que estes ficassem amigos dele, contou-lhes fatos escandalosos da sua vida. O processo, graças à habilidade dos advogados, durou um par de anos. O escritor visitava continuamente os assassinos, levava-lhes cigarros, tornou-se amigos deles. Esteve com eles quando os executaram, voltou em seguida para o hotel e passou a noite toda chorando. Antes, ele havia exercitado sua memória em tomar notas, porque sabia que quando se pergunta uma coisa a uma pessoa ela tende a responder de maneira brilhante, e ele não queria isso, queria saber a verdade. Depois publicou um livro, *In Cold Blood*, "A sangue frio", que foi traduzido para muitos idiomas. Pois bem, tudo isso teria parecido absurdo a Coleridge, e ao Shakespeare de Coleridge. Coleridge imaginava Shakespeare como uma substância infinita, semelhante ao Deus de Spinoza. Quer dizer, Coleridge pensou que Shakespeare não havia observado os homens, que não havia condescendido nessa baixa tarefa de espionagem, ou de jornalismo. Shakespeare havia pensado sobre o que é um assassino, como um homem pode chegar a ser um assassino, e assim imaginou Macbeth. E, assim como imaginou Macbeth, imaginou lady Macbeth, Duncan, as três bruxas, as três Parcas. Tinha imaginado Romeu, Julieta, Júlio César, o rei Lear, Desdêmona, o espectro de Banquo, Hamlet, o espectro do pai de Hamlet, Ofélia, Polônio, Rosencrantz, Guildenstern, todos eles. Quer dizer, Shakespeare tinha sido cada um dos personagens da sua obra, até os mais efêmeros. E, entre tantas pessoas, também tinha sido o ator, empresário e prestamista William Shakespeare. Lembro-me que Frank Harris projetou e completou uma biografia de Bernard Shaw, e escreveu a Shaw uma carta pedindo dados sobre sua vida íntima. E Shaw respondeu que quase não tinha vida íntima, que ele, como Shakespeare, era todas as coisas e todos os homens. E ao mesmo tempo acrescentou: "Sou nada e sou ninguém", "I have been all things and all men, and at the same time I'm nobody, I'm nothing".

Temos pois Shakespeare equiparado com Deus por Coleridge, e Coleridge numa carta a um dos seus amigos confessa que há cenas na obra de Shakespeare que lhe parecem injustificáveis. Por exemplo, parece-lhe injustificável que na tragédia *King Lear* arranquem os olhos, em cena, de um dos personagens. Mas acrescenta piedosamente, talvez com mais piedade do que convicção: "Eu muitas vezes quis encontrar erros em Shakespeare, e depois vi que em Shakespeare não há erros, vi que sempre tinha razão." Quer dizer, Coleridge foi um teólogo de Shakespeare, como os teólogos o são de Deus, e como seria depois Victor Hugo. Victor Hugo cita algumas grosserias, cita erros de Shakespeare, cita distrações de Shakespeare, depois as justifica dizendo majestosamente: "Shakespeare está sujeito a ausências no infinito." E acrescenta depois: "Tratando-se de Shakespeare, admito tudo, como um animal." E diz Groussac que esse mesmo excesso prova a insinceridade de Hugo. Não sabemos se essa insinceridade existiu algumas vezes em Coleridge ou se ele a impôs a si.

Hoje vimos algo da prosa de Coleridge. Na próxima aula examinaremos não todos os poemas de Coleridge, mas sim – examinar todos seria impossível –, sim os três mais importantes, os que correspondem, de acordo com um recente crítico seu, ao Inferno, ao Purgatório, ao Paraíso.

Sexta-feira, 18 de novembro de 1966

Aula nº 14

Últimos anos de Coleridge.
Coleridge comparado com Dante Alighieri.
Poemas de Coleridge. "Kubla Khan." O sonho de Coleridge.

Os últimos anos de Coleridge transcorreram num dos subúrbios de Londres. Era um lugar áspero e agreste. Hospedava-se ali na casa de amigos. Fazia tempo que tinha se desentendido com a mulher e os filhos, abandonando-os, e também tinha se separado do círculo de amigos que possuía. Retirou-se de entre eles e mudou para o subúrbio. De modo que também mudou de mundo. Viveu desde então num mundo de absoluta atividade mental, no qual se dedicou à conversa, como fizeram outros que já vimos. Mas Coleridge em nenhum momento ficou sozinho em sua atividade: seus amigos e conhecidos não deixavam de visitá-lo.

Coleridge costumava recebê-los e conversar longamente com eles. Coleridge escrevia no jardim da casa e conversava, e essas conversas eram essencialmente monólogos. Por exemplo, Emerson conta que foi vê-lo e Coleridge falou sobre o caráter essencialmente unitário de Deus. Que, ao cabo de um tempo, Emerson lhe disse que sempre acreditara na unidade fundamental de Deus. Ele era um unitário – *unitarian*. Coleridge disse: "Sim, era o que me parecia", e continuou falando, porque a ele não importava o interlocutor.

Outra pessoa que foi visitá-lo foi o famoso historiador escocês Carlyle. Carlyle disse que da altura do Highgate dominava Londres, do alto se via o tumulto da cidade, o barulho e a multidão de homens de Londres. Teve a impressão de que Coleridge estava lá em cima, cravado sobre o tumulto humano e perdido em seu próprio pensamento, numa espécie de ócio ou labirinto, poderíamos dizer. Já naqueles anos, escreveu muito pouco, embora sempre anunciasse a publicação de vastas obras de caráter enciclopédico ou de caráter psicológico também. Quando Coleridge morreu, em 1834, seus amigos tiveram a impressão, sentiram que já tinha morrido fazia tempo, e há uma página famosa do ensaísta inglês Charles Lamb, que havia sido colega dele, em que diz: "I grieved that I couldn't grieve", "Entristeceu-me não poder me entristecer", quando soube da morte de Coleridge. Porque Coleridge já se havia transformado numa espécie de fantasma estético para todos eles. Mas diz que, apesar disso, tudo o que ele havia escrito, tudo o que escrevia e tudo o que escreveria depois, escreveu para Coleridge. E fala – como falaram todos os seus interlocutores – da esplêndida conversa de Coleridge. Diz que suas palavras eram "a própria música do pensamento", "the very music of thought", e o pensamento de Coleridge tinha algo de essencialmente musical. As pessoas paravam de pensar em Coleridge quando o compreendiam. Por isso não teve amigos naqueles dias. Quer dizer, muitos continuavam gostando dele, hospedavam-no em casa, passavam-lhe ajuda anônima, como fez De Quincey. Coleridge aceitava isso tudo como algo natural. Não sentia gratidão nem uma curiosidade especial por esses presentes dos amigos. Viveu para o pensamento e no pensamento, essencialmente. Quanto à poesia contemporânea, ela o interessava muito pouco. Mostraram a ele algumas composições de Tennyson, o jovem poeta Tennyson, também eminente pela musicalidade de seus versos. Coleridge disse: "He seems not to have understood the essencial nature of English verse", "parece não ter entendido a natureza essencial do verso inglês", juízo que é totalmente injusto.

Mas a verdade é que os outros não interessavam a Coleridge. Tampouco lhe interessava convencer o público ou convencer o interlocutor. Suas conversas eram monólogos, e ele aceitava a visita de estranhos porque isso lhe dava a oportunidade de conversar em voz alta. Eu disse na aula anterior que a obra poética de Coleridge, contada em páginas, é considerável. A edição de Oxford conta umas trezentas ou quatrocentas páginas. No entanto, a da benemérita coleção Everyman's Library, que vocês devem conhecer, a "Biblioteca de cada um" – a palavra *everyman* é o nome de uma peça dramática da Idade Média[1] –, talvez seja um livro de duzentas páginas. Intitula-se *The Golden Book of Coleridge*[2], "o livro de ouro de Coleridge", quer dizer, é uma antologia da sua obra poética. No entanto, podemos reduzir essa a cinco ou seis composições, e começarei pelas menos importantes.

Há uma "Ode à França". Há um poema curioso, nada mais que curioso, intitulado "O tempo verdadeiro e imaginário"[3], cujo tema é a diferença entre os dois tempos existentes: o tempo abstrato, que é este que os relógios podem medir, e o essencial, da expressão, do temor, da esperança. Depois há um poema de interesse principalmente autobiográfico, uma "Ode on Dejection"[4], uma "Ode sobre o abatimento", na qual, como na "Ode sobre as intimações da imortalidade" de Wordsworth, ele fala sobre a diferença entre o sentimento da vida que ele teve quando jovem e o que

---

[1] *Everyman* é uma das "morality plays", peças teatrais dos séculos XV e XVI que tratam da urgência do arrependimento, do efêmero da vida e do destino da alma humana nas mãos de Deus. Provavelmente baseada num original flamengo, *Everyman* foi escrita por volta de 1495.
[2] *The Golden Book of Coleridge*, editado por Stopford A. Brooke; volume 43 da Everyman's Library.
[3] O título original desse poema em inglês é "Time, Real and Imaginary".
[4] "Dejection: an Ode", escrita em 4 de abril de 1802.

teve depois. Disse que havia contraído "the habit of despair", "o hábito do desespero"[5].

Uma vez eliminados esses poemas, chegamos às três composições essenciais de Coleridge, as que fizeram que alguns o chamem de o poeta mais elevado ou um dos poetas mais elevados da literatura inglesa. Publicaram faz pouco tempo um livro de um autor, cujo nome não me lembro, intitulado *The Crystal Dome*, "A cúpula de cristal"[6]. Esse livro analisa as três composições de Coleridge de que trataremos hoje. Diz o autor que essas três composições são uma espécie de *Divina Comédia* em miniatura, já que uma se refere essencialmente ao Inferno, a outra ao Purgatório e a outra ao Paraíso. Um filho de Dante[7] explicou que a primeira parte se refere ao homem como pecador, como culpado; a

---

[5] A idéia a que Borges se refere encontra-se na seção VI de "Ode on Dejection", que transcrevemos textualmente a seguir: "*There was a time when, though my path was rough, / This joy within me dallied with distress, / And all misfortunes were but as the staff / Whence Fancy made me dreams of happiness / For hope grew round me, like the twining vine / And fruits, and foliage, not my own, seemed mine. / But now afflictions bow me down to earth: / Nor care I that they rob me of my mirth; / But oh! Each visitation / Suspends what nature gave me at my birth, / My shaping spirit of Imagination. / For not to think of what I needs must feel, / But to be still and patient, all I can; / And haply by abstruse research to steal / From my own nature all the natural man / This was my sole resource, my only plan: / Till that which suits a part infects the whole, / And now is almost grown the habit of my soul.*"

[6] Não existe nenhum livro sobre Coleridge com esse título; o livro que Borges recorda é sem dúvida *The Starlit Dome*, "A cúpula estrelada", escrito por George Wilson Knight e publicado em Oxford em 1941. *The Starlit Dome* inclui um capítulo intitulado "Coleridge's Divine Comedy", "A Divina Comédia de Coleridge". O autor desse livro sustenta que *The Christabel*, *The Ancient Mariner* e *Kubla Khan* "podem ser vistos em conjunto como uma Divina Comédia em miniatura, que explora sucessivamente o Inferno, o Purgatório e o Paraíso".

[7] Jacopo Alighieri (c. 1291-1348).

segunda, ao homem como arrependido, como penitente, e a terceira, ao justo ou bem-aventurado. Falando de Coleridge, parece natural incorrer em digressões. Ele teria feito o mesmo. Quero aproveitar essa oportunidade para dizer de passagem que não temos razão nenhuma para supor que Dante, quando compôs o *Inferno*, o *Purgatório* e o *Paraíso*, quis exprimir exatamente a forma na qual ele imaginava essas regiões ultraterrenas. Não há nenhuma razão para supô-lo. O próprio Dante, numa carta ao Can Grande della Scala[8], disse que seu livro podia ser lido de quatro modos, que havia quatro planos para o leitor. Por isso parece-me justo o que disse Flaubert[9] falando que Dante, ao morrer, deve ter se assombrado ao ver que o Inferno, o Purgatório ou o Paraíso – vamos supor que ele tenha chegado à última região – não correspondiam à sua imaginação. Acredito que Dante, ao escrever o poema, não acreditava ter feito outra coisa senão ter encontrado símbolos adequados para exprimir de um modo sensível os estados de espírito do pecador, do penitente e do justo. Quanto aos três poemas de Coleridge, nem sequer sabemos se ele pensou exprimir no primeiro o Inferno, no segundo o Purgatório e no terceiro o Paraíso, embora não seja impossível que tenha sentido isso.

O primeiro poema, que corresponderia ao Inferno, é "The Christabel". Começou-o em 1797, retomou-o uns dez ou quinze anos depois, e finalmente o abandonou, porque não acertou com a conclusão. O argumento, além do mais, era difícil e, se o poema perdura – vocês o encontrarão em todas as antologias da poesia inglesa –, se o poema "Christabel" perdura é por suas virtudes musicais, por um ambiente

---

[8] Ver nota 7, Aula n.º 6.
[9] Gustave Flaubert, romancista francês (1821-80). Autor de *Madame Bovary*. Outras obras suas: *Salammbô* (1862), *La Tentation de St. Antoine* (1874), *Trois contes* (1877).

de magia, por um sentimento de terror que há nele, mais que pelas vicissitudes do argumento. A história transcorre na Idade Média. Há uma moça, a heroína, Christabel, cujo noivo a deixou para ir para as Cruzadas. Ela sai do castelo do pai e vai rezar pela segurança e pela volta do amado. Ela se encontra com uma dama muito bonita, e essa dama diz que se chama Geraldine e é filha de um amigo do pai de Christabel, um amigo agora brigado com ele. Diz que foi raptada, que foi seqüestrada por bandoleiros, que conseguiu fugir e que por isso está agora no bosque. Christabel a leva para casa, a leva para a capela, quer rezar e não pode. Finalmente, as duas dividem o mesmo quarto e durante a noite Christabel sente ou vê algo que lhe revela que a dama que está com ela não é realmente filha de um antigo amigo de seu pai, mas sim um espírito demoníaco que assumiu a aparência da filha. Coleridge não especifica como ela chega a essa convicção. Isso me lembra o que disse Henry James a propósito do seu famoso conto – que vocês devem conhecer, talvez tenham visto uma versão cinematográfica – "A outra volta do parafuso"[10]. James disse que não havia que especificar o mal, que se numa obra literária ele especificava o mal, se dizia de um personagem que era um assassino, um incestuoso, um ímpio ou o que fosse, isso debilitava a presença do mal, que era melhor que o mal fosse sentido como uma espécie de atmosfera sombria. E é o que acontece no poema "Christabel".

No dia seguinte, Christabel quer revelar ao seu pai o que sentiu, o que ela sabe que é verdade, mas não pode fazê-lo porque há um encantamento, um encantamento diabólico que a detém. O poema acaba assim. O pai vai buscar seu antigo amigo. Conjeturou-se que o noivo de Christabel volta

---

[10] "The Turn of the Screw" foi publicado no *Collier's Weekly* em 1898 e pela primeira vez em livro em *The Two Magics*, no mesmo ano.

das Cruzadas e vai ser o *deus ex machina*, o que resolve a situação. Mas Coleridge nunca acertou com o final, e o poema – como falei – perdura por sua música.

Chegamos agora ao mais famoso dos poemas de Coleridge. Esse poema se intitula "The Ancient Mariner". Já o título é arcaico. O natural teria sido intitulá-lo "The Old Sailor". Há duas versões do poema. É uma pena que a primeira versão não tenha sido publicada pelos editores e só seja encontrada em trabalhos especiais, porque Coleridge, que conhecia a fundo o inglês, resolveu escrever uma balada em estilo arcaico, num estilo mais ou menos contemporâneo ao de Langland e de Chaucer, mas depois continuou e escreveu de maneira muito artificial. Esse idioma era como que uma barreira entre o leitor contemporâneo e o texto, e assim, nas versões comumente publicadas, o idioma foi modernizado, creio que com razão, por Coleridge. Coleridge acrescentou além disso umas notas marginais escritas numa prosa requintada, que são como que um comentário, mas um comentário não menos poético que o texto[11]. Esse poema, ao contrário de outras obras de Coleridge, foi terminado por ele.

Começa descrevendo um casamento. Há três jovens que se dirigem à igreja para presenciar a cerimônia, depois se encontram com um velho marinheiro. O poema começa dizendo: "It is an ancient Mariner, / And he stoppeth one of three", "é um velho marinheiro e pára um dos três". Depois olha para ele, toca-o com a mão, com a mão descarnada, porém mais importante é o olhar do marinheiro, que

---

[11] As duas versões desse poema, opostas página a página, aparecem em *Coleridge, Selected Poetry and Prose*, editado por Stephen Potter, publicado em Londres pela The Nonesuch Press e em Nova York pela Random House. Um exemplar desse livro, que foi utilizado para diversas consultas nesta aula e na anterior, se encontra na Biblioteca Nacional.

tem uma força hipnótica. O marinheiro fala e começa dizendo: "There was a ship, there was a ship, said he", "Havia um navio, havia um navio, disse ele"[12]. Depois obriga um dos convidados a sentar-se numa pedra, enquanto ele conta sua história. Diz que está condenado a errar de comarca em comarca, e está condenado a contar sua história, como se cumprisse assim um castigo que lhe foi imposto. O rapaz está desesperado, vê a noiva acompanhada pelos músicos entrar na igreja, ouve a música, mas "the mariner hath his will", "o marinheiro cumpre com a sua vontade", e conta a história, que, naturalmente, transcorre na Idade Média[13]. E começamos com o navio, com um navio que parte, que se dirige para o Sul. Depois esse navio chega a terras antárticas e é rodeado por pedras de gelo, por *icebergs*. Tudo isso é escrito de um modo singularmente vivo, cada estrofe é como um quadro. A obra foi ilustrada. Aliás, na Biblioteca Nacional há um exemplar, pelo famoso gravador francês Gustave Doré. Mas nessas ilustrações de Doré, que são admiráveis, percebemos uma falta de harmonia. A mesma coisa acontece com as ilustrações de Doré para a *Divina Comédia* de Dante. É que cada um dos versos de Dante, ou cada um dos versos de Coleridge, é um verso vivo. Em compensação, Doré, como bom romântico, como bom contemporâneo de Hugo, gostava mais do báquico, do indefinido, do sombrio,

---

[12] O começo do poema é textualmente, em sua segunda versão: "*It is an ancient Mariner, / And he stoppeth one of three. / 'By the long grey beard and glittering, / Now wherefore stopp'st thou me? // The Bridegroom's doors are opened wide, / and I'm next of kin; / The guests are met, the feast is set: / May'st hear the merry din.' // He holds him with his skinny hand, / 'There was a ship,' quoth he. / 'Hold off! unhand me, grey-beard loon!' / Eftsoons his hand dropt he.*"

[13] Borges cita a quarta estrofe, que diz: "*He holds him with his glittering eye – / The Wedding-Guest stood still, / And listens like a three years' child: / The Mariner hath his will.*"

do misterioso. Agora, o mistério, é claro, não está ausente da obra de Coleridge, mas cada uma das estrofes é límpida, viva e bem desenhada, ao contrário do claro-escuro em que se comprazeria depois o ilustrador.

O barco está rodeado de pedras de gelo, e depois aparece um albatroz. Esse albatroz faz amizade com os marinheiros, lhe dão de comer na mão, e depois sopra um vento para o norte e a nau pode abrir caminho. O albatroz os acompanha e chegam assim, digamos, ao equador, mais ou menos. Mas quando o narrador chega a esse ponto não consegue continuar. O rapaz lhe diz: "Que Deus te salve dos demônios que te atormentam." Então o velho marinheiro diz: "With my cross-bow I shot the Albatross", "com minha besta matei o albatroz"[14]. Agora, aqui temos uma culpa, uma culpa que foi cometida com uma espécie de inocência, o próprio marinheiro não sabe por que o fez, mas a partir desse momento param de soprar os ventos e eles entram numa vasta região de calmaria. O barco fica detido e todos os marinheiros põem a culpa no narrador. Ele levava uma cruz ao pescoço, mas obrigam-no a usar pendurado o albatroz. Sem dúvida nenhuma Coleridge tinha uma noção bem vaga do albatroz, imaginava-o menor do que é.

O barco está parado, não chove: "Water, water, every where and not a drop to drink"[15], "água, água por toda parte e nem uma gota para beber". E todos vão morrendo de sede. Depois vem um barco que se aproxima, crêem que esse barco pode salvá-los. Mas, quando está suficientemente perto, vêem que esse barco é como um esqueleto de barco. E

---

[14] Última estrofe da primeira parte: "'*God save thee, ancient Mariner! / From the fiends, that plague thee thus! – / Why look'st thou so?'* – *'With my cross-bow / I shot the Albatross'.*"

[15] Nona estrofe da segunda parte: "*Water, water, every where, / And all the boards did shrink; Water, water, every where, / Nor any drop to drink.*"

nesse barco há dois personagens fantásticos, um é a morte e o outro empunha algo assim... é uma espécie de rameira de cabelos vermelhos[16]. É "Death in Life", "a morte na vida", e as duas jogam dados pela vida dos navegantes do barco. A morte sempre ganha, salvo no caso do narrador, que nesse caso é a mulher de cabelo vermelho que ganha, "Death in Life". Não podem mais falar porque têm a garganta seca, mas o marinheiro sente o olhar dos outros e sente que todos o consideram culpado da morte deles, daquele horror que os rodeia, e eles morrem. Ele se sente assassino deles. O barco, aquele barco espectral, se afasta. Então o mar apodrece e todo o mar está cheio de serpentes. Essas serpentes nadam na água escura e são vermelhas, amarelas e azuis. E diz [o narrador]: "The very deep did rot", "o abismo estava apodrecendo"[17], e ele vê essas criaturas horríveis, as serpentes, e logo sente que há uma beleza naqueles seres infernais. Quando sente isso, o albatroz cai do seu pescoço no mar e começa a chover. Ele bebe a chuva com todo o seu corpo, e assim pode rezar, e reza à virgem. Depois fala do "gentle sleep that slid into my soul"[18], isto é, do sonho que deslizou, que resvalou em sua alma. E antes, para dizer que a nau estava quieta, diz: "As idle as a painted ship upon a painted

---

[16] Décima e décima primeira estrofes da terceira parte: "*Are those her ribs through which the Sun / Did peer, as through a grate? / And is that Woman all her crew? / Is that a Death? and are there two? / Is Death that woman's mate? // Her lips were red, her looks were free, / Her locks were yellow as gold: / Her skin was as white as leprosy, / The Night-mare LIFE-IN-DEATH was she, / Who thicks man's blood with cold.*"

[17] Décima estrofe da segunda parte: "*The very deep did rot: O Christ! / That ever this should be! / Yea, slimy things did crawl with legs / Upon the slimy sea.*"

[18] Primeira estrofe da quinta parte: "*Oh Sleep! It is a gentle thing, / Beloved from pole to pole! / To Mary Queen the praise be given! / She sent the gentle sleep from Heaven, / That slid into my soul.*"

ocean"[19], "ocioso como um barco pintado num oceano pintado". Então chove. O marinheiro sente que o próprio barco está bebendo a chuva e, quando acorda desse sonho – esse sonho que já significa um princípio de salvação para ele –, vê hostes de espíritos angélicos que entram nos cadáveres dos seus companheiros e o ajudam a manobrar o navio. Mas que não falam, e assim o navio vai navegando para o norte e ele volta para a Inglaterra. Ele volta a ver sua aldeia natal, a igreja, a ermida, vem um bote recebê-lo, e ele desembarca. Mas sabe que está condenado a percorrer eternamente a terra contando sua história, contando-a a qualquer um.

Nessa balada, "The Ancient Mariner", foram vistas duas influências. Uma, a da lenda sobre um capitão inglês, um capitão condenado a navegar eternamente, sem nunca chegar à costa, perto do cabo da Boa Esperança, na África do Sul. Depois a lenda do judeu errante. Não sei se vocês, ao estudarem Chaucer, leram o conto do "Vendedor de indulgências". Nele também aparece um velho que bate na terra com o bastão procurando o túmulo[20], e esse velho também pode ser um reflexo do judeu errante, também condenado a percorrer a terra até o dia do Juízo Final. Coleridge sem dúvida conhecia essas diferentes lendas do holandês que inspirou um drama musical de Wagner[21], o conto do "Vendedor

---

[19] Oitava estrofe da segunda parte: "*Day after day, day after day, / We stuck, nor breath, no motion; / As idle as a painted ship / Upon a painted ocean.*"
[20] "The Pardoner's Tale", pertencente a *The Canterbury Tales* de Geoffrey Chaucer, linhas 265-8: "*Ne deeth, allas! ne wol nat han my lyf / Thus walke I, lyk a restelees kaityf, / And on the ground, which is my moodres gate, / I knokke with my staf, bothe erly and late.*"
[21] *O holandês errante*, ópera em três atos com letra e música de Richard Wagner, estreada em 1843.

de indulgências" de Chaucer e, naturalmente, a mais famosa de todas, a história do judeu errante.

Chegamos agora a um poema não menos famoso de Coleridge, chamado "Kubla Khan". Kublai Khan foi o célebre imperador que recebeu na sua corte o famoso viajante veneziano Marco Polo, que mais tarde seria um dos que revelaram o Oriente ao Ocidente. É muito curiosa a história da composição desse poema, que Coleridge não pôde completar e que apareceu nas *Lyrical Ballads* que Wordsworth publicou em 1798. Há um livro de um professor americano chamado Livingston Lowes sobre as fontes de "Kubla Khan"[22]. Foi conservado na biblioteca de Southey, um *lake poet*[23], autor de uma famosa biografia de Nelson[24]. E nessa biblioteca estão os livros que Coleridge leu naquela época, e há passagens marcadas por ele. Assim, Livingston Lowes chegou à conclusão de que, embora "Kubla Khan" seja uma das composições mais originais da poesia inglesa, quase não há verso que não tenha derivado de um livro. Quer dizer que, literalmente, há centenas de fontes de "Kubla Khan", embora o poema seja, repito, original e incomparável em si.

Coleridge diz que estava doente e que o médico lhe recomendou uma dose de láudano, isto é, de ópio. Aliás, o costume de tomar ópio era comum naquele tempo. Citaremos hoje, se eu puder, talvez diga uma palavra sobre um ilustre prosista poético da época, discípulo de Coleridge, Thomas

---

[22] *The Road to Xanadu: A Study in the Ways of the Imagination*, de John Livingston Lowes. Publicado por Houghton Mifflin Co., Boston e Nova York, 1927.
[23] Para mais dados sobre Robert Southey e os *lake poets*, ver o começo da aula anterior.
[24] Horatio Nelson, almirante britânico (1758-1805), herói da vitória britânica na batalha de Trafalgar contra as forças francesas e espanholas, batalha em que morreu. O livro se chama *Life of Nelson*.

De Quincey, cujas *Confissões de um opiófago inglês* foram parcialmente vertidas para o francês por Baudelaire sob o título de *Les paradis artificiels*, "Os paraísos artificiais". Coleridge diz que vivia então numa granja e estava lendo um livro de Purchas[25], escritor creio que do século XVI ou XVII, e que leu aí uma passagem sobre o imperador Kublai Khan, que é o Kubla Khan do poema. A passagem foi encontrada e é muito breve. Diz que o imperador mandou cortar árvores numa região boscosa pela qual corria um rio e que lá construiu um palácio, ou pavilhão de caça, e que mandou cercarem-no de altos muros. Isso foi o que Coleridge leu. Depois, sempre sob a influência das leituras, Coleridge teve um sonho.

Agora, esse sonho foi de caráter triste. Quer dizer, foi um sonho visual, porque ele sonha, ele viu a construção do palácio do imperador chinês. Ao mesmo tempo ele ouviu uma música e soube, como sabemos as coisas nos sonhos, intuitivamente, inexplicavelmente, que a música construía o palácio, que a música era o arquiteto do palácio. Por sinal, existe uma tradição grega que diz que a cidade de Tebas foi construída por uma música. Coleridge, que pode ter dito, como Mallarmé[26], "Li todos os livros", também não podia ignorar isso. De modo que Coleridge, no sonho, viu a construção do palácio, ouviu uma música que nunca tinha ouvido – e agora vem o extraordinário –, ouviu uma voz que dizia um poema, um poema de algumas centenas de versos. Depois acordou, lembrou-se do poema que tinha ouvido em sonho, a forma como os versos tinham sido dados pelo sonho – como havia acontecido antes, com seu antepassado Caedmon, pastor anglo-saxão –, e sentou-se para escrever o poema.

---

[25] Samuel Purchas, escritor e sacerdote inglês (1575-1626). O livro era *Purcha's Pilgrimage*, publicado em 1625.
[26] Stéphane Mallarmé, poeta simbolista francês (1842-98).

Escreveu uns setenta versos, e nisso veio vê-lo um senhor da granja vizinha, de Porlock, um senhor que tinha sido amaldiçoado por todos os amantes da literatura inglesa. Esse senhor lhe falou de temas rurais. A visita durou um par de horas, e, quando Coleridge conseguiu se livrar dele e quis continuar sua tarefa de escrever o poema que o sonho tinha lhe dado, verificou que tinha se esquecido. Agora, durante muito tempo, acreditou-se que Coleridge havia começado o poema, que não havia sabido como concluí-lo – como aconteceu com "Christabel" – e que então inventou essa história fantástica de um tríplice sonho, arquitetônico, musical e poético. Isso foi o que os contemporâneos de Coleridge acreditaram. Coleridge morre em 1834, e dez ou vinte anos depois publica-se uma tradução, não sei se russa ou alemã, de uma história universal, obra de um historiador persa. Quer dizer, um livro que Coleridge não pode ter conhecido. E nessa história lemos algo tão maravilhoso quanto o poema. Lemos que o imperador Kublai Khan havia construído um palácio – que os séculos se encarregariam de destruir – e que o tinha construído segundo um projeto que lhe havia sido revelado num sonho. Aqui poderíamos pensar na filosofia de Whitehead[27], que diz que o tempo está lucrando continuamente com coisas eternas, arquétipos platônicos. Podemos pensar então numa idéia platônica, um palácio que quer existir não apenas na eternidade mas também no tempo e que então, por meio do sonho, é revelado a um imperador chinês medieval e, mais tarde, séculos depois, a um poeta romântico inglês de fins do século XVIII. O fato, claro, é inusitado, e até poderíamos imaginar uma continuação do sonho: não sabemos que outra forma o palácio vai buscar para existir plenamente, já que como arquitetura desapare-

---

[27] Alfred North Whitehead, filósofo e matemático britânico (1861-1947).

ceu, e poeticamente só existe um poema inconcluso. Quem sabe como se definirá o palácio da terceira vez, se é que há uma terceira vez.

E agora vejamos o poema. No poema fala-se de um rio sagrado, o rio Alph. Ele pode corresponder ao Alfeu da Antiguidade clássica. Começa assim:

In Xanadu did Kubla Khan
A stately pleasure-dome decree:
Where Alph, the sacred river, ran
Through caverns measureless to man
Down to a sunless sea

E aqui temos a aliteração que Coleridge já havia usado no "Ancient Mariner", quando diz: "The furrow followed free; / We were the first that ever burst / Into that silent sea"[28]. O "f" e depois o "s". "Em Xanadu – que pode ser um antigo nome de Pequim – Kubla Khan decretou, ordenou, a construção de um gracioso pavilhão de prazer ou pavilhão de caça onde corria o Alph, o rio sagrado, através de cavernas que os homens não podem medir, até um mar sem sol, até um mar profundo e subterrâneo."

Depois Coleridge imagina uma vasta caverna em que deságua esse rio sagrado, e diz que nessa caverna há blocos de gelo. Então comenta como é curioso aquele jardim, aquele jardim rodeado de verdes bosques, tudo isso construído sobre um abismo. Agora, por isso se disse que esse poema corresponde ao Paraíso, já que pode ser uma transposição de Deus, cuja primeira obra, como recorda Francis Bacon, foi um jardim, o Paraíso. Podemos pensar então no Universo construído sobre o vazio. E Coleridge, no poema, diz que o imperador se inclinou sobre essa negra caverna de água sub-

---

[28] "The Ancient Mariner", quinta estrofe da segunda parte.

terrânea e que lá ouviu vozes que profetizavam a guerra. Depois o poema passa desse sonho a outro. Coleridge diz que no sonho se lembrou de outro sonho. Nesse sonho havia uma donzela abissínia numa montanha, que cantava acompanhando-se ao alaúde. Ele sabe que, se pudesse se lembrar da música dessa donzela, poderia reconstruir o palácio. Diz então que todos olhariam para ele com horror, todos compreenderiam que ele havia sido enfeitiçado.

O poema termina com estes enigmáticos quatro versos que direi primeiro em espanhol e depois em inglês:

"Tejí a su alrededor um triple círculo, / y miradlo y contempladlo con horror sagrado, / porque él se ha alimentado de hidromiel, / y ha bebido la leche del Paraíso."

["Teci em torno dele um círculo triplo, / mirem-no e contemplem-no com horror sagrado, / porque ele se alimentou de hidromel / e bebeu o leite do Paraíso[29]."]

"Weave a circle round him thrice, / And close your eyes"... Não... "Teçam em torno dele um círculo triplo e fechem os olhos com horror sagrado." Ninguém pode olhar para ele. "And close your eyes with holy dread, / For he on honey-dew hath fed...", "porque ele se alimentou do rocio do mel", "And drunk the milk of Paradise", "E bebeu o leite do Paraíso". Um poeta menor talvez tivesse falado de "vinho do Paraíso", que pode parecer horrível, mas não menos horrível é, como neste poema, falar do "leite do Paraíso".

---

[29] Borges recita em seguida a versão original dos quatro versos, mas de forma alternada com uma nova tradução dele para o castelhano, já que não parece muito conforme com a primeira. Os versos originais em inglês são: *Weave a circle round him thrice, / And close your eyes with holy dread, / For he on honey-dew hath fed, / And drunk the milk of Paradise.*

Esses poemas, claro, não podem ser lidos em tradução. Na tradução fica simplesmente o argumento que lhes contei, mas vocês podem lê-los facilmente em inglês, sobretudo o segundo, "Kubla Khan", cuja música não foi igualada desde então e que consta de uns setenta versos. Não sabemos, não podemos nem sequer imaginar uma conclusão possível para esse poema.

Quero ressaltar finalmente o maravilhoso, o quase milagroso fato de que na última década do sensato, do admirável século XVIII tenha sido composto um poema totalmente mágico como este, um poema que existe além da razão e contra a razão, por obra da magia da fábula e pela magia da sua música.

Segunda-feira, 21 de novembro de 1966

Aula n.º 15

Vida de William Blake. O poema "The Tyger".
Filosofias de Blake e de Swedenborg comparadas.
Um poema de Rupert Brooke. Poemas de Blake.

Agora vamos retroceder no tempo, já que falaremos hoje de William Blake[1], que nasceu em Londres em 1757 e morreu nessa cidade em 1827.

As razões que me levaram a não estudar Blake antes são facilmente explicáveis, porque meus propósitos eram os de explicar o movimento romântico fundando-o em algumas figuras representativas: em Macpherson, o precursor, depois nos grandes poetas Wordsworth e Coleridge. Já William Blake fica não apenas fora da corrente pseudoclássica, da corrente representada – para escolher o termo mais elevado – por Pope, mas fica fora também do movimento romântico. É um poeta individual, e, se pudéssemos vinculá-lo a algo – já que, como disse Rubén Darío, não existe o Adão literário –, teríamos de vinculá-lo a tradições muito mais antigas, aos hereges cátaros do Sul da França, aos gnósticos da Ásia Menor e de Alexandria dos primeiros séculos da era cristã e, claro, ao pensador sueco, grande e visionário, Emmanuel Swedenborg[2].

---

[1] Borges incluiu a *Poesia completa* de Blake como volume 62 da coleção *Biblioteca personal* de Hyspamérica, em tradução para o espanhol de Pablo Mañe. No prólogo dessa edição, o escritor detalha brevemente a biografia do poeta inglês.

[2] Emmanuel Swedenborg, pensador, místico e cientista sueco nascido em Estocolmo (1688-1772).

De sorte que ele[3] era como que um indivíduo isolado, seus contemporâneos o consideravam um pouco louco, quem sabe era mesmo. Foi visionário, como havia sido Swedenborg também, claro, e suas obras circularam pouco em seu tempo. Além disso, era mais conhecido como gravador, como desenhista, do que como escritor.

Blake foi um homem bastante desagradável pessoalmente, um homem agressivo. Conseguiu se indispor com seus contemporâneos, que atacou com epigramas ferozes, e os episódios da sua vida são menos importantes do que o sonhado e o visto por ele. Vamos anotar, no entanto, algumas circunstâncias. Ele estudou gravura, ilustrou livros importantes. Ilustrou, por exemplo, obras de Chaucer, de Dante, e suas próprias obras também. Casou-se – era, como Milton, partidário da poligamia, embora não a tenha praticado para não ofender sua mulher –, viveu sozinho, isolado, e é um dos muitos pais do verso livre, inspirado um pouco, como o anterior Macpherson e o posterior Walt Whitman, nos versículos da Bíblia. Mas é muito anterior a Whitman, já que o livro *Leaves of Grass* aparece em 1855, e William Blake, como disse, morre em 1827.

A obra de Blake é uma obra de leitura extraordinariamente difícil, já que Blake havia criado um sistema teológico, mas, para expô-lo, inventou uma mitologia sobre cujo sentido os comentadores não se põem de acordo. Temos Urizen, por exemplo, que é o tempo. Temos Orc, que é um tipo de redentor. Depois temos deusas com nomes tão estranhos como Oothoon. Há uma divindade que se chama Golgonooza também. Há uma geografia ultraterrena inventada por ele e há personagens que se chamam Milton – Blake chegou a acreditar que a alma de Milton tinha reencarnado nele, para abjurar os erros cometidos por John Milton

---

[3] Refere-se a Blake.

no *Paraíso perdido*. Além disso, essas divindades do panteão privado de Blake mudam de sentido mas não de nome, vão evoluindo com seu pensamento. Por exemplo, as quatro Zoas. Há também um personagem que se chama Albion, Albion de Inglaterra. Aparecem as filhas de Albion, Cristo também, mas esse Cristo não é absolutamente o do Novo Testamento.

Agora, há uma bibliografia muito extensa sobre Blake. Não li toda, acho que ninguém leu toda ela. Mas creio que o mais claro é um livro da crítica francesa Denise Saurat sobre Blake[4]. Saurat escreveu também sobre o pensamento de Hugo e sobre o de Milton, considerando todos eles dentro da mesma tradição da cabala judaica e, anteriormente, dos gnósticos de Alexandria e da Ásia Menor. Embora Saurat fale pouco de gnósticos e prefira referir-se aos cátaros e aos cabalistas, que estão mais próximos de Blake. E quase não fala de Swedenborg, que foi o mestre mais imediato de Blake. Muito caracteristicamente, [Blake] se revoltou contra ele e fala dele com desprezo[5]. O que poderíamos dizer é que, ao longo da obra de Blake, ao longo de suas nebulosas mitologias, há um problema que sempre preocupou os pensadores filosóficos, a idéia do Mal, a dificuldade de reconciliar a idéia de um Deus onipotente e benévolo com a presença do Mal no mundo. Naturalmente, ao falar do Mal penso não apenas na traição, na crueldade, mas também na presença física do Mal: nas doenças, na velhice, na morte, nas injustiças que todo homem tem de suportar e nas diversas formas da amargura que achamos na vida.

Há um poema de Blake – está em todas as antologias – em que é formulado esse problema, mas é claro que não está resolvido. Corresponde ao terceiro ou quarto livro de Blake,

---

[4] Denise Saurat, *William Blake*, Paris, 1954.
[5] Por exemplo, no poema *The Marriage of Heaven and Hell* (c. 1790).

suas *Songs of Experience*[6], porque antes havia publicado seus *Songs of Innocence* e o *Book of Thel*, e nesses livros ele fala antes de mais nada de um amor, de uma caridade que estão por trás do Universo apesar dos seus aparentes sofrimentos. Mas em *Songs of Experience* já depara diretamente com o problema do Mal e o simboliza – à maneira dos bestiários da Idade Média –, simboliza-o no tigre. O poema, que consta de cinco ou seis estrofes, se chama "The Tyger", "O tigre", e foi ilustrado pelo autor[7].

Não se trata, nesse poema, de um tigre real. Trata-se do tigre arquetípico, do tigre platônico, eterno. E o poema começa assim – traduzirei mal e rapidamente os versos para o espanhol, e dizem assim:

> Tigre, tigre ardiente
> que resplandeces en las selvas de la noche
> ¿Qué mano inmortal o qué ojo
> pudo forjar tu terrible simetría?

---

[6] Os poemas incluídos em *Songs of Experience* foram compostos entre 1789 e 1794. O poema "The Tyger", a que Borges se refere em seguida, foi corrigido duas vezes depois disso e publicado de forma independente.

[7] Em seguida, Borges cita e traduz o poema por fragmentos. Transcrevemos aqui o poema completo: "*TYGER! Tyger! Burning bright / In the forests of the night, / What inmortal hand or eye / Could frame thy fearful symmetry? // In what distant deeps or skies / Burnt the fire of thine eyes? /On what wings dare he aspire? / What the hand dare seize the fire? // And what shoulder, & what art, / Could twist the sinews of thy heart? / And when thy heart began to beat / What dread hand? & what dread feet? // What the hammer? What the chain? / In what furnace was thy brain? / What thy anvil? What dread grasp / Dare its deadly terrors clasp? // When the stars threw down their spears, / And water'd heaven with their tears, / Did he smile his work to see? / Did he who made the Lamb make thee? // Tyger! Tyger! Burning bright / In the forests of the night, / What inmortal hand or eye / Dare frame thy fearful symmetry?*"

[Tigre, tigre ardente
Que resplandeces nas selvas da noite
Que mão imortal ou que olho
Pôde forjar tua terrível simetria?]

Depois ele se pergunta como foi formado o tigre, em que bigorna, por meio de que martelos, e depois vem a pergunta capital do poema, e diz:

Cuando los hombres arrojaron sus lanzas,
y mojaron la tierra con sus lágrimas,
¿Aquel que te hizo sonrió?
¿Aquel que hizo al cordero te hizo?

[Quando os homens jogaram suas lanças
e molharam a terra com suas lágrimas,
Aquele que te fez sorriu?
Aquele que fez o cordeiro te fez?]

Quer dizer: como é que Deus – onipotente e misericordioso – pôde criar o tigre e o cordeiro que seria devorado pelo tigre? Os versos são, aqui:

Tyger! Tyger! Burning bright
In the forests of the night,
What inmortal hand or eye,
Dare frame thy fearful symmetry?

E, depois: "Did he smile his work to see?" "He" é Deus, naturalmente. Quer dizer, Blake está absorto diante do tigre, símbolo e emblema do Mal. E podemos dizer que todo o resto da obra de Blake é dedicado a responder a essa pergunta. Claro, essa pergunta havia preocupado muitos pensadores. Temos no século XVIII Leibniz. Leibniz disse que vivíamos no melhor dos mundos possíveis, inventou uma alegoria para justificar essa afirmação. Leibniz imagina o mundo – não o mundo real, mas o mundo possível – como uma pirâmide, uma pirâmide que tem vértice mas não tem base. Ou seja, uma pirâmide que se prolonga infinitamente, indefinidamente, para baixo. E nessa pirâmide há vários níveis. Leibniz imagina um homem que vive a vida inteira num desses níveis. Depois sua alma reencarna no nível de cima, e assim durante um número indefinido de vezes. Finalmente chega ao último nível, o vértice da pirâmide, e acredita estar no Paraíso. Depois – porque ele recorda suas vidas anteriores –, depois os habitantes desse último nível lembram-lhe, informam-lhe que está na Terra. Quer dizer, estamos no melhor dos mundos possíveis. E, para zombar dessa doutrina, alguém, creio que foi Voltaire, chamou-a de "otimismo" e escreveu o *Cândido*, no qual quis demonstrar que nesse "melhor dos mundos possíveis" existem as doenças, a morte, o terremoto de Lisboa, a diferença de vida entre os pobres e os ricos. E esse alguém, um pouco de piada também, chamou isso de "pessimismo". De sorte que as palavras "otimismo" e "pessimismo" que usamos agora – dizemos que uma pessoa é otimista para dizer que está de bom humor ou que tende a ver o lado bom das coisas – foram inventadas de brincadeira para ferir de um lado a doutrina de Leibniz, otimista, e as idéias de Swift ou de Voltaire, pessimistas, que insistiam em que o cristianismo tinha dito que este mundo era um vale de lágrimas, na amargura das nossas vidas.

Esses argumentos foram utilizados para justificar o Mal, para justificar a crueldade, a inveja ou uma dor de dente, digamos. Disseram que num quadro não pode haver apenas cores bonitas e resplandecentes, mas tem de haver também outras, ou também se disse que a música às vezes necessita de dissonâncias. E esse Leibniz, que gostava das ilustrações engenhosas mas falsas, chegou a imaginar duas bibliotecas. Uma consta de mil exemplares, digamos, da *Eneida*, considerada uma obra perfeita. Na outra biblioteca há um só exemplar da *Eneida* e novecentos e noventa e nove livros muito inferiores. Depois Leibniz se pergunta qual das duas bibliotecas é melhor e chega à conclusão evidente de que a segunda, feita de mil livros de qualidade muito desigual, é superior à primeira, que consta de mil repetidos e monótonos exemplares de um só livro perfeito. E Victor Hugo diria mais tarde que o mundo tinha de ser imperfeito, porque se tivesse sido perfeito teria se confundido com Deus, a luz teria se perdido na luz.

Mas esses exemplos são, parece-me, falsos. Porque uma coisa é que num quadro haja regiões escuras ou que numa biblioteca haja livros imperfeitos, e outra coisa é que uma alma de um homem tenha de ser um desses livros ou uma dessas cores. E Blake sentiu esse problema. Blake queria crer num Deus todo-poderoso e benévolo, e ao mesmo tempo sentia que, neste mundo, num só dia da nossa vida, há fatos que gostaríamos que tivessem ocorrido de outro modo. E então, talvez por influência de Swedenborg, ou talvez por outras influências, chega a uma solução. Os gnósticos, pensadores dos primeiros séculos da era cristã, haviam chegado a essa solução. E, segundo a exposição dos sistemas deles feita por Irineu[8], haviam imaginado um primeiro Deus. Esse Deus é perfeito, imutável, e desse Deus emanam sete deuses, e esses sete deuses, que correspondem aos sete planetas – o sol e a lua eram considerados planetas naquela época –, deixam emanar de si outros sete deuses. Assim se forma uma espécie de alta torre de 365 andares. Isso corresponde a um conceito cronológico, aos dias do ano, mas, cada vez, cada um desses conclaves de deuses é menos divino que o anterior, e já no último a fração de divindade tende a zero. É o

---

[8] São Irineu, bispo de Lyon (c. 130-c. 202). Em seu *Tratado contra as heresias*, descreve em detalhe as idéias dos gnósticos para depois refutá-las.

deus do andar inferior ao andar 365 que cria a Terra. Por isso há tanta imperfeição na Terra, porque foi criada por um deus que é o reflexo do reflexo do reflexo, etc., de outros deuses mais elevados.

Agora, Blake, ao longo da sua obra, distingue o deus Criador, que seria o Jeová do Antigo Testamento – aquele que aparece nos primeiros capítulos do Pentateuco, no *Gênese* –, de um deus muito mais elevado. Então, segundo Blake, teríamos a Terra criada por um deus inferior, e esse deus é o que impõe os dez mandamentos, a lei moral, e depois [teríamos] um deus muito superior que envia Jesus Cristo para nos redimir. Quer dizer, Blake estabelece uma oposição entre o Antigo Testamento e o Novo Testamento, de modo que para Blake o deus criador do mundo seria o que impõe as leis morais, isto é, as restrições, o não farás tal coisa, o não farás tal outra. E depois Cristo vem nos salvar dessas leis.

Isso, historicamente, não é correto, mas Blake declarou que assim lhe haviam revelado os anjos e os demônios em revelações especiais. Porque ele disse que havia conversado muitas vezes com eles, como havia feito o sueco Emmanuel Swedenborg, que também morreu em Londres e que também costumava conversar com os demônios e com os anjos. Agora, Blake chega à teoria de que este mundo, obra do deus inferior, é um mundo alucinatório e que somos enganados por nossos sentidos. Antes já tinha sido dito que nossos sentidos são instrumentos imperfeitos. Por exemplo, Berkeley já tinha notado que, se vemos um objeto distante, o vemos muito pequeno. Podemos tapar com nossa mão uma torre ou a lua. E também não vemos o infinitamente pequeno ou ouvimos o que se diz ao longe. Poderíamos acrescentar que, se toco nesta mesa, por exemplo, sinto-a como lisa, mas bastaria um microscópio para me demonstrar que esta mesa é rugosa, desigual, que consta na realidade de uma série de cordilheiras e, conforme a ciência constata, de um jogo de átomos, de elétrons.

Mas Blake foi mais longe. Blake acreditou que os sentidos nos enganavam. Há um verso de um poeta inglês que morreu durante a Primeira Guerra Mundial, Brooke[9], em que essa idéia está resumida de um modo muito bonito e que pode ajudar vocês a fixá-la na memória. Diz que quando houvermos deixado para trás o corpo, quando formos puro espírito, então tocaremos, já que não teremos mãos para tocar, e veremos, não mais cegados por nossos olhos: "And touch who have no longer hands to feel / And see no longer blinded by our eyes."[10] E Blake disse que se se purificassem as "portas da percepção" – esse nome foi utilizado por Huxley[11] num livro sobre a mescalina[12] publicado há pouco – veríamos todas as coisas como são, infinitas[13]. Quer dizer, agora estamos vivendo numa espécie de sonho, de alucinação que nos foi imposta por Jeová, pelo deus

---

[9] Rupert Brooke, poeta inglês (1887-1915).
[10] O verso citado pertence ao poema "SONNET (suggested by some of the proceedings of the Society of Psychical Research)", escrito em 1913 e incluído no livro *The South Seas*. O texto original é o seguinte: "*Not with vain tears, when we're beyond the sun, / We'll beat on the substantial doors, nor tread / Those dusty highroads of the aimless dead / Plaintive for Earth; but rather turn and run / Down some close-covered by-way of the air, / Some low sweet alley between wind and wind, / Stoop under faint gleams, thread the shadows, find / Some whispering ghost-forgotten nook, and there // Spend in pure converse our eternal day / Think each and each, immediately wise / Learn all we lacked before; hear, know, and say / What this tumultuous body now denies / And feel, laid our groping hands away / And see, no longer blinded by our eyes.*" Extraído de *The Collected Poems of Rupert Brooke: with a Memoir*, Sidgwick & Jackson Ltd., Londres, 1924 (exemplar da Biblioteca Nacional).
[11] Aldous Huxley, romancista e ensaísta inglês (1894-1963). Sua obra mais conhecida é *Brave New World*, "Admirável mundo novo".
[12] A mescalina é um alcalóide alucinógeno que se obtém do peiote, planta americana da família das cactáceas.
[13] A citação de Blake diz: "Se as portas da percepção se purificassem, tudo apareceria ao homem tal como é, infinito." O livro de Huxley que Borges menciona se intitula, precisamente, *The Doors of Perception* e foi publicado em Nova York pela editora Harper em 1954. Uma resenha

inferior criador da Terra, e Blake se perguntou se o que vemos como pássaros, um pássaro que corta o ar com seu vôo, não é na realidade um universo de delícia vedado por nossos cinco sentidos. Agora, Blake escreve contra Platão, mas apesar disso Blake é profundamente platônico, já que Blake crê que o verdadeiro Universo está em nós. Vocês devem ter lido que Platão disse que aprender é recordar, que nós já sabemos tudo. E Bacon acrescentou que ignorar é ter esquecido, o que vem a ser o anverso da doutrina platônica.

De modo que, para Blake, há dois mundos. Um, o eterno, o Paraíso, que é o mundo da imaginação criadora. O outro é um mundo em que vivemos enganados pelas alucinações que os cinco sentidos nos impõem. E Blake chama o universo de "the vegetable universe", "o universo vegetal". E aqui já vemos a vasta diferença entre Blake e os românticos, porque os românticos tinham um senso reverencial do Universo. Wordsworth, num poema, fala de uma divindade "whose dwelling is the light of the setting suns, the round ocean and the living air", "uma divindade cuja morada é a luz dos sóis poentes e o redondo oceano e o ar vivente"[14]. Já

---

desse livro, escrita por Alicia Jurado, foi publicada no primeiro número da revista *La Biblioteca* (primeiro trimestre de 1957), editada por Borges em sua qualidade de diretor da Biblioteca Nacional.
[14] Trata-se do poema de Wordsworth intitulado "Lines Composed a Few Miles Above Tintern Abbey", cujo texto é o seguinte: "*I have learned / To look on nature, not as in the hour / Of thoughtless youth; but hearing oftentimes / the still, sad music of humanity, / Nor harsh not grating, though of ample power / To chasten and subdue. And I have felt / A presence that disturbs me with the joy / Of elevated thoughts; a sense sublime / Of something far more deeply interfused, / Whose dwelling is the light of setting suns, / And the round ocean and the living air, / And the blue sky, and in the mind of man; / A motion and a spirit, that impels / All thinking things, all objects of all thought, / And rolls through all things.*" Esse poema é o último do livro *Lyrical Ballads*, publicado em 1798 em colaboração com Samuel Taylor Coleridge.

para Blake tudo isso era execrável. Blake dizia que, se observava o nascer do sol, o que via na realidade era uma espécie de libra esterlina que vai se elevando no céu. Mas, em compensação, se ele via ou se pensava na aurora com seus olhos espirituais, então via hostes, numerosas hostes luminosas de anjos. E disse que o espetáculo da natureza apaga toda a inspiração nele. Um pintor contemporâneo, Reynolds, tinha dito que o desenhista e o pintor deviam começar copiando modelos, e isso indignou Blake. Porque Blake acreditava que levávamos o Universo em nós. Diz ele: "Para Reynolds, o mundo é um deserto, um deserto que deve ser semeado pela observação. Mas para mim, não. Para mim, o Universo já está em minha mente, e o que vejo é muito pálido e muito pobre comparado com o mundo da minha imaginação."

Agora vamos voltar a Swedenborg e a Cristo, porque isso é importante para o pensamento de Blake. Em geral tinha-se acreditado que o homem, para se salvar, deve se salvar eticamente, ou seja, se um homem é justo, se um homem perdoa e ama seus inimigos, e não age mal, esse homem já está salvo. Mas Swedenborg dá outro passo. Diz que o homem não se salva por sua conduta, que o dever de todo homem é cultivar em si mesmo sua inteligência. E há um exemplo que Swedenborg dá disso. Ele imagina um pobre homem. Esse pobre homem resume todos os seus desejos em chegar ao Céu. Então retira-se do mundo, retira-se para um deserto, a Tebaida, digamos, vive sem cometer nenhum pecado e ao mesmo tempo leva mentalmente uma vida pobre. A vida típica dos cenobitas, dos ascetas. Depois, ao cabo dos anos, esse homem morre e chega ao Céu. Agora, quando chega ao Céu, o Céu é muito mais complexo do que a Terra. Há uma tendência em geral a imaginar o Céu como incorpóreo. Mas esse místico sueco viu o Céu como muito mais concreto, muito mais complexo, muito mais rico do que a Terra. Disse, por exemplo, que aqui temos as cores do arco-íris e os matizes dessas cores, e que no Céu, ao contrário, veremos um número talvez infinito de cores, de cores que não podemos imaginar. Quanto às formas, também. Quer dizer, uma cidade no Céu será muito mais complexa do que uma cidade na Terra, nossos corpos serão mais complexos, os móveis serão mais complexos e o pensamento também.

Então o pobre santo chega ao Céu, no Céu há anjos que falam de teologia, há igrejas – o Céu de Swedenborg é um Céu teológico. E o pobre homem quer participar das conversas dos anjos, mas naturalmente está perdido. É como um caipira, como um camponês que chega a uma cidade e fica tonto com ela. No início, procura confortar-se pensando que está no Céu, mas logo esse Céu o aturde, lhe dá vertigens. Então conversa com os anjos e pergunta o que deve fazer. Os anjos lhe dizem que, dedicando-se à pura virtude, malbaratou sua época de aprendizado na Terra, e finalmente Deus acha uma solução, uma solução um pouco triste, mas que é a única. Mandá-lo para o Inferno seria terrivelmente injusto, esse homem não poderia viver entre demônios. Também não tem por que sofrer os tormentos da inveja, do ódio, do fogo, no Inferno. E deixá-lo no Céu é condená-lo à vertigem, à incompreensão desse mundo muito mais complexo. Então procuram um lugar no espaço para ele, e encontram um lugar para ele, e lhe permitem projetar outra vez aí o mundo do deserto, da ermita, da palmeira, da cova. Agora esse homem está ali, está como esteve na Terra porém mais infeliz, porque sabe que essa morada é sua morada eterna, é a única morada possível para ele.

Blake toma essa idéia e diz diretamente: "Despojai-os da santidade e revesti-os da inteligência." E depois: "O imbecil não entrará no Céu, por mais santo que seja." Quer dizer, Blake também tem para o homem uma salvação intelectual. Temos o dever não só de ser justos mas também de ser inteligentes. Agora, até aqui Swedenborg havia chegado, mas Blake vai mais longe. Porque Swedenborg era um homem de ciência, um visionário e um teólogo, etc. Não tinha maior sentimento estético. Já Blake tinha um forte sentimento estético, e então disse que a salvação do homem tinha de ser tripla. Tinha de se salvar pela virtude – isto é, Blake condena, digamos, a crueldade, a maldade, a inveja –, tinha de se salvar pela inteligência – o homem deve tratar de compreender o mundo, deve se educar intelectualmente – e tinha de se salvar também pela beleza – isto é, pelo exercício da arte. Blake predicou que a idéia da arte é patrimônio de uns poucos que devem ser de um modo ou de outro artistas. Agora, como ele quer vincular sua doutrina à de Jesus Cristo, diz que Cristo também foi um artista, já que o pensamento de Cristo nunca se expressa – isso Milton não entendeu – de forma abstrata, mas se expressa a si mesmo por parábolas, isto é, por poemas. Cristo diz, por exemplo: "Eu não vim trazer a paz mas...", e o entendimento abstrato esperaria: "Eu não vim trazer a paz, mas a guerra." Mas Cristo, que é um poeta, diz: "Eu não vim trazer a paz, mas a espada." Quando estão para apedrejar uma mulher adúltera, ele não diz que essa lei é injusta, ele escreve umas palavras na areia. Escreve umas palavras, sem dúvida a lei que condenava a mulher pecadora. Depois apaga-as com o cotovelo, antecipando-se ao dito de que "A letra mata, o espírito vivifica". E diz: "Quem estiver sem culpa que atire a primeira pedra." Quer dizer, usa sempre exemplos concretos, isto é, exemplos poéticos.

Agora, segundo Blake, Cristo não agiu desse modo, não falou desse modo para exprimir as coisas de um modo mais vivo, mas sim porque pensava naturalmente em imagens, em metáforas e em parábolas. Não disse, por exemplo, que dadas as suas tentações é difícil que um rico chegue ao reino dos céus. Disse que era mais fácil um camelo passar pelo buraco de uma agulha do que um rico entrar no Céu. Quer dizer, usou a hipérbole. Tudo isso para Blake é muito importante.

Blake também crê – e nisso prefigura boa parte da psicanálise atual – que não devemos afogar nossos impulsos. Diz, por exemplo, que um homem ofendido tem ganas de se vingar, que o natural é desejar vingança, e que, se um homem não se vinga, esse desejo de vingança fica no fundo da sua alma, corrompendo-o. Por isso em sua obra mais característica – que creio ter sido traduzida em espanhol, não me lembro se por Alberti ou por Neruda –, *O casamento do Céu e do Inferno*, há provérbios do Inferno. Só que, para Blake, o que os teólogos comuns chamam de Inferno, na realidade é o Céu, e lemos aí por exemplo: "A minhoca partida em dois perdoa o arado", "The cut worm forgives the plow"[15]. Que mais pode fazer a minhoca? Diz também que uma mesma lei para o leão – que é todo força, ímpeto – e para o boi é uma injustiça. Ou seja, ele também se antecipa às doutrinas de Nietzsche, muito posteriores.

No fim da vida, Blake parece se arrepender disso, já que prega o amor e a compaixão, e já menciona mais o nome de Cristo. Essa obra, *O casamento do Céu e do Inferno,* é uma obra curiosa, já que é escrita parcialmente em verso e parcialmente em prosa. E há uma série de provérbios em que está resumida sua filosofia. Depois há outros livros que se chamam "livros proféticos"[16], e estes são de leitura muito difícil, mas logo encontramos passagens de extraordinária beleza. Há, por exemplo, uma deusa que se chama Oothoon, e

---

[15] Sexto provérbio da seção "Proverbs of Hell" de *Marriage of Heaven and Hell.*
[16] Os *Livros proféticos* de Blake são os seguintes: *America, a Prophecy* (1793), *Europe, A Prophecy* (1794), *The Book of Urizen* (1794), *The Book of Ahania* (1795), *The Book of Los* (1795) e *The Song of Los* (1795).

essa deusa está apaixonada por um homem. Essa deusa caça para o homem mulheres que entrega a ele, e as caça com armadilhas de diamante e aço. Temos então estes versos: "But nets of steel and traps of diamond will Oothoon spread, and catch for thee..." – isto é, "Mas Oothoon armará para ti redes de ferro e armadilhas de diamante, e caçará para ti moças de suave prata e furioso ouro" – "... girls of mild silver and furious gold"[17]. Depois fala das venturas, das felicidades corporais, porque para Blake essas felicidades não eram pecados, como para os cristãos em geral e para os puritanos em particular.

A obra de Blake foi esquecida por seus contemporâneos. De Quincey, nos catorze volumes da sua obra, se refere uma só vez a ele e o chama de "o gravador louco William Blake". Mas depois Blake exerce uma influência poderosa sobre Bernard Shaw. Há um ato, o ato do sonho de John Tanner em *Homem e super-homem*[18], de Bernard Shaw, que é uma exposição dramática das doutrinas de Swedenborg e de Blake. E atualmente considera-se Blake um dos clássicos ingleses. Além disso, a própria complexidade da sua obra prestou-se a muitas interpretações. Há um livro, que encomendei e ainda não recebi, que é um dicionário de Blake[19]. Quer dizer, um livro em que são tratados, por ordem alfabética, todos os deuses e todas as divindades de Blake. Alguns simbolizam o tempo, outros o espaço, outros o desejo, outras as

---

[17] Textualmente: "*But silken nets and traps of adamant will Oothoon spread, / And catch for thee girls of mild silver, or of furious gold*" (em *Visions of the Daughters of Albion*, de 1793).

[18] Terceiro ato de *Man and Superman* (1903).

[19] Trata-se seguramente do volume intitulado *A Blake Dictionary: The Ideas and Symbols of William Blake*, cujo autor é Samuel Foster Damon e que foi publicado pela primeira vez em 1965 (o ano imediatamente anterior a estas aulas) pela Brown University Press.

leis morais. E procurou-se reconciliar as contradições de Blake, que não foi nem totalmente um visionário – quer dizer, não totalmente um poeta, não totalmente um homem que pensa por meio de imagens, isso teria facilitado sua obra –, mas também um pensador. De modo que em sua obra há como que uma espécie de vaivém cômodo entre as imagens – que costumam ser esplêndidas, como a que citei, das "moças de suave prata e furioso ouro" – e longas estrofes abstratas. Além disso, a música dos seus versos às vezes é áspera, e isso é curioso porque Blake começou usando as formas tradicionais e uma linguagem muito simples, uma linguagem quase infantil. E depois chega por fim ao verso livre. Nele se nota uma antiga idéia dos marinheiros: de que um homem e uma mulher podem chegar a perder sua humanidade. Também desponta aí a idéia de uma velha superstição marinha: o marinheiro que mata um albatroz e, por isso, condena-se a uma eterna penitência. O que vemos nessas crenças de Blake é sua concepção: os fatos breves que produzem conseqüências terríveis. E assim o diz: "Quem atormenta a lagarta vê o terrível e misterioso, desce a um labirinto de noite infinita e é condenado a um tormento infinito."

Blake, como escritor, está sozinho na literatura inglesa do seu tempo. Não se pode enquadrá-lo nem no Romantismo nem no Pseudoclassicismo; escapa, não pode estar em correntes. Blake está sozinho na literatura inglesa de seu tempo, e na européia também. E aqui gostaria de lembrar uma frase provavelmente conhecida, a de que "cada inglês é uma ilha", que pode se aplicar muito bem a Blake.

Quarta-feira, 23 de novembro de 1966

Aula n? 16

Vida de Thomas Carlyle. Sartor Resartus, *de Carlyle.*
Carlyle, precursor do nazismo.
Os soldados de Bolívar, segundo Carlyle.

Falaremos hoje de Carlyle. Carlyle é daqueles escritores que deslumbram o leitor. Lembro que, quando o descobri, por volta de 1916, pensei que era realmente o único autor. Isso me aconteceu depois com Walt Whitman, tinha acontecido com Victor Hugo, aconteceria com Quevedo. Quer dizer, achei que todos os outros escritores eram uns equivocados simplesmente porque não eram Thomas Carlyle. Agora, esses escritores que deslumbram, que parecem o protótipo do escritor, costumam acabar nos aborrecendo. Começam sendo deslumbrantes e correm o risco de se tornar, com o tempo, intoleráveis. A mesma coisa me aconteceu com o escritor francês Léon Bloy[1], com o poeta inglês Swinburne e, ao longo da vida, com muitos outros. Trata-se, em todos esses casos, de escritores muito pessoais, tão pessoais que a gente acaba aprendendo as fórmulas do estupor, do deslumbramento que preparam.

Vejamos alguns fatos da vida de Carlyle. Carlyle nasceu num pequeno povoado da Escócia no ano de 1795 e morreu em Londres – no bairro de Chelsea, onde sua casa foi

---

[1] Léon Bloy (1846-1917). Borges incluirá seu livro, *A salvação para os judeus* como volume 54 da coleção *Biblioteca personal*.

conservada – em 1881. Quer dizer, uma longa e laboriosa vida consagrada às letras, à leitura, ao estudo e à escrita.

Carlyle foi de origem humilde. Seus pais, seus avós, seus bisavós foram camponeses. E Carlyle era escocês. É comum confundir ingleses com escoceses. Mas, apesar da união política, trata-se de povos essencialmente distintos. A Escócia era um país pobre, a Escócia teve uma história sangrenta de luta entre diversos clãs. Além disso, o escocês em geral costuma ser mais intelectual que o inglês. Melhor dizendo, o inglês não costuma ser intelectual, e quase todos os escoceses o são. Isso pode ser obra das discussões religiosas, mas se é verdade que o povo da Escócia se dedicou a discutir a teologia é porque era intelectual. Isso costuma acontecer com as causas que tendem a ser efeitos e os efeitos que se confundem com as causas também. Na Escócia, as discussões religiosas eram comuns, e convém recordar que Edimburgo foi, com Genebra, uma das capitais do calvinismo na Europa. O essencial do calvinismo é a crença na predestinação, baseada no texto bíblico, "muitos os chamados, poucos os eleitos".

Carlyle estudou na igreja da paróquia do seu povoado, depois na Universidade de Edimburgo, e aos vinte e tantos anos teve uma espécie de crise espiritual ou de experiência mística que descreveu no mais estranho dos seus livros: *Sartor Resartus*. *Sartor Resartus* significa em latim "o alfaiate remendado" ou "o alfaiate cerzido". Já veremos por que escolheu esse estranho título. O caso é que Carlyle havia chegado a um estado de melancolia motivado sem dúvida pela neurose que o perseguiu durante toda a sua vida. Carlyle tinha chegado ao ateísmo, não acreditava em Deus. Mas a melancolia do calvinismo continuava a persegui-lo mesmo quando acreditava tê-la deixado para trás. A idéia de um Universo sem esperança, de um Universo cujos habitantes estão condenados, em sua imensa maioria, ao Inferno.

Depois, uma noite ele teve uma espécie de revelação. Uma revelação que não o livrou do pessimismo, da melancolia, mas que lhe deu a convicção de que o homem pode se salvar pelo trabalho. Carlyle acreditava que nenhuma obra humana tivesse valor perdurável. Pensava que tudo o que os homens podem fazer estética ou intelectualmente é descartável e efêmero. Mas, ao mesmo tempo, acreditava que o fato de trabalhar, o fato de fazer qualquer coisa, ainda que essa coisa seja descartável, não é descartável. Existe uma antologia alemã de seus trabalhos, que foi publicada durante a Primeira Guerra Mundial e se intitulava *Trabalhar e não se desesperar*[2]. Este é um dos efeitos do pensamento de Carlyle.

Carlyle, desde que se dedicou às letras, havia adquirido uma cultura variada e muito vasta. Por exemplo, ele e sua mulher, Jane Welsh[3], estudaram espanhol sem professor e liam um capítulo do *Quixote* no texto original todo dia. Há uma passagem de Carlyle em que ele opõe o destino de Byron ao destino de Cervantes. Pensa em Byron, um aristocrata bonito, atleta, um homem rico, mas que sentia uma melancolia inexplicável. E pensa na dura vida de Cervantes, soldado e prisioneiro, que no entanto escreve uma obra não de queixas, mas de íntimas e às vezes escondidas alegrias no *Quixote*.

Carlyle muda-se para Londres – já antes tinha sido professor primário e havia sido colaborador de uma enciclopédia, a *Enciclopédia de Edimburgo*[4] – e colabora para as revistas. Publica artigos, mas devemos recordar que um artigo era

---

[2] *Arbeiten und nicht verzweifeln: Auszüge aus seinen Werken*, traduzido para o alemão por Maria Kühn e A. Kretzschmar.
[3] Jane Baillie Welsh, também poeta (1801-66).
[4] *Edinburgh Encyclopædia*. Carlyle colaborou com dezesseis verbetes de 1820 a 1825.

então o que hoje chamaríamos de um livro ou uma monografia. Hoje um artigo costuma ter cinco ou dez páginas, antes um artigo costumava ter mais ou menos umas cem páginas. Assim, os artigos de Carlyle e de Macaulay são verdadeiras monografias, e alguns chegam às duzentas páginas. Atualmente seriam livros.

Um amigo dele recomendou-lhe o estudo da língua alemã. A Inglaterra, movida pelas circunstâncias políticas – já pelo fato da vitória de Waterloo, os ingleses e os prussianos foram irmãos de armas –, estava descobrindo a Alemanha, estava descobrindo a afinidade, que durante séculos havia esquecido, com as outras nações germânicas, com a Alemanha, com a Holanda e, naturalmente, com os países escandinavos. Carlyle estudou alemão, entusiasmou-se com a obra de Schiller e publicou – foi seu primeiro livro – uma biografia de Schiller[5] escrita num estilo correto, mas num estilo comum. Depois leu um escritor romântico alemão, Johann Paul Richter[6], um escritor que poderíamos dizer soporífero, um relator de sonhos místicos lentos e às vezes lânguidos. O estilo de Richter é um estilo cheio de palavras compostas e de cláusulas longas, e esse estilo influiu no estilo de Carlyle, só que Richter deixa uma impressão aprazível. Em compensação Carlyle era essencialmente um homem fogoso, de modo que foi um escritor obscuro. Carlyle descobriu também a obra de Goethe, que não era conhecida então, salvo de modo muito fragmentário, fora da sua pátria, e acreditou encontrar em Goethe um mestre. Digo "acreditou encontrar", porque é difícil pensar em dois escritores mais distintos. No

---

[5] *Life of Schiller*, publicada pela primeira vez em *London Magazine* em 1823-24.
[6] Johann Paul Friedrich Richter, romancista e humorista nascido em Wunsiedel, Alemanha (1763-1825).

olímpico e – como o chamam os alemães – sereno Goethe e em Carlyle, atormentado, como bom escocês, com a preocupação ética.

Além disso, Carlyle foi um escritor infinitamente mais impetuoso que Goethe e mais extravagante que Goethe. Goethe começou sendo romântico, depois se arrependeu do seu romantismo inicial e chegou a uma tranqüilidade que poderíamos chamar de "clássica". Carlyle escreveu sobre Goethe em revistas de Londres. Isso comoveu muito Goethe, já que, muito embora a Alemanha já houvesse chegado então a uma plenitude intelectual, politicamente não havia logrado sua unidade. A unidade da Alemanha é alcançada em 1871, depois da guerra franco-prussiana. Quer dizer, para o mundo, a Alemanha era então uma coleção heterogênea de pequenos principados, ducados, um tanto provinciana, e para Goethe o fato de que algumas pessoas na Inglaterra o admirassem foi o que seria para um sul-americano, por exemplo, o fato de ser conhecido em Paris ou em Londres.

Carlyle publicou depois uma série de traduções de Goethe. Traduziu as duas partes de *Wilhelm Meister*, os "Anos de aprendizado" e os "Anos de viagem"[7]. Traduziu outros românticos alemães, entre eles o fantástico Hoffman[8]. Depois publicou *Sartor Resartus*[9], depois se dedicou à história e escreveu ensaios sobre o famoso caso do colar de diamantes, a história de um pobre homem na França que convenceram de que Maria Antonieta tinha aceitado um presente dele – o ensaio se baseia no conde Cagliostro[10] –, e sobre temas mui-

---

[7] *Wilhelm Meister's Apprenticeship* (1824) e *Wilhelm Meister's Travels* (1827).
[8] Ernst Theodor Wilhelm "Amadeus" Hoffman, escritor e músico alemão (1776-1822).
[9] Em 1833-34.
[10] Giuseppe Balsamo, dito conde Alessandro Cagliostro, aventureiro italiano (1743-95). Publicou um conhecido livro de memórias.

to variados. Entre eles encontramos um ensaio sobre o doutor Francia, tirano do Paraguai[11], um ensaio que contém – e isso é típico de Carlyle – uma defesa do doutor Francia. Depois Carlyle escreve um livro intitulado *Vida e correspondência de Oliver Cromwell*[12]. É natural que admirasse Cromwell. Cromwell, que em pleno século XVII faz que o rei da Inglaterra seja julgado e condenado à morte pelo Parlamento. Isso escandalizou o mundo, como mais tarde o escandalizaria a Revolução Francesa e muito depois a Revolução Russa.

Finalmente, Carlyle se estabelece em Londres e ali publica *A história da Revolução Francesa*[13], sua obra mais famosa. Carlyle emprestou o manuscrito a seu amigo, autor do famoso tratado de lógica, Stuart Mill[14]. E a cozinheira de Stuart Mill usou o manuscrito para acender o fogo da cozinha. Ficou destruída assim uma obra de anos. Mas Stuart Mill conseguiu que Carlyle aceitasse uma soma mensal para reescrever sua obra. Esse livro é um dos mais vivos da obra de Carlyle, mas não tem a vividez da realidade, e sim a vividez de um livro visionário, a vividez de um pesadelo. Lembro-me que, quando li o capítulo em que Carlyle descreve a fuga e captura de Luís XVI, lembrei-me de ter lido algo parecido antes: estava pensando na famosa descrição da morte de Facundo Quiroga, um dos últimos capítulos do *Facundo* de Sarmiento. Carlyle descreve a fuga do rei num capítulo que se chama "A noite das esporas". Descreve como o rei pára numa taberna e ali um rapaz o reconhece. Reconhece-o porque a efígie do rei estava gravada no anverso de

---

[11] José Gaspar Rodríguez de Francia, ditador paraguaio (1766-1840).
[12] *Oliver Cromwell's Letters and Speeches* (1845).
[13] *The French Revolution* (1837).
[14] John Stuart Mill, filósofo e economista inglês (1806-73). O livro a que Borges se refere é *Lógica dedutiva e indutiva*, publicado em 1843.

uma moeda e o delata. Ele é preso e por fim o levam à guilhotina.

A mulher de Carlyle, Jane Welsh, era socialmente superior a ele, era uma mulher muito inteligente e considera-se que suas cartas podem ser contadas entre as melhores do epistolário inglês[15]. Carlyle viveu entregue à sua obra, às suas conferências, a seu trabalho de certo modo profético, e descuidou bastante da sua mulher. Depois da morte dela, Carlyle escreveu poucas coisas importantes. Antes, ele havia dedicado catorze anos para escrever a *História de Frederico, o Grande, da Prússia*[16], um livro de leitura difícil. Havia uma grande diferença entre Carlyle homem, apesar do seu ateísmo religioso e piedoso, e Frederico, que era ateu cético e ignorava qualquer escrúpulo moral. Após a morte da mulher, Carlyle escreve uma história dos primeiros reis da Noruega[17], baseada na *Heimskringla* do historiador islandês Snorri Sturluson, do século XIII, mas nesse livro já não encontramos o fogo das primeiras obras.

Agora vejamos o pensamento de Carlyle, ou alguns traços desse pensamento. Na aula anterior, disse que para Blake o mundo era essencialmente alucinatório. O mundo era uma alucinação conseguida pelos cinco enganosos sentidos com que nos dotou o Deus superior que fez esta Terra, Jeová. Pois bem, isso corresponde em filosofia ao idealismo, e Carlyle foi um dos primeiros divulgadores do idealismo alemão na Inglaterra. Na Inglaterra, o idealismo já existia na obra do bispo irlandês Berkeley. Mas Carlyle preferiu procurá-lo na obra de Schelling e na obra de Kant. Para esses pen-

---

[15] Carlyle publicou suas cartas e papéis em 1883 sob o título de *Letters and Memorials of Jane Welsh Carlyle*. Em 1903 saiu em Londres *New Letters and Memorials*.
[16] *History of Friedrich II of Prussia, called Frederik the Great* (1858-65).
[17] *The Early Kings of Norway* (1875).

sadores, e para Berkeley, o idealismo tem um sentido metafísico. Dizem-nos que o que cremos ser a realidade, digamos, o mundo do visível, do tangível, do palatável, não pode ser a realidade: trata-se simplesmente de uma série de símbolos ou de imagens da realidade que não podem se parecer com ela. Assim, Kant falou da coisa em si, que está além das nossas percepções. Carlyle compreendeu perfeitamente tudo isso. Carlyle disse que, do mesmo modo que vemos uma árvore verde, poderíamos vê-la azul, se nossos órgãos visuais fossem diferentes, da mesma forma que ao tocá-la a sentimos convexa, poderíamos senti-la côncava se nossas mãos fossem feitas de outra maneira. Está bem, mas os olhos e as mãos pertencem ao mundo exterior, ao mundo aparencial. Carlyle toma pois a idéia fundamental, de que este mundo é aparente, e lhe dá um sentido moral e um sentido político. Swift tinha dito que tudo neste mundo é aparente, que nós chamamos de "bispo", digamos, uma mitra e uma indumentária colocadas de certo modo, que chamamos de "juiz" uma peruca e uma toga, que chamamos de "general" uma certa disposição de roupa, de farda, de quépi, de galões. Carlyle toma essa idéia e escreve, assim, o *Sartor Resartus*, ou "Alfaiate cerzido".

Esse livro é uma das maiores mistificações que a história da literatura registra. Carlyle imagina um filósofo alemão que ensina na Universidade de Weissnichtwo – naquele tempo, pouca gente sabia alemão na Inglaterra, de modo que ele podia utilizar sem risco esses nomes[18]. Dava a seu filósofo imaginário o nome de Diógenes Teufelsdrockh, isto é, Diógenes Escória – a palavra "escória" é um eufemismo, a palavra empregada é mais forte – do Diabo, e atribui a ele a autoria de um vasto livro intitulado *Os trajes, a roupa, sua for-*

---

[18] Em alemão, *Weissnichtwo* significa literalmente "Não-sei-onde".

mação e sua obra, sua influência. Essa obra leva como subtítulo: "Filosofia do traje". Carlyle imagina então que o que chamamos de Universo é uma série de trajes, de aparências. E Carlyle exalta a Revolução Francesa, porque vê na Revolução Francesa um princípio da admissão de que o mundo é aparência e de que é preciso destruí-la. Para ele, por exemplo, o reinado, o papado, a república eram aparências, eram roupa usada que convinha queimar, e a Revolução Francesa tinha começado por queimá-la. O *Sartor Resartus* é pois uma biografia do imaginário filósofo alemão. Esse filósofo é uma espécie de transfiguração do próprio Carlyle. Aí ele conta, situando-a na Alemanha, sua experiência mística. Conta a história de um amor infeliz, de uma mulher que parece amá-lo e que o abandona, o deixa sozinho com a noite. Depois descreve conversas desse filósofo imaginário e transcreve copiosos extratos desse livro que nunca existiu e que se chamava "Sartor", o alfaiate. Agora, como só transcreve extratos desse livro imaginário, chama sua obra de "O alfaiate remendado".

O livro é escrito de um modo obscuro, cheio de palavras compostas e cheias de eloqüência. Se tivéssemos de comparar Carlyle com algum escritor de língua espanhola, pensaríamos, para começar de um modo caseiro, nas mais impressionantes páginas fortes de Almafuerte[19]. Podemos pensar também em Unamuno, que traduziu para o espanhol *A Revolução Francesa* de Carlyle e sobre o qual Carlyle influiu. Na França poderíamos pensar em Léon Bloy.

E agora vejamos a concepção da história de Carlyle. Segundo Carlyle, existe uma escritura sagrada. Essa escritura sagrada não é, salvo parcialmente, a *Bíblia*. Essa escritura é a história universal. Essa história, diz Carlyle, que somos

---

[19] Pedro Bonifacio Palacios, conhecido como Almafuerte, poeta argentino (1854-1917).

obrigados a ler continuamente, já que nossos destinos são parte da história universal. Essa história que somos obrigados a ler incessantemente e a escrever, e na qual – acrescenta – também nos escrevem. Quer dizer, nós não apenas somos leitura dessa escritura sagrada mas letras, ou palavras, ou versículos dessa escritura. Vê o Universo, portanto, como um livro. Agora, esse livro é escrito por Deus, mas Deus, para Carlyle, não é uma personalidade. Deus está em cada um de nós, Deus está se escrevendo e se realizando através de nós. Quer dizer, Carlyle é panteísta: o único ser que existe é Deus, mas Deus não existe como um ser pessoal, e sim através das pedras, através das plantas, através dos animais e através dos homens. E sobretudo através dos heróis. Carlyle dá em Londres uma série de conferências intitulada: *Dos heróis, do culto dos heróis e do heróico na história*[20]. Diz Carlyle que os homens reconheceram sempre a existência dos heróis, isto é, de seres humanos superiores a eles, mas que, em épocas primitivas, o herói é concebido como um deus, e assim sua primeira conferência se intitula: "O herói como deus", e caracteristicamente toma como exemplo o deus escandinavo Odin. Diz que Odin foi um homem muito valente, muito leal, um rei que dominou outros reis, e que seus contemporâneos e seus sucessores imediatos o divinizaram, o viram como um deus. Depois temos outra conferência: "O herói como profeta", e Carlyle escolhe como exemplo Maomé. Maomé, que até então só havia sido objeto de escárnio para os cristãos da Europa ocidental. Carlyle diz que Maomé, na solidão do deserto, sentiu-se possuído pela idéia da solidão ou unidade de deus, e que, assim, foi ditando o Corão. Temos outros exemplos: o herói como poeta, Shakespeare. Depois, como homem de letras: Johnson e Goe-

---

[20] Publicadas em 1841 sob o título original *On Heroes, Hero-Worship, and the Heroic in History*.

the. E o herói como militar, e escolhe – embora detestasse os franceses – Napoleão.

Carlyle descria profundamente da democracia. Há quem tenha considerado – e entendo que com toda razão – Carlyle como precursor do nazismo, pois acreditou na superioridade da raça germânica. Os anos de 1870-71 foram a guerra franco-prussiana. Quase toda a Europa – o que foi a Europa intelectual – estava do lado da França. O famoso escritor sueco Strindberg[21] escreveria depois: "A França tinha razão, mas a Prússia tinha canhões." Foi isso o que toda a Europa sentiu. Carlyle estava do lado da Prússia. Carlyle acreditou que a fundação do Império Alemão seria o princípio de uma era de paz para a Europa – [após] o sucedido mais tarde com as guerras mundiais, podemos apreciar quão errôneo era seu juízo. E Carlyle publicou duas cartas, nas quais dizia que o conde de Bismarck foi um homem incompreendido e que o triunfo "da Alemanha, que pensa profundamente, sobre a frívola, a vangloriosa e belicosa França" seria um benefício para a humanidade. No ano de sessenta e tantos havia se dado nos Estados Unidos a Guerra de Secessão[22], e todos na Europa estavam do lado dos estados do Norte. Essa guerra, conforme vocês sabem, não começou sendo uma guerra de abolicionistas – de inimigos da escravidão – no Norte, contra partidários e donos de escravos no Sul. Juridicamente, os estados do Sul talvez tivessem razão. Os estados do Sul pensaram que tinham o direito de separar-se dos estados do Norte e alegaram argumentos legais. O grave é que na Constituição dos Estados Unidos não se havia contemplado muito bem a possibilidade de que alguns estados

---

[21] Johan August Strindberg, dramaturgo sueco nascido em Estocolmo (1849-1912).
[22] A guerra foi travada entre 1861 e 1865.

pudessem se separar. O tema era ambíguo e os estados do Sul, quando Lincoln foi eleito presidente, resolveram separar-se dos estados do Norte. Os estados do Norte disseram que os do Sul não tinham direito de separar-se, e Lincoln, num dos seus primeiros discursos, disse que não era abolicionista, mas que acreditava que a escravidão não devia se estender além dos primitivos estados do Sul, não devia ser levada, por exemplo, a estados novos, como o Texas ou a Califórnia. Mas depois, à medida que a guerra ficou mais encarniçada – a Guerra de Secessão foi a guerra mais sanguinária do século XIX –, a causa do Norte já se confundia com a causa da abolição da escravidão.

A causa do Sul tinha se confundido com a dos partidários da escravidão, e Carlyle, num artigo intitulado "Shooting Niagara"[23], pôs-se do lado do Sul. Disse que a raça negra era inferior, que o único destino possível do negro era a escravidão e que ele estava do lado dos estados do Sul. Acrescentou um argumento sofístico, que é próprio do seu humorismo – porque Carlyle no meio do seu tom profético também era um humorista; disse que não compreendia os que combatiam a escravidão, que não via que vantagem podia haver em mudar de criados continuamente. Parecia-lhe muito mais cômodo que os criados fossem vitalícios. O que pode ser mais cômodo para os patrões, mas talvez não seja para os criados.

Carlyle chega a condenar a democracia. Carlyle, ao longo de toda a sua obra, admira os ditadores, que chamou de *strong men*, "homens fortes". A expressão ainda perdura. Por isso escreveu o elogio de Guilherme, o Conquistador, escreveu em três volumes o elogio do ditador Cromwell, exaltou o doutor Francia, exaltou Napoleão, exaltou Frederico, o

---

[23] *Shooting Niagara – and after?* (1867).

Grande, da Prússia. E disse da democracia que não era outra coisa senão "a desesperança de encontrar homens fortes" e que somente homens fortes podiam salvar a sociedade. Definiu com uma frase memorável a democracia como "o caos provido de urnas eleitorais". E escreveu sobre a essência de coisas na Inglaterra. Percorreu toda a Inglaterra, prestou muita atenção nos problemas da pobreza, dos operários – ele era de estirpe camponesa. E disse que em cada cidade da Inglaterra via o caos, via a desordem, via a absurda democracia, mas que ao mesmo tempo havia algumas coisas que o confortavam, que o ajudavam a não perder de todo a esperança. Esses espetáculos eram, para ele, os quartéis – nos quartéis pelo menos há ordem – e as prisões. Estas eram as duas coisas capazes de regozijar o espírito de Carlyle.

Temos pois em tudo o que eu disse um certo programa do nazismo e do fascismo concebido antes de 1870. Mais particularmente do nazismo, já que Carlyle acreditava na superioridade das diversas nações germânicas, na superioridade da Inglaterra, da Alemanha, da Holanda, dos diversos países escandinavos, sobre os outros. Isso não impediu que Carlyle fosse na Inglaterra um dos maiores admiradores de Dante. Seu irmão[24] publicou uma tradução admirável, literal, em prosa inglesa, da *Divina comédia* de Dante. E Carlyle admirou naturalmente os conquistadores gregos e romanos, os vândalos e César.

Quanto ao cristianismo, Carlyle acreditava que já estava desaparecendo, que já não havia nenhum futuro para ele. E, quanto à história, via a salvação nos homens fortes, e pensava que os homens fortes podem estar – como diria mais

---

[24] John A. Carlyle (1801-79), irmão de Thomas Carlyle. Médico de profissão, é mais lembrado hoje em dia por sua tradução do *Inferno* de Dante.

tarde Nietzsche, que seria de certo modo seu discípulo – além do bem e do mal. É o que Blake tinha dito antes: uma mesma lei para o leão e para o boi é uma injustiça.

Não sei que livro de Carlyle poderia recomendar a vocês. Creio que, se sabem inglês, o melhor livro será o *Sartor Resartus*. Ou, se lhes interessar, leiam – se lhes interessar menos o estilo e mais as idéias de Carlyle –, leiam as conferências que ele reuniu sob o título de *O culto dos heróis e do heróico na história*. Quanto à sua obra mais extensa, à qual dedicou catorze anos, *A vida de Frederico, o Grande*, é um livro em que há brilhantes descrições de batalhas. Carlyle sempre se saía muito bem com as batalhas. Mas a gente acaba notando que o autor se sente muito distante do herói. O herói era ateu e amigo de Voltaire. Não lhe interessava.

A vida de Carlyle foi uma vida triste. Acabou se indispondo com seus amigos. Ele pregava a ditadura e era ditatorial em sua conversa. Não admitia contradições. Seus melhores amigos foram se afastando dele. Sua mulher morreu tragicamente: estava passeando de coche por Hyde Park, quando morreu de ataque cardíaco. E Carlyle sentiu depois o remorso de ser um pouco culpado por sua morte, já que tinha se desentendido com ela. Creio que Carlyle chegou a sentir, como nosso Almafuerte sentiu, que a felicidade pessoal lhe era negada, que sua neurose lhe tirava toda esperança de ser pessoalmente feliz. Por isso buscou sua felicidade no trabalho.

Ia me esquecendo de dizer – é um traço meramente curioso – que num dos primeiros capítulos de *Sartor Resartur*, ao falar de trajes, diz que o traje mais simples de que tem notícia é o usado pela cavalaria de Bolívar na guerra sul-americana. E temos uma descrição do poncho como "uma manta com um buraco no meio", e debaixo dele imagina o soldado de cavalaria de Bolívar, imagina-o – simplificando um pouco – "mother naked", "nu como quando saiu do ventre da mãe", coberto com o poncho, e apenas com seu sabre e sua lança[25].

---

[25] "A vestimenta mais simples – observa nosso professor – que já vi mencionada na História é a utilizada como uniforme pela cavalaria de Bolívar nas guerras da Colômbia. Recebem uma manta quadrada (alguns tinham o costume de cortar as bordas para lhe dar uma forma circular), de cerca de três metros de diagonal; no centro, abre-se um corte de 50 centímetros de comprimento, através do qual o soldado, nu como quando saiu do ventre da mãe, introduz sua cabeça e seu pescoço, e cavalga assim protegido da inclemência do tempo e de muitos golpes na batalha, já que a enrola no braço esquerdo", *Sartor Resartus*, cap. VII (da tradução espanhola de M. H.). Há uma edição de Emecé Editores, Buenos Aires, 1945.

Sexta-feira, 25 de novembro de 1966

Aula n.º 17

A época vitoriana. Vida de Charles Dickens.
Romances de Dickens. William Wilkie Collins.
The Mystery of Edwin Drood, *de Dickens.*

Vendo a história da literatura francesa, perceberemos que é possível estudá-la tomando como referência as fontes de que se nutriu. Mas esse sistema de estudo não é aplicável à Inglaterra, não concorda com o caráter inglês. Como eu já disse, "cada inglês é uma ilha". O inglês é especialmente individualista.

A história da literatura que fazemos e que a grande maioria faz recorre a um expediente cômodo, que é a divisão da história literária em épocas: dividir os escritores, reparti-los em épocas. Isso sim pode ser aplicado à Inglaterra. De modo que vamos ver agora um dos períodos mais notáveis que há na história da Inglaterra, que é a época vitoriana. Mas a caracterização dela apresenta o inconveniente de ser muito extensa: sua duração vai de 1837 a 1900, um longo reinado. Além disso teríamos o fato de que sua definição é difícil e arriscada. Seria difícil, por exemplo, enquadrar Carlyle, ateu que não acreditava nem no Céu nem no Inferno. Parece uma época conservadora, mas o auge do socialismo corresponde a essa época. É também o momento dos grandes debates entre ciência e religião, entre os que sustentavam a verdade da Bíblia contra os partidários de Darwin. Devemos notar, porém, que há [entre os defensores] da *Bíblia* grandes visões do presente. A época vitoriana se caracterizou pela grande reserva que mostrou no que se refere ao sensual ou ao sexual. No entanto, sir Richard Burton[1] traduz o livro árabe *Perfumed Garden*[2], que chega a ter sua alma. É também por essa época, em 1855, que Walt Whitman escreve seu livro *Leaves of Grass*. É o grande auge do Império Britânico. Apesar disso, vários escritores se mostraram e agiram sem partidarismos: Chesterton, Stevenson, etcétera.

A época vitoriana foi uma época de debates e discussões. Sua tendência não foi tão acentuadamente protestante. Há, por exemplo, um forte movimento que nasce em Oxford e tende ao catolicismo. A união de todos esses elementos contrastantes é de difícil definição, mas de qualquer modo

---

[1] Sir Richard Francis Burton (1827-90): explorador, lingüista, soldado, escritor e cônsul inglês. Estudou em Oxford, de onde foi expulso por uma falta menor. Aos 21 anos, alistou-se na East India Company. Foi mandado para Sindh, onde permaneceu oito anos. Burton dominava o italiano, o francês, o grego e o latim; durante sua estada em Sindh aprendeu a falar grande quantidade de línguas locais. Com o tempo, Burton acabou falando mais de 25 idiomas, que chegavam a 40 contando os dialetos. Voltou para a Inglaterra em 1850, de onde organizou uma série de expedições: visitou a cidade sagrada de Meca, infiltrou-se na cidade proibida de Harar e depois participou de duas viagens para descobrir a cabeceira do Nilo. Em 1860, viajou para os Estados Unidos, onde observou a vida dos mórmons. Entrou para o Foreign Office, que o mandou para a ilha de Fernando Poo, na costa da África, depois para o Brasil, onde traduziu obras de Camões. Em 1872 foi despachado para Trieste. Burton escreveu e traduziu grande quantidade de textos o resto da vida, entre eles obras eróticas como o *Perfumed Garden*, o *Ananda Ranga* e *The Kama Sutra of Vatsayana*.

[2] *Perfumed Garden* é uma tradução para o inglês do livro árabe *Rawd al atir fi nuzhat al khatir*, escrito pelo sheik Umar ibn Muhammad al-Nafzawi. Não se trata de uma tradução direta; Burton escreveu seu *Perfumed Garden* baseando-se numa edição francesa. A versão de Burton foi publicada em 1886, sob o título *The Perfumed Garden of the Cheikh Nefzaoui: A Manual of Arabian Erotology*.

existe. Todos os elementos são unidos por uma atmosfera comum mas mutável, que abarca setenta e tantos anos.

Nesse período enquadramos Charles Dickens. Nasce em 1812 e morre em 1870. É um homem que surge do povo, da classe média baixa. Seu pai era empregado de comércio e foi preso muitas vezes por dívidas. O filho foi um escritor engajado, que dedicou boa parte das suas obras a combater por certas reformas. Não podemos dizer que Dickens as tenha logrado. Talvez isso venha nos explicar por que se perdeu tanto em nossa lembrança essa qualidade de reformador que Dickens possuía. Ele também viveu no temor de que um credor o mandasse para a cadeia por dívidas e advogou a reforma das escolas, das prisões, dos sistemas de trabalho. Mas, se a reforma fracassa, a obra que o reformador desenvolve parece carecer de validade. Se tem êxito, tem necessariamente que perder atualidade. Quer dizer, a idéia de que um indivíduo tem de viver sua vida, por exemplo, coisa que agora nos parece um lugar-comum, em seu momento foi uma idéia revolucionária. É o caso da *Casa de bonecas* de Ibsen.

Agora, o perigo da literatura social é que não tem total aceitação. No caso de Dickens, a parte social da sua obra é evidente. Foi um revolucionário. Sua infância foi duríssima. Para isso devemos ler *David Copperfield*, onde pintou também o caráter do seu pai. Dickens é um homem que vive à beira da ruína, é um devedor vitalício, que possui um otimismo extravagante acerca do porvir. Sua mãe foi uma mulher muito boa, mas confusa e disparatada em suas ações. Ele teve de trabalhar desde criança num depósito. Depois foi repórter, taquígrafo. Fazia resenhas dos debates da Câmara dos Comuns, porém com muito mais realismo do que Johnson, que já vimos como fazia.

Dickens foi um morador de Londres. Em seu livro *História de duas cidades*, *A Tale of Two Cities*, baseado na Revolução Francesa, vê-se que, na realidade, Dickens não podia escrever uma história de duas cidades. Ele foi morador de uma só cidade: Londres.

Começou pelo jornalismo e chegou ao romance por esse caminho. E ao estilo daí resultante foi fiel, manteve-se nele a vida toda. Seus romances eram publicados em folhetim, e seu eco foi tamanho que os leitores seguiam a sorte dos personagens como se fossem verdadeiros. Recebeu certa vez centenas de cartas, por exemplo, em que lhe pediam que o protagonista do romance não morresse.

Agora, a Dickens não interessava muito o argumento, mas sim os personagens, o caráter dos personagens. O argumento é quase um mero meio mecânico para que a ação progrida. Não há uma evolução real de caráter nos personagens. São os meios, os acontecimentos, que modificam os personagens, como acontece na realidade[3]. Os personagens que Dickens cria vivem num perpétuo êxtase de serem eles mesmos. Costuma diferenciá-los conforme os dialetos: usa para uns um dialeto especial. Isto é visível na versão original em inglês.

Mas Dickens padece de excesso de sentimentalismo. Não escreve à margem da sua obra. Identifica-se com cada um dos seus personagens. O primeiro dos seus livros a ter grande sucesso popular foi *As aventuras do sr. Pickwick*[4], que foi publicado em folhetim. No começo, sugeriram-lhe que utilizasse certas ilustrações, e Dickens ia acomodando o texto a elas. E à medida que escrevia o livro ia imaginando personagens, criava intimidade com eles. Seus personagens pouco a pouco adquiriram vida própria. Assim acontece com Mr. Pickwick, que adquire singular relevância e é um cavalheiro de caráter firme. O mesmo acontece com os outros perso-

---

[3] Seria interessante relacionar essa categórica afirmação de Borges com sua própria obra.
[4] *The Posthumous Papers of the Pickwick Club*, publicado em 1836.

nagens. O criado vê certo ridículo em seu amo, mas gosta muito dele.

Dickens leu pouco, mas entre suas primeiras leituras estão a tradução do livro das *Mil e uma noites* e os romancistas ingleses de influência cervantesca, romance de estrada, em que o fato de os personagens viajarem cria a ação, as aventuras saltam ao encontro dos personagens[5]. Pickwick perde um processo, acha isso injusto e resolve não recorrer e sofrer a condenação. Seu criado, Sam Weller, contrai dívidas que não quer pagar e vai preso com ele.

É notável a predileção de Dickens por nomes extravagantes: Pickwick, Twist, Chuzzlewit, Copperfield. E poderíamos citar muitos mais. Chegou a fazer fortuna com a literatura, e fama. Seu único rival era Thackeray[6]. Mas contam que a filha dele lhe disse certa vez: "Papai, por que o senhor não escreve livros como o senhor Dickens?" Thackeray era muito mais um cínico, apesar de não faltar em suas obras momentos sentimentais. Dickens era incapaz de pintar um cavalheiro, mas há cavalheiros em sua obra. Conheceu a baixa e a alta burguesia intimamente, mas não a aristocracia, que raras vezes aparece em sua obra. Thackeray o faz porque a conhecia bem. Dickens, porque se sentia plebeu. Devemos destacar essas circunstâncias diferentes: elas os diferenciam.

Dickens correu a Inglaterra fazendo leituras públicas da sua obra. Escolhia capítulos dramáticos. Por exemplo, a cena do processo de Pickwick. Utilizava uma voz diferente para cada personagem, e o fazia com extraordinário talento dra-

---

[5] Refere-se às diversas influências, principalmente, das *Novelas exemplares* de Cervantes.
[6] William Makepeace Thackeray, escritor inglês nascido em Calcutá (1811-63). Figura com que Dickens é constantemente comparado. Autor de *A feira das vaidades* e *O livro dos esnobes*.

mático. Os ouvintes o aplaudiram extraordinariamente; dizem que puxou o relógio, viu que dispunha de uma hora e quinze e que o tempo de aplausos fez perder parte da leitura. Tentou repetir a experiência da Inglaterra nos Estados Unidos, mas lá se tornou antipático. Primeiro porque declarou que era abolicionista, segundo porque defendeu a causa dos direitos autorais. Sentiu-se prejudicado e ofendido porque parecia absurdo que os editores americanos enriquecessem imprimindo partes cortadas das suas obras. Os americanos acharam, por sua vez, que caía muito mal ele protestar contra esse procedimento. De modo que, ao voltar à Inglaterra, publicou *American Notes*, mas parece que não se deu conta de que a Inglaterra era povoada de personagens ridículas, enquanto os americanos eram uma nação nova, e atacou [estes últimos] acerbamente. Como disse, Dickens foi muito popular, ficou rico com sua obra e viajou para a França, a Itália, mas sem procurar compreender esses países. Procurou continuamente episódios humorísticos para relatar. Morreu em 1870. Interessaram-lhe muito pouco as teorias literárias. Era um homem genial, que se interessava ao mais alto ponto pela execução das suas obras.

A estrutura dos seus romances faz que seus personagens se dividam em bons e maus, absurdos e aceitáveis. Queria fazer um pouco como o Juízo Final em suas obras, por isso muitos dos seus finais são artificiais, porque os malvados são castigados e os bons recebem prêmios.

Há duas características a destacar. Dickens descobriu duas coisas importantes para a literatura posterior: a meninice, sua solidão, seus temores. Isso se deve à vida, à vida a que foi lançado desde criança. Na realidade, não se sabe bem da sua infância. Quando Unamuno fala da mãe, nos assombra. Por último, Groussac disse que é um absurdo dedicar capítulos à infância, que é para ele uma idade vazia, em vez de se deter na juventude e na idade adulta. Dickens é o primeiro romancista a fazer que a infância dos personagens seja importante.

Além disso, Dickens descobre a paisagem da cidade. As paisagens eram de campos, montanhas, selvas, rios. Dickens trata de Londres. É um dos primeiros a descobrir a poesia dos lugares pobres e sórdidos.

Em segundo lugar, devemos destacar que lhe interessou o lado melodramático e trágico, junto com o caricatural. Sabemos pelos biógrafos que isso influiu em Dostoiévski, em seus assassinatos inesquecíveis. No romance *Martin Chuzzlewit*[7], os personagens fazem uma viagem numa espécie de diligência, um sob o poder do outro. Chuzzlewit tomou a decisão de matar seu companheiro. O coche tomba. Faz o possível para que os cavalos o matem, mas ele se salva. Ao chegar à pousada, fecha a porta [do quarto e adormece], mas sonha que o mata. Atravessa o bosque e ao sair está sozinho, não arrependido: tem medo de que, ao chegar em casa, o assassinado o aguarde. Dickens descreve Chuzzlewit saindo sozinho do bosque. Não está arrependido do que fez, mas tem o medo, o medo absurdo, de que ao chegar em casa o homem que assassinou esteja à sua espera.

Depois, em *Oliver Twist*, temos uma pobre moça, Nancy, e essa pobre moça é estrangulada por Bill Sikes, que é um rufião. Temos então a perseguição de Bill Sikes. Bill Sikes tem um cachorro de que gosta muito, mas Bill o mata porque teme ser identificado pelo cachorro que o acompanha. Dickens era muito amigo de Wilkie Collins[8]. Não sei se vocês leram *A pedra lunar* ou *A dama de branco*[9]. Eliot diz

---

[7] Escrito entre 1843 e 1844.
[8] William Wilkie Collins, escritor inglês (1824-89).
[9] *The Moonstone* (1868) e *The Woman in White* (1860). Borges incluiu *A pedra lunar* no volume 23 da coleção El Séptimo Círculo da Emecé Editores, e nos volumes 6 e 7 da coleção *Biblioteca personal*.

que são os romances mais extensos da literatura policial, e talvez os melhores. Dickens colabora com Wilkie Collins em peças de teatro encenadas na casa de Dickens. Eliot diz que Dickens deve ter dado aos papéis – porque era um excelente ator – uma individualidade que não possuem na obra. Wilkie Collins era um mestre na arte de entretecer argumentos complicadíssimos, mas nunca confusos. Quer dizer, as tramas têm muitos fios, mas o leitor os tem nas mãos. Em compensação, Dickens, em todos os seus romances anteriores, havia entretecido arbitrariamente os argumentos. Andrew Lang[10] disse que, se tivesse de contar o argumento de *Oliver Twist* e o ameaçassem com a pena de morte, ele, que admirava tanto *Oliver Twist*, iria certamente para a forca.

Dickens, no seu último romance, *The Mystery of Edwin Drood*[11], *O mistério de Edwin Drood*, propôs-se escrever um romance policial bem construído, à maneira dos que seu amigo Wilkie Collins, mestre do gênero, fazia. E o romance ficou inconcluso. Mas para a primeira parte – porque Dickens sempre foi fiel ao sistema dos folhetins; Dickens costuma publicar seus romances em volume depois de terem aparecido em folhetim – deu uma série de instruções ao seu ilustrador. E numa delas vemos um dos personagens num capítulo que Dickens não chegou a escrever, e esse personagem não projeta uma sombra. Alguns conjeturaram que não projeta

---

[10] Andrew Lang, crítico, ensaísta, historiador e poeta escocês (1812-44). Estudou o folclore e as tradições de diversos povos, que adaptou em seus "Fairy Books" para um público infantil. Sua vasta obra abarca também livros de poesia, uma história da Escócia em quatro volumes e traduções em prosa, diretamente do grego, da *Ilíada* e da *Odisséia*.

[11] Editado em castelhano por Borges e Adolfo Bioy Casares em 1951, como volume 78 da coleção El Séptimo Círculo da Emecé Editores, com tradução de Dora de Alvear e o prólogo de G. K. Chesterton que Borges cita no fim da aula.

sombra porque é um espectro. No primeiro capítulo, um dos personagens fumou ópio e tem visões. E essa visão pode pertencer à obra. Diz Chesterton que Deus foi generoso com Dickens, já que lhe concedeu um final dramático. Em nenhum dos romances de Dickens, diz Chesterton, o argumento importava: importavam-lhe os personagens, com suas manias, seu traje sempre igual e seu vocabulário especial. Mas no fim Dickens resolve escrever um romance de argumento importante e, quase no momento em que Dickens está para denunciar o assassino, Deus ordena sua morte, e assim nunca saberemos qual foi o verdadeiro segredo, o argumento oculto de Edwin Drood – diz Chesterton –, salvo quando nos encontrarmos com Dickens no céu. E então – diz Chesterton –, o mais provável é que Dickens não se lembre mais e fique tão perplexo quanto nós[12].

Eu, para concluir, queria lhes dizer que Dickens é um dos grandes benfeitores da humanidade. Não pelas reformas que advogou e nas quais teve êxito, mas porque criou uma série de personagens. O leitor pode agora pegar qualquer romance de Dickens, abri-lo em qualquer página, com a certeza de continuar lendo-o e deleitando-se.

---

[12] Em outros parágrafos do seu estudo, Chesterton diz: "*Dickens, que tivera muito pouco argumento nas histórias que teve de contar antes, tinha argumento demais na história que nunca contou. Dickens morre no ato de contar, não seu décimo romance, mas suas primeiras notícias do crime. Cai morto no ato de denunciar o assassino. Resumindo, foi permitido a Dickens chegar a um final literário tão estranho quanto foi seu começo literário. Começou aperfeiçoando o antigo romance de viagens; terminou inventando o romance policial. (...) Edwin Drood pode ou não ter morrido, mas com certeza Dickens não morreu. Seguramente nosso verdadeiro detetive vive e aparecerá nos últimos dias da Terra. Porque um conto terminado pode dar a imortalidade a um homem, no sentido superficial e literário; mas um conto inconcluso sugere outra imortalidade, mais necessária e mais estranha.*"

Talvez o melhor romance para travar conhecimento com Dickens, esse conhecimento que pode ser precioso em nossa vida, seja o romance autobiográfico *David Copperfield*, em que há tantas cenas da infância de Dickens. E, depois, *Os documentos póstumos do Clube Pickwick*. Depois eu diria o *Martin Chuzzlewit*, com suas descrições deliberadamente injustas da América e o assassinato de Jonas Chuzzlewit, mas a verdade é que ler algumas páginas de Dickens, resignar-se a certos maus hábitos seus, seu sentimentalismo, seus personagens melodramáticos, é encontrar um amigo para toda a vida.

Segunda-feira, 28 de novembro de 1966

Aula n.º 18

*Vida de Robert Browning.
A obscuridade da sua obra. Seus poemas.*

Falaremos hoje do mais obscuro dos poetas da Inglaterra: Robert Browning. Esse nome pertence ao grupo de nomes que, embora aparentemente sejam ingleses, são de origem saxã. Robert Browning foi filho de um inglês, mas sua avó era escocesa e seu avô – ou um deles – era alemão de origem judaica. Era o que chamaríamos hoje de um inglês típico, pela mistura de sangues. Quanto à sua família e à sociedade, estavam em boa posição, pertenciam à alta burguesia. Quer dizer, Browning nasceu num bairro aristocrático, mas no qual havia cortiços.

Browning nasce em 1812, no mesmo ano em que nasce Dickens, mas o paralelo termina aqui. Suas vidas e eles mesmos são muito diferentes. Robert Browning se educou, mais que em qualquer outro lugar, na biblioteca de seu pai. Teve como resultado disso uma vasta cultura, já que tudo lhe interessava e lia tudo, especialmente a cultura judaica. Sabia idiomas, por exemplo, grego. Praticá-los e traduzi-los foi seu refúgio espiritual durante muitos anos, principalmente nos últimos da vida.

Sua vida de homem rico que se soube desde o início destinado à poesia foi, entretanto, uma vida dramática. Tanto assim que essa vida foi levada posteriormente ao palco e à tela do cinematógrafo*. O que quer dizer que é uma vida que desperta interesse por sua trama. A que depois foi sua esposa, Elizabeth Barrett[1], sofrera na juventude uma dura queda que lesionou sua coluna vertebral. Elizabeth viveu desde então em sua casa, num ambiente de médicos, de gente que cochichava, que falava em voz baixa. Era dominada por seu pai, e o pai achava que o dever da filha era resignar-se à sua condição de inválida. De modo que lhe era absolutamente proibido receber visitas, para evitar que estas a alterassem. Elizabeth tinha, porém, vocação poética. Publicou por fim um livro, *Poesias traduzidas do português*, que chamou vivamente a atenção de Robert Browning[2]. O livro de

---

* Foi levado duas vezes à tela pelo diretor Sidney Franklin: em 1934, com Norma Shearer e Fredric March (*The Barretts of Wimpole Street/A família Barrett*), e em 1957, numa refilmagem com Jennifer Jones e John Gieguld (*The Barretts of Wimpole Street/O céu em teu amor*). (N. do T.)

[1] Elizabeth Barrett Browning (1806-61). Além de ser considerada uma excelente poeta, foi estudante e tradutora de grego e assumiu posições fortes acerca da escravidão, da causa nacionalista italiana e da situação da mulher na sociedade vitoriana da sua época. Oscar Wilde, em sua nota jornalística "O túmulo de Keats", publicada originalmente no *Irish Monthly* de julho de 1877, equipara Elizabeth Barrett a Edmund Spenser, Shakespeare, Lord Byron, Percy Shelley e ao próprio John Keats, com os quais integraria o "grande cortejo dos doces cantores da Inglaterra". Não inclui Robert Browning na lista.

[2] A obra de Elizabeth Barrett que impressionou Browning foi na realidade o livro *Poems*, publicado em 1844. Browning escreveu a Elizabeth dizendo: "Amo seus versos de todo o meu coração, querida Miss Barrett… E amo você também." Depois de um longo namoro, Robert Browning e Elizabeth Barrett casaram-se em segredo no dia 12 de setembro de 1846 e fugiram para a Itália. Os *Sonnets from the Portuguese*, *Sonetos traduzidos do português*, refletem os sentimentos de Elizabeth por Browning durante os primeiros anos da sua relação. Elizabeth começou a escrever esses poemas em 1845, mas não os mostrou a ninguém – nem mesmo a Browning – até 1848. Só foram publicados em 1850, numa edição aumentada do livro *Poems*. Apesar do título, que

Miss Barrett era sem dúvida o livro de uma mulher apaixonada. De modo que Browning lhe escreve e ambos entabulam uma relação epistolar. As cartas são obscuras, estão escritas num dialeto comum aos dois, próprio, construído com alusões a poetas gregos. Até que, por fim, Browning propôs ir visitá-la. Ela reagiu alarmadíssima. Respondeu-lhe que era impossível, que os médicos lhe haviam proibido a agitação que lhe produziria a visita de um desconhecido. Apaixonaram-se e ele lhe propôs casamento. Ela deu então o passo decisivo da sua vida: aceitou dar uma volta de coche nos ombros do pai. Fazia anos que não saía de casa. Estava assombrada. Desceu do coche, deu uns passos e verificou que o ar frio da tarde não lhe fazia mal. Tocou numa árvore, silenciosamente. E respondeu a Browning que fugiria com ele e que se casariam em segredo.

Poucos dias depois de se casarem, fugiram para a Itália. O pai nunca perdoou Elizabeth, nem sequer no momento em que a doença dela se agravou. Jogou fora – como sempre fazia – suas cartas e não perdoou o que considerava uma traição. Robert e Elizabeth se estabeleceram na Itália. Era a época da libertação. A casa dos Browning estava permanentemente vigiada. Browning sentia um vivo amor pela Itália, como muitos dos seus contemporâneos. Interessava-lhe a luta de um país contra outro por sua liberdade. Interessava-lhe, então, a luta da Itália contra a Áustria. Conseguiu por fim que sua mulher se restabelecesse satisfatoriamente, a ponto de escalar montanhas ao seu lado. Não tiveram filhos[3].

---

tenta dissimular a origem pessoal desses poemas, não se trata na realidade de traduções do português, mas de obras próprias de Elizabeth Barrett Browning.

[3] Robert Browning e Elizabeth na verdade tiveram um filho, Robert Wiedemann "Pen" Barrett Browning, que nasceu em 9 de março de 1849 em Florença. Após o falecimento de Elizabeth, em 1861, Pen Browning

Foram, porém, muito felizes. Até que, afinal, ela morre e então Browning escreve sua obra capital: *The Ring and the Book*, *O anel e o livro*. Retorna por fim a Londres e se dedica à literatura. Já é um autor famoso, e é tido por obscuro – como foram tidos Góngora e outros. Chegou-se a fundar em Londres uma *Browning Society* dedicada a interpretar seus poemas. Hoje, de cada poema há duas ou várias explicações. Na enciclopédia podem ser encontrados os títulos dos poemas de Browning, e uma ou várias das explicações que foram dadas. Nas reuniões dessa sociedade, os membros liam artigos, às vezes polêmicos, nos quais cada um dava sua interpretação de algum poema. Browning costumava assistir a essas reuniões. Ia, aceitava o chá, ouvia as interpretações, agradecia e dizia que lhe haviam dado muito que pensar. Mas nunca se comprometia com ninguém.

É notável que Browning fosse tão amigo de Tennyson, que se gabava de que sua obra inteira era de uma clareza virgiliana. No entanto os dois foram muito amigos, e nenhum aceitava que falassem mal do outro. Robert Browning continuou publicando livros, entre eles uma tradução de Eurípedes. Morre em 1889, envolto numa espécie de glória um tanto estranha. Depois da morte da sua mulher teve outro amor, mas que nunca foi provado fidedignamente. Elizabeth era uma mulher que não só era poeta, mas também se interessava pela política italiana. Browning sabia latim, alemão, grego, inglês antigo. A obscuridade de Browning não é uma obscuridade verbal. Não há nenhum verso em seus poemas que não seja compreensível. Mas a interpretação total dos seus poemas é difícil, e há alguns em que foi declarada a impossibilidade de compreensão. É uma obscuridade psico-

---

voltou com o pai para a Inglaterra. Em 1887, aos 38 anos, Pen se casou com Fannie Coddington, mas o casamento não durou e acabaram se separando três anos depois. Morreu em Asolo, Itália, em 1912.

lógica. Oscar Wilde disse do romancista George Meredith[4], por sua obra, que era um Browning em prosa. Browning usou, segundo ele, o verso como um meio para escrever prosa[5].

Browning tinha uma facilidade quase fatal para o verso. Abundou em rimas que Valle Inclán[6] seguiu mais tarde em sua *Pipa de Kif*, poemas exclusivamente escritos com rimas desse tipo. Se Browning tivesse escolhido a prosa e não o verso, seria um dos grandes contistas da língua inglesa. Mas naquela época dava-se maior importância à poesia, e os versos de Browning se distinguem especialmente por suas virtudes musicais. Também interessaram a Browning os estudos da casuística, ramo filosófico que se ocupa da ética. Interessaram-lhe os caracteres complexos e contraditórios. Inventou então uma forma de poemas lírico-dramáticos na primeira pessoa, nos quais quem fala não é o autor mas um personagem. Isso tem um remoto precedente no "Lamento de Deor".

Agora vejamos os poemas. Vejamos um dos menos conhecidos, porém mais característicos, "Fears and Scruples"[7], "Temores e escrúpulos". É um poema de duas páginas, que

---

[4] George Meredith, escritor inglês (1828-1909). Oscar Wilde diz dele no diálogo "A decadência da mentira": "Ah, Meredith! Quem poderia defini-lo? Seu estilo é um ocaso iluminado por súbitos relâmpagos. Como escritor, é um mestre em tudo, salvo no idioma. Como romancista pode contar tudo, menos uma história. Como artista possui tudo, menos harmonia."

[5] Em seu artigo "Fantoches e atores", publicado no *Daily Telegraph* de 20 de fevereiro de 1892, Oscar Wilde descreve as obras de Robert Browning como "devidas ao método introspectivo ou de uma estranha e estéril psicologia".

6. Ramón María del Valle Inclán, escritor e poeta espanhol (1866-1936).

[7] A seguir transcrevemos integralmente o poema: "*Here's my case. Of old I used to love him / This same unseen friend, before I knew: / Dream there was none like him, none above him, – / Wake to hope and trust my dream*

não é obscuro, mas, como todos os poemas de Browning, tem a virtude de não se parecer com nenhum outro poema dele. O protagonista, o "eu" do poema, é um homem desconhecido, de quem não nos diz nem sequer o nome ou a época em que viveu. Esse homem conta, ou imagina contar, com um amigo famoso que viu em muito poucas ocasiões. Olhou para ele e sorriu. O amigo é autor de façanhas ilustres, o amigo é famoso em todo o mundo, e ele mantém correspondência com o amigo desconhecido. O pobre homem

was true. // Loved I not his letters full of beauty? / Not his actions famous far and wide? // Absent, he would know I vowed him duty; / Present, he would find me at his side. // Pleasant fancy! for I had but letters, / Only knew of actions by hearsay: / He himself was busied with my betters; / What of that? My turn must come some day. // 'Some day' proving – no day! Here's the puzzle. / Passed and passed my turn is. Why complain? / He's so busied! If I could but muzzle / People's foolish mouths that give me pain! // 'Letters?' (hear them!) 'You a judge of writing? / Ask the experts! – How they shake the head / O'er these characters, your friend's inditing – / Call them forgery from A to Z!' // 'Actions? Where's your certain proof' (they bother) / 'He, of all you find so great and good, / He, he only, claims this, that, the other / Action – claimed by men, a multitude?' // I can simply wish I might refute you, / Wish my friend would, – by a word, a wink, – / Bid me stop that foolish mouth, – you brute you! / He keeps absent, – why, I cannot think. // Never mind! Though foolishness may flout me, / One thing's sure enough: 'tis neither frost, / No, nor fire, shall freeze or burn from out me / Thanks for truth – though falsehood, gained – though lost. // All my days, I'll go the softlier, sadlier, / For that dream's sake! How forget the thrill / Through and through me as I thought 'The gladlier / Lives my friend because I love him still!' // Ah, but there's a menace someone utters! / 'What and if your friend at home play tricks? / Peep at hide-and-seek behind the shutters? / Mean your eyes should pierce through solid bricks?' // 'What and if he, frowning, wake you, dreamy / Lay on you the blame that bricks – conceal? / Say "At least I saw who did not see me, / Does see now, and presently shall feel"?' // 'Why, that makes your friend a monster!' say you: / 'Had his house no window? At first nod, / Would you not have hailed him?' Hush, I pray you! / What if this friend happen to be – God?"

admite que as façanhas foram atribuídas a outro e não ao seu amigo ilustre. Levou as cartas que recebia a peritos em caligrafia, para que as examinassem, e eles lhe disseram que são apócrifas. Mas ele acaba por dizer que acredita nessas cartas, na autenticidade delas e das façanhas, e que toda a sua vida foi enriquecida por essa amizade. Os outros negam, procuram tirar-lhe essa fé. E no fim aparece a amiga: "E se esse amigo fosse Deus?" Dessa maneira o poema é uma parábola do homem que reza e não sabe se sua prece cai no vazio ou é recolhida por alguém, por um remoto ouvinte. "What is that friend who is God?", "quem é esse amigo que é Deus?"

Vejamos agora outro poema. Este é "Minha última duquesa", em que se refere a Ferrara[8]. Quem fala é o duque de Ferrara, na época do Renascimento. Fala com um senhor que vem de parte de outro aristocrata para acertar o casamento do duque, que é viúvo, com a filha daquele aristocrata. O duque recebe o hóspede numa sala do palácio, onde lhe mostra uma cortina e lhe diz: "Esta cortina não costuma ser corrida." Aqui se mostra o caráter ciumento do duque, porque o que a cortina mantém oculto é um óleo da última mulher. O hóspede, por fim, admira a esplêndida tela. O duque fala então do sorriso da sua mulher. Diz que sorria para todos, que sorria com facilidade, quem sabe com demasiada facilidade. Era muito bonita, "a pintura não pode reproduzir exatamente suas faces". Era muito bonita e seu coração se alegrava facilmente. Amavam-se; gostava dela e ela havia gostado dele. Mas ao vê-la tão feliz desconfiava que em suas ausências ela continuava feliz e sorridente. Então deu ordens e "todos os seus sorrisos cessaram". Compreendemos então que o duque mandou envenenar a mulher. Descem em seguida a escada para ir comer, e o duque mostra ao hós-

---

[8] "My Last Duchess. – Ferrara", incluído em *Dramatic Romances* (1845).

pede uma estátua. Antes haviam falado do dote, mas esse assunto não traz preocupação, porque ele sabe da generosidade do aristocrata e sabe também que sua futura esposa saberá ser duquesa de Ferrara, honra que ela aceita – não sabemos se como um cumprimento ou sem se dar conta do que representa. A finalidade do poema é mostrar o caráter do duque, tal como se nos apresenta.

"Como isso impressionou a um contemporâneo"[9] é o título de um curioso poema que transcorre em Valladolid. O protagonista pode ser, quem sabe, Cervantes, ou algum outro escritor espanhol famoso. O "eu" do poema é o de um burguês que diz que conheceu em sua vida apenas um poeta, que pode descrevê-lo aproximadamente, embora não esteja de todo seguro de que seja um poeta. E descreve-o dizendo que era um homem vestido com dignidade modesta, que chegou a ser conhecido de todos. O traje estava puído nos cotovelos e nas bordas da calça. A capa havia sido luxuosa em outros tempos. Percorria a cidade acompanhado por seu cachorro e, ao caminhar, projetava sobre as ruas cheias de sol uma sombra negra e alta. Não olhava para ninguém, mas todos olhavam para ele. No entanto, embora não olhasse para ninguém, parecia que prestava atenção em tudo. Correu pela cidade o boato de que esse homem era quem realmente governava a cidade, que não era o alcaide. E nisso nos lembra as atitudes de Victor Hugo que, desterrado, se chamava a si mesmo, apesar disso, de "a testemunha de Deus" e "o sonâmbulo do oceano". É de notar que Shakespeare também fala dos "espiões de Deus"[10].

---

[9] "How it Strikes a Contemporary", em *Men and Women* (1855).
[10] "… *so we'll live, / And pray, and sing, and tell old tales, and laugh/ At gilded butterflies, and hear poor rogues / Talk of court news; and we'll talk with them too, / Who loses and who wins; who's in, who's out; And take upon's the mystery of things, / As if we were God's spies.*" *King Lear*, ato 5, cena 3.

Dizia-se [desse homem] que todas as noites mandava relatórios ao rei – aqui devemos pensar na palavra "rei" como igual a "Deus" –, que vivia suntuosamente em sua casa, era servido por escravas nuas e que nas paredes havia grandes telas de Ticiano. Mas o burguês seguiu-o uma vez e verificou que era mentira: o homem sentava-se à porta, com as pernas cruzadas sobre o cachorro. A casa era nova, recentemente habitada, e na mesa comia com a governanta. Depois jogava baralho e, antes da meia-noite, ia dormir. Imagina-o depois ao morrer, imagina então hostes de anjos que o rodeiam e o levam a Deus por seu serviço ou seu ofício de observar os homens. O burguês conclui dizendo que "nunca fui capaz de escrever um verso, vamos nos divertir"[11].

Outro poema é "Karshish"[12], narrado por um médico árabe. É um poema extenso, escrito pelo médico a seu mestre. A época é a do governador anterior ao islã. Diz que o mestre sabe tudo, que ele recolhe as migalhas que caem daquela sabedoria.

A primeira parte do poema é puramente profissional; demonstra o interesse de Browning pela medicina. O essencial do poema é um caso de catalepsia. Antes, o relator falou das suas experiências estranhas: foi assaltado por bandoleiros, ferido; teve de usar uma pedra-pomes, ervas medicinais, pele de cobra. Como dizia, o essencial do poema é um caso de catalepsia induzida para provocar uma cura.

É levado a uma aldeia. Ali, um homem que andou doente foi curado por um médico que lhe produziu um estado semelhante à morte. Até o coração parou de bater, e então o médico foi vê-lo e o doente lhe disse que estivera morto e

---

[11] "*Well, I could never write a verse, – could you? / Let's to the Prado and make the most of time.*"
[12] "An Epistle Containing the Strange Medical Experience of Karshish, the Arab Physician", em *Men and Women* (1855).

que ressuscitara. O médico procurou conversar com ele, mas o outro não ouvia nada, não lhe importava nada, ou antes, importava-lhe tudo. Quis então conhecer o médico, e lhe disseram que aquele que havia curado o homem tinha morrido num motim, e outros disseram que morreu executado. Torna então a saudar o mestre e o poema acaba. O doente ressuscitado é Lázaro, o médico morto é Cristo. E tudo assim, indicado de passagem pelo poeta.

Poema análogo a esse é aquele em que aparece um "tirano de Siracusa"[13]. Um artista universal recebe uma carta do tirano. Coube a esse artista viver numa época tardia. Diz que seus poemas são perfeitos como os de Homero, só que chegou depois de Homero. Escreveu sobre filosofia. O filósofo ignorava como o homem é devolvido à ignorância. E o tirano quer saber se há alguma esperança de imortalidade para o homem. O filósofo, que leu os diálogos platônicos, que fala de Sócrates, diz que há uma seita que afirma que sim, que afirma que Deus encarnou num homem. E o filósofo diz que a seita está enganada. O filósofo e o tirano estiveram próximos da verdade cristã, mas nenhum dos dois a vê, não se dão conta. Em Anatole France podemos encontrar um argumento semelhante.

---

[13] Esse poema se intitula "Cleon" e também pertence ao livro *Men and Women*.

Quarta-feira, 30 de novembro de 1966

Aula n.º 19

Poemas de Robert Browning.
Uma conversa com Alfonso Reyes. The Ring and the Book.

Prosseguimos agora com o estudo da obra de Robert Browning. Lembro-me que lhe perguntaram uma vez o sentido de um poema dele e ele respondeu: "Escrevi faz tempo. Quando o fiz, Deus e eu sabíamos o que significava. Agora, só Deus sabe", para eludir a resposta.

Falei de alguns poemas menores dele, e há um poema que eu gostaria de recomendar a vocês, mas que não posso expor nem ligeiramente. É talvez o mais estranho de todos e se intitula "Childe Roland to the Dark Tower Came"[1]. "Childe Roland", "childe" não significa "menino" aqui. É um antigo título de nobreza e se escreve com um "e". "Childe Roland à escura torre chegou", este verso é tomado de Shakespeare[2]: é o nome de uma balada que se perdeu. É talvez o mais estranho do poema, dos poemas de Browning. O grande poeta americano Carl Sandburg escreveu um poema intitulado "Manitoba Childe Roland"[3]. Conta como leu

---

[1] Editado originalmente em *Dramatic Romances* (1845).
[2] *King Lear*, ato III, cena IV. As palavras pertencem a Edgar, filho mais velho de Gloucester: "*Childe Roland to the dark tower came, / His word was still 'Fie, foh, and fum, / I smell the blood of a British man'.*" Ver também as notas 23 e 24 desta aula.
[3] O poema pertence ao livro *Cornhuskers* (1918). Transcrevemos a seguir o início e a conclusão do poema: "*Last night a January wind was*

esse poema para um menino[4] numa fazenda em Minnesota e como o menino não entendeu nada – talvez o leitor também não o entendesse totalmente – mas como os dois se deixaram levar pelo fascínio do mistério desse poema que nunca foi explicado. Está cheio de circunstâncias mágicas. Transcorre evidentemente na Idade Média. Não uma Idade Média histórica, mas a Idade Média dos livros de cavalaria, dos livros da biblioteca de Dom Quixote.

E agora, antes de falar de *The Ring and the Book*, quero me referir a outros poemas de Browning, um pouco ao acaso. Há um que se intitula: "Mr. Sludge, the Medium"[5], "Senhor Sludge, o médium". O protagonista desse poema é um médium, um falso médium que arrancava muito dinheiro de um milionário americano que está desesperado com a morte, a recente morte da sua mulher. Mister Sludge pôs o viúvo em comunicação com o espírito da mulher morta. Depois é desmascarado por ele, pelo próprio milionário americano, e diz que vai denunciá-lo à polícia, como impostor, mas finalmente diz que não fará nada, contanto que Mr. Sludge, o falso médium, lhe conte a verdadeira história da

ripping at the shingles over our house and / whistling a wolf song under the eaves. // I sat in a leather rocker and read to a six-year-old girl the Browning poem, / Childe Roland to the Dark Tower Came. // And her eyes had the haze of autumn hills and it was beautiful to her / and she could not understand. // A man is crossing a big praire, says the poem, and nothing happens – and / he goes and on – and it's all lonesome and empty and nobody home (...) // I know he kept his skirt and around his thudding heart mid the / blizzards of five hundred miles that one last wonder-cry of Childe / Roland – and I told the six-year-old girl all about it. // And while the January wind was ripping at the shingles and whistling / a wolf song under the eaves, her eyes had the haze of autumn hills / and it was beautiful to her and she could not understand" (Tomado de *Carl Sandburg: Complete Poems*).

[4] Na realidade, uma menina de seis anos.
[5] Editado originalmente no livro *Dramatis Personae* (1864).

sua carreira, uma carreira feita de imposturas. E o outro diz que ouviu falar de espiritismo e pensou que podia aproveitar-se da situação, que não é difícil enganar as pessoas que desejam ser enganadas. Que na realidade os enganados por ele – sem excluir o próprio senhor iracundo que o ameaça – foram cúmplices, fecharam os olhos ante mentiras grosseiras. Conta como ele, a princípio, mostrava às suas vítimas textos escritos pela própria mão de Homero e que, como ele não conhecia o alfabeto grego, as palavras gregas eram representadas por círculos e pontos, "antes que achasse o livro útil que sabe". Depois foi adquirindo confiança, chega a uma espécie de exaltação de si mesmo e, de repente, ao abandono de si mesmo, e deseja recuperar a confiança da sua vítima. Pergunta ao outro se não ouve neste momento a voz de sua querida mulher, dessa mulher que ele mesmo aprendeu a amar através do amor do outro e do diálogo com seu espírito. O outro o ameaça então com violências físicas. Mr. Sludge continua confessando a verdade e chegamos assim ao fim do poema. Um longo poema, porque Browning tinha estudado muito bem o tema, o tema das imposturas mediúnicas. Chegamos por fim a essa conclusão totalmente inesperada para o leitor e para os que acompanharam a história das suas imposturas e o mecanismo das suas velhas imposturas. No fim, o médium, que o outro está prestes a atacar, a castigar fisicamente, diz que tudo o que falou é verdade, que não foi um impostor. Quanto às cartas da sua mulher morta, ele as trazia escondidas nas mangas do paletó. "No entanto – acrescenta –, eu creio que há algo no espiritismo, eu creio no outro mundo", apesar de todas as suas vigarices. Quer dizer, o protagonista reconhece que foi um impostor, mas isso não quer dizer que não há outro mundo e que não há espíritos. Vê-se como Browning gostava das situações e das almas ambíguas. Por exemplo, neste caso, o impostor também é um crente.

Há um poema breve intitulado "Memorabilia"[6], coisas dignas de serem lembradas, em latim. O título creio que é tomado de algumas cenas intercaladas na obra do grande místico sueco Swedenborg. É o caso de dois senhores que estão conversando, e dá-se que um deles conheceu o poeta ateu Shelley[7], esse poeta que tanto influiu sobre a juventude. Um diz ao outro: "Mas, como, você falou com Shelley? Você o viu, falou com ele e respondeu a ele? Que estranho é isso tudo, e no entanto é verdade!" O outro diz que uma vez teve de atravessar um descampado, um descampado que tinha nome e que sem dúvida tinha seu uso, seu emprego, seu destino no mundo. Mas ele se esqueceu de tudo. Ele só se lembra de uma pena de águia. Todo o resto, as milhas em branco, se apagou. Aí ele viu, pegou e pôs no peito a pena da águia, e se esqueceu do resto. Assim acontece na vida, em outras circunstâncias. Ele já se esqueceu, mas se lembra do encontro com Shelley[8].

Este ano conheci Alfonso Reyes. Ele me falou do grande poeta mexicano Othón[9], e eu lhe perguntei: "Como? O

---

[6] Publicado originalmente no livro *Dramatic Lyrics* (1842).

[7] Percy B. Shelley, poeta romântico inglês (1792-1822).

[8] O poema completo diz assim: *"Ah, did you once see Shelley plain, / And did he stop and speak to you? / And did you speak to him again? / How strange it seems, and new! // But you were living before that, And you are living after, / And the memory I started at – / My starting moves your laughter! // I crossed a moor, with a name of its own / And a use in the world no doubt, / Yet a hand's-breadth of it shines alone / 'Mid the blank miles round about: // For there I picked up on the heather / And there I put inside my breast / A moulted feather, an eagle-feather – / Well, I forget the rest."*

[9] Manuel José Othón (1858-1906), poeta mexicano, nascido em San Luis de Potosí. Sua notável obra poética se caracteriza por uma profunda e viva percepção da natureza. Entre suas obras: *Poemas* (1880), *Poemas rústicos* (1902), *En el desierto, Idilio salvaje* (1906). Escreveu contos, novelas e obras teatrais.

senhor conheceu Othón?" E Reyes se lembrou imediatamente do poema de Browning e repetiu a primeira estrofe:

Ah, did you once see Shelley plain,
And did he stop and speak to you?
And did you speak to him again?
How strange it seems, and new!

E depois, ao final:

A moulted feather, an eagle-feather
Well, I forget the rest[10].

Há outro poema sobre um homem que está morrendo e vem um pastor, um pastor protestante, que evidentemente lhe diz que o mundo é um vale de lágrimas[11]. O homem lhe diz: "Do I see the world as a valley of tears? No, reverend Sir, not I", "Acaso vejo eu o mundo como um vale de lágrimas? Não, reverendo senhor, eu não." E então ele, que está se desfigurando e morrendo, diz que o que ele lembra do mundo não tem nada a ver com um vale de lágrimas. Que o que ele lembra é de uma casa, uma quinta em que vive uma mulher, sem dúvida uma criada com a qual ele teve amores. E para descrever a topografia da casa ele se vale dos frascos de remédio da mesa de cabeceira. E diz que "aquela cortina que está ali é verde ou é azul para uma pessoa sadia, mas para mim serve para lembrar como era a persiana da casa, e a ruela que havia ao lado, porque eu, esgueirando-me por

---

[10] "Ah, te encontraste com o próprio Shelley, / E ele parou e falou contigo? / E você falou de novo com ele? / Que estranho parece, e novo! // Uma pena caída, uma pena de águia / Bem, esqueci o resto."
[11] O poema é "Confessions", do livro *Dramatis Personae* (1864). A primeira estrofe diz assim: "*What is he buzzing in my ears? / 'Now that I come to die, / Do I view the world as a vale of tears?' / Ah, reverend sir, not I!*"

ali, podia chegar à porta, e lá estava ela, me esperando". "Eu sei" – diz –, "that all this is improper", "que tudo isso é impróprio, que tudo isso é indecente, mas estou morrendo"[12]. Então diz que se lembra desses amores ilícitos com a criada. Isso é a única coisa de que se lembra, isso é a única coisa que a vida lhe deixou nestes últimos momentos e do que ele se lembra no fim, sem remorsos.

Há outro poema, cujo protagonista é Caliban[13]. Browning tinha lido um livro sobre as fontes que Shakespeare usou e sobre as divindades patagônicas, um deus chamado Setebos. Browning se baseia nessas notícias sobre a religião dos índios patagônios para esse poema, intitulado "Caliban sobre Setebos".

E há outro poema, "O amor entre as ruínas"[14], e este se desenrola no campo de Roma. Há um homem – podemos supor que é um pastor – que fala das ruínas e descreve o esplendor de uma cidade que havia existido ali. Fala dos reis, dos milhares de cavaleiros, dos palácios, dos banquetes, um tema parecido com a elegia anglo-saxã "A ruína". Depois diz que costumava se encontrar ali com uma moça, que essa moça o esperava e que ele via o amor em seus olhos antes de chegar perto dela e abraçá-la. Conclui dizendo que de tudo o que há no mundo o melhor é o amor, que a ele basta o amor, que o que importam os reis e os impérios que desapareceram? Porque há em Browning – não falei o suficiente nisso – muitos poemas de amor, de amor físico também. É esse tema do amor que é tema no livro de que trataremos hoje, antes de falar de Dante Gabriel Rossetti – que

---

[12] Quinta estrofe do poema: *"At a terrace, somewhere near its stopper, / There watched for me, one June, / A girl: I know, sir, it's improper, / My poor mind's out of tune."*
[13] O poema é "Caliban upon Setebos; or Natural Theology in the Island", também de *Dramatis Personae*.
[14] Trata-se de "Love among the Ruins", do livro *Dramatic Lyrics* (1842).

funda a fraternidade pré-rafaelita, a *Pre-Raphaelite Brotherhood*, que é um pouco posterior a Browning. Mas o grande livro de Browning, um livro escrito com uma técnica muito curiosa, é *The Ring and the Book*, "O anel e o livro". Não sei se algum de vocês viu um admirável filme japonês que estreou há muitos anos, intitulado *Rashomon*[15]. Agora, o autor do argumento desse filme, Akutagawa[16], foi o primeiro tradutor japonês de Browning, e tirou a técnica desse admirável filme de *The Ring and the Book* de Browning. Só que *The Ring and the Book* é muito mais complexo que o filme. O que se explica, porque um livro pode ser muito mais complexo que um filme. No filme temos a história de um samurai que atravessa a selva com sua mulher. Um bandoleiro o ataca. O bandoleiro mata a mulher, depois temos três versões de um mesmo fato. Uma é contada pelo samurai, outra pelo bandoleiro e outra pelo espírito da mulher, através da boca de uma bruxa. E as três histórias são diferentes. No entanto, referem-se a um mesmo fato. Agora, Browning tentou algo parecido, mas algo muito mais difícil, porque a Browning interessava a busca da verdade. Comecemos pelo título do livro: *The Ring and the Book*, "O anel e o livro". Isso pode ser explicado assim: Browning começa dizendo que para fazer um anel – e o anel vem a ser uma metáfora do livro que ele está a ponto de escrever, que já começou a

---

[15] *Rashomon*, filme estreado em 1950, dirigido por Akira Kurosawa, com Toshiro Mifune como o bandoleiro e Machiko Kyo no papel da moça. Ganhou o Leão de Ouro do Festival de Veneza de 1951 e consagrou Kurosawa como artista de projeção internacional.

[16] Akutagawa Ryûnosuke, escritor japonês (1892-1927). Seus contos, romances e ensaios, inspirados em fatos históricos, tradições e lendas do Japão antigo, demonstram uma inusual capacidade de reinterpretação e incorporam perspectivas e técnicas da literatura do Ocidente. Duas das suas obras, *Rashomon*, de 1915, e *Yabu no naka*, de 1921, serviram de inspiração para o filme *Rashomon* de Akira Kurosawa.

escrever, *The Ring and the Book* – é necessária uma liga de metais. O anel não pode ser feito de ouro puro, é necessário misturar o ouro com outros metais de lei mais baixa. E ele, para fazer o livro, teve de acrescentar ao ouro – essa humildade também é típica de Browning –, teve de misturar metais mais baixos, os metais da sua imaginação. Quanto ao metal puro, ele o encontrou. Encontrou mas teve também de extraí-lo de um livro que achou num lugar em Florença, e esse livro é a história de um processo criminal que ocorreu um século antes em Roma.

Esse livro foi traduzido para o inglês, publicado pela Everyman's Library, vocês devem conhecer, com o título de *The Old Yellow Book*[17], "O velho livro amarelo". Esse livro contém toda a história de um processo criminal, uma história muito sórdida, uma história horrível. Trata-se de um conde que se casou com uma camponesa achando que ela era uma mulher rica. Depois ele a repudia, a encerra num convento. Ela consegue fugir do convento para ir morar na casa dos pais. Aí aparece o conde, que desconfia que ela foi adúltera, que teve amores com um sacerdote. O conde foi acompanhado de vários assassinos, entraram na casa e a mataram. Depois foi preso, e o livro contém as declarações do assassino e algumas cartas. Browning leu e releu, e entrou em todos os pormenores dessa história sórdida. Finalmente, o conde é condenado à morte pelo assassinato da mulher. Então Browning resolveu investigar qual era a verdade e escreveu *The Ring and the Book*.

E em *The Ring and the Book* temos repetida, creio que dez vezes, a mesma história. O curioso, o original, é que a história – ao contrário do que ocorre com *Rashomon* – é, no que se refere aos fatos, a mesma. O leitor do livro chega a

---

[17] *The Old Yellow Book*, com introdução de Charles E. Hodell, volume 503 da Everyman's Library.

conhecê-la perfeitamente. Mas a diferença está no ponto de vista de cada personagem[18]. É possível que Browning tenha se inspirado nos romances epistolares que estavam na moda durante o século XVIII e começos do século XIX. Creio que *Die Wahlverwandtschaften*, *As afinidades eletivas* de Goethe[19], pertence a esse gênero. E se inspirou também nos romances de Wilkie Collins. Collins, para tornar mais leve o longo relato das suas tramas policiais, fazia que a história fosse passando de um personagem ao outro. Isso lhe servia para um fim satírico. Por exemplo, temos um capítulo escrito por um dos personagens. Esse personagem conta que acaba de conversar com Fulano de Tal, que ele impressionou muito pela agudeza e profundidade do que disse. Depois passamos para o outro capítulo, escrito pelo interlocutor, e nesse capítulo vemos que acaba de falar com o autor do outro capítulo e que o outro se chateou extraordinariamente com as imbecilidades que ele disse. Quer dizer, há um jogo de contrastes e de sátira.

Agora, Browning toma esse método das diversas pessoas que contam o conto, mas não o usa sucessivamente. Quer dizer, um personagem não passa o relato a outro. Cada personagem conta sua história, que é a mesma história, do princípio ao fim. A primeira parte é dedicada por Browning a Elizabeth Barrett, que tinha morrido. No fim ele lhe diz: "Oh, lírico amor, metade anjo, metade passarinho, toda uma maravilha e um incontido desejo." E diz como às vezes ele olhou para o céu e lhe pareceu ver um lugar em que o azul do céu é mais azul, é mais apaixonado, e pensava que ela podia estar ali. Lembro-me dos primeiros versos: "Ah, lyric Love, half angel, half bird, and all a wonder, and a wild

---

[18] Outro filme que utiliza de modo engenhoso um mecanismo semelhante é *The Killing* (1956), dirigido pelo americano Stanley Kubrick.
[19] Romance publicado em 1809.

desire." Temos depois o primeiro canto do poema, intitulado "Half Rome". E aí temos os fatos, os fatos contados por um indivíduo qualquer que viu Pompilia – Pompilia é a mulher assassinada –, ficou impressionado com sua beleza e está certo da culpa, da injustiça do assassinato. Temos depois outro capítulo, que se intitula "Half Rome" também, "Meia Roma". E aqui a história é relatada por um senhor, um senhor já de certa idade, que a conta a seu sobrinho. Diz a ele que o conde, ao matar a mulher, agiu com justiça. Ele é um partidário do conde, do assassino. Temos depois "Tertium quid", "terceiro em discórdia", e esse personagem conta a história, e a conta com o que ele crê seja a imparcialidade: que a mulher tinha sua parte de razão, que o matador também tinha sua parte de razão. Conta a história com tibiez.

Temos depois a defesa do sacerdote. Depois temos a defesa do conde. E em seguida temos o que dizem o promotor e o defensor. O promotor e o defensor usam um dialeto jurídico, é como se não falassem do caso: são continuamente detidos por escrúpulos judiciais. Quer dizer, falam, digamos, fora da história.

Depois há algo que pode ser o que a mulher teria dito. No fim temos uma espécie de monólogo do conde, que foi condenado à morte. O conde, aqui, já abandona seus subterfúgios, suas mentiras, e conta a verdade. Conta como ele foi torturado pelos ciúmes, como sua mulher o enganou, como ela foi cúmplice no engano inicial. Ele acreditava que, ao se casar com ela, se casava com uma mulher endinheirada. Enganaram-no e ela é cúmplice desse engano. Enquanto ele vai dizendo essas coisas vai amanhecendo. Ele vê com horror a luz cinzenta da manhã. Vêm buscá-lo para levá-lo à forca. Então ele conclui com estas palavras: "Pompilia, vais deixar que me assassinem?" – diz ele, que assassinou ela. "Pompilia, will you let them murder me?" Depois, no fim, fala o papa. O papa representa aqui a sabedoria e a verdade.

O papa acha que é justo que o assassino seja executado. Depois temos algumas reflexões de Browning.

Agora, eu comparei Browning com Kafka[20]. Vocês devem se lembrar daquele poema, "Temores e escrúpulos", que examinei no começo, aquele poema sobre a ambigüidade das relações do crente com Deus. O crente reza, mas não sabe se há um ouvinte, um interlocutor. Não sabe se há um diálogo realmente. Mas nesse livro – e é esta a diferença fundamental entre Browning e Kafka – Browning sabe. Não está simplesmente jogando com a sua imaginação. Browning crê que há uma verdade; Browning crê que há ou não há um culpado. Ele crê, quer dizer, sempre o atraiu a ambigüidade do mistério essencial das reações humanas e do Universo, mas Browning acreditou numa verdade; Browning escreveu esse livro, Browning imaginou, Browning recriou esse episódio criminal para chegar a uma verdade. E acreditou ter chegado a ela usando, claro, esse metal que ele chama de mais baixo, o metal da liga com o ouro, o metal da sua imaginação.

Browning foi essencialmente um otimista. Há um poema de Browning intitulado "Rabi Ben Ezra"[21]. O rabino Ben Ezra foi um rabino espanhol[22], e diz Chesterton que é típico de Browning que, quando queria dizer sua verdade final sobre o mundo, sobre o homem, sobre nossas esperan-

---

[20] No ensaio "Kafka y sus precursores", do livro *Otras inquisiciones* (1952).
[21] "Rabbi Ben Ezra", em *Dramatis Personae* (1864).
[22] Trata-se de Abraham Ben Meir ibn Ezra, rabino, filósofo e poeta espanhol nascido em Toledo (1092-1167). Sua grande erudição abarcava a medicina, a lingüística e a astronomia; suas exegeses bíblicas representaram uma importante contribuição para a idade de ouro do judaísmo espanhol. Tinha além disso conhecimentos de astrologia e numerologia. Chamavam-no de o Sábio, o Grande e o Admirável Doutor. Viajou por diversas regiões da Europa e do Oriente Médio. Visitou Londres, Roma, Narbonne, Mântua e Verona, e também Egito e Palestina.

ças, pôs essa verdade na boca de um obscuro rabino espanhol da Idade Média, um rabino esquecido, do qual mal sabemos que viveu em Toledo, depois na Itália, e sempre se queixou do seu azar. Disse que ele tinha tanto azar que, se tivesse resolvido vender velas, o sol nunca teria se posto, ou se tivesse resolvido vender mortalhas, os homens teriam bruscamente se tornado imortais. Browning bota na boca desse Rabi Ben Ezra a concepção do mundo a que chegou. A concepção de que tudo o que não alcançarmos na Terra alcançaremos – ou talvez estejamos alcançando – no Céu. Ele diz que o que acontece conosco, o que vemos, é como o arco de uma circunferência. Vemos apenas um fragmento ou um arco talvez muito leve, mas a circunferência, a felicidade, a plenitude existe em algum outro lugar e também existirá para nós. Browning chega também à concepção de que a velhice não é simplesmente um declínio, uma mutilação, uma pobreza. A velhice também é uma plenitude, porque na velhice entendemos as coisas[23]. E ele chega a acreditar nisso. Esse poema é outro dos grandes poemas de Browning, e termina com esta idéia: que a velhice é a perfeição da juventude.

Ele havia começado com a metáfora do arco truncado e do círculo pleno e total. Há uma vasta bibliografia sobre Browning. Há uma enciclopédia feita sobre Browning[24], com explicações muitas vezes absurdas dos poemas. Diz por exemplo que o poema "Childe Roland to the Dark Tower Came", "Childe Roland à escura torre chegou", é um poe-

---

[23] Primeira estrofe do poema: "*Grow old along with me! / The best is yet to be, / The last of life, for which the first was made: / Our times are in His hand / Who saith 'A whole I planned, / Youth shows but half; trust God: see all, nor be afraid!'.*"
[24] Borges se refere à *Browning Cyclopaedia* de Edward Berdoe, publicada pela primeira vez em 1891 em Londres, por Swan, Sonnenschein and Co.

ma contra a vivissecção[25]. Há outras explicações absurdas. Mas talvez o melhor livro sobre Browning, um livro de leitura agradabilíssima, seja um livro que Chesterton publicou na primeira década deste século, em 1907 ou 1909, creio, e que figura na admirável série "English Men of Letters"[26]. Lendo uma biografia de Chesterton, escrita por sua secretária, Maisie Ward[27], li que todas as citações de Browning que Chesterton faz no livro estavam erradas. Mas estavam erradas porque Chesterton tinha lido tanto Browning que o havia aprendido de cor. E havia aprendido tão bem que não tinha sido necessário, para ele, consultar a obra de Browning uma só vez. Ele tinha errado precisamente porque o conhecia[28]. É uma pena que o revisor da série "English Men of

---

[25] Em seu verbete sobre o poema "Childe Roland to the Dark Tower Came", Berdoe afirma de fato que ele constitui um verdadeiro arrazoado contra a crueldade da ciência, que obriga os estudantes a torturar suas "vítimas animais" com a finalidade única de chegar à Torre Escura do conhecimento, "que não tem para eles nem portas nem janelas". Segundo Berdoe, ao escrever esse poema, Browning não poderia ter criado "uma imagem mais fiel da ruína e da desolação espiritual que esperam o estudante de medicina, que se lança sem saber no fatal destino de torturador experimental". "Tenho autoridade suficiente para afirmar – continua Berdoe – que, se o sr. Browning tivesse lido esta interpretação, tê-la-ia aceitado cordialmente, pelo menos como uma das explicações possíveis do seu poema" (pp. 104-5). O próprio Browning sempre se negou a explicar o significado desses versos, afirmando apenas que esse poema foi inspirado por um sonho.
[26] *Robert Browning, by G. K. Chesterton*, da série "English Men of Letters", publicada em Londres por MacMillan & Co.
[27] O título da biografia escrita por Maisie Ward é *Gilbert Keith Chesterton* e foi publicada por Sheed & Ward em Nova York, em 1943.
[28] "Seguindo meu conselho os MacMillan haviam solicitado [a Chesterton] que escrevesse o volume correspondente a Browning da série "English Men of Letters..." O velho Mr. Craik, sócio da firma, mandou me chamar e, quando cheguei, encontrei-o lívido de fúria, com as provas de Chesterton corrigidas a lápis; melhor dizendo, por corrigir, já que numa

Letters", Leslie Stephen[29], pai de Virginia Woolf, tenha restabelecido o texto original. Teria sido interessante comparar como são os versos de Browning no texto original e como aparecem na edição de Chesterton. Infelizmente foram corrigidos, e no livro impresso temos o texto de Browning. Teria sido muito lindo saber como Chesterton transfigurou em sua memória – a memória também é feita de esquecimentos – os versos de Browning.

Tenho uma espécie de remorso. Acho que fui injusto com Browning. Mas com Browning acontece o que acontece com todos os poetas: devemos interrogá-los diretamente. Creio porém ter feito o bastante para interessar vocês pela obra de Browning. Uma pena é, como já disse, que Browning tenha escrito sua obra em verso. Senão, seria reconhecido agora como um dos grandes romancistas e como um dos contistas mais originais da língua inglesa. Se bem que, se tivesse feito em prosa, teríamos perdido também muita música admirável. Porque Browning dominou o verso inglês. Dominou-o tanto quanto Tennyson, Swinburne ou qualquer outro. Mas é indubitável que, para um livro como *The Ring and the Book*, um livro que consta da mesma história repetida muitas vezes, teria sido melhor a prosa. O curioso de *The Ring and the Book*, a que volto agora, é que embora cada personagem conte os mesmos fatos, embora não haja nenhuma diferença quanto ao que cada um relata,

---

página ainda havia treze erros; a maioria deles em citações de Browning. Chesterton havia citado um fragmento de uma balada escocesa de cor e tinha se enganado em três ou quatro versos. Escrevi a Chesterton avisando-o de que a editora pensava que, se publicado, o livro iria arruinar a reputação da casa. A resposta de Chesterton foi como o barrido de um elefante ferido... Apesar disso, o livro teve um enorme sucesso", Stephen Gwynn, citado por Cyril Stevens em *Gilbert Keith Chesterton* (p. 145) de Maisie Ward. (Da tradução em espanhol de M. H.)

[29] Sir Leslie Stephen, escritor, crítico e filósofo inglês (1832-1904).

há uma diferença fundamental no que corresponde à psicologia humana, e é o fato de que cada um de nós se crê justificado. Por exemplo, o conde admite que é um assassino, mas a palavra "assassino" é uma palavra demasiado geral, e temos essa convicção lendo outros livros. Ao lermos, por exemplo, *Macbeth*, ou *Crime e castigo* – ou, como creio que se chama no original, "Culpa e expiação" – de Dostoiévski, não sentimos que Macbeth ou Raskolnikov são assassinos. Essa palavra é franca demais. Vemos como os fatos os foram levando a cometer um assassinato, o que não é a mesma coisa que ser um assassino. Por acaso um homem é esgotado pelo que fez? Por acaso um homem não pode cometer um crime e seu crime por acaso não pode ser justificado? O homem foi levado à sua execução por milhares de circunstâncias. No caso de *Macbeth*, por exemplo, temos na primeira cena as três bruxas, que também são três Parcas. Essas bruxas profetizam fatos que acontecem. Então Macbeth, ao ver que essas profecias são corretas, pensa que também foi predestinado a assassinar Duncan, seu rei, e depois a cometer outros assassinatos. O mesmo acontece em *The Ring and the Book*: nenhum dos personagens mente, cada um dos personagens se sente justificado. Agora, Browning acredita que há um culpado final, que esse culpado é o conde, embora acredite que ele é justificado pelas circunstâncias que o levaram ao assassinato da mulher.

Chesterton em seu livro sobre Browning fala de outros grandes poetas, e diz que Homero pode ter pensado, por exemplo: "Eu lhes direi a verdade sobre o mundo, e lhes direi a verdade baseando-me na queda da uma grande cidade, na defesa dessa cidade", e fez a *Ilíada*. Depois, outro poeta, cujo nome já esquecemos, diz: "Eu lhes direi a verdade sobre o mundo, e a direi baseando-me no que sofreu um homem justo, nas repreensões de seus amigos, na voz de Deus que desce de um torvelinho", e escreveu o *Livro de Jó*. E outro poeta pôde dizer: "Eu lhes direi a verdade sobre o mundo, e a direi descrevendo-lhes uma viagem imaginária ou visionária pelo Inferno, o Purgatório e o Paraíso", e esse poeta é Dante. E Shakespeare pode ter pensado: "Eu lhes direi a verdade sobre o mundo narrando-lhes a história de um filho que soube, pela revelação de um espectro, que sua mãe tinha sido uma adúltera e uma assassina", e escreveu *Hamlet*. Mas o que Browning fez foi mais estranho. Disse: "Busquei a história de um processo criminal, uma história sórdida de adultério, a história de um assassinato, uma história de mentiras, de impostores. E baseando-me nessa história, da qual toda a Itália falou, e a qual toda a Itália esqueceu, eu lhes revelarei a verdade sobre o mundo", e escreveu *O anel e o livro*.

Na próxima aula falarei do grande poeta inglês de origem italiana, Dante Gabriel Rossetti, e começarei descrevendo sua trágica história pessoal. Depois veremos dois ou três dos seus poemas, sem excluir alguns dos seus sonetos, esses sonetos que foram considerados talvez os mais admiráveis da língua inglesa.

Sexta-feira, 2 de dezembro de 1966

Aula n.º 20

Vida de Dante Gabriel Rossetti.
Avaliação de Rossetti como poeta e como pintor.
O tema do duplo ("fetch"). Livro de poemas exumado.
Poemas de Rossetti. A história repetida ciclicamente.

Falaremos hoje de um poeta muito diferente de Robert Browning, embora ambos tenham sido contemporâneos, e de Browning ter até exercido, no início, certa influência sobre Dante Gabriel Rossetti, de que falarei hoje. As datas de Rossetti são fáceis de lembrar, já que temos 1828 para seu nascimento e 1882, os dois algarismos finais invertidos, para sua morte. Além disso, há um vínculo entre os dois, que é o profundo amor que ambos sentiram pela Itália. Em geral, é típico das nações do Norte sentir amor pelas nações do Mediterrâneo. Um amor nem sempre correspondido, claro. No caso de Rossetti, havia além disso a circunstância de que todo o seu sangue, com exceção de uma avó inglesa, era italiano.

Rossetti nasceu em Londres. Seu pai era um refugiado italiano, um liberal, um homem que se dedicara – com justificada razão, como tantos outros italianos – ao estudo da *Divina Comédia*[1]. Tenho em casa umas onze ou doze edições comerciais comentadas da *Comédia*, das mais antigas às mais modernas, digamos. Mas não pude conseguir a edição da *Divina Comédia* feita pelo pai de Rossetti[2]. Dante, numa car-

---
[1] Gabrielle Giuseppe Rossetti (1783-1854), poeta e erudito italiano.
[2] A edição da *Divina Comédia* de Gabrielle Giuseppe Rossetti foi publicada em dois volumes. O primeiro apareceu em 1826 e o segundo em 1827.

ta ao Can Grande della Scala, diz que seu poema pode ser lido de quatro modos. Por exemplo, podemos lê-lo como um relato fantástico de uma viagem pelo Inferno, pelo Purgatório e pelo Paraíso. Mas também, como sugeriu um filho de Dante[3], podemos lê-lo como uma descrição da vida do pecador, simbolizada pelo Inferno, da vida do penitente, simbolizada pelo Purgatório, e da vida do justo, significada pelos bem-aventurados do Paraíso. E, já que falei disso, vou recordar que um grande místico e panteísta irlandês, Johannes Scotus Erigena, disse que a Sagrada Escritura era capaz de um número infinito de interpretações, como a plumagem cambiante dos pavões. Acho que foi um rabino que escreveu que a Sagrada Escritura foi destinada especialmente, predestinada, a cada um dos seus leitores. Quer dizer, tem um sentido diferente conforme um de vocês a leia ou a leia eu, ou a leiam os homens do futuro ou do passado.

A interpretação que o pai de Dante Gabriel Rossetti deu era uma interpretação mística. Os biógrafos de Rossetti dizem que, quando o pai de Rossetti dizia que esse livro era "sommamente mistico", era o maior elogio que podia fazer. A mãe de Rossetti era parenta do médico de Byron, médico italiano cujo nome agora me esqueço[4]. A casa de Rossetti era um ambiente intelectual e político, já que todos os refu-

---

[3] Ver Aula nº 14, nota 7.
[4] A mãe de Rossetti, Frances Mary Lavinia Polidori, era irmã do dr. John William Polidori (1795-1821), que foi médico de Lord Byron no início do seu exílio em 1816. No fim do verão daquele ano, Byron e Polidori terminaram se inimizando. Três anos depois, em 1819, apareceu na revista *New Monthly* um conto intitulado "The Vampyre". Esse conto foi atribuído no início a Lord Byron, mas no mês seguinte Polidori escreveu à revista uma carta em que confessava sua autoria e afirmava, além disso, tê-lo escrito baseando-se em outro relato criado originalmente por Lord Byron. Byron, enfurecido, negou qualquer relação com o conto e afirmou: "Os vampiros me desagradam especialmen-

giados italianos que iam a Londres visitavam os Rossetti. De modo que Rossetti cresceu num ambiente literário e foi bilíngüe desde a infância. Quer dizer, o inglês de Londres e o italiano de seus pais lhe eram igualmente familiares. Desde criança Rossetti educou-se num culto de Dante e de poetas como Cavalcanti[5] e outros, mas além disso foi atraído pelo estudo do desenho e da pintura. Como desenhista, é um dos mais delicados da arte inglesa. Como pintor, confesso que fiz o possível – e há, creio, amigos meus que compartilharam essa experiência – para apreciar – creio que na Tate Gallery – os quadros de Rossetti, e realmente fracassei sempre. Disseram, numa piada óbvia demais, que como pintor era um grande poeta e como poeta era um grande pintor. Ou, conforme diz Chesterton, era pintor bom demais para ser totalmente um grande poeta, e poeta bom demais para ser totalmente um grande pintor. Quanto a mim, entendo muito pouco de pintura, mas creio entender algo de poesia. E tenho a convicção – uma convicção que não sei se a moda literária atual compartilha – de que Rossetti é um dos grandes poetas da Inglaterra, ou seja, um dos grandes poetas do mundo.

Rossetti começou se dedicando ao desenho. Em desenho foi singularmente delicado: há aquela vibração em cada um, aquele princípio do movimento que parece típico dos grandes desenhistas. Quanto a seus quadros, as figuras são desajeitadas, as cores me parecem demasiado grosseiras e demasiado vivas. Além disso devem ser ilustrações, ilustrações

---

te, e o pouco trato que tive com eles não me induz em absoluto a divulgar seus segredos." Muitos críticos assinalam que o personagem principal do conto, o vampiro Lorde Ruthven, parece inspirar-se no próprio Lord Byron e na antipatia que Polidori sentia por quem antes tinha sido seu amigo e paciente.
[5] Guido Cavalcanti, poeta italiano, amigo de Dante Alighieri (1225?-1300).

às vezes de seus próprios poemas. Um trabalho curioso é tomar um poema sumamente pictórico – muitos de Rossetti o são, como "The Blessed Damozel", "A donzela bem-aventurada" – e comparar a felicíssima versão feita em quadro a óleo. Rossetti, no Museu Britânico, conheceu de um modo parcial – não existiam então as reproduções que existem agora – a obra dos pintores anteriores a Rafael. E chegou à conclusão – escandalosa então e não aceita por todos – de que Rafael representava não o apogeu da pintura, como todos afirmavam então, mas o princípio do declínio dessa arte. Ele achou que os pintores italianos e flamengos anteriores a Rafael eram superiores a ele. E com um grupo de amigos, William Holman Hunt[6], Burne-Jones[7], aos quais se somaram depois alguns poetas ilustres, William Morris e Swinburne à frente de todos, fundou uma sociedade chamada *The Pre-Raphaelite Brotherhood*, "a Irmandade Pré-Rafaelita". Mas importava-lhes menos imitar os pré-rafaelitas do que pintar com a probidade, com a simplicidade, com a funda emoção que viam nesses homens, "early men", "do começo", digamos. E fundaram uma revista com um título infeliz, *The Germ*, "O germe", para divulgar sua doutrina e a da nova pintura, e sua poesia. Eu disse que os movimentos estéticos são raros na Inglaterra. Não quero dizer que não se produzam. O que quero dizer é que os poetas ou pintores não tendem, como na França, a formar cenáculos e publicar manifestos. Isso parece corresponder ao individualismo inglês e, ademais, a certa modéstia, a certa timidez. Lembre-me o caso de Thackeray, que foram ver de parte de uma revista para escrever um artigo sobre ele. Ele era famoso como romancista, era o rival de Dickens, e respondeu ao jornalis-

---

[6] William Holman Hunt, pintor britânico (1827-1910).
[7] Sir Edward Coley Burne-Jones, pintor e desenhista nascido em Birmingham, Inglaterra (1833-98).

ta: "I'm a private gentleman", "Sou um cavalheiro privado", e não permitiu que escrevessem sobre ele nem que o retratassem. Pensava que a obra de um escritor deve ser pública, mas a vida do autor não deve sê-lo.

Agora, quanto à poesia, as teorias da *The Pre-Raphaelite Brotherhood* não diferem muito das de Wordsworth, embora sua aplicação, como costuma acontecer nesses casos, tenha sido totalmente diferente, já que não há maior parecença entre um poema de Wordsworth e um poema de Swinburne, Rossetti ou Morris. Além disso, Rossetti começou, como Coleridge, usando uma linguagem deliberada e artificialmente medieval, como os temas dos seus quadros. Neste curso não tivemos tempo de falar de um ciclo de lendas de origem celta que se formou na Inglaterra e depois foi levado para a Bretanha pelos bretões que fugiam das invasões dos saxões e dos anglos. Essas lendas vocês conhecem, são o núcleo da biblioteca do Quixote, são as histórias do Rei Artus[8], da Távola Redonda, dos culpados amores da rainha com Lancelote, da busca do Santo Graal, etc. Esses temas, que depois se concretizam na Inglaterra num livro chamado *La morte d'Arthur*[9], foram a princípio os temas prediletos dos pré-rafaelitas, se bem que muitos também tenham pintado temas contemporâneos. E um deles, alguém, diante do estupor dos espectadores, pintou quadros em que figuravam operários, ferrovias, um jornal jogado no chão. Tudo isso era novo então. A mesma coisa que se acreditara antes, que a poesia devia procurar temas nobres, acreditava-se na pintura: também devia procurá-los. E o nobre, naturalmente, era o que tinha a pátina, o prestígio do passado.

---

[8] Variante do nome do rei Artur.
[9] *La morte d'Arthur*, cujo título original era *The Book of King Arthur and His Knights of the Round Table*, foi escrito por sir Thomas Malory entre 1469 e 1470, e publicado por William Caxton em 1485.

Mas voltemos agora à biografia de Dante Gabriel Rossetti. Chamaram Dante Rossetti, seguindo o título de um poema de Browning, "the Italian in England", "o italiano na Inglaterra". É curioso que ele nunca tenha querido visitar a Itália. Talvez pensasse que a visita era desnecessária, já que a Itália estava em suas leituras e no seu sangue. O fato é que Rossetti empreendeu uma "viagem ao continente", como dizem na Inglaterra, mas não passou da França e dos Países Baixos. Nunca foi à Itália, embora na Itália nem teriam percebido que era inglês. E, já que havia nascido em Londres, gostava de afetar em sua conversa – parece típico dos homens de letras – o dialeto da cidade, o "cockney". Isso, digamos, é como se, tendo nascido em Buenos Aires, se acreditasse obrigado a usar o "*arrabalero*", o *lunfardo*. Rossetti era um homem de paixões fortes, de caráter violento também, como Browning foi. Browning, diga-se de passagem, nunca gostou dos poemas de Rossetti, pensou que eram, diz, "perfumados artificialmente". Quer dizer que, além da paixão natural que surge de um tema, a que Wordsworth procurou e encontrou em suas melhores páginas, Rossetti gostava de acrescentar adornos, às vezes estranhos ao tema. Além disso, Rossetti estudou muito Shakespeare, e a linguagem de Shakespeare, que por ser artificial não é menos apaixonada, é advertida em muitas composições dele. Por exemplo, há um poema que fala da insônia e diz que o sonho o vê de longe acordado "with cold commemorative eyes", "com frios olhos comemorativos"[10]. Vocês estão vendo, talvez seja a primeira vez que se une este substantivo, "olhos", a "comemorativo",

---

[10] A expressão citada pertence ao último verso do poema intitulado "A Superscription", que em sua versão integral diz: "*Look in my face; my name is Might-have-been; / I am also called No-more, Too-late, Farewell; / Unto thine ear I hold the dead-sea shell / Cast up thy Life's foam-fretted feet between; / Unto thine eyes the glass where that is seen / Which had Life's form and Love's, but by my spell / Is now a shaken shadow intolera-*

o que se pode, é claro, justificar etimologicamente, já que são olhos que recordam, que comemoram o passado. Rossetti freqüentou academias de desenho, academias de pintura e conheceu uma moça chamada Siddal[11], que foi a modelo de quase todos os seus quadros. Criou assim um tipo, o tipo Rossetti, como outros pintores fizeram depois. Essa moça era uma moça alta, de cabelos ruivos, de pescoço longo – como aquela Edith Pescoço de Cisne de quem falamos ao nos referir à morte do último rei saxão da Inglaterra, Harold – e de lábios cheios, de lábios muito sensuais, que creio estão outra vez na moda. Mas esse tipo era um tipo novo então, e assim a senhorita Siddal foi, por exemplo, a Rainha Negra, ou Maria Madalena, ou qualquer outro personagem grego ou medieval. Apaixonaram-se. Rossetti se casou muito jovem e depois comprovou o que já devia saber: que ela era uma mulher de constituição enfermiça.

Rossetti foi professor de desenho numa escola noturna para operários fundada pelo grande crítico e escritor Ruskin[12], que protegeu a Fraternidade Pré-Rafaelita. Agora, Rossetti teve outras modelos. Uma modelo que empregou poucas vezes mas pela qual se apaixonou, se apaixonou fisicamente, segundo se supõe. Era uma mulher grandota, ruiva também – os cabelos ruivos sempre exerceram um fascínio sobre Rossetti –, e tão grande que ele a chamava brincando

ble, / Of ultimate things unuttered the frail screen. // Mark me, how still I am! But should there dart / One moment through thy soul the soft surprise / Of that winged Peace which lulls the breath of sights / Then shalt thou see me smile, and turn apart / Thy visage to mine ambush at thy heart / Sleepless with cold commemorative eyes." Rossetti escreveu um poema sobre a insônia que se intitula, precisamente, "Insomnia".
[11] Elizabeth Eleanor Siddal (1829-62). Rossetti conheceu Elizabeth em 1850, mas só se casaram em 1860. Elizabeth foi modelo para muitas pinturas de Rossetti e de outros pintores pré-rafaelitas.
[12] John Ruskin, crítico de arte, sociólogo e escritor inglês (1819-1900).

de "the elephant", "o elefante". Mas podia fazê-lo impunemente, ela não se ofendia.

Chegamos agora ao fato trágico, a um dos fatos trágicos da vida de Rossetti. Esse fato não figura em todas as biografias, só foi revelado agora. Porque até princípios deste século entendia-se na Inglaterra que não havia que falar dessas coisas. Mas a última biografia de Rossetti fala com toda franqueza desse episódio, e creio poder contá-lo sem faltar ao decoro.

Certa noite, o poeta Swinburne foi jantar na casa dos Rossetti. Comeram juntos. Depois do jantar, Rossetti disse que tinha de ir dar sua aula no colégio para operários fundado por Ruskin e convidou Swinburne a acompanhá-lo. Swinburne e Rossetti se despediram da senhora Rossetti e, uma vez dobrada a esquina, Rossetti disse a Swinburne que não tinha aula naquela noite, que ia visitar "o elefante". Swinburne compreendeu perfeitamente, e os dois homens se despediram. Swinburne, por sinal, já conhecia esse caso de Rossetti e não se espantou muito. Rossetti ficou até tarde na casa do "elefante", digamos – esqueci seu nome. Quando voltou, encontrou a casa às escuras, sua mulher tinha morrido. Tinha morrido porque havia ingerido uma dose excessiva de cloral[13], que costumava tomar contra a insônia. Rossetti compreendeu imediatamente que ela sabia de toda a história e tinha se suicidado.

Esqueci de dizer que Rossetti tinha passado a lua-de-mel em Paris, com a mulher, e que pintou ali um quadro muito estranho, dado o que ocorreria mais tarde, e dado o caráter

---

[13] O cloral é o mais antigo dos soníferos conhecidos pelo homem. Por causa do seu sabor desagradável costumava ser tomado diluído em suco de laranja ou gengibre. Devemos assinalar, porém, que as demais fontes consultadas coincidem em afirmar que a substância ingerida por Elizabeth Siddal não era cloral, mas sim láudano, uma substância farmacêutica baseada no ópio.

supersticioso de Rossetti. A tela, que não tem – parece-me – maiores méritos pictóricos e está na Tate Gallery ou no British Museum, não me lembro, se intitula: "How they met themselves", "Como se encontraram consigo mesmos". Não sei se vocês sabem que há uma superstição que ocorreu em muitos países do mundo, a superstição do duplo. Em alemão, o duplo se chama *Doppelgänger*, o que vem a ser o duplo que caminha ao nosso lado[14]. Mas na Escócia, onde a superstição ainda perdura, o duplo se chama "*fetch*"[15], porque *fetch* em inglês é "buscar", e se entende que, se um homem se encontra consigo mesmo, isso é o indício da sua morte próxima. Quer dizer, essa aparição do duplo vem buscá-lo. Há uma balada de Stevenson, que veremos adiante, que se chama "Ticonderoga"[16], cujo tema é o *fetch*. Agora, nesse

---

[14] Existe um poema famoso de Heinrich Heine, "Der Doppelgänger", musicado por Franz Schubert em 1828, como parte do seu ciclo de *Lieder* póstumo *Schwanengesang, D.957*. O poema diz assim: "*Still ist die Nacht, es ruhen die Gassen, / In diesem Hause wohnte mein Schatz; / Sie hat schon längst die Stadt verlassen, / Doch steht noch die Haus auf demselben Platz. // Da steht auch ein Mensch und starrt in die Höhe, / Und ringt die Hände vor Schmerzensgewalt; / Mir graust es, wenn ich sein Antlitz sehe – / Der Mond zeigt mir meine eigne Gestalt. // Du Doppelgänger, du bleicher Geselle! / Was äffst du nach mein Liebesleid, / Das mich gequält auf dieser Stelle / So manche Nacht, in alter Zeit?*" ("*Calma está a noite, as ruas descansam, / Naquela casa viveu meu tesouro. / Ela abandonou a cidade há muito, / A casa, porém, continua em seu mesmo lugar. // Lá está também um homem, que olha para o alto / E torce as mãos, presa da dor. / Horrorizo-me ao contemplar seu rosto, / a Lua me mostra minha própria imagem. // Tu, meu duplo! tu, pálido companheiro! / Por que imitas meu pesar de amor, / que me torturou neste lugar / por tantas noites, há tanto tempo?*") (da tradução em espanhol de M. A.)
[15] Borges menciona o *fetch* na página que dedica à análise do tema do duplo em seu *Libro de los seres imaginarios*, OCC, p. 616.
[16] Longo poema pertencente ao livro *Ballads* (1890), de Robert Louis Stevenson. Borges não volta a citar esse poema em nenhuma das aulas que dedica a Stevenson.

quadro de Rossetti não se trata de um indivíduo que se encontra consigo mesmo, mas de um casal de amantes que se encontram consigo mesmos no crepúsculo de um bosque, e um dos amantes é Rossetti, o outro é sua mulher. Agora, nunca saberemos por que Rossetti pintou esse quadro. Pode ter pensado que, pintando-o, afastava a possibilidade de que aquilo acontecesse com ele, e também podemos conjeturar – embora não haja nenhuma carta de Rossetti que o certifique – que realmente Rossetti e sua mulher se encontraram consigo mesmos, digamos, em Fontainebleau, ou em qualquer outro lugar da França. Os hebreus também têm essa superstição, a de se encontrar com um duplo. Mas, para eles, o fato de que um homem se encontrou consigo mesmo não significa sua morte próxima, significa que chegou ao estado profético. Há uma lenda talmúdica de três homens que saíram em busca de Deus. Um enlouqueceu, o outro morreu e o terceiro se encontrou consigo mesmo. Mas voltemos a Rossetti.

Rossetti volta para casa, encontra [sua mulher] envenenada e desconfia de ou compreende o que aconteceu. Depois constata-se que ela morreu por obra de um excesso de cloral, supõe-se que tenha errado a mão, e Rossetti aceita isso – Rossetti aceita, mas sente-se intimamente culpado. Enterram-na no dia seguinte, e Rossetti aproveita um momento de descuido de seus amigos para deixar no peito da morta um caderno manuscrito, o caderno dos sonetos que mais tarde seriam reunidos sob o título de *The House of Life*, "A casa da vida". Sem dúvida, Rossetti pensou cometer assim um ato de expiação. Rossetti pensou que, já que ele era de certo modo culpado por sua morte, o assassino da sua mulher, não podia fazer nada melhor do que sacrificar a ela sua obra. Rossetti tinha publicado antes um livro, um livro que vocês encontrarão na própria edição de poemas e traduções de Rossetti da Everyman's Library[17], uma tradução da *Vita Nuova* de Dante. Uma tradução literal, só que escrita num inglês já arcaico. Além disso, como vocês sabem, a *Vita Nuova* de Dante inclui muitos sonetos, e esses sonetos foram admiravelmente traduzidos em inglês por Rossetti junto com poemas de Cavalcanti e de outros poetas contemporâneos. Rossetti havia publicado na revista *The Germ* algumas versões – que corrigiu muito depois – dos poemas que o fariam famoso, por exemplo "The Blessed Damozel", "I Have Been Here Before"[18], e creio que a estranha balada "Troy Town", isto é, "A cidade de Tróia", e outros. Ao falar de Coleridge, disse que este, em sua primeira versão do "Ancient Mariner", recorreu a um inglês deliberada e puramente arcaico, e que nas versões que podemos estudar agora ele modernizou o idioma, tornou-o mais acessível e mais simples. O mesmo acontece com a balada "The Blessed Damozel".

Rossetti, depois da morte da mulher, rompeu sua *liaison* com "the elephant" e viveu sozinho. Comprou uma espécie de quinta nos arredores de Londres e ali se dedicou à poesia e, sobretudo, à pintura. Via pouquíssimas pessoas. Ele, que gostava tanto de uma conversa, principalmente da conversa nos *pubs*, as tabernas de Londres. E lá viveu retirado, sozinho, até o ano da sua morte, em 1882. Via pouquíssimas pessoas. Entre elas, um agente seu que se encarregava

---

[17] *Rossetti's Poems and Translations*, com introdução de E. G. Gardner, volume 627 da Everyman's Library.
[18] O título do poema é "Sudden Light". Borges cita seu primeiro verso, que diz: "*I have been here before, / But when or how I cannot tell, / I know the grass beyond the door, / The Sweet keen smell, / The sighting sound, the lights around the shore. // You have been mine before, / How long ago I may not know; / But just when at that swallow's soar / Your neck turned so, / Some veil did fall, – I knew it all of yore. // Has this been thus before? / And shall not thus time's eddying flight / Still with our lives our love restore / In death's despite, / And day and night yield one delight once more?*"

da venda dos quadros, pelos quais Rossetti costumava pedir um preço muito alto, não por cobiça mas por uma espécie de desdém, digamos, como que dizendo: "Se os quadros interessam às pessoas, que os paguem muito bem, senão que não os comprem, a mim não importa." Ele mantivera antes uma polêmica com um crítico escocês, Buchanan[19], que tinha se escandalizado com a franqueza, digamos, de certos poemas de Rossetti.

Três ou quatro anos depois da morte da sua mulher, seus amigos se reuniram para conversar com Rossetti: disseram-lhe que ele tinha feito um sacrifício inútil, que não podia agradar à sua mulher o fato de que ele renunciasse deliberadamente à fama, quem sabe à glória que lhe traria a publicação daquele manuscrito. Então Rossetti, que não conservava cópia dos seus versos, cedeu. E depois de alguns trâmites não muito agradáveis conseguiu a permissão de exumar o manuscrito que tinha posto em cima do peito da mulher. Naturalmente, Rossetti não assistiu a essa cena digna de Poe. Rossetti ficou sozinho numa taberna, embebedando-se. Enquanto isso, seus amigos exumaram o cadáver e conseguiram – não era fácil porque as mãos delas estavam rígidas e cruzadas –, mas conseguiram salvar o manuscrito. E o manuscrito tinha manchas brancas da putrefação do corpo, da morte, esse manuscrito foi publicado e determinou a glória de Rossetti. Por isso, agora na América do Sul, inclui-se Rossetti num programa de literatura inglesa e por isso o estamos estudando.

Quanto à polêmica que teve com Buchanan, este publicou um artigo anônimo intitulado "The Fleshly School of Poetry", "A escola carnal da poesia". Ao qual Rossetti respondeu com um folheto intitulado "The Stealthy School of

---

[19] A crítica de Buchanan apareceu em *The Contemporary Review* de outubro de 1871.

Criticism", "A escola furtiva da crítica", a que o outro não pôde responder.

Os sonetos eróticos de Rossetti são dos mais bonitos da literatura inglesa. E hoje não nos parecem tão eróticos como podem ter parecido na época vitoriana. Tenho uma edição de Rossetti publicada em 1903, e nela procurei em vão um dos sonetos mais admiráveis de Rossetti, intitulado "Nuptial Sleep"[20], "Sonho nupcial", que se refere ao sonho de uma noite de núpcias. Já voltaremos a ele.

Rossetti morre em 1872, naquela quinta em cujo fundo havia um pequeno jardim zoológico com cangurus e outros animais raros. Era um "zôo" pequeno, com todos os animais pequenos. Depois Rossetti morre bruscamente. Rossetti tinha se tornado um adicto do cloral, e também morre por ter tomado uma dose excessiva de cloral. De acordo com todas as probabilidades, repetiu-se no caso dele o suicídio da mulher. Quer dizer, a morte dos dois vem justificar a tela "How they met themselves", pintada em Paris muitos anos antes, porque Elizabeth Siddal morreu jovem. De modo que estamos diante de um destino trágico. Alguns atribuíram esse destino a seu sangue italiano, mas me parece absurdo que o sangue italiano leve necessariamente a uma vida trágica ou que um italiano seja necessariamente mais apaixonado que um inglês.

Agora vamos ler algo da obra de Rossetti. Vamos começar por esse soneto de que lhes falei, "Nuptial Sleep". Não posso me lembrar de todos os pormenores, mas sim do argumento[21]. Começa dizendo: "No fim seu demorado beijo

---

[20] Faz parte do livro *Poems*, de 1870.
[21] O texto do soneto é o seguinte: "*At lenght their kiss severed, with sweet smart; / And as the last slow sudden drops are shed / From sparkling leaves when all the storm has fled, / So singly flagged the pulses of each heart. / Their bosoms sundered, with the opening start / Of married flowers to*

se separou, os dois se separaram." E então ele compara os dois amantes com os galhos de um galho que se bifurca e diz: "Their lips" se afastaram depois do ato do amor, mas seus lábios ainda estavam muito próximos. Depois diz que, assim como depois da chuva caem dos telhados as últimas gotas d'água – aqui se alude a outra coisa, claro –, assim também foram batendo separadamente cada um dos corações. Os dois amantes cansados adormecem, mas Rossetti, com uma bonita metáfora, diz: "Sleep sank them lower than the tide of dreams", "O sonho os afundou mais baixo que a maré dos sonhos". Passa a noite, a alvorada os desperta e então despertam suas almas, que estão sob o sonho. E do sonho emergem lentamente, como se o sonho fosse uma água. Mas ele não se refere à alma da mulher, e sim à alma do homem. E então diz que entre afogadas relíquias do dia – vê algumas maravilhas de novas selvas e de correntes – ele acordou. Quer dizer, ele teve um sonho maravilhoso, ele havia sonhado com um país desconhecido, esplêndido, porque sua alma estava cheia do esplendor do amor. "Ele despertou e se maravilhou ainda mais, porque lá estava ela." Quer dizer, o fato de acordar, de voltar de um mundo fantástico, de voltar a uma realidade e ver que nessa realidade estava ela, a mulher que ele tinha querido e reverenciado por tanto tempo, e vê-la adormecida a seu lado, em seus braços, era mais maravilhoso do que o sonho. "He woke, and wondered more: for there she lay." Vocês estão vendo que, nesses versos de um poeta de origem italiana, todas as palavras

either side outspread / From the knit stem; yet still their mouths, burnt red / Fawned on each other where they lay apart. // Sleep sank them lower than the tide of dreams, / And their dreams watched them sink, and slid away. / Slowly their souls swan up again, through gleams / Of watered light and dull drowned waifs of day; / Till from some wonder of new woods and streams / He woke, and wondered more: for there she lay."

são germânicas e simples. Não creio que Rossetti tenha buscado esse efeito, porque, se tivesse buscado, nos pareceria artificial. O que não é o caso.

Agora quero recordar o começo de outro soneto de Rossetti, já que hoje não vou ter tempo de falar de seus grandes poemas. É um poema em que há algo de cinematográfico, de jogo de visão cinematográfica, embora tenha sido escrito por volta de 1850, época em que nem se sonhava com o cinematógrafo. Diz assim: "Que homem se inclinou sobre o rosto do filho, para pensar como aquela cara, aquele rosto / se inclinará sobre ele, quando estiver morto?" "What man has bent to his son's face and brood, / How that face shall watch his when cold it lies?"[22]. Aqui temos, como falei, um jogo de imagens que poderíamos dizer cinematográfico. Temos primeiro o rosto do pai que se inclina ansiosamente sobre o rosto do filho, depois as duas imagens se invertem porque se pensa num porvir certo, e sua cara será a cara jacente, deitada, morta, e a cara do seu filho é que se inclinará sobre ele. Há como que uma transposição das duas caras. "Ou pensou quando sua própria mãe lhe beijava os olhos / o que terá sido seu beijo quando seu pai a cortejava." Quer dizer, passamos da imagem do sonho e da morte a essa outra imagem não menos profunda do amor. E temos esta estranha rima, esta rima tão doce: "brood" e "wooed".

---

[22] O poema se intitula "Inclusiveness" e diz assim: "*The changing guests, each in a different mood, / Sit at the roadside table and arise: / And every life among them in likewise / Is a soul's board set daily with new food. / What man has bent o'er his son's sleep, to brood / How that face shall watch his when cold it lies? / Or thought, as his own mother kissed his eyes, / Of what her kiss was when his father wooed? // May not this ancient room thou sit'st in dwell / In separate living souls for join or pain? / Nay, all its corners may be painted plain / Where Heaven shows pictures of some life spent well / And may be stamped, a memory all in vain, / Upon the sight of lidless eyes in Hell.*"

Esse é outro dos grandes sonetos de Rossetti, o começo. E há um poema seu cujo título foi escolhido por Priestley[23] para uma das suas comédias de tempo, essas comédias em que Priestley joga com o tempo, por exemplo, *Está lá fora um inspetor* e *O tempo e os Conways*, e esta é a frase escolhida por Priestley: "I have been here before", "Já estive aqui". E diz: "mas quando e onde não sei dizer. Conheço o pasto além da porta, conheço a brusca e doce fragrância." Depois há uma coisa de que me esqueço, depois, falando com uma mulher: "You have been mine before", "Você já foi minha". Depois diz que isso aconteceu mil vezes e que tornará a acontecer, que eles se separarão, morrerão, depois renascerão em outra vida, "mas nunca quebraremos esta corrente". Como vocês sabem, é a doutrina dos estóicos, dos pitagóricos, de Nietzsche, a idéia de que a história universal se repete ciclicamente. E, em *A cidade de Deus*, santo Agostinho a atribui erroneamente a Platão, que não a ensinou, [também] a atribui a Pitágoras. Diz que Pitágoras a ensinava a seus alunos e lhes dizia que essa doutrina – que mais tarde se chamaria do eterno retorno, do eterno regresso – "que eu lhes ensino nos ensina que isso já aconteceu muitas vezes, eu mesmo com esta vara na mão expliquei isso a vocês, e vocês me ouviram um número infinito de vezes, e tornarão a ouvir um número infinito de vezes dos meus lábios". Gostaria de ter tempo para lembrar que o filósofo escocês David Hume[24] foi, no século XVIII, o primeiro a justificar essa teoria, que parece fantástica. Ele diz que, se o mundo, todo o Universo, é feito de um número limitado de elementos – hoje

---

[23] John Boynton Priestley, romancista e dramaturgo inglês (1894-1984). As obras mencionadas por Borges são *I Have Been Here Before* (1937), *Time and the Conways* (1937) e *An Inspector Calls* (1946).
[24] David Hume, filósofo e historiador nascido em Edimburgo, Escócia (1711-76).

diríamos de átomos –, esse número, embora incalculável, não é infinito. Então, cada momento depende do momento anterior. Basta que um momento se repita para que se repitam os seguintes. Devemos pegar uma imagem bem simples. Vamos pegar a imagem de um baralho e vamos supor que uma pessoa imortal o embaralhe. Então irá tirando as cartas em diversas ordens. Mas, se o tempo é infinito, chegará um momento em que tirará o ás de ouros, o dois de ouros, o três de ouros, etc., etc. Isso, claro, é bem simples, porque se trata de quarenta elementos. Mas no Universo podemos encontrar ou supor quarenta bilhões de bilhões de elementos elevados ao quadrado ou ao cubo, ao que bem entendermos. Mas sempre é um número finito. Quer dizer, chegará um momento em que as combinações se repetirão, e então cada um de nós voltará a nascer e repetirá cada uma das circunstâncias da sua vida. Eu pegarei este relógio, avisarei que são sete horas e terminaremos inexoravelmente nossa aula.

Agora, Dickens diz que teve essa experiência de já ter vivido um momento. Segundo os psicólogos, essa experiência corresponde simplesmente a um momento de cansaço: percebemos o presente, mas, se não estivermos cansados, o esquecemos. Depois, quando o percebemos inteiramente, não há um abismo de milhares de séculos entre uma experiência e a outra, há um abismo de nossa distração. Poderíamos dizer a Pitágoras e a Rossetti que, se nós, num momento da nossa vida, temos a sensação de já ter vivido esse momento, esse momento não é exatamente igual ao momento da vida anterior. Quer dizer, o fato de recordar a vida passada é um argumento contra essa teoria. Mas isso não tem importância. O importante é que Rossetti escreveu um poema admirável intitulado "I have been here before" e que Priestley escreveria uma comédia quase tão admirável com o mesmo tema, o de que cada uma das nossas biografias é uma série de circunstâncias mínimas que já aconteceram milhares de vezes e que tornarão a acontecer.

Na próxima aula veremos dois poemas extensos de Rossetti, "A donzela bem-aventurada", "Troy Town" e talvez "Eden Bower", que se refere aos primeiros amores de Adão, não com Eva, mas com Lilith, demônio ou serpente.

Segunda-feira, 5 de dezembro de 1966

Aula n.º 21

*Poemas de Rossetti. Rossetti visto por Max Nordau.
"The Blessed Damozel", "Eden Bower" e "Troy Town".*

Na aula anterior vimos algumas das composições menores – menores em extensão, não em mérito – de Dante Gabriel Rossetti. Sua composição mais famosa, que arcaicamente se intitulava "The Blessed Damozel" – "damozel" é uma palavra normanda, que equivale a "demoiselle" – e geralmente se traduz por "A donzela bem-aventurada", corresponde, conforme se sabe, a uma tela e a um poema de Rossetti. O argumento de "The Blessed Damozel" é um argumento estranho. Trata-se das desventuras de uma pessoa, da alma no Céu. Trata-se das suas desventuras porque está esperando a chegada de outra alma. A donzela bem-aventurada pecou, seu pecado foi perdoado e, quando começa o poema, ela está no Céu, mas – e este primeiro detalhe já é significativo – ela está de costas para o Céu. Ela se debruça na balaustrada de ouro da qual podem se ver, lá embaixo, o sol e a Terra. Quer dizer, ela está tão alto que vê o sol lá embaixo, como que perdido, e também vê ao mesmo tempo como que uma espécie de pulsação que bate por todo o Universo.

Agora, esse poema, como quase todos os de Rossetti, é singularmente visual. O céu não é vago. Tudo é singularmente vivo, tudo tem um caráter gradualmente funesto e, no fim, um tanto terrível, nunca simplista. A primeira estrofe diz:

The Blessed Damozel leaned out
From the gold bar of Heaven;
Her eyes were deeper than the depth
Of waters stilled at even;
She had three lilies in her hand,
And the stars in her hair were seven.

Quer dizer,

A Donzela Bem-Aventurada se debruçou
Na balaustrada de ouro do Céu;
Seus olhos eram mais fundos que a profundeza
De águas aquietadas pelo entardecer;
Tinha três lírios na mão
E as estrelas de seus cabelos eram sete.

O poeta não diz "tinha três lírios na mão e sete estrelas nos cabelos", mas "the stars in her hair were seven". Depois diz que parecia, à donzela bem-aventurada, que havia passado apenas um dia desde que chegou ao Céu, mas haviam passado anos, porque o tempo no Céu não corre como o tempo na Terra, o tempo é diferente. Isso nos lembra aquela lenda muçulmana de Maomé arrebatado ao Céu pela égua al-Burak[1]. A égua, quando empreende o vôo com ele – é uma espécie de Pégaso alado, com penas de pavão, creio –, derruba com o casco um cântaro com água. Depois leva Maomé ao Céu, aos Sete Céus. Ele conversa com os anjos, atravessa o lugar dos anjos. Finalmente conversa com o Senhor. Sente uma espécie de frio quando a mão do Senhor lhe toca o ombro, depois volta à Terra. E, quando volta, tudo isso lhe

---

[1] Borges se refere em detalhe a essa lenda na página que dedica a Burak em seu *Libro de los seres imaginarios*, OCC, p. 599.

pareceu muito demorado – acontece o contrário no poema de Rossetti –, mas a água do cântaro ainda não tinha entornado totalmente. Já no poema de Rossetti a donzela acredita que passou um instante no Céu, e passaram-se anos. Essa donzela sabe que está no Céu, fala-se dos seus amigos, fala-se dos nomes deles, descreve-se essa espécie de jardim ou de palácios. Mas ela dá as costas para o Céu e olha para a Terra, porque na Terra está o amante com quem pecou, e ela pensa que ele não demorará a chegar. Pensa que ela o levará pela mão diante da Virgem, que a Virgem compreenderá e que a culpa dele será perdoada. Depois vai descrevendo o Céu. Então há pormenores que são um tanto terríveis. Por exemplo, há uma árvore de folhagem escura e profunda, e às vezes sente-se que dentro dessa árvore mora a pomba, que é o Espírito Santo, e as folhas parecem murmurar seu nome. O poema é interrompido por parênteses, e esses parênteses correspondem ao que o amante na Terra sente e pensa. O amante está numa praça e olha para cima, porque ele também a está procurando, como ela o está procurando das alturas paradisíacas. Depois ela pensa nos gozos deles quando ele estiver no Céu, e pensa que viajarão juntos aos fundos poços de luz. Pensa que se banharão neles, à vista de Deus. Depois diz que "isso tudo será quando ele chegar, porque sem dúvida chegará". Mas, como o poema é longo, vemos que toda essa esperança será inútil, que ele não será perdoado e que ela está condenada, digamos, ao Céu, como ele será condenado ao Inferno quando morrer, por seu pecado. Ela própria parece senti-lo assim, porque na última estrofe se debruça na balaustrada de ouro do Céu e chora, e a estrofe termina assim: "e chorou", "and wept". Depois, entre parênteses, algo que corresponde à consciência do amante: "Eu ouvi suas lágrimas", "I heard her tears".

O doutor Max Nordau[2], num livro que foi famoso no princípio deste século e que se intitula *Degeneração*[3], tomou esse poema como prova de que Rossetti era um degenerado. Diz que o poema é incoerente, que já que o poeta nos avisou que o tempo passa de um modo mais rápido no Céu, já que os anos se passaram e ainda não se foi totalmente o assombro dos olhos da donzela, então ela terá de esperar um dia ou dois no máximo, e se juntará ao amante. Quer dizer, o doutor Nordau leu e analisou o poema e não compreendeu que o amante nunca chegaria, e que esse era o tema do poema: a desventura de uma alma no Céu porque lhe falta a felicidade que conheceu na Terra. O poema – segundo ele diz – abunda em traços circunstanciais. Por exemplo, a moça está debruçada na balaustrada de ouro do Céu tanto que – nos diz Rossetti – seu peito deve ter aquecido o metal da balaustrada. Há outros detalhes análogos: no princípio tudo é maravilhoso, depois temos pormenores como aquele que diz: "dessa árvore em cuja profundidade sente-se a pomba". Quer dizer, é o que disse Chesterton: "*delight bordering on the edges of nightmare*", "delícia que confina com o pesadelo". Há como que uma sugestão de pesadelo em todo o poema, e já nas últimas estrofes sentimos que, muito embora o Paraíso fosse lindo, é horrível para ela porque lhe falta o amante, que nunca vai chegar e que não será perdoado, como ela. Agora, não sei se alguma de vocês quer ler em voz alta algumas das estrofes em inglês, para que vocês ouçam a música. Ninguém aqui se atreve?

---

[2] Max Nordau. Escritor e médico húngaro de origem judia, nascido em Pest em 1849 e falecido em Paris em 1923. Sua obra mais conhecida é *Die Konventionellen Lügen der Kulturmenschheit*, "As mentiras convencionais de nossa civilização" (1883).
[3] O título original do livro é *Entartung*. Foi publicado em 1893 e propunha o estudo do gênio artístico como produto da degeneração e da doença.

(APRESENTA-SE UMA ALUNA)

Leiamos o princípio do poema. Leia-o atentamente, porque talvez suas colegas não sejam "bem-aventuradas" e não entendam tão bem[4].

The Blessed Damozel leaned out
From the gold bar of Heaven;
Her eyes were deaper than the depth
Of waters stilled at even;
She had three lillies in her hand,
And the stars in her hair were seven[5].

Na primeira estrofe há o que se chama de rima visual. Por exemplo, "heaven" rima com "even", porque se escrevem igual, e entende-se que isso é uma rima. Assim, Byron diz, por exemplo, nuns versos: "Like the cry of some strong swimmer in his agony"[6], "com o grito de um forte nadador em sua agonia". E eu me lembro que, de criança, eu pronunciava "agonai", e meu pai me explicou que não, que era uma rima visual, que tinha primeiro de pronunciar "crai" e depois "ágoni", porque essa convenção ortográfica era aceita pela poesia, e além do mais é considerada uma riqueza. Por

---

[4] A partir daqui, como fica claro, uma aluna lia o poema e Borges ia comentando, estrofe por estrofe. As leituras em inglês foram omitidas da transcrição original, mas aqui as inserimos para uma melhor apreciação dos comentários e traduções de Borges.
[5] "A Donzela Bem-Aventurada se debruçou / Na balaustrada de ouro do Céu; / Seus olhos eram mais fundos que a profundeza / De águas aquietadas ao entardecer; / Tinha três lírios na mão, / E as estrelas de seus cabelos eram sete."
[6] Em *Don Juan*, de Lord Byron, Canto II, LIII, "*A solitary shriek, the bubbling cry / Of some strong swimmer in his agony*".

exemplo, "come"[7], "chegar", rima com "home", "lar", porque ambas as palavras terminam em "o-m-e". Isso não é tido como um defeito, mas como uma maneira de aliviar, digamos, o peso da rima. É como se na Inglaterra eles não tivessem se acostumado inteiramente com a rima, e sentissem sem saber alguma saudade da antiga poesia saxã, contada sem assonantes. Mas vamos ler desde o começo, e prometo me comportar bem e não interromper a estrofe.

Her robe, ungirt from clasp to hem,
No wrought flowers did adorn,
But a white rose of Mary's gift,
For service meetly worn
Her hair, that lay along her back
Was yellow like ripe corn[8].

Há uma linda passagem, compara os cabelos com o trigo.

Herseemed she scarce had been a day
One of God's choristers;
The wonder was not yet quite gone,
From that still look of hers;
Albeit, to them she left, her day
Had counted as ten years[9].

---

[7] Pronuncia-se "cam". O que Borges dá a entender com "rima visual" é a combinação de duas palavras cuja terminação se escreve do mesmo modo, mas se pronuncia de modo diferente. Isso é possível no idioma inglês, pela complexidade da sua pronúncia, a que Borges já fez referência na aula 7.

[8] Segunda estrofe do poema. "Seu vestido, solto do broche à bainha, / Nenhuma flor adornava, / Salvo uma rosa branca, dada por Maria, / Usada convenientemente para o ofício / Seu cabelo, que caía ao longo das costas, / Era amarelo como o trigo maduro."

[9] Terceira estrofe do poema. Borges traduz a estrofe em seguida.

"Herseemed" é uma forma um pouco arcaica de dizer "parecer". Parecia-lhe ter passado um só dia. "Choristers" há que traduzir por "coristas", palavra pouco nobre, mas que traduz exatamente "choristers". Rossetti, dada a sua ascendência italiana, tendia a tornar as palavras oxítonas. Vemos aqui "choristers", que rima com "hers", coisa que não acontece normalmente. É uma particularidade dele tornar oxítonas as palavras, principalmente para a rima.

> Parecia-lhe ter passado apenas um dia
> De que era uma das coristas de Deus;
> Ainda não se tinha ido totalmente o espanto
> Do seu tranqüilo olhar,
> Para aqueles que ela havia deixado, seu dia
> Tinha sido contado como dez anos.

Quer dizer, haviam passado dez anos, mas ela acreditava que fazia apenas um dia que estava no Céu. Vem agora um parêntese: "E para mim foram dez anos de anos." Fala agora, entre parênteses, o amante, e diz que ele esperou tanto que os anos foram como anos feitos de anos, e ele parece sentir que "a cabeleira dela cai em seu rosto". Mas não era isso, eram as folhas do outono que caíam em seu rosto, das árvores da praça:

> *(To one, it is ten years of years.*
> *... Yet now, and in this place,*
> *Surely she leaned o'er me, – her hair*
> *Fell all about my face...*
> *Nothing: the autumn-fall of leaves.*
> *The whole year sets apace.)*
>
> *It was the rampart of God's house*
> *That she was standing on;*

By God built over the sheer depth
The which is Space begun;
So high, that looking downward thence
She scarce could see the sun[10].

It lies in Heaven, across the flood
Of ether, as a bridge.
Beneath, the tides of day and night
With flame and darkness ridge
The void, as low as where this earth
Spins like a fretful midge[11].

Ela estava "na muralha edificada por Deus, na queda, onde começa o espaço, tão alto que, olhando de cima, mal podia ver o sol", e o tempo vai passando rapidamente, assim como marés, marés escuras e marés claras. São elas o dia e a noite. No poema fantástico, tudo é preciso, e o preciso vai dentro do metafórico, e tudo é muito visual.

Around her, lovers newly met
'Mid deathless love's acclaims,
Spoke evermore, among themselves,
Their heart-remembered names;

---

[10] Estrofes 4 e 5. "(Para um, são dez anos de anos. / ... Mas agora, e neste lugar, / Seguramente ela se debruçou sobre mim – seus cabelos / Caíram por todo o meu rosto... Nada: a queda das folhas de outono. / O ano inteiro passa veloz.) // Era na muralha da casa de Deus / Que ela estava postada; / Edificada por Deus sobre a profundeza vertical / Que é o começo do espaço; / Tão alta, que olhando dali para baixo / Ela mal podia ver o sol."

[11] Estrofe 6. "[A casa] está no Céu, além da torrente / De éter, como uma ponte. / Embaixo, as marés do dia e da noite / Com chamas e escuridão formam / O vazio, tão fundo que chega aonde esta terra / Gira como um inquieto mosquito."

And the souls, mounting up to God,
Went by her like thin flames[12].

Ela está rodeada de amantes que acabam de se encontrar. Quer dizer que são mais felizes que ela, que gozam de uma plena felicidade no Céu. "E as almas que iam subindo até Deus", entre as quais podia estar a alma do amante, eram "como que finas chamas".

And still she bowed herself and stooped
Out of the circling charm;
Until her bosom must have made
The bar she leaned on warm,
And the lilies lay as if asleep
Along her bended arm[13].

"E ela continuava se debruçando" – porque estava impaciente – "e seu peito deve ter aquecido o metal da balaustrada", como já notei antes. "E os lírios estavam como que adormecidos."

From the fixed place of Heaven she saw
Time like a pulse shake fierce
Through all the worlds. Her gaze still strove,
Within that gulf to pierce

---

[12] Sétima estrofe do poema. "Ao seu redor, amantes reencontrados / Entre as aclamações imortais do amor, / Diziam eternamente entre si / Seus nomes guardados no coração; / E as almas, subindo até Deus, / Passavam por ela como finas chamas."

[13] Oitava estrofe do poema. "E ela continuava se inclinando e olhando / Para baixo daquele balcão; / Até que seu peito deve ter / Aquecido o metal da balaustrada, / E os lírios ficaram como que adormecidos / Ao longo do seu braço dobrado."

Its path; and now she spoke as when
The stars sang in their spheres[14].

"E depois ela falou, como quando as estrelas cantaram em suas esferas." Quer dizer, nos primeiros dias do *Gênese*. Temos também neste verso uma aliteração: *stars, sang*.

The sun was gone now; the curled moon
Was like a little feather
Fluttering far down the gulf; and now
She spoke through the still weather.
Her voice was like the voice the stars
Had when they sang together[15].

"E sua voz era como a voz que tinham as estrelas quando cantaram juntas."

(Ah sweet! Even now, in that bird's song,
Strove not her accents there,
Fain to be hearkened? When those bells
Possessed the mid-day air,
Strove not her steps to reach my side
Down all the echoing stair?)

"I wish that he were come to me,
For he will come", she said.

---

[14] Nona estrofe. "Desse lugar fixo no Céu ela viu / Que o tempo se agitava como uma pulsação intensa / Através de todos os mundos. Seu olhar ainda procurava / Abrir no meio desse abismo / Seu caminho; então ela falou como quando / As estrelas cantavam em suas esferas."

[15] Décima estrofe. "O sol já se tinha ido; a lua cacheada / Era como uma pequena pluma / Voejando lá no abismo; e então / Ela falou através do ar imóvel. / Sua voz era como a voz das estrelas / Quando cantavam juntas."

"Have not I prayed in Heaven? – on earth,
Lord, Lord, has he not pray'd?
Are not two prayers a perfect strength?
And shall I feel afraid?[16]

Há uma pergunta. Ele se pergunta: "Não está sua voz tentando me procurar lá do alto?" Ela diz: "Eu desejo que ele venha a mim, porque ele virá." E esse "ele virá" já é dito para se convencer. Ela já está insegura. "For he will come – she said." "Acaso não rezei ao Céu, Senhor? Acaso ele não rezou?" Ela já tem medo, mas diz: "E devo sentir medo?"

"When round his head the aureole clings,
And he is clothed in white,
I'll take his hand and go with him
to the deep wells of light;
As unto a stream we will step down,
And bathe there in God's sight[17].

"Quando a auréola rodear sua cabeça e ele estiver vestido de branco" – isto é, quando ele houver morrido e estiver perdoado –, "eu o pegarei pela mão e o levarei aos fundos poços de luz." Aqui Nordau disse: como é que numa ima-

---

[16] Estrofes 11 e 12. "(Ah, doçura! Mesmo agora, nesse canto de passarinho, / Não tentavam suas palavras, / Se fazer ouvir? Quando aqueles sinos / Possuíam o ar do meio-dia, / Não tentavam seus passos chegar ao meu lado / Descendo as escadas ecoantes?) // 'Desejo que ele venha a mim, / Porque vai vir', disse ela. / 'Acaso não rezei ao Céu? – na terra, / Senhor, Senhor, acaso ele não rezou? / Não são duas preces uma força perfeita? / E devo ter medo?'"

[17] Estrofe 13. "'Quando a auréola rodear sua cabeça / E ele estiver vestido de branco, / Pegarei sua mão e irei com ele / Aos fundos poços de luz; / E desceremos até uma corrente, / E nos banharemos à vista de Deus.'"

gem do Céu podia se pôr a visão erótica de dois amantes se banhando num poço juntos, isso é coisa de degenerado!

"We two will stand beside that shrine,
Occult, withheld, untrod,
Whose lamps are stirred continually
With prayer sent up to God;
And see our old prayers, granted, melt
Each like a little cloud.

"We two will lie i' the shadow of
That living mystic tree
Within whose secret growth the Dove
Is sometimes felt to be,
While every leaf that His plumes touch
Saith His name audibly[18].

Bem, olha para o santuário, "cujas luzes são agitadas continuamente pelas preces que sobem a Deus, e veremos que as preces se dissolverão como se fossem nuvenzinhas, e dormiremos à sombra dessa mística árvore viva – aqui está – em que se diz que às vezes está a pomba", quer dizer, o Espírito Santo. "E cada folha que suas penas tocam diz audivelmente seu nome."

"And I myself will teach to him,
I myself, lying so,

---

[18] Estrofes 14 e 15. "Estaremos os dois ao lado desse santuário, / Oculto, proibido, jamais pisado, / Cujas lanternas são continuamente agitadas / Pelas preces que se erguem a Deus; / E veremos nossas antigas preces ouvidas, dissolvidas / Cada uma como uma nuvenzinha. // Nós dois deitaremos à sombra / Daquela árvore mística viva / Em cuja ramagem secreta sentimos / Que a Pomba às vezes está, / E cada folha que Suas penas tocam / Diz Seu nome audivelmente."

The songs I sing here, which his voice
Shall pause in, hushed and slow,
Finding some knowledge at each pause,
And some new thing to know[19].

Então ela diz que vai ensinar a ele as canções que aprendeu, e cada um dos versos revelará alguma coisa a ele.

"(Alas! we two, we two, thou say'st!
Yea, one wast thou with me
That once of old. But shall God lift
To endless unity
The soul whose likeness with thy soul
Was but its love for thee?)." [20]

Entra agora o amante: "Tu dizes 'nós dois', mas nós somos um." Há de certo modo uma espécie de conversa entre eles dois, porque o que ele diz parece responder ao que ela diz. Embora, é claro, ele não possa ouvi-la. No entanto, parece que continuam unidos como na Terra. Agora, vocês vêem que esse poema é, de certo modo, um conto também. Quer dizer, felizmente para nós foi escrito em verso, mas poderia ser um conto em prosa, um conto fantástico. É de origem narrativa.

---

[19] Estrofe 16. "E eu mesma ensinarei a ele, / Eu mesma, deitada assim, / As canções que canto aqui, em que sua voz / Se deterá, murmurante e vagarosa, / Encontrando sabedoria em cada pausa / E algo de novo a aprender."
[20] Estrofe 17. "(Ai! Nós dois, nós dois, tu dizes! / Sim, uma só coisa eras comigo / Naquele tempo de então. Mas elevará Deus / À unidade eterna / A alma cuja semelhança com tua alma / Estava no amor dela por ti?)"

> *"We two", she said, "will seek the groves*
> *Where the lady Mary is,*
> *With her five handmaidens, whose names*
> *Are five sweet symphonies,*
> *Cecily, Gertrude, Magdalen,*
> *Margaret and Rosalys.*
>
> *"Circlewise sit they, with bound locks*
> *And foreheads garlanded;*
> *Into the fine cloth, white like flame,*
> *Weaving the golden thread,*
> *To fashion the birth-robes for them*
> *Who are just born, being dead*[21].

"E procuraremos onde está lady Mary com suas cinco donzelas, suas damas de honor", de que depois dá os nomes. Elas estão tecendo as roupas natais para os que acabam de nascer porque morreram, isto é, acabam de nascer no Céu.

> *"He shall fear, haply, and be dumb:*
> *Then I will lay my cheek*
> *To his, and tell about our love,*
> *Not once abashed or weak:*
> *And the dear Mother will approve*
> *My pride, and let me speak.*

---

[21] Estrofes 18 e 19. "Nós dois", disse ela, "procuraremos o bosque / Onde está Maria, / Com suas cinco damas de honor, cujos nomes / São cinco doces sinfonias, / Cecília, Gertrudes, Madalena, / Margarida e Rosália. // Em círculo sentadas, com seus cabelos cacheados / E suas frontes com guirlandas adornadas; / Em fino tecido, branco como a chama, / Bordando o fio dourado, / Para fazer as roupas natais / Dos que acabam de nascer, por terem morrido."

"Herself shall bring us, hand in hand,
To Him round whom all souls
Kneel, the clear-ranged unnumbered heads
Bowed with their aureoles:
And angels meeting us, shall sing
To their citherns and citoles"[22].

Ela diz que vai juntar mirra com louro e dirá à Virgem seu amor, sem nenhuma vergonha, e a querida mãe rogará por eles. Quer dizer, a Virgem vai deixar que frutifiquem pelo amor. "E ela mesma nos ajudará ante Aquele diante do qual se ajoelham todas as almas", isto é, Jesus Cristo.

"There will I ask of Christ the Lord
Thus much for him and me: –
Only to live as once on earth
With Love, – only to be
As then awhile, for ever now
Together, I and he."[23]

"Eu perguntarei a Cristo, o Senhor, isto para ele e para mim." Ela não quer pedir nenhuma outra coisa. A única coisa que quer é ser feliz no Céu, como outrora foi feliz na Terra. Há um soneto de Unamuno sobre o mesmo tema, que

---

[22] Estrofes 20 e 21. "Ele temerá, feliz, e ficará calado: / Então encostarei minha face / Na dele e lhe falarei do nosso amor, / Sem sentir vergonha ou fraqueza: / E a querida Mãe aprovará / Meu orgulho, e me deixará falar. // Ela nos levará, de mãos dadas, / Até Aquele junto de quem todas as almas / Se ajoelham, um sem-número de cabeças em fila / Baixadas com suas auréolas: / E os anjos, ao se encontrar conosco, cantarão / Acompanhando-se com suas cítaras e cítolas."
[23] Estrofe 22. "Lá pedirei a Cristo, Nosso Senhor, / Só isto para ele e para mim: / – Viver como outrora na terra / Com Amor – estar, / Como então um momento estivemos, para sempre agora / Juntos, eu e ele."

não quer outra felicidade que a felicidade que conheceu na Terra, e é isso que ela vai pedir a Jesus Cristo, que sejam felizes no Céu como foram na Terra. É algo muito apaixonado: "que para sempre estejamos juntos".

She gazed, and listened, and then said,
Less sad of speech than mild,
"All this is when he comes." She ceased.
The light thrilled towards her, fill'd
With angels in strong level flight.
Her eyes prayed, and she smil'd.

(I saw her smile.) But soon their path
Was vague in distant spheres:
And then she cast her arms along
The golden barriers,
And laid her face between her hands,
And wept. (I heard her tears.)[24]

E, no fim: "Isso tudo acontecerá quando chegar", e o ar estava "cheio de anjos em forte vôo", "Seus olhos rezaram, e ela sorriu". "Eu vi seu sorriso, mas logo seu caminho ficou vago e depois ela pôs os braços nas barreiras de ouro. E chorou": "I heard her tears."

Bem, há outro poema paradisíaco e terrível também, que se chama "Eden Bower". Agora, "bower" traduzem no dicio-

---

[24] Estrofes 23 e 24, conclusão do poema. "Ela olhou, e ouviu, e então disse, / A voz mais mansa que triste, / 'Tudo isso acontecerá quando ele vier.' Parou. / A luz vibrou em sua direção, cheia / De anjos voando num mesmo vôo vigoroso. / Seus olhos rezaram e ela sorriu. // (Vi seu sorriso.) Mas logo o caminho deles / Ficou vago em distantes esferas: / Então ela deixou cair os braços ao longo / Das barreiras douradas, / Deitou o rosto entre as mãos / E chorou. (Ouvi suas lágrimas.)"

nário por "caramanchão", mas há que traduzir por "alcova", só que "alcova" sugere um lugar coberto. Mas "bower" é um lugar em que se juntam dois amantes. E aqui, neste poema, Rossetti tomou uma tradição judaica, porque creio que em algum texto judaico se diz: "Antes de Eva foi Lilith", e Lilith era no Paraíso uma serpente, que foi a primeira mulher de Adão antes da sua mulher humana, Eva. Mas no poema de Rossetti essa serpente tem a forma de uma mulher e dá filhos a Adão. Rossetti não nos diz diretamente como eram esses filhos, mas entendemos que os filhos eram serpentes, porque diz: "shapes that coiled in the woods and waters", "formas que se enroscavam nas selvas e nas águas", "glittering sons and radiant daughters", "filhos resplandecentes e filhas radiantes". Depois Deus faz Adão dormir, tira Eva da sua costela, e então Lilith naturalmente sente inveja, tem de se vingar. Então ela busca seu primeiro amante, que era uma serpente, e se entrega a ele e lhe pede que lhe dê sua forma, que lhe dê forma de serpente. Depois ela tomará a forma de serpente e tentará Eva, e então Adão e Eva serão expulsos do Paraíso. "E onde houver árvores haverá cizânia." Adão e Eva errarão pela Terra, depois Eva dará à luz Caim, depois Abel. Caim matará Abel "e então tu – lhe diz a serpente – beberás o sangue do morto".

Agora vamos ouvir algumas estrofes – não todas, porque é um poema longo – desse poema de Rossetti. Torno a lhe pedir sua voz, senhorita.

(Apresenta-se a aluna e começa a ler)

It was Lilith the wife of Adam
(Eden bower's in flower)
Not a drop of her blood was human,
But she was made like a soft sweet woman.

Há estribilhos que se repetem. Têm um ritmo forte:

Era Lilith, a mulher de Adão,
(A alcova deles está em flor).

Há uma rima interna: "bower", "flower". Lilith:

Em suas veias não havia uma gota de sangue humano,
Mas ela era como uma doce mulher.

(A ALUNA CONTINUA A LER)

Lilith stood on the skirts of Eden;
(And O the bower of the hour!)
She was the first that thence was driven,
With her was hell and with Eve was heaven.

In the ear of the Snake said Lilith:
(Eden bower's in flower)
"To thee I come when the rest is over;
A snake was I when thou wast my lover.

"I was the fairest snake in Eden;
(And O the bower and the hour!)
By the earth's will, new form and feature
Made me a wife for the earth's new creature.

"Take me thou as I come from Adam:
(Eden bower's in flower)
Once again shall my love subdue thee,
The past is past and I am come to thee.[25]

---

[25] Estrofes 2 a 5 do poema. "Lilith estava nos confins do Éden; / (E ó alcova e a hora!) / Foi a primeira que dali foi conduzida, / Com ela estava o inferno e com Eva estava o céu. // No ouvido da Serpente disse Lilith: / (A alcova do Éden em flor) / 'A ti venho quando o resto passou;

"E ela estava nos confins do Paraíso." Quando a expulsam do Paraíso, porque criaram Eva, "com ela está o Inferno e com Eva está o Céu". E é isso o que ela não podia tolerar, porque ela estava apaixonada por Adão. Então diz à serpente que foi seu primeiro amante: "Eis, volto a ti quando o resto tiver acabado, eu era uma serpente quando tu eras meu amante, eu era a serpente mais formosa do Éden." Isso é um tanto quanto terrível, mas é lindo, porque também deve haver beleza nas serpentes. "Mas me deram nova forma e fui uma mulher para a nova criatura do Céu", isto é, para o homem. "Toma-me quando eu voltar de Adão." Porque ela não lhe oculta que volta de Adão e que tomou a forma de uma mulher. É um pouco uma bruxa, segundo a superstição judaica das bruxas da noite. "De novo te subjugará meu amor, o passado passou e eu volto."

O but Adam was thrall to Lilith!
(And O the bower and the hour!)
All the threads of my hair are gold
And there in a net his heart was holden[26].

"Mas Adão foi um vassalo para Lilith", e prossegue: "Todos os fios do meu cabelo são de ouro, e nessa rede estava amarrado seu coração."

/ Uma serpente eu era quando eras tu meu amante. // Eu era a mais bela serpente do Éden; / (E ó alcova e a hora!) / Por vontade da terra, novas forma e feição / De mim fizeram a esposa da nova criatura da terra. // Toma-me, já que venho de Adão: (A alcova do Éden está em flor) / Mais uma vez meu amor te subjugará, / O passado é o passado e eu venho a ti.'"

[26] Sexta estrofe. "Ó, mas Adão era um vassalo de Lilith! / (E ó alcova e a hora!) / Todos os fios do meu cabelo são de ouro / E nesta rede seu coração foi apanhado."

O and Lilith was queen of Adam!
(Eden bower's in flower)
All the day and the night together
My breath could shake his soul like a feather [27].

E agora... Lilith foi "a rainha de Adão", "todo o dia e toda a noite podia minha respiração sacudir sua alma como uma pena".

What great joys had Adam and Lilith!
(And O the bower and the hour!)
Sweet close rings of the serpent's twining,
As heart in heart lay sighing and pining [28].

Vejam vocês o amor monstruoso de Lilith nesses versos e nos que seguem. A repetição do estribilho lhe dá um tom de fatalidade:

What bright babes had Adam and Lilith!
(Eden bower's in flower)
Shapes that coiled in the woods and waters,
Glittering sons and radiant daughters [29].

Vocês estão vendo que este poema tem muito do outro, mas há diferenças estéticas. Aqui há algo, o poema tem algo

---

[27] Sétima estrofe. "Ó, e Lilith foi rainha de Adão! / (A alcova do Éden está em flor!) / Dia e noite sempre unidos / Minha respiração sacudia sua alma como se fosse uma pluma."

[28] Oitava estrofe. "Quantas alegrias tiveram Adão e Lilith! / (E ó alcova e a hora!) / Doces anéis íntimos do abraço da serpente, / Quando um coração no outro jazem suspirando e ansiando."

[29] Nona estrofe. "Que crianças resplandecentes tiveram Adão e Lilith! / (A alcova do Éden está em flor) / Formas que se enroscavam nos bosques e nas águas, / Filhos reluzentes e filhas radiantes."

de obsessão, porque tinha algo de loucura esse homem ao imaginar os amores do primeiro homem com uma serpente, há algo monstruoso: "Que resplandecentes filhos tiveram Lilith e Adão!", etcétera.

Agora, há outro poema, é um poema erótico também. Não sei como é hoje, mas Rossetti gostava deles. Esse poema é um poema sobre Helena de Tróia. Agora, Helena, como vocês sabem, foi raptada por Páris. Páris leva-a depois para Tróia – Páris é filho de Príamo, rei de Tróia –, e é essa a causa da guerra de Tróia e da destruição da cidade.

Então, podemos ver esse poema. Na primeira estrofe, que diz "Helena, de origem celestial, rainha de Esparta", e depois "Ó, cidade de Tróia", porque à medida que Rossetti vai dizendo essa fábula que ele inventou, a fábula da origem do amor do príncipe Páris por Helena, ele sabe que o resultado desse amor é a destruição da cidade. E no poema ele nos dá simultaneamente os dois tempos: a origem do amor, dos amores de Helena e de Páris, depois a cidade que será destruída. É como se o poema se desse na eternidade, como se se dessem num só tempo as duas coisas, apesar de muitos anos as separarem. Agora, o que se refere ao porvir, o que para nós é o passado, isso também está entre parênteses.

Então começa assim:

Helena, de origem celestial, rainha de Esparta,
(Ó, cidade de Tróia!)
Tinha dois seios de resplendor celestial,
O sol e a lua do desejo do amor.

E depois ele já sabe, já previu o que vai acontecer e diz: "Tróia caiu, a alta Tróia está em chamas." Depois Helena está sozinha e se ajoelha diante do santuário de Vênus e lhe oferece uma taça, uma taça que foi moldada em seus peitos, que tem a forma dos seus peitos. Lugones toma esse tema num poema intitulado "La copa inhallable"[30], mas no poema de Lugones é um escultor que quer fazer uma taça perfeita e que só a faz quando toma como modelo os seios de uma donzela. Mas aqui Helena se ajoelha diante de Vênus, diz que necessita, que requer amor e lhe oferece essa taça. E explica a razão das formas dessa taça, e recorda-lhe aquele dia já distante em que Páris, que era príncipe e pastor, teve de dar uma maçã à mais bela das deusas. Estava lá Minerva, estava lá Juno, estava lá Vênus. E ele deu a taça a Vênus.

Ela pede a Vênus que lhe dê o amor de Páris, e Vênus lhe diz: "Tu, que estás ajoelhada aí, faz que o amor te levante." Depois diz: "Teu dom foi aceito." Então ela chama seu filho, Eros, Cupido, e lhe diz que atire uma flecha. E essa flecha chega bem longe, onde Páris está dormindo, entra em seu coração, e então se apaixona por Helena, a quem nunca vira. E diz: "Oh, abraçar sua cabeça dourada." O poeta faz voltar o estribilho: "Tróia caiu, a alta Tróia está em chamas." Quer dizer, a partir do momento em que Páris se apaixona por Helena já preexiste o porvir, Tróia já está em chamas.

Agora vamos ouvir esse poema com circunstâncias que sem dúvida devo ter esquecido. Nesse poema os parênteses não correspondem aos pensamentos de outra pessoa, mas ao que fatalmente acontecerá quando chegar o futuro. Chama-se "Troy Town". Isso é uma forma medieval. Atualmente não se diria "Troy Town", mas sim "the town of Troy". Mas na Idade Média dizia-se "Troy Town", em francês também. E vimos em anglo-saxão que para dizer "Londres" diziam *Londonburh*, e, para dizer Roma, *Romeburh*[31]. Aqui há uma forma análoga.

---

[30] "La copa inhallable" [A taça inencontrável] é uma extensa égloga pertencente ao livro de Leopoldo Lugones *Lunario sentimental* (1909).
[31] Borges se refere à descoberta dessas duas palavras em sua conferência sobre "La Ceguera", em *Siete noches*, OC, III, p. 280.

Agora, Andrew Lang disse que essa balada não era, evidentemente, uma balada popular, porque Rossetti evidentemente não pretendeu que fosse. É um poema culto e artificial, no bom sentido da palavra.

(A ALUNA COMEÇA A LER O POEMA)

Heavenborn Helen, Sparta's queen,
(O Troy Town!)
Had two breasts of heavenly sheen,
The sun and moon of the heart's desire.
All Love's lordship lay between,
(O Troy's down,
Tall Troy's on fire!)

Helen knelt at Venus's shrine,
(O Troy Town!)
Saying, "A little gift is mine,
A little gift for a heart's desire.
Hear me speak and make me a sign!
(O Troy's down,
Tall Troy's on fire!).[32]

Quando diz: "Ouve-me falar e faz-me um sinal", já ao dizer isso Tróia caiu, Tróia já está em chamas.

---

[32] Primeira e segunda estrofes. "A celeste Helena, rainha de Esparta, / (Ó cidade de Tróia!) / Tinha dois seios de resplendor celestial, / O sol e a lua do desejo amoroso. / Todo o poder do Amor entre eles jaz / (Ó, Tróia caiu, / A alta Tróia está em chamas!) // Helena se ajoelhou no santuário de Vênus, / (Ó cidade de Tróia!) / Dizendo: 'Modesto presente é o meu, / Modesto presente para um desejo amoroso. / Ouve-me falar e faz-me um sinal! / (Ó, Tróia caiu, / A alta Tróia está em chamas!)'"

"Look, I bring thee a carven cup
(O Troy Town!)
See it here as I hold it up,
Shaped it is to the heart's desire,
Fit to fill when the gods would sup.
(O Troy's down,
Tall Troy's on fire!).[33]

Helena a Vênus: "eu te trago uma taça esculpida, digna de encher o banquete dos deuses."

"It was moulded like my breast;
(O Troy Town!)
He that sees it may not rest,
Rest at all for his heart's desire
Or give me my heart's behest!
(O Troy's down,
Tall Troy's on fire!)[34]

"Não poderá escapar do anseio do meu coração." E o estribilho: "Tróia em chamas."

"See my breast, how like it is;
(O Troy Town!)
See it bare for the air to kiss!
Is the cup to thy heart's desire?

---

[33] Terceira estrofe. "Olha, trago-te uma taça entalhada / (Ó cidade de Tróia!) / Vê-a, enquanto a ergo, / Amoldada que é ao desejo amoroso, / Pronta para se encher quando os deuses cearem. / (Ó, Tróia caiu, / A alta Tróia está em chamas!)"

[34] Quarta estrofe. "Foi moldada com a forma do meu peito; / (Ó cidade de Tróia!) / Quem a vir não poderá descansar, / Não descansará do seu desejo amoroso / Se ao meu desejo não obedecer! / (Ó, Tróia caiu, / A alta Tróia está em chamas!)"

O for the breast, O make it his!
(O Troy's down,
Tall Troy's on fire!)"³⁵

"Olha meu peito, como se parece. Aqui está nu, para que o ar o beije."

"Yea, for my bosom here I sue;
(O Troy Town!)
Thou must give it where 'tis due,
Give it there to the heart's desire.
Whom do I give my bosom to?
(O Troy's down,
Tall Troy's on fire!)

"Each twin breast is an apple sweet!
(O Troy Town!)
Once an apple stirred the beat
Of thy heart with the heart's desire:
Say, who brought it then to thy feet?
(O Troy's down,
Tall Troy's on fire!)"³⁶

---

³⁵ Quinta estrofe. "Vê meu peito, como ele é; / (Ó cidade de Tróia!) / Vê-o nu para que o ar o beije! / A taça satisfaz o teu desejo amoroso? / Ó peito meu, ó, faze-o dele! / (Ó, Tróia caiu, / A alta Tróia está em chamas!)"

³⁶ Sexta e sétima estrofes. "Sim, por meu peito aqui suplico; / (Ó cidade de Tróia!) / Deves dá-lo a quem é devido, / Dá-lo ao desejo amoroso. / A quem darei meu peito? / (Ó, Tróia caiu, / A alta Tróia está em chamas!) // Cada peito gêmeo é uma doce maçã! / (Ó cidade de Tróia!) / Certa vez uma maçã avivou as batidas / Do teu coração com o desejo amoroso: / Diz, quem o depositou então a teus pés? / (Ó, Tróia caiu, / A alta Tróia está em chamas!)"

"Ó, Troy Town, tens de dá-lo a mim, porque a mim pertence. A quem darei meu peito?" – porque ela ainda não sabe. Aqui entra o tema da maçã.

> *"They that claimed it then were three:*
> *(O Troy Town!)*
> *For thy sake two hearts did he*
> *Make forlorn of the heart's desire.*
> *Do for him as he did for thee!*
> *(O Troy's down,*
> *Tall Troy's on fire!)"*[37]

"Os que pretenderam essa taça eram três." São rivais, no fim só restaria um. "Por que é direito que dois corações sejam despojados do anseio do amor?"

> *"Mine are apples grown to the south,*
> *(O Troy Town!)*
> *Grown to taste in the days of drouth,*
> *Taste and waste to the heart's desire:*
> *Mine are apples meet for his mouth!"*
> *(O Troy's down,*
> *Tall Troy's on fire!)"*[38]

"Minhas maçãs são maçãs que crescem ao sul, para saborear nos dias de seca. Minhas maçãs são maçãs dignas da sua boca."

---

[37] Oitava estrofe. "Os que o quiseram então eram três: / (Ó cidade de Tróia!) / Por tua causa dois corações / Ele fez desesperar do desejo amoroso. / Faz por ele o que ele fez por ti! / (Ó, Tróia caiu, / A alta Tróia está em chamas!)"

[38] Nona estrofe. "Minhas maçãs são as que crescem ao sul, / (Ó cidade de Tróia!) / Para ser saboreadas nos dias de seca, / Saboreadas e perdidas para o desejo amoroso: / Minhas maçãs são dignas da sua boca! /(Ó, Tróia caiu, / A alta Tróia está em chamas!)"

Venus looked on Helen's gift,
(O Troy Town!)
Looked and smiled with subtle drift,
Saw the work of her heart's desire:
"There thou kneel'st for love to lift!"
(O Troy's down,
Tall Troy's on fire!)

Venus looked in Helen's face,
(O Troy Town!)
Knew far off an hour and place,
And fire lit from the heart's desire;
Laughed and said, "Thy gift hath grace!"
(O Troy's down,
Tall Troy's on fire!) [39]

Cupid looked on Helen's breast,
(O Troy Town!)
Saw the heart within its nest,
Saw the flame of the heart's desire
Marked his arrow's burning crest.
(O Troy's down,
Tall Troy's on fire!)

Cupid took another dart,
(O Troy Town!)

---

[39] Estrofes 10 e 11. "Vênus olhou para o presente de Helena, / (Ó cidade de Tróia!) / Olhou e sorriu de forma sutil, / Viu a obra do desejo amoroso dela: 'Ajoelha-te ali, para erguê-la ao amor!' / (Ó, Tróia caiu, / A alta Tróia está em chamas!) // Vênus olhou para Helena, / (Ó cidade de Tróia!) / Soube de longe o lugar e a hora, / E o fogo aceso do desejo amoroso; / Riu e disse: 'Teu presente me agrada!' (Ó, Tróia caiu, / A alta Tróia está em chamas!)"

Fledged it for another heart,
Winged the shaft with the heart's desire,
Drew the string and said, "Depart!"
(O Troy's down,
Tall Troy's on fire!)

Paris turned upon his bed,
(O Troy Town!)
Turned upon his bed and said,
Dead at heart with the heart's desire,
"O to clasp her golden head!"
(O Troy's down,
Tall Troy's on fire!)"[40]

Nesses versos está apaixonado, solicita o amor. Depois Páris está dormindo e no fim diz: "Oh, poder abraçar sua cabeça dourada!" Por fim chega o estribilho final: "Oh, Troy Town! Tall Troy's on fire!"

Na próxima aula falaremos de William Morris.

---

[40] Estrofes 12 a 14, conclusão do poema. "Cupido olhou para o peito de Helena, / (Ó cidade de Tróia!) / Viu o coração em seu ninho, / Viu a chama do desejo amoroso / E apontou a ponta ardente da sua flecha. / (Ó, Tróia caiu, / A alta Tróia está em chamas!) // Cupido pegou outra seta, / (Ó cidade de Tróia!) / Preparou-a para outro coração, / Emplumou a flecha com o desejo amoroso, / Estirou a corda e disse: 'Parte!' / (Ó, Tróia caiu, / A alta Tróia está em chamas!) // Páris virou-se na cama, / (Ó cidade de Tróia!) / Virou-se na cama e disse, / Morto seu coração pelo desejo amoroso: / 'Ó, pudera eu estreitar sua cabeça dourada!' / (Ó, Tróia caiu, / A alta Tróia está em chamas!)"

Quarta-feira, 7 de dezembro de 1966

Aula n.º 22

*Vida de William Morris. Os três temas dignos da poesia.
O Rei Artur e o mito do regresso do herói.
Interesses de Morris. Morris e Chaucer.
"The Defence of Guenevere".*

Falaremos hoje de um companheiro de Rossetti que também participou da *Pre-Raphaelite Brotherhood*, da Irmandade Pré-Rafaelita. É o poeta William Morris. Suas datas são 1834 e 1896. Foi muito amigo de Rossetti, de Burne-Jones, de Swinburne, de Hunt e de outros membros do grupo. Morris foi um homem essencialmente diferente de Rossetti. Só se pareceram pelo fato de que ambos foram grandes poetas. Mas Rossetti, como já vimos, era um homem neurótico que teve uma vida trágica, com quem aconteceram fatos trágicos. Basta recordar o suicídio da sua mulher, sua solidão final, seu retiro final e, mais verossimilmente, seu próprio suicídio. Dizem, além disso, que Rossetti nunca foi à Itália – insistia em ser inglês – e que oralmente, nunca por escrito, abundava no *cockney*, o *slang* de Londres. E no entanto sentiu-se preso na Inglaterra, apesar de que na Itália sem dúvida teria se sentido desterrado de Londres, uma cidade de que gostava muito.

Já a vida de Morris é a vida de um homem quase incrivelmente ativo, interessado por muitas coisas. E não à maneira de um homem como Goethe, por exemplo, mas interessado praticamente, ativamente e até comercialmente. Se William Morris não tivesse exercido a arte da poesia, seria lembrado por suas muitas e enérgicas atividades em outros campos.

O sobrenome "Morris" é um sobrenome galês. O fato não parece ser importante, mas já veremos que há algo paradoxal nessa circunstância, já que William Morris acabou escrevendo num inglês quase puramente saxão – dentro do que era possível fazer no século XIX – e introduziu – ou quis introduzir – vozes escandinavas no inglês literário de seu tempo. Morris pertencia a uma família do que hoje chamaríamos de classe média.

Morris nasceu nos arredores de Londres, estudou arquitetura e desenho, depois se dedicou à pintura. Mas a mente de Morris era curiosa demais para se deter muito tempo numa atividade. Educou-se em Oxford, foi um dos colaboradores do *Oxford's Magazine*, onde publicou poemas e contos[1]. E segundo Andrew Lang, o ilustre crítico e helenista escocês, essas primeiras produções, feitas quase ao sabor da pena, escritas quase com indiferença, como quem se entrega a um prazer e não como quem executa um trabalho escrupuloso, se contam entre as mais felizes dele. Veremos algumas delas hoje. Trouxe aqui um exemplar do seu primeiro livro, *The Defence of Guenevere*, A defesa de Ginevere[2]. Ginevere é – "Genoveva" seria outra forma do seu nome, suponho – a mulher do rei Artur, e uma versão dos seus amores com Lancelote foi o que levou Paolo e Francesca, segundo imagina Dante, a cometerem seu pecado. Quer dizer, William Morris começa seus poemas com os temas do que se chamava na Idade Média a *"matière de Bretagne"*. Há uns versos de um poeta francês cujo nome esqueci que afirmam que há três temas dignos do poeta[3], e esses três temas são: a

---

[1] Em 1856. O nome completo dessa revista estudantil é *Oxford and Cambridge Magazine*.
[2] Publicado em 1858.
[3] Trata-se de Jean Bodel, poeta épico, dramaturgo e autor de *fabliaux* francês (c. 1167-1210). A obra que Borges lembra e cita mais adiante é a *Chanson des Saisnes*, escrita por Bodel por volta de 1200.

"*matière de France*" – isto é, a história de Rolando, de Carlos Magno, de seus pares, a batalha de Roncesvalles[4]. Depois a "*matière de Bretagne*": a história do rei Artur, que combateu contra os saxões no início do século VI e a quem se atribuíram mais tarde muitas das façanhas de Carlos Magno, de sorte que o rei Artur da lenda foi, como Carlos Magno quase foi, uma espécie de rei universal. Atribuem-lhe também a invenção da mesa redonda, uma mesa feita para que não houvesse cabeceira, para que não houvesse nenhuma primazia entre os que se sentavam em volta dela, e que se adaptava magicamente ao número de comensais: diminuía quando eram seis e podia aumentar para receber comodamente sessenta e tantos cavaleiros. Depois, também fazem parte da lenda da "*matière de Bretagne*" as histórias relativas ao Santo Graal, isto é, o cálice que continha o vinho que Jesus tomou durante a Última Ceia. E nesse mesmo cálice – a palavra "graal" tem relação com a palavra "cratera", que também tem a forma de um cálice –, nesse mesmo cálice José de Arimatéia teria recolhido o sangue de Cristo. Em outras versões da lenda, o Graal não é um cálice, é uma pedra preciosa sobrenatural que os anjos trazem do Céu.

Os cavaleiros do rei Artur se dedicam à busca do Santo Graal. Lancelote pode ter encontrado esse cálice, mas não mereceu encontrá-lo porque tinha pecado com a mulher do seu rei. Assim, foi um filho dele, Sir Galahad, o Galeotto[5] dos célebres versos de Dante, que conseguiu possuir o cálice. Quanto ao rei Artur, atribuem-lhe doze batalhas contra os saxões. Teria sido vencido na última. Isso levou inevita-

---

[4] Derrota de Carlos Magno pelos bascos, ocorrida em 15 de agosto de 778, em Roncesvalles, passo dos Pirineus Ocidentais, entre a França e a província espanhola de Navarra. Foi muito idealizada pelos poetas como um exemplo de glorioso martírio militar.
[5] Dependendo da fonte de que se recolha a lenda, o nome também pode aparecer como Galaor ou Galehaut.

velmente, no século XIX, à identificação do rei Artur com um mito solar: o número doze é o número dos meses. Na última batalha, ele teria sido derrotado, ferido e levado por três mulheres enlutadas num esquife negro para a ilha mágica de Avalon[6], e durante muito tempo acreditou-se que ia voltar para socorrer seu povo. O mesmo se disse na Noruega de Olaf[7], que foi chamado de *Rex perpetuus Norvegiae*. Encontramos em Portugal a mesma crença de que ia voltar. Mas lá o personagem é o rei Dom Sebastião, vencido pelos mouros na batalha de Alcácer Quibir[8] e que voltará um dia. É curioso que essa crença mística, o sebastianismo, a idéia de um rei que voltará, também é encontrada no Brasil: houve em fins do século passado um tal de Antônio Conselhei-

---

[6] Avalon é um país mitológico regido por Morgana, irmã do rei Artur. Segundo a lenda, Artur foi levado para lá depois da sua última batalha. A existência histórica de Artur, apesar dos múltiplos esforços nesse sentido de vários pesquisadores, ainda não pôde ser fidedignamente provada.
[7] Refere-se a Olaf II Haraldsson (995-1030), rei da Noruega de 1016 à sua morte, chamado mais tarde santo Olaf. Dedicou seu reinado à unificação da Noruega e à conversão do seu povo ao cristianismo. Sua morte na batalha de Stiklestad, em 1030, transformou-o em santo e rei eterno da Noruega, e contribuiu para consolidar tanto a monarquia como as instituições da Igreja no país.
[8] A batalha se deu nas imediações da cidade de Alcácer Quibir, no Marrocos, em agosto de 1578. O rei de Portugal, Dom Sebastião (1554-78), apesar da oposição da gente do seu reino, foi socorrer Mohamed, o Negro, rei destronado do Marrocos. Embora contasse com um exército de 13.000 portugueses, 1.000 espanhóis, 3.000 alemães e 600 italianos, não conseguiu vencer as forças de Abd al-Malik, que comandava os insurretos. Por uma série de calamidades, somente sessenta soldados de Dom Sebastião puderam escapar da morte ou da captura. O próprio Sebastião morreu por causa dos ferimentos da batalha, embora tenha corrido a lenda do seu misterioso desaparecimento, garantindo que poderia retornar a qualquer momento para salvar sua pátria.

ro entre os "jagunços", os gaúchos do norte do Brasil, que também disse que Sebastião voltaria⁹.

Tudo isso, a "*matière de Bretagne*", forma um conjunto de lendas que não foram ignoradas por Shakespeare e foram tratadas por William Morris e por seu ilustre contemporâneo Tennyson, aquele Tennyson amigo de Browning, de quem não teremos tempo de falar.

Havia uma terceira matéria permitida aos poetas da Idade Média. O verso diz "de France, de Bretagne et de Romme la grant"¹⁰. Mas a matéria de Roma não era apenas a história romana, mas também – porque Enéias era troiano – a histó-

---

⁹ Antônio Conselheiro (1830-97) era um camponês do Nordeste do Brasil que liderou um grupo de umas duzentas pessoas [sic! – N. do T.] no que foi uma vã tentativa de se rebelar contra o governo do país. Aparentemente, Conselheiro se considerava de origem divina e propunha restaurar a monarquia no Brasil. Para tanto, enfrentou duramente as forças do exército, entre as quais estava o poeta [sic! N. do T.] Euclides da Cunha (1866-1909). Euclides inicialmente mostrou-se contrário aos revolucionários, mas logo compreendeu que sua rebelião tinha por causa a miséria e se compadeceu da sorte deles. Refletiu suas experiências em sua obra *Os sertões*. Embora com dificuldade, o exército conseguiu dobrar os camponeses de Conselheiro na batalha de Canudos. Conselheiro, junto com seus companheiros que sobreviveram à batalha, foi degolado pelas forças do governo e suas cabeças foram exibidas penduradas em postes.

¹⁰ Sétimo verso da *Chanson des Saisnes* de Jean Bodel. A seguir, citamos as primeiras linhas do poema: "*Qui d'oyr et d'entendre a loisir ne talent / Face pais, si escout bonne chancon vaillant / Dont li livre d'estoire sont tesmoing et garant! / Jamais vilains jougleres de cesti ne se vant, / Car il n'en saroit dire ne les vers ne le chant. / N'en sont que trois materes a nul home vivant: / De France et de Bretaigne et de Romme la grant; / Ne de ces trois materes n'i a nule samblant. / Le conte de Bretaigne si sont vain et plaisant, / Et cil de Romme sage et de sens aprendant, / Cil de France sont voir chascun jour aparant. / Et de ces trois materes tieng la plus voir disant: / La coronne de France doit estre si avant / Que tout autre roi doivent estre a li apendant / De la loi crestienne, qui en Dieu sont creant.*"

ria de Tróia, a história de Alexandre Magno. A Alexandre Magno é atribuído o desejo de conquistar o Paraíso, depois de ter conquistado a Terra. Na lenda, Alexandre chega a uma alta muralha e da muralha deixam cair um grão de poeira, então Alexandre compreende que esse grão de poeira é ele, é a matéria a que será enfim reduzido – corresponde aos seis pés de terra que o rei saxão promete ao rei norueguês na batalha de Stamford Bridge –, e renuncia à conquista do Paraíso.

Mas voltemos a William Morris. Coube a William Morris a época vitoriana e o que se chamou de Revolução Industrial. Quer dizer, em parte, o fato de que o artesanato começou a desaparecer e a ser substituído pelos produtos das fábricas. Isso preocupou William Morris, a idéia de que se perdia o artesanato, quer dizer, executado com amor, e se substituía pelos produtos impessoais e comerciais das fábricas. É curioso que o governo inglês também tenha se preocupado com isso. Vemos isso no caso de Lockwood Kipling[11], pai de Kipling e amigo de Burne-Jones e William Morris, que o governo britânico mandou à Índia para que defendesse o artesanato hindu contra a inundação de produtos comerciais da própria Inglaterra. Lockwood Kipling foi, à parte isso, um excelente desenhista.

Morris se interessava, pois, pelo artesanato e pelas corporações de artesãos. Mas não tanto no sentido de que os operários ganhassem mais – se bem que isso também lhe interessou – mas no sentido de que os operários se interessassem pessoalmente por seu trabalho e o considerassem como uma espécie de obra de amor. Assim, William Morris foi um dos pais do socialismo na Inglaterra e um dos primeiros membros da "Fabian Society", da Sociedade Fabiana, a que

---

[11] John Lockwood Kipling (1837-1911). Escreveu um livro intitulado *Beast and Man in India*.

pertenceu Bernard Shaw, que foi um seu discípulo. A sociedade tomou esse nome de Sociedade Fabiana porque, durante as Guerras Púnicas, houve um general a que deram o nome de Fabius Cunctator[12] – era um romano –, "Fábio, o Temporizador", pois acreditava que a melhor maneira de vencer os inimigos da sua pátria era à maneira dos nossos *montoneros*, quando guerrearam contra os generais da independência, ou o que fazem as guerrilhas, ou o que fizeram os bôeres na África do Sul. Isto é, não dar combate, mas cansar os exércitos organizados contra os quais lutavam, levando-os de um lugar para o outro: cansando-os, levando-os a lugares com pasto ruim para os cavalos, o que os irlandeses fizeram com Essex[13]. Funda-se então essa sociedade socialista em Londres, porque os membros dessa sociedade não acreditavam na revolução, acreditavam que o socialismo devia ir se impondo pouco a pouco, sem atos forçosos.

---

[12] Quintus Fabius Maximus, chamado "Cunctator", "o Temporizador". General e estadista romano, falecido em 203 a.C. Enfrentou Aníbal durante a Segunda Guerra Púnica (218-201 a.C.). Sua estratégia consistia em manter o inimigo ocupado, evitando grandes confrontos. Hoje em dia, chama-se "estratégia fabiana" a que procede de maneira gradual e cautelosa para chegar a seus fins.

[13] Borges se refere às táticas utilizadas por Hugh O'Neill (1550-1615), que entre 1595 e 1603 liderou uma revolta contra o controle inglês da Irlanda. Em sua *Story of the Irish Race*, Seumas MacManus escreve: "[A rainha] Elizabeth, já idosa, resolveu enviar Essex, seu favorito, para reconquistar a Irlanda. Essex chegou com o maior exército já enviado àquele país. Mas O'Neill foi mais hábil que Essex em todas as oportunidades: derrotou suas tropas, reduziu-o à impotência. O'Neill e Essex tiveram então uma entrevista às margens do Lagan. O'Neill percebeu suas ambições; adivinhou seus pensamentos; confundiu a mente do seu inimigo. Ditou seus termos; Essex aceitou-os até onde pôde sem contar ele próprio com autoridade real. Quando a rainha Elizabeth soube disso, retirou furiosa Essex, que depois foi executado" (cap. XLV, "The Nine Years War". Da tradução de M. H.).

Isso em parte aconteceu. Estive há alguns anos em Londres. Precisaram me fazer uma pequena operação e, quando perguntei ao médico quanto eram seus honorários, respondeu que eu tinha de assinar um documento, simplesmente, que ele era um médico encarregado de atender e, se necessário, de operar as pessoas que necessitassem de sê-lo, dentro de certo raio de Londres. Que ele era um empregado do governo. De modo que só correram por minha conta os remédios. Um pobre pode ser atendido pelo cirurgião do rei.

De modo que temos Morris como socialista, como um dos pais do socialismo inglês. Além disso, falou muitas vezes em Hyde Park para convencer as pessoas das vantagens do socialismo. Dizem seus biógrafos que o fazia com pouco tino, que uma vez entabulou conversa com um operário e lhe disse: "Fui criado, nasci como um cavalheiro. Mas agora, como você vê, converso com gente de todas as classes." O que não podia lisonjear o interlocutor.

Morris era – direi de passagem – um homem robusto, de barba arruivada, e alguém lhe perguntou se ele era o capitão Fulano, o capitão de um navio que se chamava, poeticamente, "Sereia". Ele gostou muito de que o tomassem por capitão de um navio. Morris também se interessou pelas artes decorativas, as artes do carpinteiro, do marceneiro, e fundou uma firma de decoração: Morris & Marshall, para a decoração das casas. Ainda se podem encontrar na Inglaterra as "Morris chairs", "as cadeiras de Morris", que foram desenhadas e, quem sabe, executadas por ele, porque se interessava pelo trabalho manual, gostava[14]. Sendo escritor, interessava-se também pela tipografia, e fundou a Kelm-

---

[14] Morris fundou sua primeira empresa de decoração, Morris & Company, decorators, em 1859. Dois anos depois ampliou o projeto com a criação da Morris, Marshall, Faulkner & Co., que em 1875 se transformou em Morris & Co.

scott Press[15]. Tenho em casa alguns volumes da *Saga Library*, que ele fundou, da *Biblioteca das Sagas*, em que foi publicando sua tradução – feita por ele em colaboração com Eirik Magnusson – das sagas da Islândia[16], que traduziu num inglês meio arcaico. Também publicou uma edição de Chaucer[17]. Chaucer foi um dos seus ídolos. Há um livro dele dedicado a Chaucer. Diz ao livro que, se este se encontrar pessoalmente com Chaucer – fala com seu livro como Ovídio fez com alguns dos seus –, o cumprimente em seu nome e lhe diga: "O, master, who is great of heart and tongue", "ó, mestre, grande de língua e de coração"[18]. Chegou a sentir uma espécie de amizade pessoal por Chaucer.

[15] A Kelmscott Press foi fundada em fins de 1890. O primeiro livro que Morris publicou em sua editora foi sua própria obra, *Story of the Glittering Plain*, em 1891.

[16] Essa coleção foi publicada em Londres por Bernard Quaritch, entre 1891 e 1905. Compreende os seguintes volumes: vol. 1: *The Story of Howard the Halt. The Story of the Banded Men. The Story of Hen Thorir*; vol. 2: *The Story of the Ere-dwellers (Eyrbyggja saga), with The Story of the Heath-Slayings (Heidarviga saga), as appendix*; vol. 3 a 6: *The Stories of the Kings of Norway called the Round world (Heimskringla), by Snorri Sturluson*.

[17] Borges se refere ao livro intitulado *The Works of Geoffrey Chaucer*, com projeto gráfico de Morris e ilustrações de Burne-Jones, publicado em 1896. Esse livro, considerado uma verdadeira obra-prima pelo requinte e pela harmonia de seu projeto gráfico, sua tipografia e suas ilustrações, representa o auge do trabalho de Morris à frente da Kelmscott Press.

[18] Os versos que Borges recorda pertencem ao epílogo de *The Earthly Paradise*, no qual Morris se despede do seu livro dizendo: "*Here are we for the last time face to face / Thou and I, Book.*" Morris avisa a seu livro que é possível que em suas viagens se encontre com Chaucer: "*Well, think of him, I bid thee, on the road / And if it hap that midst of thy defeat / Fainting beneath thy follies' heavy load, / My Master, GEOFFREY CHAUCER, thou do meet, / Then shalt thou win a space of rest full sweet / Then be thou bold, and speak the words I say, / The idle singer of an empty day!*" Ver nota 12, p. 335.

De modo que aqui temos Morris como inovador político – o socialismo era uma novidade então –, como inovador nas artes decorativas – ele construiu e projetou muitas casas, sua própria casa também, *the red house*, "a casa vermelha", edificada nos arredores de Londres, perto do Tâmisa. Também se interessou pela tipografia e desenhou o que se chama de "família de letras". Desenhou letras latinas e góticas, que em inglês não se chamam assim, mas "black letters", "letras negras". E teve, apesar de ser um homem essencialmente moderno, uma paixão pela Idade Média. Interessavam-lhe os instrumentos medievais de música – aqueles instrumentos de que Morpurgo[19], creio, tem uma coleção em Buenos Aires –, e quando estava morrendo pediu que lhe tocassem antigas músicas medievais inglesas com esses instrumentos.

---

[19] Adolfo Morpurgo (1889-1972), músico italiano, naturalizado argentino, nascido em Trieste, Itália. Foi violoncelista e maestro. Estudou violoncelo em Budapeste com David Popper, fez turnês pela Itália, Áustria e França. Fixou-se na Argentina em 1913, onde tocou com muitas orquestras e grupos de câmara, além de reger óperas e balés. Compartilhou a cena com Mascagni, Respighi, Wanda Landowska, Honegger e Villa-Lobos, entre outros. Também organizou apresentações de óperas e cantatas antigas. Foi professor do Conservatório Nacional de Música, do Conservatório Municipal de Buenos Aires e da Universidade de La Plata. Em 1937, fundou a *Agrupación Argentina de Instrumentos Antiguos*, que regeu à viola da gamba e à viola do perdão. (Esse instrumento foi fabricado em Paris em fins do século XVI e, segundo a lenda, seu criador teria sido um condenado à morte, que obteve o indulto por tê-lo inventado. Tem 26 cordas: 7 reais e 19 que vibram por simpatia, produzindo um peculiar efeito sonoro.) Morpurgo possuía uma excepcional coleção de mais de 2.000 instrumentos antigos, que comprou em suas viagens, ganhou de diversas embaixadas ou obteve em situações curiosas. Um exemplo é um antiqüíssimo oboé que encontrou num antiquário de Buenos Aires, catalogado como "castiçal". Morpurgo é citado no *Grove's Dictionary of Music and Musicians*, editado por Eric Blom.

Uma das pessoas que mais gostaram dele foi o então jovem Bernard Shaw, homem não muito dado à paixão da amizade. Quando William Morris morreu, honrado e famoso, no ano de 1896, Bernard Shaw publicou um artigo, que se conservou, no qual dizia o contrário de tudo o que disseram os contemporâneos dele: "a Inglaterra e o mundo perderam um grande homem", e disse que um homem como Morris não podia ser perdido com a própria morte, que a morte corporal de Morris era um acidente, que Morris continuava sendo para ele um amigo, um personagem vivo.

Há um fato na vida de Morris que deve ser destacado, uma viagem que ele empreendeu, creio que por volta de 1870 – tenho péssima memória para datas –, à Islândia[20]. Melhor dizendo, uma peregrinação à Islândia. Os amigos lhe propuseram uma viagem a Roma, e ele disse que "não há nada em Roma que eu não possa ver em Londres, mas quero empreender uma peregrinação à Islândia". Porque ele acreditava que a cultura germânica, a cultura, digamos, da Alemanha, dos Países Baixos, da Áustria, dos países escandinavos, da Inglaterra, da parte flamenga da Bélgica, tinha chegado ao auge na Islândia e que ele, como inglês, tinha o dever de empreender uma peregrinação a essa pequena ilha perdida quase nos confins do círculo ártico, que produziu uma prosa tão admirável e uma poesia tão admirável.

Creio que agora uma viagem à Islândia não seja algo muito heróico, é um dos países freqüentados pelo turismo. Mas naquela época não era assim, e Morris teve de viajar a cavalo pelas serranias. Morris tomava chá com a água que sai dos gêiseres, das altas colunas de águas termais que jorram na Islândia. Morris visitou, por exemplo, o lugar em

---

[20] Morris empreendeu a viagem em 1871.

que o prófugo Grettir[21] tinha se refugiado, e todos os lugares celebrados nas sagas históricas da Islândia. Morris também traduziu o *Beowulf* para o inglês[22], e Andrew Lang escreveu que a tradução merecia a curiosidade do leitor, já que era escrita num inglês ligeiramente mais arcaico que o anglo-saxão do século VIII. E [Morris] escreveu um poema, *Sigurd the Volsung*[23], em que toma o argumento da *Völsungasaga*[24], o argumento que Wagner tomaria para seus dramas musicais, para *O anel dos nibelungos*[25].

Rossetti, a quem o germânico e o escandinavo não interessavam absolutamente, disse que ele não podia se interessar pela história de um homem irmão de um dragão, e se recusou a ler o livro. Isso não impediu que Morris continuasse sendo seu amigo, embora Morris às vezes fosse um homem de temperamento violento. Eu disse que Morris começou dedicando-se à poesia como passatempo, e publicou contos, depois longos romances escritos numa prosa ociosa, romances cujos títulos já são poemas: *The Wood at the World's End*, *O bosque no fim do mundo*[26], *Story of the Glittering Plain*, *A história da planície resplandecente*, etc. Além desses livros puramente fantásticos, que ocorrem numa vaga época pré-

---

[21] Grettir é o personagem central da *Grettir's saga* ou *Saga de Grettir, o forte*. Essa saga, de autor anônimo, foi datada de c. 1300 e é a mais tardia das chamadas sagas islandesas. Grettir foi um personagem histórico. A saga que leva seu nome combina, como muitas outras, fatos reais com a ficção. Borges transcreve alguns parágrafos dessa saga e a comenta em *Literaturas germánicas medievales*, OCC, pp. 934 e 938.
[22] A tradução de Morris do poema do *Beowulf* foi publicada pela primeira vez em 1895.
[23] *Story of Sigurd the Volsung and the Fall of the Nibelungs* (1876).
[24] Borges analisa a *Völsunga Saga* em *Literaturas germánicas medievales*, OCC, pp. 966-70.
[25] Ver aula nº 1, nota 12.
[26] Este título recorda tanto *The Wood Beyond the World* (1894) como *The Well at the World's End* (1896).

histórica e, claro, germânica, escreveu dois romances para converter as pessoas ao socialismo. Um, *John Ball's Dream*[27], *O sonho de John Ball*. John Ball foi um dos companheiros de Tyler, um dos que, no século XIV, capitanearam uma rebelião dos servos, dos camponeses da Inglaterra, e chegaram a incendiar palácios e residências episcopais[28]. De modo que o sonho de John Ball é o sonho da Inglaterra que esse rebelde forçado do século XVI teria podido sonhar. O outro livro se intitula *News from Nowhere*[29], *Notícias de Nowhere*. "Nowhere" é a tradução saxã de "utopia" e significa a mesma coisa, que não está em lugar nenhum. *Notícias de lugar nenhum*, nas quais escreve o mundo feliz que um regime socialista universal produzirá, como ele acreditava na época. Depois publicou panfletos a favor da reforma da arquitetura, do mobiliário. Executou além dos seus óleos, que foram conservados, xilogravuras, desenhos; construiu e mobiliou muitas casas. Tinha uma espécie de atividade sobre-humana[30].

---

[27] O título original é *A Dream of John Ball*. Foi publicado em *The Commonwealth* entre novembro de 1886 e janeiro de 1887, e pela primeira vez em forma de livro em abril de 1888.
[28] John Ball foi um sacerdote inglês que desde jovem pregou contra os nobres, os prelados e o papa, argumentando que os homens são todos iguais. Em 1381 uniu-se à revolta de Kent, na qual um grupo de servos e agricultores capitaneado por Wat Tyler se revoltou de forma violenta contra as instituições. Ball pronunciava sermões e alentava os rebeldes, utilizando um conhecido dito popular: "*When Adam delved and Eve span, / Who was then the Gentleman?*" ("Quando Adão arava e Eva fiava, quem era o nobre?"). Depois da morte de Tyler, Ball pôs-se à frente da rebelião, que foi finalmente sufocada. Derrotado, Ball teve de se submeter a Ricardo II. Foi condenado à morte e nesse mesmo ano de 1381 foi enforcado e esquartejado em Saint Albans.
[29] Publicado em 1890.
[30] Pouco antes de Morris morrer, em 1896, aos 62 anos, um dos seus médicos fez o seguinte diagnóstico: afirmou que a aflição de que padecia o escritor era "simplesmente o fato de ser William Morris e ter feito em vida o trabalho de dez homens".

E comercialmente foi bem, porque também era um bom homem de negócios. Quer dizer, o contrário de Rossetti, que estava como que perdido no inferno de Londres, como disse Chesterton.

Os primeiros poemas Morris publicou na *Oxford and Cambridge Magazine*, uma revista escrita por estudantes e para estudantes. Um dos seus companheiros ouviu esses poemas e lhe disse: "Topsy – porque era assim que o chamavam seus amigos, não sei por quê[31] –, you are a great poet", "você é um grande poeta". E ele respondeu: "Bem, se o que escrevo é poesia, não me custa nada, só preciso pensar e deixar que os poemas se escrevam." E durante toda a sua vida ele conservou essa maravilhosa facilidade. Fala-se de um dia em que compôs – vou verificar a data – quatrocentos ou quinhentos versos de rimas emparelhadas.

Quando escreveu *O paraíso terrestre*, *The Earthly Paradise*, talvez sua obra mais importante[32], e a epopéia *Sigurd, o volsungo*, escrevia centenas de versos todos os dias. De noite reunia a família, lia-os, aceitava as correções, as modificações que eles sugeriam e no dia seguinte retomava o trabalho, e entrementes também se dedicava a fazer tapeçarias. Disse que um homem incapaz de tecer com uma mão e escrever uma epopéia com a outra não podia se dedicar nem à tapeçaria nem à poesia. E, pelo que parece, não se trata de mera fanfarronada, mas de um fato verdadeiro.

Vamos ver agora um episódio que contarei primeiro, sem dúvida reformando-o ao contá-lo, sobre seu primeiro livro[33].

---

[31] Os amigos próximos de Morris o chamavam assim porque seus cabelos desalinhados lembravam-lhes os do personagem "Topsy" de *A cabana do pai Tomás*, de Harriet Beechter Stowe.
[32] Em 1868 ou 1869.
[33] A seguir e até o fim da aula, Borges se referirá ao longo poema "The Defence of Guenevere", o primeiro do livro de mesmo título, publica-

Desse episódio, Andrew Lang disse que tinha uma *bizarrerie*, palavra francesa dificilmente traduzível, que era nova na língua inglesa. Isso nos lembra a generosa carta que Victor Hugo escreveu a Baudelaire quando este publicou *Les Fleurs du Mal*[34]: "O senhor deu um novo mérito ao céu da arte." E foi algo parecido que Andrew Lang disse dos primeiros poemas de Morris.

Morris supõe, imagina, nesse poema, um cavaleiro medieval. Esse cavaleiro está morrendo, fechou os olhos para morrer, está morrendo em sua vasta cama, e ao pé da cama há uma janela. Por essa janela ele vê seu rio e os bosques, seus bosques. E de repente sabe que tem de abrir os olhos, então abre e vê "a great God's angel", "um grande anjo de Deus". Esse anjo, esse grande hálito, esse forte anjo, está contra a luz. E a luz o ilumina e faz que suas palavras pareçam ordens de Deus. O anjo tem na mão dois panos, cada um deles sustentado por uma vara. E um dos panos, o de cor mais viva, é vermelho, escarlate. E o outro, um pouco menos vivo, é grande e azul. O anjo diz ao moribundo que deve escolher um dos dois. O poeta nos diz que "no man could tell the better of the two", "ninguém podia dizer qual era o melhor dos dois". E o anjo diz que seu destino imortal depende dessa escolha, que ele não pode errar. Se ele escolher "the wrong colour", irá para o Inferno, e se escolher corretamente, para o Céu. O homem leva meia hora. Sabe que sua sorte depende desse capricho, desse ato aparentemente caprichoso, e, depois de tremer meia hora, diz: "Que Deus me ajude, o azul é a cor do Céu". E o anjo lhe diz "vermelho", e o homem sabe que está condenado para sempre. Então ele

---

do em 1858. Como nas aulas anteriores, as leituras de poemas em inglês, suprimidas da transcrição original, foram repostas para dar contexto aos comentários de Borges e restaurar o clima geral da aula.
[34] Em 1857.

diz a todos os homens, aos mortos e aos vivos – porque ele está sozinho com o anjo: "Ah, Christ! if only I had known, known, known", "Cristo! Se eu soubesse, soubesse, soubesse". Entende-se que ele morre e sua alma vai para o Inferno. Quer dizer, ele perde a alma, como o gênero humano se perde porque Adão e Eva comeram uma fruta perdida no misterioso Jardim.

E agora que contei [o argumento] – e não faço isso por achar que o faça melhor que o texto, mas para que vocês possam acompanhá-lo bem –, agora eu pediria a alguma de vocês que lesse esta passagem do poema. Da outra vez contei com uma excelente leitora, espero que esteja aqui, ou que alguma outra queira tomar seu lugar. Quanto à leitura, só peço que seja lenta, expressiva, para que vocês possam ir seguindo as palavras e ouvindo a música, que é tão importante no verso.

E então? Eu me animei a falar esse tempo todo. Qual de vocês se anima?

(APRESENTA-SE UMA ALUNA)

Assistiremos à agonia de um cavaleiro medieval.

(A ALUNA LÊ)

But, knowing now that they would have her speak,
She threw her wet hair backward from her brow,

Her hand close to her mouth touching her cheek,
As though she had had there a shameful blow,
And feeling it shameful to feel ought but shame
All through her heart, yet felt her cheeks burned so,

She must a little touch it; like one lame
She walked away from Gauwaine, with her head
Still lifted up; and on her cheek of flame

The tears dried quick; she stopped at last and said:
'O knights and lords, it seems but little skill
To talk of well-known things past now and dead[35]*.*

'God wot I ought to say, I have done ill,
And pray you all forgiveness heartily!
Because you must be right such great lords – still

'Listen, suppose your time were come to die,
And you were quite alone and very weak;
Yea, laid a dying while very mightily

The wind was ruffling up the narrow streak
Of river through your broad lands running well:
Suppose a hush should come, then some one speak:

'"One of those cloths is heaven, and one is hell,
Now choose one cloth for ever, which they be,
I will not tell you, you must somehow tell[36]*.*

---

[35] Quatro primeiras estrofes do poema. "Mas, sabendo que queriam ouvi-la, / Jogou para trás seus úmidos cabelos, // A mão junto da boca, roçando a face, / Como se houvesse recebido ali um golpe vergonhoso, / Envergonhada por não sentir outra coisa senão vergonha / Em seu coração, mas sentindo suas faces arderem tanto, // Que precisava tocá-las levemente; e como uma aleijada / Afastou-se de Gawain, com a cabeça / Ainda erguida; e em suas faces em fogo / As lágrimas logo secaram; por fim parou e falou: / 'Ó cavaleiros e senhores, pode parecer tolice / Falar de coisas bem conhecidas, hoje passadas e mortas.'"

[36] Estrofes 5 a 8. "Deus, que posso dizer, agi mal, / E rogo a todos perdão do fundo do coração! / Como deveis ter razão, grandes senhores

Ou seja,

Ouve, supõe que chegou a hora da tua morte,
e que tu estivesses muito só e muito fraco;
e estarias morrendo enquanto

o vento está agitando a alameda, está agitando
a corrente do rio que atravessa bem tuas amplas terras;
imagina que houvesse um silêncio,

– "Hush" é uma palavra difícil de traduzir –

e que então alguém falasse:

Quer dizer, eu me enganei: o anjo fala antes de ser visto pelo moribundo.

Um dos panos é o Céu, o outro é o Inferno,
Escolhe para sempre uma cor, qualquer das duas,
Não te direi, tu de algum modo tens de dizer.

(A ALUNA CONTINUA A LER)

"'Of your own strength and mightiness, here, see!"
Yea, yea, my lord, and you to open your eyes,
At foot of your familiar bed to see

que sois – mas / Ouvi, suponde que chegou a hora da vossa morte, / E estivésseis muito sós e muito fracos; / E estaríeis morrendo enquanto // O vento agita a alameda, agita / A corrente do rio que corta vossas amplas terras: / Imaginai que houvesse um silêncio e que então alguém falasse: // 'Um dos panos é o céu, o outro, o inferno, / Escolhe para sempre uma cor, qualquer das duas, / Não te direi qual, tu de algum modo tens de dizê-la.'" Em seguida Borges traduz, começando seu comentário pela sexta estrofe, em que se inicia a trama narrada anteriormente.

'A great God's angel standing, with such dyes,
Not known on earth, on his great wings, and hands,
Held out two ways, light from the inner skies

'Showing him well, and making his commands
Seem to be God's commands, moreover, too,
Holding within his hands the cloths on wands;

'And one of these strange choosing cloths was blue,
Wavy and long, and one cut short and red;
No man could tell the better of the two.

'After a shivering half hour you said,
"God help! Heaven's colour, the blue;" and he said, "hell."
Perhaps you then would roll upon your bed[37],

'And cry to all good men that loved you well,
"Ah Christ! If only I had known, known, known;"
Lancelot went away, then I could tell,

'Like wisest man how all things would be, moan,
And roll and hurt myself, and long to die,
And yet fear much to die for what we sown[38].

[37] Estrofes 9 a 13 do poema. "'Por tua própria força e teu próprio poderio, vê aqui!' / Sim, sim, meu senhor, e ao abrir os olhos, / Ao pé da tua cama familiar verias // Um grande anjo de Deus de pé, e com tais matizes, / Desconhecidos na terra, em suas grandes asas e mãos, / Estendidas em duas direções, e a luz dos céus interiores // Mostrando-o bem, e fazendo que suas ordens / Parecessem ademais ordens de Deus, / Sustentando com as mãos os panos em duas varas; // Um desses estranhos panos era azul, / Longo e ondulado, e o outro, curto e vermelho; / Nenhum homem poderia dizer qual era o melhor dos dois. // Depois de uma meia hora trêmula dirias: / 'Vale-me, Deus! A cor do céu é o azul.' E o anjo diria: 'Inferno.' / Então tu talvez rolasses na cama,".
[38] Estrofes 14 e 15. "E gritarias para todos os homens bons que te prezaram: / 'Ah, Cristo! Se eu soubesse, soubesse, soubesse;' / Lancelote saiu,

Quer dizer[39]:

"Tu tens de dizer sabendo por tua própria força e por teu próprio poderio,
Sim, sim, meu senhor – Morris usa palavras antiquadas –, *que tu abririas os olhos*
E ao pé da tua cama familiar verias
Um grande anjo de Deus de pé, e com tais matizes
Desconhecidos na Terra em suas grandes asas e mãos"

É um anjo muito real, muito forte.

"E os braços estendidos, e a luz dos céus interiores mostrando-o bem."

O anjo não é um anjo nebuloso, é um anjo muito vivo.

"E isso fazia que suas ordens parecessem de Deus
E tendo em suas mãos os panos sobre varas

E um desses estranhos panos para escolher era azul,
Ondulado e comprido, e o outro, curto e vermelho"

Ele faz que a cor mais viva corresponda ao pano mais curto, um equilíbrio.

"Ninguém poderá te dizer qual era o melhor dos dois"

então pude contar, // Como o mais sábio dos homens, de que modo seriam as coisas, e lamentar, / Rolar e me machucar, e desejar morrer, / E no entanto ter muito medo de morrer pelo que semeamos."

[39] Na parte seguinte, Borges paralelamente traduz e comenta. Por momentos, sua tradução é na realidade mais conceitual do que literal. Além disso, recita o último verso em inglês.

Depois de uma meia hora, mais que tremida, trêmula, diz:

"Deus me salve, a cor do céu é o azul." E o anjo diz: "Inferno."
Então tu te virarias em tua cama,

E dirias, convidarias todos os homens bons que te prezam:
"Ah, Christ! If only I had known, known, known."

As sílabas finais se acentuam um pouco, como em Rossetti.

Na próxima aula veremos os livros mais importantes de Morris: *O Paraíso terrestre* e outros.

Sexta-feira, 9 de dezembro de 1966

Aula n.º 23

"The Tune of Seven Towers", "The Sailing of the Sword"
e The Earthly Paradise, *de William Morris.*
As sagas da Islândia. História de Gunnar.

Prosseguiremos hoje com o estudo da obra de William Morris. Agora, antes de considerar as suas duas grandes obras, poderíamos ler um dos poemas do seu primeiro livro, *A defesa de Ginevere*.

Algum de vocês não gostaria de repetir o que fizemos da outra vez, ler, não um fragmento, mas um poema breve do livro?

Podemos ver um poema que se chama "A melodia de sete torres"[1]. É um poema claro, essencialmente musical, embora tenha argumento. Há uma mulher que podemos supor lindíssima, que se chama "fair Yoland of the flowers", "a bela Iolanda das flores", que leva os cavaleiros – tudo isso acontece numa vaga época medieval – a um castelo em que eles morrem, e que os mata, sem dúvida por artes mágicas.

(APRESENTA-SE UM ALUNO E INICIA A LEITURA DO POEMA)

No one goes there now:
For what is left to fetch away
From the desolate battlements all arow,

---

[1] "The Tune of Seven Towers", décimo nono poema do livro.

And the lead roof heavy and grey?
"Therefore" said fair Yoland of the flowers,
"This is the tune of Seven Towers." [2]

No one walks there now;
Except in the white moonlight
The white ghosts walk in a row;
If one could see it, an awful sight,
"Listen!" said fair Yoland of the flowers,
"This is the tune of Seven Towers."

But none can see them now,
Though they sit by the side of the moat,
Feet half in the water, there in a row,
Long hair in the wind afloat.
"Therefore" said fair Yoland of the flowers,
"This is the tune of Seven Towers."

If any will go to it now,
He must go to it all alone,
Its gates will not open to any row
Of glittering spears – will you go alone?
"Listen!" said fair Yoland of the flowers,
"This is the tune of Seven Towers." [3]

---

[2] Primeira estrofe do poema. "Ninguém vai lá agora: / O que sobra ali para trazer / Das fileiras de ameias desoladas, / E o pesado teto de chumbo cinzento? / 'Portanto', disse a bela Iolanda das flores, / 'Essa é a melodia das Sete Torres'."

[3] Segunda, terceira e quarta estrofes. "Ninguém caminha agora; / Exceto sob a pálida luz da lua / Os fantasmas que passeiam em fila; / Se alguém pudesse vê-los, seria uma terrível visão. 'Ouve!', disse a bela Iolanda das flores, / 'Essa é a melodia das Sete Torres.' // Mas ninguém pode vê-los agora / Embora estejam sentados ao longo do fosso, / Com seus pés submersos na água e em fila, / Seus compridos cabelos flutuan-

As estrofes terminam em estribilho: "This is the tune of Seven Towers." É um poema quase puramente musical e decorativo: "Ouvi, disse a bela Iolanda das flores, esta é a melodia das sete torres." Mas, ao mesmo tempo, há algo abjeto e terrível. A feiticeira propõe a um cavaleiro que vá sozinho – para morrer, entende-se.

> *"Be my love go there now,*
> *To fetch me my coif away,*
> *My coif and my kirtle, with pearls arow,*
> *Oliver, go to-day!"*
> *"Therefore" said fair Yoland of the flowers,*
> *"This is the tune of Seven Towers."*
>
> *I am unhappy now,*
> *I cannot tell you why;*
> *If you go, the priests and I in a row*
> *Will pray that you may not die.*
> *"Listen!" said fair Yoland of the flowers,*
> *"This is the tune of Seven Towers."*
>
> *If you will go for me now,*
> *I will kiss your mouth at last;*
> *(She sayeth inwardly.)*
> *(The graves stand grey in a row,)*
> *Oliver, hold me fast!*
> *"Therefore" said fair Yoland of the flowers,*
> *"This is the tune of Seven Towers."* [4]

do ao vento. / 'Portanto', disse a bela Iolanda das flores, / 'Essa é a melodia das Sete Torres.' // Se alguém vai lá agora, / Deve ir sozinho, / As portas não se abrirão a nenhuma fila / De lanças reluzentes – irás sozinho então? / 'Ouve!', disse a bela Iolanda das flores, / 'Essa é a melodia das Sete Torres.'"

[4] Estrofes 5 a 7. "'Sê meu amor, vá lá agora, / Trazer de lá minha touca, / Minha touca e meu manto, adornado com pérolas, / Oliver, vá hoje

Esses poemas correspondem à juventude de Morris. Depois veremos as obras da sua maturidade, o ciclo de contos, *The Earthly Paradise, O Paraíso terrestre*, e uma epopéia, *Sigurd the Volsung*. Mas estas ele escreveu mais tarde, uma é de 68 a 70, a outra é de 76. Depois vieram outros poemas menos importantes, para converter as pessoas ao socialismo.

Agora vamos ler outro poema, "The Sailing of the Sword"[5]. O "Sword" é uma nau que leva três guerreiros, creio que para as cruzadas, que deixam três irmãs e lhes dizem que vão voltar. Há um tema que sempre se repete, um verso, "When the Sword went out to sea". Há uma aliteração. Uma das irmãs fala. Foi abandonada, porque posso adiantar que o cavaleiro vai voltar, mas vai voltar com uma mulher esplêndida a seu lado.

(O ALUNO INICIA A LEITURA DO POEMA)[6]

"Across the empty garden-beds,
When the Sword went out to sea;
I scarcely saw my sisters's heads
Bowed each beside a tree.
I could not see the castle leads,
When the Sword went out to sea.

mesmo!' / 'Portanto', disse a bela Iolanda das flores, / 'Essa é a melodia das Sete Torres.' // Não sou feliz agora, / Não posso dizer-te por quê; / Se vais, os padres e eu em fila, / Rezaremos para que não morras. / 'Ouve!', disse a bela Iolanda das flores, / 'Essa é a melodia das Sete Torres.' // Se vais por mim agora, / Beijarei tua boca enfim; / (Ela disse consigo mesma) / (As tumbas se erguem cinzentas em fila) / Oliver, abraça-me com força! / 'Portanto', disse a bela Iolanda das flores, / 'Essa é a melodia das Sete Torres.'"

[5] Décimo quinto poema do livro *The Defence of Guenevere*.
[6] Para uma melhor apreciação e dado que Borges não traduz, mas apenas comenta, transcrevemos a seguir o poema completo, com sua tradução.

Alicia wore a scarlet gown,
When the Sword went out to sea;
But Ursula's was russet brown:
For the mist we could not see
The scarlet roofs of the good town,
When the Sword went out to sea,

Green holly in Alicia's hand,
When the Sword went out to sea;
With sere oak-leaves did Ursula stand –
O! yet alas for me!
I did bur bear a peel'd white wand,
When the Sword went out to sea,[7]

O, russet brown and scarlet bright,
When the Sword went out to sea;
My sisters wore; I wore but white:
Red, brown, and white, are three;
Three damozels; each had a knight
When the Sword went out to sea,

Sir Robert shouted loud, and said,
When the Sword went out to sea;
"Alicia, while I see thy head,
What shall I bring for thee?"

---

[7] "Através dos canteiros vazios, / Quando o Sword se fez ao mar; / Apenas consegui ver as cabeças de minhas irmãs, / Agachadas atrás de uma árvore, cada uma. / Não pude ver o castelo, / Quando o Sword se fez ao mar; // Alicia usava um longo vestido escarlate, / Quando o Sword se fez ao mar; / Mas o de Ursula era marrom-avermelhado: / A névoa não nos deixava ver / Os tetos escarlates do povoado, / Quando o Sword se fez ao mar, // Verde azevinho na mão de Alicia, / Quando o Sword se fez ao mar; / E folhas de carvalho nas de Ursula – / Ó, ai de mim! / Eu só tinha uma simples vara branca, / Quando o Sword se fez ao mar."

"O, my sweet lord, a ruby red"
The Sword went out to sea.

Sir Miles said, while the sails hung down,
When the Sword went out to sea;
"O, Ursula! While I see the town
What shall I bring for thee?"
"Dear knight, bring back a falcon brown:"
The Sword went out to sea.

But my Roland, no word he said
When the Sword went out to sea;
But only turn'd away his head,
A quick shriek came from me:
"Come back, dear lord, to your white maid"
The Sword went out to sea,[8]

The hot sun bit the garden beds,
When the Sword came back from sea;
Beneath an apple tree our heads
Stretched out toward the sea;
Grey gleam'd the thirsty castle leads,
When the Sword came back from sea.

---

[8] "Ó, marrom-avermelhado e escarlate, / Quando o Sword se fez ao mar; / Vestiam minhas irmãs; mas eu vestia branco: / Vermelho, marrom e branco são três; / Três donzelas; cada uma tinha um cavaleiro / Quando o Sword se fez ao mar, // Sir Robert ergueu a voz e disse, / Quando o Sword se fez ao mar: / 'Alicia, enquanto ainda vejo tua cabeça, / Que devo trazer para ti?' / 'Ó, meu doce senhor, um vermelho rubi' / E o Sword se fez ao mar, / 'Ó, Ursula! Enquanto ainda vejo a cidade, / Que devo trazer para ti?' / 'Meu querido cavaleiro, traz-me um falcão marrom:' / E o Sword se fez ao mar. // Mas meu Roland não disse uma palavra / Quando o Sword se fez ao mar; / Só girou a cabeça, sem olhar para trás, / Então saiu de mim um grito: / 'Volta, querido senhor, para a tua branca rapariga.' / E o Sword se fez ao mar."

Lord Robert brought a ruby red,
When the Sword came back from sea;
He kissed Alicia on the head
"I am come back to thee
'Tis time, sweet love, that we were wed,
Now the Sword is back from sea!"

Sir Miles he bore a falcon brown,
When the Sword came back from sea;
His arms went round tall Ursula's gown,
"What joy, O love, but thee?
Let us be wed in the good town,
Now the Sword is back from sea!"

My heart grew sick, no more afraid,
When the Sword came back from sea;
Upon the deck a tall white maid
Sat on Lord Roland's knee;
His chin was press'd upon her head,
When the Sword came back from sea![9]

As duas irmãs mais velhas ganham um presente. Através das estrofes, vê-se que ele está começando a esquecê-la. Ela

---

[9] "O sol ardente mordia os canteiros, / Quando o Sword voltou do mar; / Sob uma macieira nossas cabeças / Esticavam-se para o mar; / Cinzentas brilhavam os sedentos rufos do castelo, / Quando o Sword voltou do mar. // Lord Robert trouxe um rubi vermelho, / Quando o Sword voltou do mar; / Beijou Alicia na testa e disse: / 'Voltei para ti, / É hora, meu doce amor, de nos casar, / Agora que o Sword voltou do mar!' // Sir Miles trouxe um falcão marrom, / Quando o Sword voltou do mar; / Seus braços envolveram Ursula e ele disse: / 'Que outra alegria, meu amor, além de ti? / Casemo-nos no povoado, / Agora que o Sword voltou do mar!' // Meu coração se adoentou, já sem medo, / Quando o Sword voltou do mar; / No convés uma alta e branca rapariga / Sentada nos joelhos de Roland, / O queixo dele se apoiava em sua cabeça / Quando o Sword voltou do mar!"

está vestida de vermelho. Depois, de pardo. Isso prefigura ou profetiza que algo vai acontecer. O nome da nau é "Sword", o que quer dizer "espada". Por fim, quando ele volta, volta com uma donzela branca, e ela estava vestida de branco no começo. Vocês estão vendo que este poema é como um quadro, além da música dos versos.

Bem, como vocês vêem, Morris começou fazendo poemas pictóricos, musicais, vagamente medievais. Mas os anos foram passando, ele se dedicou a suas outras atividades de arquitetura, de decoração, de tipografia, e planejou uma grande obra. E essa grande obra – creio que é a mais importante dele – se chamou *O paraíso terrestre*, e foi publicada em dois ou três volumes, de 68 a 70. Agora, Morris sempre se interessou pelos contos, mas Morris achava que os melhores contos já haviam sido inventados, que um escritor não tinha de inventar novos contos. Que o verdadeiro trabalho do poeta – e ele tinha uma concepção épica da poesia – era repetir as histórias antigas. Isso pode nos parecer estranho no que concerne à literatura, mas os pintores, por exemplo, não o entenderam assim. Quase poderíamos dizer que durante séculos os pintores repetiram a mesma história, a história da Paixão, por exemplo. Quantas crucifixões há na pintura? E quanto à escultura é exatamente a mesma coisa. Quantos escultores fizeram estátuas eqüestres? E a história da Guerra de Tróia foi contada muitas vezes, e as *Metamorfoses* de Ovídio tornam a contar mitos que os leitores já conheciam. E Morris, em meados do século XIX, pensou que já existiam os contos essenciais e que sua tarefa era reimaginá-los, recriá-los, contá-los de novo. Além disso, ele admirava Chaucer, que também não tinha inventado argumentos, mas tomado argumentos italianos, franceses, latinos, alguns de fonte desconhecida mas que sem dúvida existiu, como a história do vendedor de bulas. Então Morris propôs-se escrever uma série de contos como os *Contos de Canterbury*, e os situou na mesma época, no século XIV. Agora, esse livro, que consta de vinte e quatro contos e que Morris pôde terminar nuns três anos, é escrito como uma imitação de Chaucer. Mas ao mesmo tempo – e isso os críticos não parecem ter notado – como uma espécie de desafio a Chaucer, não apenas no que se refere às fontes mas à linguagem. Porque Chaucer busca, como vocês sabem, um inglês no qual abundam muitas palavras latinas. Essa intenção de Chaucer é lógica, pois com a invasão normanda a Inglaterra encheu-se de palavras latinas. Por sua vez Morris – Morris, que traduziu o *Beowulf* – estava se apaixonando pela literatura escandinava e quis que o inglês voltasse, dentro do possível, à sua primitiva raiz germânica. Então escreveu *O paraíso terrestre*.

Estou pensando que Chaucer podia ter feito algo parecido se tivesse querido, só que Chaucer sentia-se atraído pelo Sul, pelo Mediterrâneo, pela tradição latina. Tradição que Morris certamente não desdenhou, já que a metade dos contos de *O paraíso terrestre* é de fonte helênica. Há onze que são de fonte helênica, há outro que é de fonte árabe, já que Morris o tomou do livro medieval das *Mil e uma noites*, que foi compilado no Egito, se bem que suas fontes sejam mais antigas, são hindus ou persas. Chaucer havia encontrado um enquadramento para seus contos, a idéia da famosa caminhada ao santuário de Beckett[10], e Morris necessitava de todo um enquadramento, necessitava de um pretexto para que se contassem muitos contos. Então inventou uma história, inventou uma história mais romântica – diremos – que a de Chaucer. Porque entre Chaucer, do século XIV, e Morris, do século XIX, haviam acontecido muitas coisas. Entre outras, o movimento romântico. Além disso, a Inglaterra havia redescoberto sua raiz germânica, de que tinha se esquecido. Creio que Carlyle, ao falar de Shakespeare, o chama de "nosso Guilherme saxão". Isso teria surpreendido Shakespeare, pois Shakespeare nunca pensou na raiz saxã da In-

---

[10] O túmulo de são Tomás Beckett, na catedral de Canterbury.

glaterra. Quando Shakespeare pensava no passado inglês, pensava antes na história inglesa posterior à conquista normanda, senão no passado celta da Inglaterra. E, enquanto não escreveu *Hamlet*, sentia-se tão distante de tudo aquilo que, fora Yorick, o bufão – criado para sempre naquele diálogo de Hamlet com a caveira – e os dois cortesãos, Rosencrantz e Guildenstern, tudo isso vem de outros países. Os soldados que aparecem na primeira cena de *Hamlet* têm nomes espanhóis, chamam-se Francisco e Barnardo. A noiva de Hamlet se chama Ofélia; seu irmão se chama Laertes, o nome do pai de Ulisses. Quer dizer, o germânico estava muito longe de Shakespeare. Sem dúvida estava no seu sangue, e em boa parte do seu vocabulário, mas ele não tinha maior consciência disso. Foi buscar quase todos os seus argumentos na Grécia, em Roma, em *Macbeth* foi buscar na Escócia, em *Hamlet* foi buscar num argumento dinamarquês. Já Morris tinha uma consciência do germânico, principalmente do escandinavo, do passado inglês. Assim, ele inventou esse argumento. Ele toma o século XIV, a época de Chaucer, e nessa época há uma peste que está arrasando a Europa, especialmente a Inglaterra: a peste negra. Então imagina um grupo de cavaleiros que querem fugir da morte. Entre eles há um bretão, também há um norueguês, um cavaleiro alemão – mas este morre antes de chegar ao fim da aventura. Esses cavaleiros resolvem buscar o Paraíso terrestre, o paraíso de homens imortais. Costumava-se situar o Paraíso terrestre – há um poema anglo-saxão com esse título[11] – no Oriente. Mas os celtas o haviam situado no Ocidente, na direção do pôr-do-sol, no confim dos mares desconhecidos que confinavam com a América, não descoberta então. Os celtas imaginaram toda sorte de maravilhas, por exemplo, as ilhas em que lebréis de

---

[11] Trata-se da primeira parte do poema anglo-saxão do Fênix, que contém uma descrição do *neorxnawang*, "Paraíso terrestre". Borges se refere a esse poema e o descreve brevemente na aula 7.

bronze perseguiam cervos de prata ou de ouro, ilhas nas quais um rio pendia como um arco-íris, um rio que não se derramava, com naus e peixes, ilhas rodeadas por muralhas de fogo, e entre essas ilhas uma, que seria o Paraíso terrestre.

Esses cavaleiros do século XIV resolvem procurar as ilhas bem-aventuradas, as ilhas do Paraíso terrestre, e partem de Londres. E, ao sair de Londres, passam pela alfândega, e na alfândega há um senhor que está escrevendo. Não nos é dito seu nome, mas dá-se a entender que esse senhor era Chaucer, que foi fiscal da alfândega. De modo que Chaucer aparece silenciosamente no poema, assim como Shakespeare aparece e não diz uma palavra no romance *Orlando* de Virginia Woolf. Nesse romance há uma festa num palácio, e há um homem que está vendo e observando tudo e não diz nada, porque tanto Morris como Virginia Woolf não se acreditaram capazes de criar palavras dignas de estar na boca de Chaucer ou de Shakespeare.

Depois a nau que leva os aventureiros faz-se ao mar e eles cruzam com outro barco, nesse barco há um rei, um dos reis da Inglaterra que vai lutar contra a França na longa Guerra dos Cem Anos. E o rei convida os cavaleiros a subir em seu barco, ele está na coberta, rodeado de cavaleiros, sozinho e desarmado. Então pergunta quem são. Um lhe diz que é bretão, o outro que é norueguês, e o rei lhes pergunta que fim perseguem, e eles dizem que vão em busca da imortalidade. E essa aventura não parece absurda ao rei. O rei acredita que pode existir um Paraíso terrestre, mas ao mesmo tempo compreende que é um homem velho, que seu destino não é a imortalidade, que seu destino é a batalha e a morte. Então deseja boa sorte a eles, e lhes diz que eles têm melhor destino que o dele, que a única coisa que lhe resta é morrer entre as quatro paredes de um lugar de batalha[12]. Diz

---

[12] "*For you the world is wide / For you I say, – for me a narrow place / betwixt the four walls of a fighting place.*" *The Earthly Paradise*, "Prologue – The Wanderers".

para prosseguirem. Depois pensa que é um rei e que eles são uns desconhecidos, mas eles – talvez seja de acordo com a fé da época – serão imortais. "E talvez – diz – possa acontecer que eu, um rei, seja recordado por uma só coisa, seja recordado porque uma manhã, antes de atravessarem o mar, vocês falaram comigo." Depois pensa que, apesar de que eles provavelmente serão imortais, e ele será esquecido e morrerá como todos os reis e todos os homens, ele tem de lhes dar algum presente. É uma maneira de demonstrar sua superioridade. É um rei. Dá a um deles um chifre, ao bretão, e diz: "Para que te lembres desta manhã. E a ti, norueguês, dou este anel, para que te lembres de mim, que sou do sangue de Odin.[13]" Porque vocês devem se lembrar que os reis da Inglaterra acreditavam ser descendentes de Odin.

Depois eles se despedem do rei e empreendem a viagem. A viagem dura muitos anos. Os navegantes desembarcam em ilhas maravilhosas, mas envelhecem. Assim, chegam a uma cidade desconhecida numa ilha, onde ficam até o fim dos seus dias. Essa ilha é habitada por gregos que conservaram o culto dos antigos deuses. O pai do norueguês foi membro da escolta escandinava do imperador de Bizâncio, de modo que sabe grego – aquela célebre escolta dos imperadores de Bizâncio, feita de suecos, noruegueses, dinamarqueses[14], à qual se incorporaram muitos saxões depois da conquista normanda da Inglaterra, no ano de 1066. É estranho pensar que nas ruas de Constantinopla foram idiomas familiares. Nas ruas de Constantinopla foram falados o

---

[13] *"Farwell, it yet may hap that I a king / Shall be remembered but by this one thing / That on the morn before ye crossed the sea / Ye gave and took in common talk with me; / But with this ring keep memory of the morn / O Breton, and thou Northman, by this horn / Remember me, who am of Odin's blood."* The Earthly Paradise, "Prologue – The Wanderers".

[14] Borges refere-se à já mencionada Guarda Varange. Ver nota 11, Aula nº 4.

dinamarquês antigo e, em meados do século XI, o anglo-saxão.

A cidade da ilha é governada por gregos. Recebem amavelmente os viajantes, e aqui já temos o enquadramento de que Morris necessitava: os anciãos da cidade propõem aos navegantes que todos se encontrarão duas vezes por mês, quando se contarão contos. Os contos que os ilhéus contam são todos eles mitos gregos. Aí estão as histórias de Eros, de Perseu, todas tiradas da mitologia grega. E os outros contam histórias de origem diversa, entre elas uma história islandesa que Morris tinha traduzido para o inglês. Intitula-se "Os amantes de Gudrun". Há uma história árabe, uma história que o pai tinha contado ao filho do norueguês, tirada das *Mil e uma noites*. Há outras histórias escandinavas e persas. Contam-se assim, ao longo do ano, vinte e quatro contos. Morris tomou os metros da obra de Chaucer. Além disso, como nos contos de Chaucer, há intervalos entre os doze contos dos navegantes e os doze contos dos gregos. Nesses intervalos vai sendo descrita a mudança das estações e, por uma convenção – Morris não buscava o realismo, claro –, as paisagens que se descrevem são paisagens da Inglaterra, que correspondem à primavera, ao verão, ao outono e ao inverno.

No final fala o poeta, e o poeta diz que contou esses contos, esses contos que não são dele, mas que ele recriou para seu tempo e que, sem dúvida, outros contarão depois, como contaram antes dele. Depois disso diz que não pode cantar sobre o Céu e o Inferno[15] – sem dúvida estava pensando em Dante ao dizer isso –, que não pode fazer que a morte pare-

---

[15] "*Of Heaven or Hell I have no power to sing, / I cannot ease the burden of your fears, / Or make quick-coming death a little thing, / Or bring again the pleasure of past years, / Nor for my words shall ye forget your tears, / Or hope again for aught that I can say, / The idle singer of an empty day.*" The Earthly Paradise, "Apology".

ça uma coisa fútil, que ele não pode deter o curso do tempo, que o arrastará assim como arrastará os leitores. Vemos que não tem nenhuma fé em outro mundo. Diz ser simplesmente "o ocioso cantor de um dia vazio". Depois fala com seu livro e diz ao livro que se em algum lugar se encontrar com Chaucer que o cumprimente e diga em seu nome: "Ó, Mestre! Ó tu, grande de língua e de coração!"[16] E, assim, o livro termina de um modo melancólico.

Esse livro é repleto de invenções fantásticas: há um sabá de bruxas, por exemplo, e há um rei dos demônios que cavalga um cavalo de fogo esculpido e mutável, de modo que em cada momento as feições do rei e da sua cavalgadura têm uma forma precisa, mas essa forma só dura um instante[17].

Antes de publicar esse livro, Morris publicou outro poema extenso que se intitula "A vida e a morte de Jasão"[18]. Sem dúvida devia ser um dos contos gregos de *O paraíso terrestre*, mas esse conto foi tão extenso que Morris o publicou à parte. Uma das características notáveis desse poema anterior a *O paraíso terrestre* é que, nas primeiras páginas, aparecem os centauros da Tessália. Parece-nos impossível que um poeta do século XIX fale de centauros, porque nós e ele não acreditamos em centauros.

É extraordinário ver como Morris prepara o centauro. Primeiro fala da selva da Tessália, depois fala dos leões e dos lobos dessa selva, depois nos diz que "os centauros de olhos

---

[16] "*O Master, O thou great of heart and tongue, / Thou well mayst ask me why I wander here, / In raiment rent of stories oft besung! / But of thy gentleness draw thou anear, / And then the heart of one who held thee dear / Mayst thou behold! So near as that I lay / Unto the singer of an empty day.*" Ver também a nota 18, da Aula nº 22.
[17] Borges traduz esses versos na página intitulada "Un rey de fuego y su caballo" do seu *Libro de los seres imaginarios*, OCC, p. 688.
[18] *The Life and Death of Jason*, publicado em 1867.

vivos disparam ali suas flechas"[19]. Ele começa por essa parte do corpo em que mais se nota a vida: os olhos[20]. Depois temos um escravo que espera um centauro. Do mesmo modo que Dante na *Divina comédia* se mostra trêmulo, não porque fosse covarde, mas porque tem de comunicar a seus leitores que o Inferno é um lugar terrível, assim também o escravo sente uma espécie de horror quando, no meio da selva – que é uma mata fechada –, sente os cascos do centauro se aproximarem dele[21]. O centauro se aproxima e Morris faz que o centauro tenha uma grinalda de flores na parte em que o humano cessa e começa o eqüino[22]. Morris não nos diz que há algo terrível com o escravo, mas nos mostra o escravo cair de joelhos diante do monstro[23]. Depois o centauro fala, fala com palavras humanas, e o escravo também sente isso como algo terrível, porque o centauro é metade homem, metade cavalo. Nesse longo poema, que termina com

---

[19] "*In Thessaly, beside the tumbling sea, / Once dwelt a folk, men called the Minyae; / For, coming of Orchomenus the old, Bearing their wives and children, beasts and gold, / Through many a league of land they took their way, / And stopped at last, where in a sunny bay / The green Anaurus cleaves the white sea-sand, / And eastward inland doth Mount Pelion stand, / Where bears and wolves the centaurs' arrows find.*" Primeira estrofe de *The Life and Death of Jason*.

[20] "*There shall the quick-eyed centaurs be thy friends*". *The Life and Death of Jason*, livro I, verso 87.

[21] "*But 'mid this noise the listening man could hear / The sound of hoofs, whereat a little fear / He felt with his heart, and heeded nought / The struggling of the child, who ever sought / To gain the horn all glittering with gold / Wrought by the cunning Daedalus of old // But louder still the noise he hearkened grew / Until at last in sight the Centaur drew.*" *Op. cit.*, versos 132-40.

[22] "*For to the waist was man, but all below / A mighty horse, once roan, now well-nigh white / With lapse of years; with oak-wreaths was he dight / Where man joined unto horse.*" *Op. cit.*, versos 145-7.

[23] "*So, when he saw him coming through the trees / The trembling slave sunk down upon his knees.*" *Op. cit.*, versos 151-2.

a morte de Medéia, tudo é contado de modo que, enquanto lemos o poema, creiamos nele ou não, como diria Coleridge ao falar do drama de Shakespeare, "suspendemos voluntariamente nossa incredulidade, se não cremos".

Morris publica de 68 a 70 seu *Paraíso terrestre*. Esse poema é reconhecido por todos os seus contemporâneos – inclusive pelos que guardavam distância dele – como um grande poema. Mas ele, entrementes, havia iniciado uma biblioteca de sagas[24]. São romances compostos, em sua maioria, na Islândia durante a Idade Média. Morris fez amizade com um islandês, Eirik Magnusson, e os dois juntos traduziram várias partes dos romances. Isso seria feito depois nos países escandinavos e na Alemanha. Na Alemanha há uma coleção famosa, a Biblioteca Thule, nome que os romances davam a umas ilhas que alguns identificaram com as ilhas Shetland, mas que em geral são identificadas com a Islândia. Morris empreende sua peregrinação à Islândia e traduz grandes poemas para o inglês, e entre esses poemas está a *Odisséia*. Vou lhes lembrar os dois primeiros versos da *Odisséia* de Pope e os dois primeiros da *Odisséia* de Morris. Pope o fez num inglês latino, num sonoro inglês, e os versos dizem assim:

The man, for wisdom's various arts renown'd,
Long exercis'd in woes, oh muse! resound

Ao homem famoso pelas diversas artes da sabedoria,
Longamente exercitado em pesares, ó musa, ressoa, ó musa, canta!

Mas Morris quis limitar, na medida do possível, seu vocabulário a palavras germânicas. Então, fora a palavra "musa", que teve de manter, temos estes estranhos versos:

---

[24] Refere-se à já mencionada *Saga Library*. Ver nota 16, Aula nº 22.

*Tell me, o Muse, of the shifty, the man who wandered afar,
after the holy burg, Troytown, he had wasted with war*

Fala-me, musa, do astuto, o homem que errou longe,
depois de ter destroçado com guerra a cidadela sagrada.

Morris também traduziu a *Eneida* e o *Beowulf*. Traduziu as sagas. As versões das sagas são admiráveis, porque em sua versão da *Odisséia* sentimos certa incongruência entre o fato de Morris estar traduzindo uma epopéia grega e o inglês germânico que usa. Em compensação, não sentimos nenhuma incongruência no fato de Morris traduzir com palavras germânicas contos e romances escandinavos medievais.

Vou recordar um episódio das sagas. A palavra "saga" tem a ver com *sagen*, "dizer" em alemão. São contos, relatos. Começaram sendo orais, depois foram escritas, mas, como tinham uma origem oral, era proibido o narrador entrar na consciência dos heróis. Ele não podia contar o que um herói sonhou; não podia dizer que uma pessoa odiava ou amava – isso era se intrometer na mente dos personagens. Só podia contar o que os personagens faziam e obravam. As sagas são contadas como reais e, se abundam em feitos fantásticos, é porque os narradores e os ouvintes acreditavam neles. Aparecem nas sagas cinqüenta ou sessenta personagens, todos eles personagens históricos, personagens que viveram e morreram na Islândia e que foram famosos por sua bravura ou por suas qualidades. O episódio que vou recordar é o seguinte: há uma mulher lindíssima, de cabelos compridos e louros que chegam à cintura[25]. Essa mulher executa um ato mesquinho e o marido lhe dá uma bofetada. E o narrador não nos diz o que ela sentiu, porque isso lhe é vedado

---

[25] Esse episódio pertence à *Brennu Njals saga* ou *Saga de Njal* (capítulo 77). A mulher era Hallgerd, filha de Hauskuld.

pelas regras da sua arte. Depois, passam-se duzentas ou trezentas páginas e já nos esquecemos da bofetada. E do marido que lhe deu a bofetada também. Depois ele está sitiado em sua casa, atacam-no; o primeiro que o ataca consegue escalar a torre. E Gunnar, o marido, lá de dentro, o mata, o fere com a lança. O homem cai no chão, os companheiros o rodeiam. Não sabemos nada sobre o caráter do homem. Um dos seus companheiros lhe pergunta: "Gunnar está na casa?" Mas o homem – e isso nos revela que é valente – morre com uma piada nos lábios. Diz: "Ele, não sei, mas sua lança está", e morre com essa piada. Depois os outros cercam a casa, continuam atacando Gunnar, ele se defende a flechadas. Está com seu cachorro e sua mulher. Já mataram os outros. Mas ele continua se defendendo com as flechas, e uma das flechas dos que cercam a casa arrebenta a corda do arco de Gunnar. Gunnar precisa de outra corda, precisa imediatamente, e pede à mulher – já se falou muitas vezes da sua comprida e loura cabeleira – que lhe teça uma corda com seus cabelos[26].

"Tece-me uma corda com teus cabelos" – diz ele a Hallgerd.

"É questão de vida ou morte?" – pergunta ela.

"Sim" – responde Gunnar.

"Então eu me lembro daquela bofetada que tu me deste certa vez e te verei morrer" – diz Hallgerd.

Foi assim que Gunnar morreu, vencido por muitos, e também mataram Samr, seu cachorro, mas antes o cachorro matou um homem.

O narrador não nos tinha dito que Hallgerd guardava rancor do marido; agora sabemos disso bruscamente, como as coisas costumam se revelar na realidade.

---

[26] Neste ponto termina a transcrição original desta aula. As últimas palavras de Borges provavelmente não foram gravadas. A conclusão do episódio de Gunnar e o comentário final de Borges foram tirados da primeira edição de *Antiguas literaturas germánicas* (1951), p. 71.

Prov. segunda-feira, 12 de dezembro de 1966

Aula nº 24

Sigurd the Volsung, *de William Morris.*
Vida de Robert Louis Stevenson.

Nas histórias da literatura e nas biografias de Morris, lê-se que a obra capital de Morris foi *Siegfried dos volsungos*[1]. Esse livro, mais extenso que o *Beowulf*, foi publicado em 1876. Naqueles anos pensava-se que o gênero mais apreciado da literatura fosse o romance. A idéia de escrever, em pleno século XIX, um poema épico é bastante audaciosa. Milton tinha escrito *O paraíso perdido*, mas o fez no século XVII. O único contemporâneo de Morris a pensar em algo parecido foi o poeta francês Hugo, em *A lenda dos séculos*[2]. Mas essa lenda é, mais que uma epopéia, um poema épico, uma série de relatos. Morris não acreditava na necessidade de o poeta inventar novos argumentos. Achava que os argumentos em que se podiam tratar as paixões essenciais da humanidade já tinham sido encontrados e que cada novo poeta podia lhes dar sua entoação particular. Morris tinha pesqui-

---

[1] Borges traduz o título do livro para o castelhano. Refere-se obviamente a *The Story of Sigurd the Volsung*.
[2] *La légende des Siècles*, talvez a mais importante obra poética de Victor Hugo, publicada em três séries nos anos de 1859, 1877 e 1883. Hugo afirmou que, nela, pretendia "expressar a humanidade numa espécie de obra cíclica" e "cantar o desenvolvimento do gênero humano de século em século, o homem que ascende das trevas ao ideal".

sado muito a literatura escandinava medieval, que ele considerava a flor da antiga cultura germânica, e nela havia encontrado a história de Siegfried. Traduziu a *Saga dos volsungos*, obra em prosa do século XIII composta na Islândia. Há uma versão anterior da mesma história que alcançou maior fama, que é o *Cantar dos nibelungos* alemão, que data do século XII mas é, contrariamente à cronologia, uma versão posterior da mesma história. Porque na primeira conserva-se o caráter mitológico e épico da história. Já no *Cantar dos nibelungos*, composto na Áustria, do épico passou-se ao romântico, e a versificação já tem um caráter latino, trata-se de estrofes rimadas. É estranho que na Inglaterra tenha se perdido a antiga matéria germânica e se conservasse o verso germânico, e assim temos no século XIV, na Inglaterra, o poema aliterativo de Langland[3]. Na Alemanha, conserva-se a tradição germânica mas tomam-se as novas formas estróficas que chegaram do Sul, o verso com um número determinado de sílabas e rimados, não aliterados.

A história de Siegfried era conhecida por toda a gente germana. No *Beowulf* alude-se a ela, se bem que o autor do *Beowulf* tenha preferido outra história para sua epopéia do século VIII. Morris se baseou na versão escandinava, não na versão alemã. Por isso seu herói se chama Sigurd e não Siegfried. Conservam-se os nomes escandinavos em geral. É verdade que ele escreveu em versos emparelhados, mas em versos que não excluem o emprego freqüente da aliteração germânica. O poema, muito extenso, se intitula *Sigurd the Volsung*. O personagem central não é o herói, mas Brunilda[4],

---

[3] Borges se refere ao já citado *Piers Plowman*, atribuído a William Langland.
[4] Borges opta nestas aulas pela versão castelhana do nome. Em *Literaturas germánicas medievales*, Borges se refere à personagem utilizando a forma original, Brynhild.

embora a história continue além da sua morte. Utiliza os elementos míticos que a versão alemã ignorava, e assim temos no começo e no fim da história o deus Odin. A história é complicada e longa. Há nela elementos antigos e bárbaros. Por exemplo, Sigurd mata um dragão que guarda um tesouro, depois banha-se no sangue quente do dragão. Esse banho o torna invulnerável, salvo num lugar do seu ombro, no qual cai uma folha de árvore. E por ali Sigurd pode morrer. Isso nos lembra o calcanhar de Aquiles.

Sigurd é o mais corajoso dos homens, rei da Borgonha e amigo de Gunnar, rei dos Países Baixos. Gunnar ouviu falar de uma donzela, cuja versão moderna conhecemos nos contos da bela adormecida. Essa donzela foi submetida a um sono mágico e dorme numa ilha distante da Islândia, cercada por uma muralha de fogo. Ela só se entregará ao homem que for capaz de atravessar a muralha de fogo. Sigurd acompanha seu amigo Gunnar e chegam à muralha, mas Gunnar não se atreve a penetrar nela. Então Sigurd, por artes mágicas, assume o aspecto de Gunnar. Vai ajudar o amigo, venda os olhos do seu cavalo e obriga-o a atravessar a muralha de fogo. Chega a um palácio, e lá está Brunilda dormindo. Beija-a, desperta-a e lhe diz que é o herói predestinado àquela proeza. Ela se apaixona por ele e lhe dá seu anel. Passa três noites com ela, mas como não quer ser desleal ao seu amigo interpõe sua espada entre ele e ela. Ela se pergunta por que faz assim, e ele responde que do contrário ambos sofrerão de má sorte. Esse episódio da espada entre o homem e a mulher podemos encontrar num conto das *Mil e uma noites*.

Depois de passarem três noites juntos, ele se despede dela. Entende-se que voltará para buscá-la. Diz que seu nome é Gunnar, porque não quer trair o amigo. E ela lhe dá seu anel, depois se casa com Gunnar, que a leva para a sua terra. E Sigurd, por uma obra mágica, se esquece por um tempo do ocorrido e se casa com a irmã de Gunnar, que se chama

Gudrun, e há uma rivalidade entre Brunilda e Gudrun. Então Gudrun vem a saber da verdadeira história e, quando Brunilda diz que seu marido é o rei mais nobre, já que atravessou a muralha de fogo e a conquistou, ela lhe mostra o anel que a outra deu a Sigurd, e Brunilda compreende o engano. Brunilda compreende nesse momento que não está apaixonada por Gunnar, está apaixonada pelo homem que atravessou a muralha de fogo, e esse homem é Sigurd. Sabe também que há um ponto nas costas de Sigurd que o torna vulnerável. E vale-se de um terceiro para que este assassine Sigurd. Quando ela ouve o grito que ele dá quando o matam, ri um riso cruel. Morto Sigurd, ela compreende que matou o homem que ama, chama o marido e pede que erga uma alta pira funerária. Depois fere-se mortalmente e pede que a deitem ao lado de Sigurd, com a espada entre os dois, como antes. É como se ela quisesse voltar ao passado.

Ela diz que, quando Sigurd morrer, a alma dele subirá ao Paraíso de Odin. Esse paraíso é iluminado por espadas, e ela diz que o acompanhará a esse paraíso: "jazeremos juntos os dois e não haverá uma espada entre nós". A história continua, mistura-se com a morte de Átila, e o poema termina com a vingança de Gudrun[5]. Depois é novamente perdido o tesouro dos nibelungos, que foi o que causou toda essa história trágica.

Pensar tudo isso no século XIX foi uma coisa ambiciosa. Alguns críticos contemporâneos dizem que *Sigurd* é uma das obras capitais do século XIX. Mas a verdade é que, por

---

[5] Na saga, Gudrun compromete sua filha Svanhild – que é descrita como uma mulher de olhar agudo e excepcional beleza – com um poderoso rei chamado Jormunrek. Mas depois Svanhild é injustamente acusada de tê-lo enganado e condenada a morrer esmagada por cavalos. Os capítulos finais da saga contam como Gudrun planeja a vingança de Svanhild e incita seus outros filhos a matar o rei Jormunrek.

uma razão que ignoramos, a epopéia em versos é uma coisa alheia, por momentos, a nossas exigências literárias. A obra de Morris obteve o que os franceses chamam de um "sucesso de estima". O defeito de que Morris padecia era a lentidão: as descrições das batalhas, a morte do dragão, são um pouco lânguidas. Depois da morte de Brunilda o poema decai. Com isso deixamos a obra de Morris.

Agora vamos falar de Robert Louis Stevenson. Nasce em Edimburgo em 1850 e morre em 1894. Sua vida foi uma vida trágica, porque viveu fugindo da tuberculose, que era uma doença incurável. Isso o levou de Edimburgo a Londres, de Londres à França, da França aos Estados Unidos, e morreu numa ilha do Pacífico. Stevenson levou a cabo uma vasta tarefa literária. Suas obras abarcam uns doze ou catorze volumes. Escreveu, entre eles, um célebre livro para crianças, *A ilha do tesouro*[6]. Também escreveu fábulas, um romance policial, *O provocador de naufrágios*[7]. A gente pensa em Stevenson como autor de *A ilha do tesouro*, obra para crianças, e tem um pouco de descaso por ele. Esquece que foi um admirável poeta e que, além disso, é um dos mestres da prosa inglesa.

Os pais e os avós de Stevenson haviam sido construtores de faróis, e na obra de Stevenson encontramos um trabalho bastante técnico sobre a construção de faróis[8]. Há um poema dele em que ele parece considerar que sua tarefa de escritor, essa tarefa pela qual a linhagem dos Stevenson é famosa, era de certo modo inferior à obra de seus pais e avós.

---

[6] *Treasure Island*, publicado em livro em 1883.
[7] *The Wrecker*. Escrito em colaboração com Lloyd Osbourne. Publicado no *Scribner's Magazine* 10-12 (agosto de 1891-julho de 1892) e em livro nesse mesmo ano.
[8] "On a New Form of Intermittent Light and Lighthouses", lido para a Real Sociedade Escocesa de Artes em 27 de março de 1871 e premiado com a medalha de prata dessa sociedade.

Nesse poema fala das "torres e lâmpadas que acendemos"[9]. Um pouco como nosso Lugones, quando naquele poema aos antepassados diz: "Que nuestra tierra quiera salvarnos del olvido / por estos cuatro siglos que en ella hemos servido."* Como se seus antepassados, os da Independência, fossem mais importantes que ele, Leopoldo Lugones[10].

No poema, Stevenson fala de uma linhagem árdua que, no fim, limpou das mãos o pó de granito e que, em seu de-

---

[9] O poema é o de número XXXVIII do livro de poemas *Underwoods*, publicado em 1887. Diz assim: *"Say not of me, that weakly I declined / The labours of my siers, and fled to sea, / The towers we founded and the lamps we lit, / To play at home with paper like a child. / But rather say: In the afternoon of time / A strenuous family dusted from his hands, / The sand of granite, and beholding far / Along the sounding coast its pyramids / And tall memorials catch the crying sun, / Smiled well content, and to his childish task / Around the fire adressed its evening hours."*

* "Que nossa terra nos queira salvar do olvido / por estes quatro séculos que nela temos servido." (N. do T.)

[10] Borges cita os dois versos finais da "Dedicatoria a los Antepasados (1500-1900)", primeiro poema do livro de Lugones *Poemas Solariegos* (1927). O texto completo do poema é o seguinte: *"A Bartolomé Sandoval, / Conquistador del Perú y de la tierra / Del Tucumán, donde fue general, / Y del Paraguay, donde como tal, / A manos de indios de guerra / Perdió vida y hacienda en servicio real. // Al maestre de campo Francisco de Lugones, / Quien combatió en los reinos del Perú y luego aquí, / Donde junto con tantos bien probados varones, / Consumaron la empresa del Valle Calchaquí. / Y después que hubo enviudado, se redujo a la iglesia, tomando en ella estado, / Y con merecimiento digno de la otra foja, / Murió a los muchos años vicario en La Rioja. // A Don Juan de Lugones el encomendero, / Que, hijo y nieto de ambos, fue quien sacó primero / A mención las probanzas, datas y calidades / De tan buenos servicios a las dos majestades; / Conque del rey obtuvo, más por carga que en pago, / Doble encomienda de indios en Salta y en Santiago. // Al coronel don Lorenzo Lugones, / Que en el primer ejército de la Patria salió, / Cadete de quince años, a libertar naciones, / Y después de haber hecho la guerra, la escribió, / Y como buen soldado de aquella heroica edad, / Falleció en la pobreza, pero con dignidad. // Que nuestra tierra quiera salvarnos del olvido, / Por estos cuatro siglos que en ella hemos servido".* Tomado de *Lugones, Obras poéticas completas*.

clínio, brincou com papéis como uma criança. Essa criança é ele, e essa brincadeira é sua admirável obra literária. Stevenson começou os estudos de advocacia e sabemos que depois sua vida passou por uma etapa obscura. Stevenson em Edimburgo freqüentou a sociedade de ladrões, de mulheres de má vida, mas ao dizer "mulheres de má vida" e "ladrões" devemos pensar numa cidade essencialmente puritana. Edimburgo foi, com Genebra, uma das duas capitais do calvinismo na Europa. Esse ambiente era um ambiente que tinha consciência das suas culpas, era um ambiente de pecadores que se sabiam pecadores. Vemos isso no célebre relato *O estranho caso do Dr. Jekyll e de Mr. Hyde*[11], ao qual voltaremos.

Stevenson começou a se interessar pela pintura. Stevenson consultou um médico. Este lhe disse que estava tuberculoso e que fosse para o Sul, achava que o Sul da França podia ser benéfico para a sua saúde. Escreveu um artigo curto sobre o Sul, no qual cita esse fato. Depois vai para Londres, que deve ter sido para ele uma cidade fantástica. O artigo se chama "Ordenado para o Sul"[12]. E em Londres escreveu suas *Novas mil e uma noites*[13]. Teremos de falar de um conto em especial, "O Clube dos Suicidas". Assim como, nas *Mil e uma noites*, temos um califa chamado Harun, o Ortodoxo[14], que percorre disfarçado as ruas de Bagdá, aqui, nas *Novas mil e uma noites* de Stevenson, temos o príncipe Florizel da Boêmia, que percorre disfarçado as ruas de Londres.

---

[11] *The Strange Case of Dr. Jekyll and Mr. Hyde*, publicado em 1886.
[12] "Ordered South", ensaio incluído no livro *Virginibus puerisque, and other papers*, publicado em 1881.
[13] Esses contos foram reunidos no livro *The New Arabian Nights*, publicado em 1882.
[14] Harun al-Rachid (766-809), quinto califa da dinastia abácida. É lembrado por ter sido um grande mecenas das artes e pelo luxo da sua corte em Bagdá. Sua figura foi imortalizada nas lendas que constituem o *Livro das mil e uma noites*.

Depois Stevenson vai para a França e se dedica à pintura, na qual não obtém maior fortuna, e chega com o irmão a um hotel, creio que na Suíça[15], numa noite de inverno, e lá dentro há um grupo de ciganas sentadas junto da chaminé. Em vez de estarem sozinhas, há também uma moça, uma senhora mais velha – que, como se verá, é a mãe da moça. Então Stevenson diz ao irmão: "Está vendo aquela mulher?" E seu irmão responde: "A moça?" "Não, não – diz Stevenson –, a mais velha, a que está à direita, vou me casar com ela." O irmão ri, acha que se trata de uma piada. Entram no hotel. Faz amizade com a tal senhora, que se chama Fanny Osbourne, que lhe diz que só ficaria mais uns dias ali, porque tinha de voltar para os Estados Unidos, tinha de voltar para San Francisco, Califórnia. Stevenson não diz nada, mas já tomou a decisão de se casar com ela. Não se escrevem, mas passado um ano Stevenson embarca como imigrante, chega aos Estados Unidos, atravessa o vasto continente, trabalha como mineiro num lugar. Depois chega a San Francisco. Lá está a senhora, que é viúva, e ele lhe propõe que se casem, e ela aceita. Enquanto isso, Stevenson vive de colaborações literárias. Essas colaborações eram escritas numa prosa admirável, embora não chamassem a atenção do público.

Depois Stevenson volta para a Escócia e, para se distrair nos dias chuvosos, tão freqüentes na Escócia, desenha a giz um mapa no chão. Esse mapa tem forma triangular, há colinas, há bacias, há golfos. E seu enteado, Lloyd Osbourne[16], que mais tarde colaboraria com ele em *The Wrecker*, lhe pede que lhe fale da ilha do tesouro. Todas as manhãs, ele escreve um capítulo de *A ilha do tesouro*, que em seguida lê para o enteado. Creio que tem vinte e quatro capítulos[17], não tenho certeza. É sua obra mais famosa, embora não seja a melhor.

---

[15] Na realidade estavam na Colônia Internacional para Pintores de Barbizon, em Fontainebleau, França.
[16] Lloyd Osbourne, escritor americano (1868-1947).
[17] São 34 capítulos.

Stevenson tenta o teatro também, mas o teatro foi no século XIX um gênero inferior. Escrever para o teatro era como escrever para a televisão hoje, ou para o cinema. Escreve em colaboração com W. E. Henley, editor de *O observador*, várias obras de teatro. Há uma que se intitula *A vida dupla*[18].

Stevenson conheceu a cidade de San Francisco. Descreveu-a admiravelmente. Depois os médicos lhe dizem que a Califórnia não o salvará, que é necessário que ele viaje pelo Pacífico. Stevenson entendia muito de marinhagem e viaja num veleiro pelo Pacífico. Radica-se por fim num lugar chamado Vailima[19], e ali faz amizade com o rei da ilha. Aqui acontece uma coisa que tem algo de mágico: é que Stevenson tinha publicado uns anos antes *O estranho caso do Dr. Jekyll e de Mr. Hyde*, e havia um padre, um jesuíta francês, que havia exposto sua vida no leprosário da região, o padre Damien. E um pastor protestante com o qual Stevenson jantou uma noite, chamado por uma dessas coincidências doutor Hyde, descobriu certas irregularidades, digamos, na vida do padre Damien, e por razões sectárias o atacou. Vale dizer que Stevenson escreveu uma carta na qual elogia o trabalho do padre Damien e diz que o dever de todos os homens era jogar uma capa sobre sua culpa e que o que o outro tinha feito atacando sua memória era uma baixeza. É uma das páginas mais eloqüentes de Stevenson[20].

---

[18] A obra se intitula *Deacon Brodie or The Double Life* e foi escrita em 1879, em colaboração com seu amigo William Ernest Henley. Juntos escreverão também *Beau Austin* (1884), *Admiral Guinea* (1884) e *Macaire* (1885). Henley foi agente de Stevenson e serviu-lhe de modelo para seu personagem Long John Silver, do livro *A ilha do tesouro*.

[19] Em Samoa. O próprio Stevenson deu à localidade esse nome, que significa "cinco rios". Foi enterrado lá, no cume de uma montanha, olhando para o oceano Pacífico.

[20] A carta tem por título "Father Damien: An Open Letter to the Reverend Dr. Hyde of Honolulu" e foi escrita em Sydney em 25 de feverei-

Stevenson morre quando já começava a discórdia entre os africanos do sul e os ingleses, e Stevenson achava que os holandeses tinham razão, e que o dever da Inglaterra era se retirar. Publicou no *Times* uma carta dizendo isso, o que o tornou muito impopular. Mas Stevenson não dava bola para isso. Stevenson não era um homem religioso, mas tinha um grande sentido ético. Acreditava, por exemplo, que um dos deveres da literatura era o de não publicar nada que pudesse deprimir os leitores. Isso foi como um sacrifício da parte de Stevenson, já que Stevenson possuía uma grande força trágica. Mas interessava-lhe sobretudo o heróico. Há um artigo de Stevenson intitulado "Pó e sombra"[21], em que diz que não sabemos se existe ou não existe Deus, mas sabemos que

ro de 1890. Citamos a seguir alguns parágrafos dela: *"O senhor pode perguntar em que autoridade eu me baseio para falar. Foi meu inclemente destino ter conhecido, não Damien, mas o Dr. Hyde. Quando visitei o lazareto, Damien já descansava em seu túmulo. Mas a informação que tenho, eu adquiri pouco a pouco, conversando com os que conviveram com ele e o conheceram bem: com alguns que, de fato, veneravam sua figura. Mas também com outros que cruzaram com ele de forma mais circunstancial, que não perceberam nele nenhum halo, que talvez o tenham julgado com menores considerações e através de cujas informações espontâneas e fragmentadas as francas características humanas do homem brilharam para mim de forma convincente. Assim adquiri os conhecimentos que tenho (...) Podemos agora (se o senhor desejar) ir passo a passo através das diferentes fases da sua carta e examinar sinceramente cada uma do ponto de vista da sua verdade, da sua conveniência e da sua caridade. 'Damien era tosco.' É bem possível. O senhor nos faz sentir pena dos leprosos, que tinham apenas um tosco camponês por amigo e padre. Mas o senhor, que é tão refinado, por que não estava lá para alegrá-los com as luzes da cultura? (...) 'Damien era sujo.' Era mesmo. Imaginem os pobres leprosos, incomodados com a sujeira do seu companheiro! Mas o pulcro Dr. Hyde estava jantando numa bela casa. 'Damien era um cabeça-dura.' Creio que o senhor acerta novamente e agradeço a Deus pela dureza da cabeça de Damien e do seu coração."* Extraído de *Lay Morals and other Papers* (da tradução espanhola de M. A.).
[21] "Pulvis et umbra", ensaio incluído no livro *Across the Plains: with other Memories and Essays*, de 1892.

há uma só lei moral no universo. Começa descrevendo quão extraordinários são os homens: "Como é estranho – diz – que a superfície do planeta esteja povoada por seres bípedes, ambulantes, capazes de se reproduzir, e que esses seres tenham um senso moral!" Ele acha que essa lei moral rege todo o Universo. Diz por exemplo que nada sabemos sobre as abelhas ou sobre as formigas. No entanto, as abelhas e as formigas formam repúblicas, e podemos conjecturar que, para uma abelha e para uma formiga, há algo proibido, algo que ela não deve fazer. Depois ele ascende aos homens e diz: "Pensemos na vida de um marinheiro – aquela vida da qual o Dr. Johnson disse que tinha a dignidade do perigo –, pensemos na dureza da sua vida, pensemos que ele vive exposto às tempestades, arriscando a vida. Que depois passa uns dias no porto, embriagando-se em companhia de mulheres deste último. No entanto esse marinheiro – diz – está pronto para arriscar a vida por um companheiro." Acrescenta em seguida que não acredita nem no castigo nem na recompensa. Ele acredita que o homem morre com seu corpo, que a morte corporal é a morte da alma. E se antecipa ao argumento que diz: "De uma lição qualquer nada de bom se pode esperar. Se nos dão uma pancada na cabeça, não melhoramos, e se morremos não há que supor que surge algo de nossa corrupção." Stevenson diz a mesma coisa, mas diz que apesar disso tudo não há homem que não saiba intimamente quando agiu bem e quando agiu mal.

Há outro ensaio de Stevenson, do qual gostaria de falar, sobre a prosa[22]. Stevenson diz que a prosa é uma arte mais complexa do que o verso. Temos uma prova disso no fato de que a prosa é posterior ao verso. No verso, cada verso – diz Stevenson – cria uma expectativa e em seguida a satisfaz. Por

---

[22] O ensaio que Borges recorda aqui se intitula "On some Technical Elements of Style and Literature" e é o primeiro do livro *Essays in the Art of Writing* de Robert Louis Stevenson.

exemplo, se dizemos: *"Oh, dulces prendas por mí mal halladas, / dulces y alegres cuando Dios quería, / conmigo estáis en la memoria mía, / y con ella en mi muerte conjuradas."* [23] O ouvido já espera o *"conjuradas"* que rima com *"halladas"*. Mas a tarefa do prosador é muito mais difícil – diz Stevenson –, porque a tarefa do prosador consiste em criar uma expectativa em cada parágrafo; o parágrafo tem de ser eufônico. Depois, frustrar essa expectativa, mas frustrá-la de um modo que também seja eufônico. Assim, Stevenson analisa uma passagem de Macaulay para demonstrar que, do ponto de vista da prosa, é uma passagem pobre, porque há sons que se repetem demasiadas vezes. Depois analisa uma passagem de Milton em que descobre um só erro, mas que em todo o resto, no manejo das vogais e das consoantes, é admirável.

Entrementes, Stevenson continua se correspondendo com seus amigos na Inglaterra e, como é escocês, está cheio de saudades de Edimburgo. Há um poema ao cemitério de Edimburgo. Do desterro no Pacífico, ele manda todos os seus livros para Londres. Ali seus livros são publicados, granjeiam-lhe uma grande fama, trazem-lhe dinheiro. Mas ele vive como um desterrado em sua ilha, e os aborígenes o chamam de "Tusitala", "o contador de contos", "o contador de histórias". De modo que Stevenson, sem dúvida, também aprendeu o idioma do país. Viveu lá com o enteado, com sua mulher, e recebeu uma ou outra visita. Uma das pessoas que o visitaram foi Kipling. Kipling disse que poderia submeter-se a um exame sobre toda a obra de Stevenson, que se lhe mencionassem um personagem secundário ou um episódio da obra de Stevenson ele o reconheceria imediatamente.

---

[23] Primeira estrofe do Soneto X de Garcilaso de la Vega. ["Ó doces prendas por mim mal achadas, / doces e alegres quando a Deus convinha, / comigo estais na memória minha / e com ela em minha morte conjuradas."]

Stevenson era um homem de acentuado tipo escocês: alto, muito magro, sem maior força física, mas com um grande [espírito]. Certa vez, estava num café em Paris e ouviu um francês dizer que os ingleses eram covardes. Nesse momento, Stevenson se sentiu inglês; nesse momento, porque achou que o francês dizia aquilo por causa dele. Então se levantou e deu uma bofetada no francês. E o francês lhe disse: "O senhor me deu uma bofetada." E Stevenson lhe disse: "Parece que sim." Stevenson foi sempre um grande amigo da França. Tem artigos sobre poetas franceses e artigos admirativos sobre o romance de Dumas, sobre Verne, sobre Baudelaire.

A bibliografia sobre Stevenson é muito extensa. Há um livro de Chesterton sobre Stevenson, publicado no início do século[24]. Há outro livro, o de Stephen Gwynn[25], homem de letras irlandês, publicado na coleção "Homens de letras ingleses"[26].

Na próxima aula trataremos de um tema que foi caro a Stevenson: o tema da esquizofrenia. Veremos isso e uma das histórias de *As novas mil e uma noites*, e algo da poesia de Stevenson.

---

[24] *Robert Louis Stevenson*, por G. K. Chesterton. Publicado em Londres por Hodder & Stoughton.
[25] Stephen Lucius Gwynn (1864-1950). Poeta, escritor e crítico irlandês nascido em Dublin. Entre suas obras principais estão *Masters of English Literature* (1904) e seus estudos ou vidas de Tennyson, Thomas Moore, Sir Walter Scott, Horace Walpole, Mary Kingsley, Swift e Goldsmith. Seus *Collected Poems* apareceram em 1923. Sua autobiografia, intitulada *Experiences of a Literary Man*, foi publicada em 1926.
[26] A biografia de Stevenson escrita por Stephen Gwynn corresponde ao volume X dessa coleção.

Prov. quarta-feira, 14 de dezembro

Aula n.º 25

Obras de Robert Louis Stevenson: New Arabian Nights, *"Markheim",* The Strange Case of Dr. Jekyll and Mr. Hyde. *Jekyll e Hyde no cinema.* The picture of Dorian Gray, *de Oscar Wilde. "Réquiem", de Stevenson.*

Hoje vou tratar das *Novas mil e uma noites*[1]. Em inglês não se diz "mil e uma noites", mas *Noites árabes*. Quando Stevenson, muito jovem, chegou a Londres, sem dúvida foi uma cidade fantástica para ele. Stevenson concebeu a idéia de escrever umas *Mil e uma noites* contemporâneas, baseando-se sobretudo naquelas noites das *Mil e uma noites* em que se fala de Harun, o Ortodoxo, que percorre disfarçado as ruas de Bagdá. Stevenson inventou um príncipe, Florizel da Boêmia, e seu ajudante-de-ordens, o coronel Geraldine. Ele os faz disfarçar-se e percorrer Londres. E os faz correr aventuras fantásticas, embora não mágicas, salvo no sentido do ambiente, que é mágico.

De todas essas aventuras, creio que a mais memorável é a do "Clube do Suicídio"[2]. Stevenson imagina aí um personagem, uma espécie de cínico, que pensa que pode se aproveitar de um modo industrial de suicídio. É um homem que sabe que há muita gente que deseja tirar-se a vida mas que não se atreve. Funda então esse clube. Nesse clube, joga-se

---

[1] *New Arabian Nights* (1882). Esse livro de Stevenson foi editado como volume 53 da coleção *Biblioteca personal*, em tradução de R. Durán, sob o título de *Las nuevas noches árabes*.
[2] Primeiro relato do livro.

semanalmente – ou quinzenalmente, não me lembro – um jogo de cartas. O príncipe entra no clube por espírito de aventura e tem de jurar não revelar os segredos, de modo que ele próprio se encarrega depois de fazer justiça por uma falta que seu ajudante-de-ordens havia cometido. Há um personagem muito impressionante. Chama-se senhor Malthus, um paralítico. Não resta a esse homem mais nada na vida, mas ele descobriu que de todas as sensações, de todas as paixões, a mais forte é o medo. Então joga com o medo. E diz ao príncipe, que é um homem corajoso: "Inveje-me, senhor, eu sou um covarde." Joga com o medo pertencendo ao Clube dos Suicidas.

Tudo isso acontece numa quinta nos arredores de Londres. Os jogadores tomam champanhe, riem um riso falso, há um ambiente muito parecido com o de alguns contos de Edgar Allan Poe, sobre o qual Stevenson escreveu. O jogo é jogado da seguinte maneira: há uma mesa forrada de verde, o presidente dá as cartas, e do presidente se diz – por incrível que pareça – que é uma pessoa que não se interessa pelo suicídio. Os membros do clube pagam uma mensalidade bastante alta. O presidente tem de ter plena confiança neles. Têm muito cuidado para que não intervenha nenhum espião. Se os sócios têm fortuna, deixam como herdeiro o presidente do clube, que vive dessa indústria macabra. Depois distribuem-se as cartas. Cada um dos jogadores, ao receber sua carta – o baralho inglês é de cinqüenta e duas cartas –, olha qual é. Há no baralho dois ases pretos, e quem receber um dos ases pretos é encarregado de executar a sentença, é o verdugo, tem de matar o que recebeu o outro ás. Tem de matá-lo de modo que o fato pareça um acidente. E na primeira sessão morre – ou é condenado à morte – o senhor Malthus. O senhor Malthus foi levado à mesa. Está paralítico, não pode se mover. Mas, de repente, ouve-se um som que quase não é humano, o paralítico se põe de pé, depois cai de novo na cadeira. Depois todos se retiram. Não se verão até a outra reunião. No dia seguinte, lê-se que o senhor Malthus, um cavalheiro muito estimado por suas relações, caiu do cais de Londres. E a aventura prossegue, terminando com um duelo em que o príncipe Florizel, que jurou não delatar ninguém, mata com uma estocada o presidente do clube.

Depois há outra aventura, a do "Diamante do rajá"[3], em que se vêem todos os crimes cometidos pela posse do diamante. E no último capítulo dessa série o príncipe conversa com um detetive e lhe pergunta se vem prendê-lo. O detetive diz que não, e o príncipe lhe conta a história. Conta a história à beira do Tâmisa. Depois ele diz: "Quando eu penso em todo o sangue que se derramou, em todos os crimes causados por essa pedra, penso que devemos condenar ela mesma à morte." Tira-a então rapidamente do bolso e atira-a no Tâmisa, e ela se perde. O detetive diz: "Estou arruinado." O príncipe replica: "Muitos homens invejariam sua ruína." O detetive diz: "Acho que meu destino é ser subornado." "Acho que sim", diz o príncipe.

Esse livro, *As novas mil e uma noites*, não é importante apenas pelo encanto que sua leitura pode nos proporcionar, mas porque, quando você o lê, entende que de algum modo toda a obra novelística de Chesterton saiu dali. Temos ali o germe de *O homem que foi quinta-feira*[4]. Todos eles, mais engenhosos até que os de Stevenson, têm o ambiente dos contos de Stevenson. Depois Stevenson faz outras coisas. Já quando Stevenson escreve seu romance policial, *The Wrecker*, há um ambiente completamente distinto, tudo acontece na Califórnia, depois nos mares do Sul. Além disso, Stevenson

---

[3] Segundo relato do livro.
[4] *The Man Who Was Thursday*, romance de G. K. Chesterton publicado em 1908.

acreditava que o defeito do gênero policial que ele cultivou está em que, por mais engenhoso que seja, tem algo de mecanismo, falta-lhe vida. Stevenson diz que em seu romance policial ele dá mais realidade aos personagens do que à trama, que é o contrário do que costuma suceder no romance policial.

Vamos ver agora um tema que sempre preocupou Stevenson. Há uma palavra psicológica muito comum, que é a palavra "esquizofrenia", a idéia da divisão da personalidade. Essa palavra ainda não tinha sido cunhada, creio eu. Agora é de uso comum. Stevenson preocupou-se com esse tema. Em primeiro lugar, porque lhe interessava muito a ética, depois porque em sua casa havia uma cômoda feita por um marceneiro de Edimburgo, um artesão respeitável e respeitado, mas que, de noite, certas noites, saía de casa e era ladrão. Esse tema da personalidade partida em dois interessou a Stevenson, e com Henley escreveu duas peças de teatro intituladas *A vida dupla*.

Mas Stevenson sentiu que não tinha esgotado o tema. Escreveu então um conto que se chama "Markheim"[5], que é a história de um homem que se torna ladrão e, de ladrão, se torna assassino. Na noite da véspera do Natal, ele entra em casa de um prestamista. Esse prestamista, Stevenson apresenta como uma pessoa muito desagradável, que desconfia do ladrão porque suspeita que as jóias que Markheim lhe vendeu são roubadas. Chega essa noite. O outro diz que tem de fechar cedo e que ele terá de pagar pelo tempo. Markheim diz que não vem vender nada, que vem comprar algo, algo

---

[5] Relato publicado pela primeira vez em *The Broken Shaft: Tales of Mid-Ocean. Unwin's Christmas Annual*, editado por Sir Henry Norman, Fisher-Unwin, Londres, 1885. Incluído no livro *The Merry Men and Other Tales and Fables*, de 1887. Também recolhido no volume 53 da coleção *Biblioteca personal*.

que está no fundo da loja do prestamista. O outro acha estranho e faz uma piada, porque Markheim lhe diz que tudo o que vendeu é uma herança de um tio. O outro diz: "Suponho que seu tio tenha lhe deixado dinheiro, agora que você quer gastar." Markheim aceita a piada e, quando estão no fundo da loja, mata o prestamista com uma punhalada. Quando Markheim passa de ladrão a assassino o mundo muda para ele. Ele pensa, por exemplo, que as leis naturais podem ter sido suspensas, já que ele, cometendo esse crime, infringiu a lei moral. Depois, por uma invenção curiosa de Stevenson, a loja está cheia de espelhos e relógios. E esses relógios parecem estar correndo uma corrida, são como que um símbolo do tempo que passa. Markheim toma as chaves do prestamista. Sabe que a caixa de ferro está no andar de cima, mas tem de se apressar, porque a criada saiu. E, ao mesmo tempo, ele vê sua imagem multiplicada e movendo-se nos espelhos. E essa imagem que ele vê é como que uma imagem de toda a cidade. Porque, a partir do momento em que ele matou o prestamista, supõe que a cidade inteira o persegue ou o perseguirá.

Sobe à sala de cima, sempre perseguido pelo tique-taque dos relógios e pelas imagens movediças dos espelhos. Ouve passos. Pensa que esses passos podem ser os da criada que volta, que terá visto o patrão morto e que o denunciará. Mas a pessoa que sobe a escada não é uma mulher, e Markheim tem a impressão de conhecê-lo. E conhece, porque é ele mesmo, de modo que estamos diante do velho tema do duplo. Na superstição escocesa, o duplo se chama *"fetch"*, que quer dizer "buscar". De modo que quando alguém vê seu duplo é porque se vê a si mesmo.

Esse personagem entra e se põe a conversar com Markheim, senta-se com ele e diz que não pensa em denunciá-lo, que faz um ano lhe teria parecido mentira ser um ladrão e que, agora, não só é um ladrão mas também um assassino.

Que lhe teria parecido incrível faz uns meses. Mas, já que matou uma pessoa, que lhe custa matar outra. "A criada vai chegar – diz a ele, – a criada é uma mulher fraca. Outra punhalada e você já poderá sair daqui, porque não penso denunciá-lo." Esse "outro eu" é sobrenatural e significa o reverso malvado de Markheim. Markheim põe-se a discutir com ele. Diz-lhe: "é verdade que sou um ladrão, é verdade que sou um assassino, são estes os meus atos, mas acaso um homem é seus atos? Não pode haver algo em mim que não corresponda a essas definições tão rígidas e tão insensatas de 'ladrão' e de 'assassino'? Acaso não posso me arrepender? Acaso já não estou me arrependendo do que fiz?" O outro diz que "essas considerações filosóficas são boa coisa, mas acho que a criada vai chegar, que se encontrar você aqui vai denunciá-lo. Seu dever agora é salvar-se."

O diálogo é comprido e todos os problemas éticos são estudados. Markheim diz que matou, mas que isso não quer dizer que ele seja um assassino. E então o personagem que até então foi um personagem sombrio se transforma num personagem resplandecente. Não é mais o anjo mau, mas sim o anjo bom. O duplo desaparece, a criada sobe. Markheim está com o punhal na mão e diz a ela que vá chamar a polícia, porque ele acaba de matar o patrão dela. E assim Markheim se salva. Esse conto impressiona muito quando a gente o lê porque é escrito com deliberada lentidão e com deliberada delicadeza. O protagonista, como vocês vêem, está numa situação extrema: vão chegar, vão descobri-lo, vão denunciá-lo, talvez o mandem para a forca. E no entanto a discussão, que tem com esse outro que é ele, é uma discussão de delicada e honesta casuística.

O conto foi aplaudido, mas Stevenson pensou que ainda não havia esgotado o tema, o tema da esquizofrenia. Stevenson, muitos anos depois, estava dormindo ao lado da sua mulher e deu um grito. Ela o desperta, ele estava com febre, havia cuspido sangue naquele dia. Ele diz a ela: "Que pena que você me acordou, porque estava sonhando um bonito pesadelo!" O que ele sonhou – aqui podemos pensar em Caedmon e o anjo, em Coleridge –, o que ele tinha sonhado era aquela cena em que o Dr. Jekyll toma a poção e se transforma em Hyde, que representa o mal. A cena do médico que toma a poção preparada por ele e depois se transforma em seu reverso foi o que o sonho deu a Stevenson, e ele teve de inventar todo o resto.

Atualmente, *O estranho caso do Dr. Jekyll e de Mr. Hyde* tem uma desvantagem: a de que a história é tão conhecida que quase todos a conhecemos antes de lê-la. Mas quando Stevenson publicou *O estranho caso do Dr. Jekyll e de Mr. Hyde*, em 1880 – isto é, antes de *O retrato de Dorian Gray*[6], que se inspira na novela de Stevenson –, quando Stevenson publicou seu livro, publicou-o como se fosse um romance policial: só no fim sabemos que esses dois personagens são duas faces de um mesmo personagem. Stevenson procede com suma habilidade. Já no título temos uma dualidade sugerida, apresentam-se dois personagens. Depois, embora esses dois personagens nunca apareçam simultaneamente, já que Hyde é a projeção da maldade de Jekyll, o autor faz o possível para que não pensemos que são o mesmo. Começa distinguindo-os pela idade. Hyde, o malvado, é mais moço que Jekyll. Um é um homem sombrio, o outro não: é louro e mais alto. De Hyde diz-se que não era deforme. Olhando-se seu rosto, não havia nenhuma deformidade, porque era feito puramente de mal.

Com esse argumento fizeram-se muitos filmes. Mas os que fizeram filmes com esse conto cometeram um erro, fizeram Jekyll e Hyde ser representados por um só ator. Além

---

[6] O livro de Oscar Wilde *The Picture of Dorian Gray* foi publicado em 1890.

do mais, vemos a história de dentro, vemos o médico, o médico que tem a idéia de uma bebida capaz de separar o ruim do bom no homem. Depois assistimos à idéia da transformação. Então tudo fica reduzido a algo muito subalterno. Em vez disso, acho que o filme deveria ser feito com dois atores. Então teríamos a surpresa de que esses dois atores já conhecidos do público fossem o mesmo personagem no final. Também haveria que mudar os nomes de Jekyll e Hyde, já conhecidos demais. Haveria que lhes dar novos nomes. Em todas as versões, mostra-se o doutor Jekyll como um homem severo, puritano, de costumes inatacáveis, e Hyde como um bêbado, um farrista. Mas, para Stevenson, o mal não consistia essencialmente na licença sexual ou no alcoolismo. Para ele, o mal consistia antes de mais nada na crueldade gratuita. Há uma cena no início do romance em que um personagem está vendo de uma janela alta o labirinto de Londres e vê que por uma rua vem uma menina e pela outra vem um homem. Os dois andam em direção a uma esquina. Quando se encontram na esquina, o homem pisa deliberadamente na menina. Isso era o mal para Stevenson, a crueldade. Depois vemos esse homem entrar no laboratório do doutor Jekyll, subornar com um cheque os que o perseguem. Podemos ter a idéia de que Hyde é filho de Jekyll, que conhece algum segredo infame da vida de Jekyll. E só no último capítulo sabemos que é ele próprio, quando lemos a confissão do doutor Jekyll.

Disseram que a idéia de que um homem é dois é um lugar-comum. Mas, como assinalou Chesterton, a idéia de Stevenson é a idéia contrária, é a idéia de que um homem não é dois, a idéia de que, se um homem incorre numa culpa, essa culpa o mancha. Assim, no começo, o doutor Jekyll toma a poção – que, se houvesse nele uma parte de bem maior que a de mal, o teria transformado num anjo – e é transformado num ser que é puramente malvado, cruel e impiedoso, um homem que ignora todos os remorsos e escrúpulos. Ele se entrega a esse prazer de ser puramente malvado, de não ser duas pessoas, como somos cada um de nós. No começo, basta-lhe tomar a poção, mas depois há uma manhã em que ele acorda na cama e se sente menor. Olha para a mão e essa mão é uma mão peluda de Hyde. Depois toma a bebida, volta a ser um homem respeitável. Passa-se algum tempo. Ele está sentado no Hyde Park. De repente, sente que a roupa fica grande e já se transformou em outro. Depois, para a preparação da bebida há um ingrediente que ele não consegue encontrar, equivale à cilada que o diabo arma. Finalmente um dos personagens se mata e com ele morre o outro.

Isso foi imitado por Oscar Wilde no último capítulo de *O retrato de Dorian Gray*. Vocês devem se lembrar que Dorian Gray é um homem que não envelhece, é um homem que naufraga no vício, mas seu retrato vai envelhecendo. No último capítulo de *Dorian Gray*, Dorian, que é moço, que tem aspecto de pureza, vê sua imagem nesse espelho do retrato. Então mata o retrato e ele morre. Quando o encontram, encontram o retrato tal como o pintor pintou, enquanto ele próprio é um homem velho, depravado, monstruoso, e só o reconhecem pela roupa e pelos anéis.

Proponho a vocês que leiam um livro de Stevenson que se chama *A maré*[7], mas que em espanhol se chama *A ressaca*, muito bem traduzido por Ricardo Baeza. Há um livro inconcluso, escrito em escocês, de difícil leitura[8].

Mas ao falar de Stevenson esqueci-me de algo muito importante: a poesia de Stevenson. Há muitos poemas de

---

[7] *The Ebb-Tide*, de Robert Louis Stevenson e Lloyd Osbourne, publicado em 1894.
[8] O livro inconcluso se intitula *Weir of Hermiston*. Stevenson escreveu as últimas frases no dia da sua morte. O romance, cuja ação transcorre na Escócia do século XIX, foi publicado postumamente em 1896.

saudade. Há um poema breve que se chama "Réquiem". Esse poema, traduzido literalmente, não impressiona muito. O sentido do poema é dado mais pela entoação. Literalmente não impressiona muito, como acontece com todos os bons poemas. Diz assim:

Under the wide and starry sky,
Dig the grave and let me lie.
Glad did I live and gladly die,
And I laid me down with a will.

This be the verse you grave for me:
"Here he lies where he longed to be;
Home is the sailor, home from sea,
And the hunter home from the hill."

Sob o vasto céu estrelado,
Cavai o túmulo e nele deixai-me jazer.
Alegre eu vivi e alegre vou morrer,
E me deitei para descansar com prazer.

Seja este o verso que me haveis de gravar:
"Aqui ele jaz, onde queria jazer;
Voltou o marinheiro, voltou do mar,
E da colina o caçador vem de volver."

Em inglês os versos vibram como uma espada, predominam os sons oxítonos desde o primeiro verso, a tríplice aliteração no final do verso. Não estão em dialeto escocês, mas pode-se apreciar certa música escocesa neles. E há [na obra de Stevenson] versos de amor, versos dedicados à sua mulher. Há um em que ele compara Deus com um artífice e diz que Deus a fez como se ela fosse uma espada para ele. E há versos de amizade, versos de paisagens, versos em que descreve o Pacífico, e outros versos em que descreve Edimburgo. Esses versos são mais patéticos, porque ele escreve sobre Edimburgo, sobre a Escócia e as serras da Escócia sabendo que nunca voltará lá, que está condenado a morrer no Pacífico.

Epílogo*

"Acho a frase 'leitura obrigatória' um contra-senso. A leitura não deve ser obrigatória. Devemos falar de prazer obrigatório? Por quê? O prazer não é obrigatório, o prazer é algo buscado. Felicidade obrigatória! A felicidade, nós também buscamos. Fui professor de literatura inglesa por vinte anos na Faculdade de Filosofia e Letras da Universidade de Buenos Aires e sempre aconselhei a meus alunos: se um livro os aborrece, larguem-no; não o leiam porque é famoso, não leiam um livro porque é moderno, não leiam um livro porque é antigo. Se um livro for maçante para vocês, larguem-no; mesmo que esse livro seja o *Paraíso perdido* – para mim não é maçante – ou o *Quixote* – que para mim também não é maçante. Mas, se há um livro maçante para vocês, não o leiam: esse livro não foi escrito para vocês. A leitura deve ser uma das formas da felicidade, de modo que eu aconselharia a esses possíveis leitores do meu testamento – que não penso escrever –, eu lhes aconselharia que lessem muito, que não se deixassem assustar pela reputação dos autores, que continuassem buscando uma felicidade pessoal, um gozo pessoal. É o único modo de ler."

JORGE LUIS BORGES

* Tirado de *Borges para millones*, entrevista feita na Biblioteca Nacional em 1979.

Anexo anglo-saxão
Traduções do inglês antigo
de Martín Hadis

A maioria dos textos anglo-saxões a que Borges faz referência durante este curso foi traduzida por ele mesmo para o castelhano (isso é indicado em cada caso no rodapé, à primeira menção de cada poema).

Vários dos poemas que o professor menciona não se encontram, porém, em nenhum dos seus livros. Esse anexo procura complementar as aulas com traduções dos textos anglo-saxões que não foram traduzidos por Borges e que são difíceis – se não impossível – de encontrar em castelhano.

Esses textos são:

- Fragmento final da Gesta de Beowulf
- A "Balada de Maldon"
- A "Ode de Brunanburh" (junto com a tradução de Tennyson, "The Battle of Brunanburh")
- A "Elegia do homem errante"
- "A visão da cruz"
- Três conjuros anglo-saxões.

Seguindo o exemplo de Borges, essas traduções procuram ser literais; o uso da prosa tem a vantagem de preservar, além do sentido, a simplicidade e a força do verso original.

M. H.

O funeral de Beowulf

A gesta de Beowulf começa com o funeral de Scyld Scefing e termina com o do protagonista. Após seu combate com o dragão e já ferido de morte, Beowulf pede que seus homens erijam "num extremo do oceano um montículo brilhante, depois do fogo funerário. Será uma recordação para minha gente, erguendo-se alto sobre Hronesness, de maneira que os navegantes, os que conduzem suas naus de longe nas águas escurecidas, o chamarão de túmulo de Beowulf". Seus desejos são obedecidos. Seguindo antigas tradições, os geatas cremam seus restos mortais. Erigem depois sobre eles uma abóbada "alta e larga" que pode ser vista de longe, no mar.

Os geatas prepararam então para Beowulf uma esplêndida pira no chão, coberta de elmos, escudos e brilhantes cotas de malha, tal como ele havia pedido. Os condoídos heróis deitaram depois no meio deles o famoso príncipe, seu querido senhor. Acenderam então na colina o maior fogo funerário. A fumaça subiu, negra, sobre a conflagração, o crepitar das chamas entremeado de prantos – o vento se acalmou – até que o fogo quebrou a casa dos ossos[1] e fez arder seu coração.

Pesarosos, os guerreiros choravam sua dor e a morte do seu senhor. Assim também uma mulher geata de cabelos trançados cantou, angustiada, uma canção de tristeza em home-

---

[1] "A casa dos ossos" é uma *kenning* para "o corpo".

nagem a Beowulf, e disse e repetiu que temia os dias danosos que viriam: matanças em grande número, terror de tropas, humilhação e cativeiro. O céu tragou a fumaça.

As gentes de Wederas[2] erigiram então um túmulo num promontório; era alto e largo, claramente visível para os navegantes das ondas. Construíram em dez dias o monumento do herói, os restos do fogo[3] cercados por um muro, tão dignamente quanto puderam desenhá-lo os homens mais sábios. Puseram no túmulo anéis e colares, todas as jóias que haviam obtido outrora como butim. Entregaram ao chão o tesouro dos guerreiros; deixaram o ouro na terra, onde ainda permanece, tão inútil para os homens como antes o era.

Cavalgaram depois ao redor do túmulo doze guerreiros, todos filhos de nobres. Queriam dizer seu pesar, lamentar seu rei, recitar sua elegia e fazer sua louvação. Exaltaram sua fidalguia e suas façanhas, e elogiaram sua virtude, como convém que um homem louve com palavras e aprecie em sentimento seu senhor, quando chega a vez de este ser conduzido para além do seu corpo.

Assim lamentaram os geatas a queda do seu senhor. Disseram que era entre os reis do mundo o mais suave dos homens e o mais gentil, o mais amável com seu povo e o mais ansioso de louvação.

---

[2] Os geatas.
[3] "Os restos do fogo": trata-se obviamente das cinzas de Beowulf.

A batalha de Brunanburh*

Este poema comemora a vitória de Aethelstan, rei de Wessex, e seu irmão, o príncipe Eadmund**, contra uma confederação de escoceses, pictos, bretões de Strathclyde e vikings ("homens do Norte") procedentes de Dublin. Brunanburh celebra a vitória dos saxões: Aethelstan e Eadmund regressam a seus lares exultantes; o rei Anlaf se vê forçado a escapar humilhado de Dublin; o rei dos escoceses, Constantino, o dos cabelos cinzentos, tem de fugir lamentando a perda de amigos e parentes. Esse poema aparece no anal correspondente ao ano de 937 na Crônica anglo-saxã. *O lugar da batalha, que dá nome ao poema, nunca pôde ser identificado com precisão.*

O rei Aethelstan, senhor de guerreiros, dador de anéis, e também seu irmão, o príncipe Eadmund, obtiveram glória eterna na batalha com o fio das suas espadas, perto de Brunanburh. Os filhos de Eadweard*** partiram a muralha de escudos, machadaram as tílias da batalha[1] com os frutos dos martelos[2], como cabia à sua linhagem, desde seus ancestrais:

---

* Veja também a versão em inglês moderno feita por Jennyson, nas pp. 398 ss.
** Edmund, o Magnífico.
*** Eduardo, o Velho.
[1] No original, *heaðolinde*, de *heað*, "batalha", e *linde*, "tílias": "os escudos".
[2] A expressão original no poema é "*hamora lafum*". A palavra *laf*, "resto, herança, o que se deixa ou fica", relaciona-se com o verbo anglo-saxão *læfan*, "deixar", de que provém o verbo "*to leave*" do inglês moder-

que lutaram amiúde na guerra contra cada inimigo, que defenderam terra, riqueza e lares.

Os atacantes caíram, as gentes da Escócia e também os navegantes, destinados a morrer. O campo ficou escuro com o sangue dos homens, desde que o sol, essa famosa estrela, a brilhante candeia de Deus, saiu de manhã e flutuou sobre a terra, até que a nobre criatura do eterno Senhor caiu no poente: jaziam ali, então, muitos homens, destruídos pelas lanças, guerreiros do Norte feridos sobre seus escudos, e também escoceses, saciados do combate.

Os saxões do Oeste haviam avançado durante o dia inteiro, formados em tropa, seguindo as pegadas dessas gentes odiosas, matando ferozmente os que escapavam com suas afiadas espadas. As gentes de Mércia não pouparam do encontro de homens[3] nenhum daqueles guerreiros que, junto com Anlaf, haviam navegado, sobre as embravecidas ondas[4], no seio da nau – buscando a terra, destinados a morrer na guerra.

Cinco jovens reis ficaram mortos no campo de batalha, adormecidos pela espada, também ficaram estendidos sete condes de Anlaf e outro sem-número de *vikings* e escoceses.

Assim, os saxões fizeram o rei dos homens do Norte[5], acossado pelo perigo, fugir para a proa de seu barco, com reduzido exército. A nau se apressou sobre o mar. O rei escapou, navegando, sobre as escuras correntes: salvou sua vida.

Assim também escapou o sábio Constantino, esse guerreiro cinzento, que fugiu para o norte para o seu lar. Não

no; *hamora* é o genitivo plural de *hamor*, "martelo". "*Hamora lafum*" significa então, literalmente, "com o que deixam, com o que produzem os martelos", isto é, "com as espadas".
[3] *Kenning* para "a batalha".
[4] No poema, *eargebland*, literalmente "comoção das águas".
[5] No poema, "*norðmanna bregu*". Trata-se obviamente do rei Anlaf.

pôde gabar-se daquele encontro de espadas; no combate, foi despojado de amigos e sua parentela se reduziu, ficaram mortos no campo de batalha. Teve de deixar para trás seu filho no lugar da matança, consumido pelos ferimentos, jovem no combate. Não pôde o encanecido guerreiro, o ancião traiçoeiro, ufanar-se desse choque de espadas; tampouco o pôde Anlaf.

Não puderam se alegrar com o que restava dos seus exércitos; não puderam rir por terem sido os melhores na luta, na guerra, no choque dos estandartes, no encontro das lanças, na reunião dos homens, no jogo das armas que haviam jogado com os filhos de Eadweard.

Partiram então os homens do Norte em suas naus de pregos, pesarosos sobreviventes das lanças, sobre as águas profundas, por Dingesmere, no rumo de Dublin, buscando a Irlanda com vergonha.

Assim também ambos os irmãos, o príncipe e o rei, buscaram seu lar, a terra dos saxões do Oeste, exultantes. Deixaram para trás as aves carniceiras que repartiam os corpos entre si: o negro corvo com seu bico encurvado, vestido de escuro, a águia marrom com penas brancas na cauda, o ávido falcão da guerra[6] e aquela besta cinzenta, o lobo do bosque.

Não havia ocorrido até então, com nenhuma gente daquela ilha, matança maior pelo fio da espada, segundo nos dizem os livros e os sábios de antanho, desde que do Leste vieram para cá, sobre vastos mares, anglos e saxões: os orgulhosos ferreiros da guerra que vieram à Bretanha venceram os galeses, desejosos de glória, e conquistaram sua terra.

---

[6] "*Guðhavoc*": trata-se provavelmente de uma *kenning* para a águia. É portanto uma aposição para "a águia marrom".

The Battle of Brunanburh*
Tradução da "Ode de Brunanburh"
para o inglês moderno de Lord Alfred Tennyson

Constantinus, King of the Scots, after having sworn allegiance to Athelstan, allied himself with the Danes of Ireland under Anlaf, and invading England, was defeated by Athelstan and his brother Edmund with great slaughter at Brunanburh in the year 937.

Athelstan King, Lord among Earls, Bracelet-bestower and
Baron of Barons,
He with his brother,
Edmund Atheling,
Gaining a lifelong
Glory in battle,
Slew with the sword-edge
There by Brunanburh,
Brake the shield-wall,
Hew'd the lindenwood,
Hack'd the battleshield,
Sons of Edward with hammer'd brands.
Theirs was a greatness
Got from their Grandsires –
Theirs that so often in
Strife with their enemies

* Incluímos esta versão em inglês, que Borges qualifica de exemplar.

Struck for their hoards and their hearths and their homes.
Bow'd the spoiler,
Bent the Scotsman,
Fell the ship crews
Doom'd to the death.
All the field with blood of the fighters
Flow'd from when first the great
Sun-star of morning tide,
Lamp of the Lord God
Lord everlasting,
Glode over earth till the glorious creature
Sank to his setting.
There lay many a man
Marr'd by the javelin,
Men of the Northland
Shot over shield.
There was the Scotsman
Weary of war.
We the West-Saxons,
Long as the daylight
Lasted, in companies
Troubled the track of the host that we hated
Grimly with swords that were sharp from the grindstone
Fiercely we hack'd at the flyers before us.
Mighty the Mercian,
Hard was his hand-play,
Sparing not any of
Those that with Anlaf,
Warriors over the
Weltering waters
Borne in the bark's-bosom
Drew to this island
Droom'd to the death.

Five young kings put asleep by the sword-stroke,
Seven strong earls of the army of Anlaf
Fell on the war-field, numberless numbers,
Shipmen and Scotsmen.
Then the Norse leader –
Dire was his need of it,
Few were his following,
Fled to his war ship:
Fleeted his vessel to sea with the king in it,
Saving his life on the fallow flood.
Also the crafty one,
Constantinus,
Crept to his north again,
Hoar-headed hero!
Slender warrant had
He to be proud of
The welcome of war-knives –
He that was reft of his
Folk and his friends that had
Fallen in conflict,
Leaving his son too
Lost in the carnage,
Mangled to morsels,
A youngster in war!
Slender reason had
He to be glad of
The clash of the war glaive –
Traitor and trickster
And spurner of treaties –
He nor had Anlaf
With armies so broken
A reason for bragging
That they had the better

In perils of battle
On places of slaughter,
The struggle of standards,
The rush of the javelins,
The crash of the charges,
The wielding of weapons –
The play that they play'd with
The children of Edward.
Then with their nail'd prows
Parted the Norsemen, a
Blood-redden'd relic
Of javelins over
The jarring breaker, the deep-sea billow,
Shaping their way toward Dyflen again,
Shamed in their souls.
Also the brethren,
King and Atheling,
Each in his glory,
Went to his own in his own West-Saxonland,
Glad of the war.
Many a carcase they left to be carrion,
Many a livid one, many a sallow-skin –
Left for the white tail'd eagle to tear it, and
Left for the horny nibb'd raven to rend it, and
Gave to the garbaging war-hawk to gorge it, and
That gray beast, the wolf of the weald.
Never had huger
Slaughter of heroes
Slain by the sword-edge –
Such as old writers
Have writ of in histories –
Hapt in this isle, since
Up from the East hither

Saxon and Angle from
Over the broad billow
Broke into Britain with
Haughty war-workers who
Harried the Welshman, when
Earls that were lured by the
Hunger of glory gat
Hold of the land.

A batalha de Maldon

Este poema descreve a batalha que foi travada no dia 10 ou 11 de agosto de 991. Os vikings *chegam à costa de Wessex e pedem permissão para vir combater em terra firme. Byrhtnoth, alcaide de Essex, concede-lhes passagem. O poema foi interpretado diferentemente como uma desculpa, uma justificação ou uma crítica desse ato de ousadia, que os saxões terminam pagando com a vida. Encontramos em Maldon um claro exemplo do código heróico germânico: a narrativa estabelece um forte contraste entre o proceder de Godric e seus irmãos, que escapam covardemente, e a nobre atitude dos outros guerreiros que, perdida toda esperança, desdenham de todos os modos a fuga e combatem por sua honra até morrer.*

... foi rompido. Pediu então que cada guerreiro deixasse seu cavalo e se afastasse, que avançasse prestando atenção em suas mãos e na nobre coragem.

Quando o parente de Offa se deu conta de que o alcaide não ia tolerar covardias deixou que o querido falcão voasse da sua mão para o bosque e entrou na batalha. Quem o visse empunhar as armas teria compreendido logo que o jovem não ia fraquejar na luta.

Eadric também seguiria o líder, seu senhor, na batalha. Começou a avançar, levando sua lança ao combate. Não lhe faltaria coragem enquanto pudesse sustentar com suas mãos espada e escudo, cumpriria sua promessa de lutar diante do Earl.

Byrhtnoth começou então a arengar suas tropas. Do seu cavalo instruiu seus homens; disse-lhes como parar e manter a posição; pediu-lhes que aferrassem bem seus escudos, com mãos firmes, que não tivessem medo. Quando seus guerreiros estavam bem formados, Byrhtnoth apeou entre seus homens, onde mais gostava de estar: ali onde ele sabia mais fiel seu séquito.

Foi então que o mensageiro *viking* gritou asperamente, falou com palavras. Atirou para o *earl*, parado na outra costa, a ameaçadora mensagem dos homens do mar:

"Enviam-me a ti valentes navegantes. Mandaram que te dissesse que podes enviar anéis como resgate. E é preferível para vós evitar essa torrente de lanças[1], pagando um tributo, a travarmos tão dura batalha. Não há razão para nos destruirmos mutuamente, se sois suficientemente ricos. Dar-vos-emos trégua em troca do ouro. Se tu, que és aqui o mais poderoso, decides pagar resgate por tua gente, dar aos homens do mar as riquezas que eles exigem e aceitar nossa trégua, iremos com o tributo para nossas naus, afastar-nos-emos sobre as águas e deixar-vos-emos em paz."

Byrhtnoth falou, levantou seu escudo. Agitou sua esbelta lança de freixo; falou com palavras. Irritado e decidido, deu-lhes a resposta:

"Ouves, ó navegante, o que te diz esta gente? Como único tributo dar-vos-ão pontas de lança envenenadas e antigas espadas; adereços que na batalha pouco vos servirão. Mensageiro dos *vikings*, responde-lhes assim, leva a tuas gentes a seguinte mensagem, muito mais odiosa do que a que elas esperam:

"Aqui está, firme entre suas hostes, o não menos respeitável dos *earls*, que defenderá este reino, o país de Aethelred, a terra e a gente do meu senhor. Na batalha cairão os pagãos!

---

[1] "*Garraes*", uma *kenning* para batalha.

Creio que seria uma vergonha se fôsseis daqui com nossa paga para vossas naus, sem ser enfrentados, agora que entrastes tanto em nossa terra. Nossas riquezas não irão tão facilmente para vosso lado. Antes de vos entregarmos tributo deverão arbitrar entre nós a ponta da lança e o fio da espada, o feroz jogo da guerra."

Byrhtnoth ordenou então que seus guerreiros avançassem com seus escudos até que todos chegassem à margem do rio. Ali, devido à água, nenhum dos dois bandos podia alcançar o outro. À maré baixa seguiu-se a montante: as águas se encontraram. Longa demais lhes pareceu a espera até poderem entrechocar suas lanças.

Assim permaneceram, formados em margens opostas do rio Pant, a vanguarda dos saxões do Oeste e as hostes das naus de freixo. Devido à água que se interpunha, nenhum deles podia ferir os outros, salvo os que fossem mortos pelo vôo da flecha.

A maré baixou. Os navegantes se erguiam prontos, as hostes *vikings* ansiando pelo combate. O senhor de heróis mandou então um duro guerreiro defender a ponte – seu nome era Wulfstan, valente entre os seus. Foi ele, filho de Ceola, que derrubou o primeiro homem com sua lança quando este subiu, audaz, na ponte.

Acompanhavam Wulfstan intrépidos guerreiros: Aelfere e Maccus, dois valentes que nunca abandonariam o vau, e sim o defenderiam com firmeza contra os atacantes enquanto pudessem empunhar as armas. Assim, quando os odiados forasteiros perceberam quão inflamados eram os defensores da ponte (quando compreenderam e viram claramente que deparavam na ponte com ferozes guardiães), pediram com enganos que lhes dessem passagem à terra firme, que lhes permitissem cruzar, guiar seus homens através do vau.

Então Byrhtnoth, levado por sua temeridade, cedeu àquela odiada gente terra demais. Seus homens ouviram quando o filho de Byrhthelm[2] gritou através das frias águas: "O caminho está aberto para vós. Vinde logo a nós, homens, ao combate. Só Deus sabe quem dominará o campo de batalha."

Os lobos da matança[3] avançaram sem prestar atenção na água. As tropas *vikings* cruzaram o Pant, para oeste, no alto os escudos sobre as brilhantes águas, os homens das naus em direção à terra.

Fazendo frente a esses ferozes homens aguardavam prontos Byrhtnoth e seus guerreiros. Byrhtnoth mandou armar a paliçada de escudos e pediu que suas hostes se mantivessem firmes contra o inimigo. O combate estava próximo, a glória na batalha. Havia chegado o momento em que cairiam os homens destinados a morrer. Elevou-se um clamor; os corvos voavam em círculo, também a águia ansiosa de carniça.

Houve um tumulto na terra. As agudas lanças e os afiados dardos voaram dos punhos. Os arcos dispararam, os escudos receberam as pontas das lanças. A batalha era encarniçada: de ambos os lados caíam os homens e morriam jovens guerreiros.

Wulfmaer caiu ferido, o parente de Byrhtnoth escolheu seu repouso no campo de batalha. O filho da sua irmã caiu derrubado, destruído pelas espadas. Mas isso logo foi retribuído aos *vikings*: contaram-me que Eadward atacou um sem poupar forças na estocada, com tanta violência que o aziago guerreiro caiu ali mesmo, morto, a seus pés. Byrhtnoth lhe agradeceu essa façanha assim que teve a ocasião.

Assim se mantiveram, resolutos, os jovens guerreiros na luta, observando ansiosos quem poderia ser o primeiro a arrancar com sua lança uma vida entre os homens destinados a morrer, os guerreiros com suas armas. Os mortos caíram no chão, os demais se mantiveram firmes.

---

[2] "O filho de Byrhthelm": refere-se a Byrhtnoth.
[3] Os *vikings*.

Byrhtnoth exortou seus homens, ordenou a cada um dos guerreiros que quisesse obter a glória sobre os dinamarqueses que se concentrasse na batalha.

Avançou então um *viking* endurecido pela guerra, levantou sua arma e seu escudo em defesa e se dirigiu para o guerreiro. Byrhtnoth avançou resolutamente contra o camponês; cada um abrigava maldade para com o outro. O homem do mar arremessou sua lança meridional, e esta feriu o senhor de guerreiros. Byrhtnoth golpeou-a com seu escudo, partindo a lança e empurrando a ponta, que saltou fora do ferimento. O guerreiro, enfurecido, cravou então sua lança no soberbo *viking* que o atacara; fez que sua arma atravessasse a garganta do jovem guerreiro[4], guiou sua mão até que esta alcançou a vida do repentino atacante. Atirou-se em seguida sobre outro, partiu do inimigo a cota de malha, e esse caiu ferido no peito através da sua couraça, a ponta mortal cravada em seu coração. Byrhtnoth se alegrou, riu o valente homem, deu ao Criador graças pelos trabalhos daquele dia que o Senhor lhe havia concedido.

Então um dos *vikings* deixou sair uma lança da sua mão, deixou voar do seu punho, e esta se cravou profundamente no nobre vassalo de Aethelred[5]. A seu lado estava um jovem guerreiro, Wulfmaer, filho de Wulfstan, um rapaz no campo de batalha, que arrancou de Byrhtnoth a sangrenta lança e arremessou-a de volta com todas as suas forças; sua ponta se cravou e fez cair no chão aquele que acabava de ferir tão gravemente seu senhor.

Avançou então outro homem para o guerreiro. Queria tomar de Byrhtnoth suas riquezas: sua armadura, anéis e adornada espada. Byrhtnoth sacou da bainha a folha, larga e de brilhante gume, e tentou cravá-la na cota de malha dele. Mas

---

[4] "O jovem guerreiro": o *viking* que havia atacado Byrhtnoth.
[5] O "vassalo de Aethelred": Byrhtnoth.

outro dos homens do mar o impediu tão bruscamente que mutilou o braço do cavaleiro[6]. Caiu então no chão a espada de dourada empunhadura: Byrhtnoth não pôde mais sustentar seu duro sabre, esgrimir a arma. Teve ainda uma palavra o encanecido guerreiro, arengou seus homens, pediu que seus nobres companheiros avançassem. Não pôde manter-se de pé por muito tempo mais; olhou para os céus:

"Dou-te graças, Senhor das gentes, por todas as alegrias que tive neste mundo. Agora tenho, piedoso Criador, a maior necessidade de que concedas bênção a meu espírito: que minha alma possa viajar para ti, para teus domínios, senhor dos anjos, partir em paz. Suplico-te que não permitas que os inimigos infernais a humilhem."

Ali o mataram os homens pagãos e mataram também os dois guerreiros que estavam a seu lado: Aelfnoth e Wulfmaer. Ambos entregaram sua vida e jazeram ao lado do seu senhor.

Foi então que desertaram da batalha os que não queriam estar ali.

Foram os filhos de Odda os primeiros a fugir: Godric desertou do combate e deixou para trás o generoso Byrhtnoth, que lhe havia presenteado com mais de um corcel; montou no cavalo que havia pertencido ao seu senhor, nessa montaria a que não tinha direito, e seus dois irmãos com ele, ambos escaparam, Godwine e Godwig.

Não pensaram na batalha, mas desertaram da luta e buscaram o bosque, fugiram para esse refúgio e salvaram suas vidas, e também [fugiram] muito mais homens do que teria sido apropriado, se todos houvessem recordado os favores que Byrhtnoth lhes havia concedido para beneficiá-los. Assim Offa havia advertido Byrhtnoth naquele mesmo dia, no lugar da assembléia, onde havia convocado uma reunião:

---

[6] Refere-se a Byrhtnoth.

muitos dos que ali haviam falado com bravura não resistiriam mais tarde ante o perigo.

O líder das tropas, o guerreiro de Aethelred, jazia ali tombado: todo o seu séquito pôde ver que seu senhor jazia morto. Os orgulhosos guerreiros, os homens intrépidos regressaram então à luta. Apressaram-se, ofegantes, pois queriam uma destas duas coisas: deixar ali a vida ou vingar seu querido senhor.

Assim falou Aelfwine, filho de Aelfric, um guerreiro jovem em invernos, arengou-os com palavras, falou com bravura: "Lembro-me dos discursos que com freqüência pronunciávamos à conta do hidromel, as promessas feitas no banco da sala pelos heróis, acerca da dura batalha. Agora saberemos quem é na verdade valente. Quero fazer saber a todos minha alta ascendência: eu era em Mércia de grande linhagem; meu avô era Ealhelm, um nobre sábio e próspero. Não terão de reclamar de mim os guerreiros desta terra que eu tenha querido abandonar este exército para buscar meu solo, agora que meu senhor jaz tombado na batalha. Minha dor é a maior: ele era ao mesmo tempo meu parente e meu senhor."

Então avançou, a fúria voltou a ele, e atingiu um com a ponta da sua lança, o navegante entre sua gente, derrubou-o com sua arma; começou depois a arengar amigos, camaradas e companheiros para que avançassem.

Depois Offa falou, agitou sua lança de madeira de freixo: "Saúdo a ti, Aelfwine, que recordaste a cada guerreiro quão desesperada é a situação. Agora que nosso senhor tombou, o guerreiro na terra, é preciso que cada um exorte o outro à batalha, enquanto puder brandir e sustentar sua arma, dura folha, lança e boa espada. Traiu a todos nós o covarde filho de Odda. Pensaram dele muitos homens, quando ele cavalgou o cavalo, esse magnífico corcel, que se tratava de nosso senhor, e por isso ficamos dispersos no campo de batalha, e o muro de escudos desfez-se em pedaços. Maldito seja seu proceder, que levou tantos homens a fugir!"

Leofsunu falou e levantou o escudo, respondeu ao guerreiro: "Isto eu prometo: daqui não retrocederei nem um passo, mas continuarei avançando, vingarei meu senhor na luta. Não deverão reclamar de mim com palavras os firmes heróis de Sturmere, que eu parti para o meu lar, fugindo da batalha – agora que meu senhor morreu –, mas me tomarão as armas, a lança ou o ferro." Avançou resoluto, desdenhou a fuga.

Então falou Dunnere, agitou sua lança, um simples homem livre, exclamou acima de todos, pediu que cada guerreiro vingasse Byrhtnoth: "Não poderá retroceder aquele que quiser vingar o senhor das gentes, nem se preocupar com a própria vida."

Começaram então as tropas a pelejar duramente, ferozes portadores de lanças, e pediram a Deus que alcançassem a vingança do seu senhor, que pudessem causar grande dano aos inimigos.

Ajudou-os cheio de ânimo o refém. Seu nome era Aescferth, filho de Ecglaf, e era na Nortúmbria, de brava linhagem. Não retrocedeu no jogo da guerra, mas atirou flechas com freqüência, atingindo às vezes um escudo, lacerando às vezes um homem, e ferindo guerreiros várias vezes, enquanto pôde sustentar sua arma.

Eadward, o longo, ainda estava então na vanguarda. Pronto e ansioso, alardeou que não cederia um só pé de terra, que não retrocederia de forma alguma, agora que seu senhor jazia morto. Rompeu o muro de escudos e lutou contra os guerreiros, infligiu aos homens do mar uma vingança digna do seu senhor, até que jazeu entre os caídos.

Também assim fez Aetheric, nobre companheiro, embravecido e ansioso por avançar: lutou com denodo. O irmão de Sibyrht, e muitos outros mais partiram os côncavos escudos, combateram com coragem: a beirada do escudo se fez em pedaços, a armadura cantou uma das suas horrendas canções.

Então Offa matou em combate o homem do mar, derrubou-o e este caiu no chão. Mas depois o parente de Gadda[7] também buscou a terra: caiu bruscamente, derrubado na luta. Já havia levado a cabo, porém, o que seu senhor lhe havia ordenado. Assim ele havia prometido a seu dador de anéis: ambos voltariam juntos para a aldeia, ilesos para o lar, ou cairiam lutando, morreriam pelos ferimentos no campo de batalha. Jazeu então nobremente, ao lado do seu senhor.

Houve então um estalido de escudos: os homens do mar avançavam, acalorados pelo combate, as lanças atravessavam amiúde a casa da vida[8] daqueles destinados a morrer. Wistan avançou, o filho de Wurstan pelejou contra os guerreiros, foi entre a multidão o matador de três *vikings*, antes de jazer, o filho de Wigelin, entre os tombados.

Houve ali grave assembléia[9]. Os guerreiros se mantiveram firmes no combate. Alguns pereceram sofrendo com os ferimentos; os mortos caíam no chão. Esse tempo todo Eadwold e Oswold, dois irmãos, arengaram os homens, pediram com palavras a seus companheiros que resistissem ante o perigo, que usassem das suas armas com valentia.

Então falou Bryhtwold, o velho guerreiro levantou seu escudo, brandiu sua lança de freixo, instou com fervor os outros guerreiros: "Tanto mais firme será nosso propósito, mais animoso o coração, maior a coragem, quanto menor for nossa força. Aqui jaz nosso senhor, feito em pedaços, o que mais valia, no pó. Quem pensar em fugir deste jogo guerreiro se lamentará para sempre. Minha vida foi longa;

---

[7] Refere-se provavelmente ao próprio Offa.
[8] "Casa da vida": corpo.
[9] "Grave assembléia": combate.

não me irei daqui. Jazerei estendido ao lado do meu senhor, deste homem tão querido."

Assim também arengou a todos Godric, filho de Aethelgar. Arremessou contra os *vikings* lanças e dardos de morte e avançou, primeiro entre essas tropas, matando e ferindo, até que ele próprio caiu na batalha.

Este não era o Godric que fugiu...

Wið ymbe
Conjuro contra um enxame de abelhas

A primeira parte deste conjuro consiste numa declaração do poder da terra. A segunda parte insta o enxame a descer ao chão. Segundo R. K. Gordon, a expressão "mulheres de vitória" é um elogio destinado a aplacar as abelhas: o propósito desse conjuro não seria impedir que o enxame se formasse, mas evitar que ele se afastasse.

Contra um enxame de abelhas. Pega a terra, atira-a com tua mão direita debaixo do teu pé direito e diz:

Pego-o sob meu pé, encontrei-o!

Sim! A terra tem poder contra todas as criaturas,
contra a malícia, contra a negligência
e contra o poder da língua dos homens.

Atira terra nelas, quando formarem um enxame, e diz:

Parai, mulheres da vitória, descei à terra!
Não sede selvagens, não escapeis mais ao bosque!
Pensai tanto em meu bem-estar
como cada um dos homens pensa no seu lar
e no seu sustento.

Wið færstice
Conjuro contra uma dor repentina

Este conjuro tem o propósito de curar a dor causada por uma "pequena lança", cravada no paciente por elfos, bruxas velhas ou deuses pagãos. Deve ser recitado depois de preparar um líquido com diversas ervas curativas. Pronunciado em voz alta, fará que a aflição deixe o corpo do paciente e fuja para as montanhas. O conjuro se refere vagamente a antigas tradições germânicas de elfos e ferreiros mágicos. As "poderosas mulheres" de que fala são provavelmente as valquírias.

Contra uma pontada repentina: camomila e urtiga vermelha, que cresce através da casa, e tanchagem; ferver em manteiga.

Ressoantes eram elas, sim, ressoantes, quando cavalgavam na colina.
Decididas eram elas, quando cavalgavam na terra.
Protege-te agora, para que possas escapar desta aflição!
Fora, pequena lança, se dentro estás!
Estive sob as tílias, sob uma leve couraça
onde as poderosas mulheres suas forças preparavam
e atiravam gritando suas lanças. Eu lhes devolverei outra:
uma flecha voadora contra elas.

Fora pequena lança, se é que estás dentro!

Um ferreiro se sentou, forjou uma pequena faca,
Com o ferro feriu-o gravemente:
Fora, pequena lança, se estás dentro!

Seis ferreiros sentaram-se, forjaram lanças de morte:
Fora pequena lança! Não fiques dentro, lança!
Se dentro há algo de ferro, obra de bruxas velhas, derre-
                                                      ter-se-á!

Se foste ferido na pele, ou foste ferido na carne,
Ou foste ferido no sangue, ou foste ferido no osso,
Ou foste ferido na perna, que nunca tua vida se deteriore.

Se é um dardo dos deuses ou um dardo dos elfos,
Ou um dardo das bruxas, agora te ajudarei:
Isto para curar-te de um dardo dos deuses, isto para curar-te de um dardo dos elfos,
Isto para curar-te de um dardo das bruxas: eu te ajudarei!
Foge para o cume da montanha,
Sara! Que Deus te ajude!

Pegar depois a faca, colocar no líquido.

Æcerbot
Conjuro para um campo árido

Este conjuro tem por objetivo restaurar a fertilidade de um campo e obter uma boa colheita. A primeira parte consiste numa complexa cerimônia que compreende benzer a terra, os arbustos e as ervas do campo com água benta e missas cristãs. A segunda parte, que aqui traduzimos, combina elementos cristãos e pagãos: invoca Cristo e a Virgem, mas também Erce, a mãe da terra.

Eis o remédio com que podes melhorar tuas terras, se estas não produzem bem ou se algum dano lhes foi causado por feitiçaria ou bruxaria...

Gira três vezes, seguindo o trajeto do sol, depois deita-te no chão e repete as litanias; diz depois: *sanctus, sanctus, sanctus*, até o fim. Canta o Benedicte com os braços estendidos, o Magnificat e o Paternoster três vezes, e dedica-o ao louvor de Cristo, de Santa Maria e da Sagrada Cruz e ao benefício do dono deste campo e de todos os que estão sob seu mando. Feito isso, há que pegar dos mendigos sementes desconhecidas e lhes devolver o dobro da quantidade pega. Junta depois todas as ferramentas do arado; coloca o ramo em incenso, erva-doce, sabão santo e santo sal.

Pega depois as sementes, coloca-as no corpo do arado e diz:

Erce, Erce, Erce, mãe da terra
Que o Todo-Poderoso, o Senhor, te conceda
Campos que cresçam e produzam
Férteis e prósperos
Abundância de colheitas de painço
E de amplas colheitas de cevada
E de brancas colheitas de trigo
E de todas as colheitas da terra.
Que o eterno Senhor
E seus santos que estão no céu
Protejam seu campo de todos os inimigos
E contra todo mal
E contra todas as feitiçarias semeadas
A torto e a direito na terra
Agora rogo ao Todo-Poderoso que criou este mundo
Que não haja mulher com tal eloqüência
Nem homem com tais poderes
Que sejam capazes de distorcer estas palavras.
Deve-se empurrar então o arado para abrir o primeiro sulco.
Depois diz:
Salve, ó Terra, mãe dos homens!
Sê fértil nos braços de Deus,
Cheia de alimento para dar aos homens.

Depois toma comida de todo tipo e manda assar um pão tão largo quanto as palmas das mãos e amassado com leite e água benta, e coloca-o no primeiro sulco. Então diz:

Um campo repleto de alimento para a humanidade
Ó, campo que cresces reluzente, bendito sejas
no santo nome Daquele que criou o céu
e a terra em que habitamos.
Que o Deus que criou estas terras nos conceda

Prósperas dádivas, que cada uma das sementes
Nos sirva de sustento.

Depois diz três vezes: "*Crescite, in nomine patris sit benedicti. Amen*", e recita o Paternoster três vezes.

Elegia do homem errante

Como as demais elegias anglo-saxãs, este poema ressalta o caráter transitório e efêmero dos prazeres deste mundo. O protagonista é um guerreiro que conheceu a felicidade no passado, mas que depois a perdeu totalmente. Triste e solitário, vê-se obrigado a percorrer os "caminhos do exílio" pensando nas glórias passadas, esperando encontrar alguém que console sua dor. Suas recordações de um esplendor perdido servem para exemplificar a impermanência da existência humana. O poema termina com uma exortação cristã a buscar segurança e estabilidade no Pai do Céu.

Muitas vezes o homem solitário implora a piedade, a misericórdia do Criador, embora deva sempre percorrer os caminhos do exílio, afligido por pesares, atravessar longamente as águas, agitar com as mãos[1] os mares gelados. O destino foi consumado.

Desta forma falou o viajante, recordando seus pesares, cruéis matanças, a queda da sua gente:

"Toda madrugada eu me vejo obrigado a dizer minhas penas na solidão. Não há mais ninguém entre os vivos a quem eu me atreva a dizer meus sentimentos. Sei que é

---

[1] "Agitar com as mãos": remar.

de fato uma nobre virtude num homem dominar seu peito, reter seu coração, pense este o que pensar.

Não poderá um espírito cansado enfrentar o destino, nem uma mente atribulada servir de ajuda, e é por isso que os que anseiam pela fama retêm seus pesares em seu próprio coração. Assim, eu também devo agrilhoar meu sentir – atormentado e triste, longe do meu lar, com saudade da minha gente – desde que, já faz anos, a escura terra envolveu meu senhor e eu tive de partir, miseravelmente, desolado como o inverno, sobre as ondas, buscando um dador de tesouros, um lugar onde – perto ou longe – eu pudesse encontrar na sala alguém que conheça os meus[2], um senhor que console este homem carente de amigos e o receba com júbilo.

Sabe aquele que conhece a adversidade, quão cruel é a angústia como companheira para aquele que tem poucos confidentes. Sempre o chamam os caminhos do exílio, nunca o ouro forjado; sempre o coração gelado, nunca as glórias desta terra. Seus pesares o fazem lembrar-se dos homens na sala, da entrega dos tesouros e como em sua juventude seu senhor o recebia. Mas todos esses gozos se foram.

Sabe muito bem disto quem se vê forçado a deixar para trás os conselhos do seu querido senhor: sabe que, quando a pena e o sonho afligem juntos o triste viajante, este imagina que abraça e beija seu senhor e deposita em seus joelhos sua cabeça e sua mão, como fazia outrora, em dias passados, quando desfrutava os benefícios do trono. Mas, depois, o homem desperta sem amigos, vê diante de si as louras ondas, as aves marinhas que se

---

[2] Para que um senhor concedesse sua proteção e sua confiança a um guerreiro, era necessário que o senhor conhecesse as origens e a filiação tribal do candidato.

banham penteando suas penas, a geada que cai e a neve que turbilhona no granizo. Tornam-se então mais profundas as feridas do seu coração, doendo por seu querido senhor; seus pesares se renovam.

Cada vez que a lembrança da sua gente passa por sua mente, o viajante saúda com júbilo, observa ansioso os companheiros dos homens, mas estes sempre se afastam. As mentes dos que flutuam não trazem palavras conhecidas[3]. Os pesares regressam àquele que deve sempre enviar seu espírito sobre as ondas.

Não devo pois me perguntar, enquanto atravesso este mundo, como é que minha mente não se enegrece quando penso na vida inteira dos *earls*, quão bruscamente abandonaram o chão[4] os orgulhosos cavaleiros. Assim também, nesta terra média, cada um dos dias perece e decai."

Assim é que nenhum homem se torna sábio antes de ter tido neste mundo sua porção de invernos. O homem sábio deve ser paciente: não deve ser iracundo, nem apressado em seu falar, nem um guerreiro fraco, precipitado, temeroso, resignado, cobiçoso, antes de saber tudo. Cada vez que faz uma promessa, o guerreiro de espírito forte deve esperar até saber exatamente para onde tendem os pensamentos da sua mente.

O guerreiro sábio poderá compreender quão horrível será quando todas as riquezas deste mundo tiverem se con-

---

[3] "Os companheiros dos homens" e "os que flutuam" são expressões ambíguas. O protagonista parece estar falando tanto dos companheiros mortos (que vê aparecerem diante de si em sua imaginação e em suas recordações) como das aves marinhas, que são sua única companhia real.

[4] "Quão bruscamente abandonaram o chão (da sala)": quão bruscamente deixaram este mundo.

sumido, da mesma forma que em muitos lugares na terra erguem-se, hoje mesmo, edifícios em ruínas, antigas paredes batidas pelo vento, cobertas de gelo. As salas desmoronaram; seus senhores jazem despojados de toda alegria; seu séquito caiu orgulhoso ante o muro. A guerra matou muitos deles, levou-os além: um deles, um pássaro arrastou para o alto-mar, outro foi morto pelo velho lobo[5], outro foi escondido por um guerreiro de rosto entristecido numa fossa na terra. Assim o Criador maltratou esta morada terrena, até que cessou o regozijo dos homens e as antigas obras dos gigantes ficaram vazias e em silêncio.

Aquele que observasse pausadamente esses velhos muros e refletisse em profundidade sobre nossa obscura vida recordaria um sem-número de batalhas distantes, e seriam estas as suas palavras:

"Aonde se foi o cavalo?
Aonde se foram as gentes?
Onde está o distribuidor de tesouros?
Aonde se foram os lugares das festas?
Onde está a algaravia da sala?
Ai, brilhante taça!
Ai, guerreiro de armadura!
Ai, majestade do cavaleiro!

Como o tempo passou, escureceu sob o elmo da noite, como se tudo isso nunca houvesse sido. Ergue-se agora, após a partida do amado séquito, uma alta parede, decorada maravilhosamente com formas de serpentes. Os guerreiros foram tomados pela força das lanças de freixo

---

[5] São as "feras da batalha", animais que aparecem com freqüência na épica anglo-saxã. Compare-se com a menção ao corvo, à águia e ao lobo, no poema de *Brunanburh*.

– essa arma desejosa de matanças –; ilustre é o destino deles. As ladeiras de pedra são castigadas pelas tormentas, contra a terra se quebram terríveis nevascas. Chega assim a escuridão, a sombra da noite, e do norte manda o terrível granizo que fustiga os homens.

Tudo é perecedouro nesta terra; as operações do destino mudam o mundo sob os céus. A riqueza é passageira, os amigos se perdem, o homem é efêmero, os parentes perecem; um dia desaparecerão os próprios alicerces deste mundo."

Assim falou o sábio de coração, e sentou-se para meditar.

Justo é aquele que mantém sua fé; o homem não deve deixar sair depressa demais a aflição do peito, enquanto não souber qual é seu remédio e não conhecer a forma de levá-lo a cabo com coragem.

Terá fortuna aquele que busca a misericórdia e o consolo do Pai do Céu, em quem reside para nós toda a permanência.

A visão da cruz

Este poema, tradicionalmente considerado o melhor de toda a poesia cristã anglo-saxã, foi justamente louvado pela riqueza do seu conteúdo e pela complexidade da sua composição. O poema narra uma experiência mística baseada na personificação da Cruz; no relato também se fundem a natureza divina e humana de Cristo. O texto original pertence ao Livro de Vercelli, *mas encontraram-se também vários versos desse poema entalhados em letras rúnicas na cruz de pedra de Ruthwell (ver apêndice sobre o alfabeto rúnico). Traduzimos a seguir os versos 1 a 77. Muitos autores afirmam que a segunda parte do poema é um acréscimo posterior, composto por outro autor.*

Sim, quero contar o melhor dos sonhos, que tive à meia-noite, quando aqueles capazes de voz dormiam em seus leitos. Pareceu-me ver um maravilhoso madeiro banhado em luz estender-se no ar, a mais resplandecente das árvores. Todo esse estandarte estava coberto de ouro, e formosas gemas reluziam nos extremos da Terra; outras cinco havia, onde os eixos se encontravam. Todos olhavam, por eterno decreto, para o anjo de Deus: não era aquele, por certo, o castigo de um malfeitor, mas aquele a quem observavam os santos espíritos e os homens na terra, e a glória inteira da Criação. Maravilhosa era aquela árvore de vitória e eu, condenado por meus pecados, maculado por minhas culpas, vi a árvore de glória, coberta com roupagens, brilhar com júbilo, revestida de ouro, adornada com esplêndidas gemas, a árvore do Senhor.

Mas pude perceber através desse ouro o sofrimento que aqueles desventurados tiveram de suportar, quando começou a fluir o sangue por seu lado direito. Eu estava atribulado, atemorizado por essa bela visão. Vi aquele signo mutante mudar de cores e ornamentos – por momentos cobertos de sangue, por momentos revestidos de tesouros. Mas permaneci ali um longo momento, contemplei angustiado a árvore do Salvador, até que eu a ouvi pronunciar palavras. A melhor das madeiras começou a falar:

"Sucedeu faz muito tempo. Mas ainda me lembro que fui cortada na orla de um bosque, arrancada do meu tronco. Apoderaram-se de mim fortes inimigos; transformaram-me num espetáculo para seus próprios fins; ordenaram-me suportar seus criminosos. Levaram-me os soldados sobre seus ombros até que me ergueram numa colina. Suficientes inimigos[1] fixaram-me ali. Vi então o rei dos homens avançar com valentia para subir em mim. Não me atrevi então a me dobrar ou a quebrar, a desafiar a palavra do Senhor, embora tenha visto tremer a própria superfície da terra. Poderia ter derrubado todos os seus inimigos, mas tive de permanecer firme.

Despiu-se então esse jovem herói, que era Deus Todo-Poderoso. Ascendeu então ao alto madeiro, corajoso à vista de muitos, o que mais tarde libertaria a humanidade. Tremi quando me abraçou, mas não me atrevi a deixar-me cair no chão, a precipitar-me na terra: tive de manter-me firme.

Cruz fui levantada. Alcei o poderoso Rei, o Senhor dos Céus; não me atrevi a me inclinar. Atravessaram-me com es-

---

[1] Ou seja, "grande quantidade de inimigos".

curos cravos, em mim ainda são visíveis aquelas feridas, essas dentadas maliciosas. Mas não me atrevi a ferir nenhum deles.

Zombavam de ambos, de nós dois juntos, eu estava banhada do sangue que havia manado do flanco daquele Homem, depois que ele rendeu a alma. Tremendas aflições tive de suportar naquela colina: vi o Senhor das Gentes sofrer tormento. As trevas envolveram com nuvens o corpo do Senhor, sua luz resplandecente. As sombras avançaram, escuras, debaixo do céu. Toda a criação chorou, lamentando a morte do Senhor. Cristo estava na Cruz.

Mas, depois, homens ansiosos vieram de longe ao Príncipe[2]; vi aquilo tudo.

Dolorida estava eu, angustiada por meus pesares, mas me inclinei humildemente para as mãos desses guerreiros, com grande fervor. Levaram dali o Deus Onipotente, desceram-no daquela cruel tortura. Abandonaram-me os homens coberta de sangue, ferida pelas flechas[3].

Deitaram ali o homem extenuado, puseram-se ao lado da cabeça do seu corpo, observaram ali o Senhor dos Céus, e este descansou um tempo ali, esgotado pela terrível pugna.

Começaram então esses homens a lhe preparar um sepulcro, à vista de quem lhe dera a morte[4]. Talharam um ataúde de pedra reluzente e colocaram dentro dele o Senhor das Vitórias. Entoaram então uma canção dolente, tristes no entardecer, depois partiram exaustos, deixando-o ali em pouca companhia.

---

[2] Os "homens ansiosos" são os apóstolos José e Nicodemo; o Príncipe, Cristo.
[3] "As flechas" são uma metáfora para os cravos que atravessaram a cruz.
[4] A Cruz refere-se a si mesma, já que se sente responsável pela morte de Cristo.

Mas nós[5] permanecemos ali longamente, fixas naquele lugar. As vozes dos homens ascenderam[6]; o corpo esfriou, essa maravilhosa morada da vida. Então nos derrubaram, caímos todas no chão – foi um horrível destino – e fomos enterradas num poço profundo.

Mas os servidores do Senhor, seus amigos, souberam disso e me encontraram, e me cobriram de ouro e de prata."

---

[5] Dizendo "nós", a Cruz se refere a ela mesma e às outras duas cruzes que havia na colina.
[6] "As vozes ascenderam" significa que o canto dos apóstolos cessou.

Apêndice
O alfabeto rúnico

As runas, antigo alfabeto dos povos germânicos, foram utilizadas por mais de dez séculos para escrever formas arcaicas do sueco, do dinamarquês, do norueguês, do frísio, do inglês, do franco e do gótico[1]. Abundam as inscrições em facas, fíbulas, anéis, medalhões e pedras.

As runas nunca foram um alfabeto literário. Foram utilizadas principalmente para escrever comemorações, epitáfios ou lacônicas declarações de autoria, propriedade ou herança. As inscrições costumam ser breves. A seguinte, gravada no chifre de Gallehus, é um bom exemplo:

"Eu, Hlewagastir, [filho] de Holti, fiz [este chifre]"

Embora haja excepcionalmente inscrições longas, longuíssimas mesmo, a maioria consta de apenas uma ou duas palavras, como a que segue, entalhada numa espécie de cartucheira de madeira:

"Hagidarar fez [esta caixa]"

---

[1] O texto deste apêndice baseia-se em parte no artigo intitulado "Escrito en la Piedra", de Martín Hadis, publicado em IDIOMANÍA, ano 4, nº 39, agosto 1995.

As inscrições mais extensas foram entalhadas na Suécia durante a era *viking*. Vejamos, por exemplo, a seguinte, gravada numa pedra por ordem do rei Harald, o do Dente Azul:

"O rei Harald mandou erigir este monumento em memória de seu pai Gorm e de sua mãe Thorvi. Este era o Harald que ganhou toda a Dinamarca para si e para a Noruega, e tornou os dinamarqueses cristãos."

Uma pedra perto de Veda, em Uppland, Suécia, traz:

"Torsten fez [esta pedra] em memória de Arnmund, seu filho, e comprou esta quinta, e se enriqueceu no Leste, em Garðariki."

Uma pedra em Gripsholm recorda uma expedição *viking* que teve um final pouco feliz:

"Tola ergueu esta pedra em memória do seu irmão Harald, irmão de Ingvar.

Como homens viajaram longe procurando o ouro
E no Leste alimentaram a águia.
Morreram no Sul, em Serkland."

Das inscrições rúnicas da Inglaterra anglo-saxã, a mais excepcional é a que aparece na cruz de Ruthwell. Consiste num fragmento, escrito em runas, do poema anglo-saxão intitulado *A visão da Cruz*, que Borges menciona em sua sexta aula.

Procedência e origens

A origem desse alfabeto sempre foi um tema de debate entre os estudiosos. Há várias teorias diferentes. Alguns autores tentaram demonstrar que as runas provêm do alfabeto latino ou do grego. Mais recentemente, sugeriu-se que descendem dos alfabetos do Norte da Itália, utilizados pelos etruscos. O pesquisador dinamarquês Erik Moltke sugeriu também que o alfabeto rúnico pode ser obra de tribos germânicas que viviam no Sul da Jutlândia, na Dinamarca. Nenhuma dessas hipóteses pôde ser demonstrada até agora.

Com respeito à época da criação, a maioria dos pesquisadores concorda em que o alfabeto rúnico deve ter sido inventado em algum momento próximo do início da nossa era.

A maioria das inscrições foi encontrada na Suécia. Também há inscrições na Noruega, na Dinamarca, na Alemanha, e fizeram-se igualmente achados em lugares distantes, como a Romênia e a Hungria. Anglos e saxões levaram-nas do continente para a Inglaterra, através do Canal da Mancha; os *vikings* levaram consigo o alfabeto rúnico a regiões ainda mais remotas. No piso de mármore da catedral de Hagia Sofia, em Istambul, um homem do Norte gravou uma inscrição. Os séculos apagaram-na, mas ainda se pode ler seu nome, escrito em letras rúnicas: *Halfdan*.

As runas começaram a perder terreno nas distintas regiões em que eram utilizadas com a chegada do cristianismo, à medida que crescia a influência do alfabeto romano. Na Inglaterra, foram abandonadas por volta do ano 1000; na Escandinávia, continuaram em uso até a Idade Média avançada e continuam sendo utilizadas com fins de antiquariato até nossos dias.

Formas e características

As runas devem sua aparência angular ao fato de que foram inventadas para ser gravadas em superfícies duras. Muito provavelmente, a madeira era o material mais utilizado para escrever com runas. Mas a madeira não se conserva bem, o que é a provável razão por que a maior parte das inscrições nesse alfabeto que chegou até nós são as realizadas em materiais mais resistentes, como o metal ou a pedra.

O alfabeto rúnico recebe o nome de *futhark*, pelas seis primeiras letras que o constituem[2]. Como muitos outros alfabetos, o rúnico segue o princípio acrofônico. Isso significa simplesmente que a cada runa corresponde um nome cujo primeiro som é, na maioria dos casos, o da runa a que está associado.

Esses nomes aparecem pela primeira vez em manuscritos medievais, mas na realidade são muito mais antigos: os nomes escandinavos coincidem em grande parte com os anglo-saxões, o que leva a supor que remontam a uma origem germânica comum.

A ordem das letras é peculiar, e é possível que obedeça a alguma ferramenta mnemônica que se perdeu.

O *futhorc*, alfabeto rúnico anglo-saxão

---

[2] Na Inglaterra, uma nova runa que correspondia ao som [o] substituiu no quarto lugar do alfabeto rúnico anglo-saxão a runa que correspondia ao [a] germânico. O alfabeto rúnico anglo-saxão recebe por esse motivo o nome de *futhorc*.

Bibliografia

ALEXANDER, Michael. *The Earliest English Poems*, Penguin Books, Londres, 1991.
ALIGHIERI, Dante. *Obras completas*. Versão castelhana de Nicolás González Ruiz. Biblioteca de autores cristianos, Madri, 1994.
BEDE. *Ecclesiastical History of the English People*, Penguin Books, Londres, 1995.
BERDOE, Edward. *The Browning Cyclopædia: a Guide to the Study of the Works of Robert Browning; with Copious Explanatory Notes and References on all Difficult passages*. Londres: S. Sonnenschein; Nova York, Macmillan, 1892.
BERNÁRDEZ, Enrique. *Sagas islandesas*, Colección Austral, Espasa-Calpe, Madri, 1984.
BLAKE, William. *William Blake: Poesía completa*. Tradução para o espanhol de Pablo Mañe. Coleção "Biblioteca personal de Jorge Luis Borges", vol. 62, Hyspamérica, Madri, 1985.
——, William. *Poetry and Prose of William Blake, Complete in one Volume*, editado por Geoffrey Keynes, The Nonesuch Press, Londres, 1956.
——, William. *The Complete Poems*. Edição de Alicia Ostriker, Penguin Books, Londres, 1977.
BORGES, Jorge Luis. *Antiguas literaturas germánicas*. Breviarios del Fondo de Cultura Económica, México, 1951.
——, Jorge Luis y Carrizo, Antonio. *Borges el memorioso*, Colección Tierra Firme, Fondo de Cultura Económica, México, 1997.
——, Jorge Luis. *Borges para millones*, Editorial Corregidor, Buenos Aires, 1997.
——, Jorge Luis. *Literaturas germánicas medievales*, Emecé Editores, Buenos Aires, 1995.
——, Jorge Luis. *Obras completas* (vols. I-IV). Emecé Editores, Buenos Aires, 1989-95.

——, Jorge Luis. *Obras completas en colaboración*. Emecé Editores, Buenos Aires, 1991.

——, Jorge Luis. *The Aleph and Other Stories 1933-1969, together with Commentaries and an Autobiographical Essay*, E. P. Dutton & Co., Nova York, 1970.

BOSWELL, James. *The Life of Samuel Johnson*, The Modern Library, Nova York, 1936.

BROOKE, Rupert. *The Collected Poems of Rupert Brooke: with a Memoir*, Sidgwick & Jackson Ltd., Londres, 1924.

BROWNING, Robert. *The Poems of Robert Browning 1842-1864*, Humphrey Milford, Oxford University Press, Oxford, 1938.

BYOCK, Jesse L. *The Saga of the Volsungs*, University of California Press, Berkeley e Los Angeles, California, 1990.

CAMPBELL, James. *The Anglo-Saxons*, Penguin Books, Londres; Nova York, N. Y., 1991.

CASARIEGO CÓRDOBA, Antón y Pedro, *La saga de los groenlandeses – La saga de Eírik el rojo*, Selección de literaturas medievales, Ediciones Siruela, Madri, 1983.

CASSIDY, F. G. and Ringler, Richard N. *Bright's Old English Grammar & Reader*, 3ª ed., Harcourt-Brace-Jovanovich College Publishers, Orlando, Flórida, 1971.

CHAMBERS, R. W. *Beowulf with the Finnsburh Fragment*, Cambridge at the University Press, Grã-Bretanha 1952.

COLERIDGE, Samuel Taylor. *Coleridge, Select Poetry and Prose*, editado por Stephen Potter, The Nonesuch Press, Londres, 1950.

DICKENS, Charles. *El misterio de Edwin Drood*. Trad. de Dora de Alvear. Prólogo de G. K. Chesterton. Colección "El séptimo círculo". Emecé Editores, Buenos Aires, 1951.

ELIOT, T. S. *Collected Poems 1909-1962*. Faber & Faber, Londres, 1963.

——, T. S. *Four Quartets*, Harcourt, Brace & World, Inc., Nova York, 1971.

ELLIS DAVIDSON, H. R. *Gods and Myths of Northern Europe*, Penguin Books, Londres, 1990.

FORSTER, Margaret. *Elizabeth Barrett Browning: The Life and Loves of a Poet*, St. Martin's Press, Nova York, 1988.

FRANTZEN, Allen J., *Desire of Origins: Nova Language, Old English and Teaching the Tradition*, Rutgers University Press, New Brunswick e Londres, 1990.

GALLAND, A. *Las Mil y Una Noches*. Trad. para o castelhano de Pedro Pedraza y Páez. Colección "Biblioteca personal de Jorge Luis Borges", vol. 52, Hyspamérica, Madri, 1985.

GODDEN, Malcolm & Lapidge, Michael (editores). *The Cambridge Companion to Old English Literature*, Cambridge University Press, 1991.
GORDON, R. K., *Anglo-Saxon Poetry*, Everyman's Library, Londres: J. M. Dent & Sons; Nova York: E. P. Dutton & Co., Inc., 1954.
GORDON, E. V. *An Introduction to Old Norse*, 2ª ed., Oxford at the Clarendon Press, Nova York, 1956.
GRAHAM CAMPBELL, James (editor). *Cultural Atlas of the Viking World*, Andromeda-Oxford Ltd., Oxfordshire, Inglaterra, 1994.
GREENFIELD, Stanley B. e Calder, Daniel G. *A New Critical History of Old English Literature*, Nova York University Press, Nova York e Londres, 1986.
HALLBERG, Peter. *Old Icelandic Poetry: Eddic Lay and Scaldic Verse*, University of Nebraska Press, Lincoln e Londres, 1975.
HOLLANDER, Lee M. (trad.). *The Poetic Edda*, University of Texas Press, Austin, Texas, 1996.
HILL JOYCE (ed.). *Old English Minor Heroic Poems*, Durham Medieval Texts, Durham, Inglaterra, 1994.
JONES, Gwyn. *A History of the Vikings*, Oxford University Press, Grã-Bretanha, 1984.
JOHNSON, Samuel. *La historia de Raselas, príncipe de Abisinia*. Tradução para o castelhano e nota preliminar de Mariano de Vedia y Mitre. Colección "Vértice". Editorial Guillermo Kraft Limitada, Buenos Aires, 1951.
JORDAN, Michael. *The Encyclopedia of Gods*, Kyle Cathie Ltd., Londres, 1992.
KER, William Patton. *Epic and Romance: Essays on Medieval Literature*, Dover Publications Inc., Nova York, N. Y., 1957.
KLAEBER, Franz. *Beowulf and the Fight at Finnsburh*, 3ª ed., D. C. Heath, Boston, 1950.
LAING, Lloyd e Jenniffer. *Anglo-Saxon England*, Paladin-Grafton Books, Collins Publishing Group, Londres, 1986.
LASS, Roger. *Old English: a Historical Linguistic Companion*, Cambridge University Press, Cambridge-Nova York-Melbourne, 1994.
LOUIS, Annick (ed.). *Enrique Pezzoni, lector de Borges*, Editorial Sudamericana, Buenos Aires, 1999.
LUGONES, Leopoldo. *Obras poéticas completas*, Editorial Aguilar, Madri, 1974.
MACAULAY, Thomas B. *Essays & Belles-Lettres*, J. M. Dent & Sons Ltd., Londres/E. P. Dutton & Co. Inc., Nova York, 1932.
MACKAIL, John William. *The Life of William Morris*, Oxford University Press, Londres, 1950.
MACMANUS, Seumas. *The Story of the Irish Race*, Wings Books, Random House, Nova Jersey, 1990.

MAGNUSSON, Magnus e Palsson, Herman. *Njal's Saga*, Penguin Classics, Londres, 1960.

MARKALE, Jean. *Pequeño diccionario de mitología céltica*. Tradução para o castelhano de Jordi Quingles. José J. De Olañeta, Editor. Palma de Mallorca, Espanha, 1993.

MITCHELL, Bruce. *A Guide to Old English*, 5ª ed., Blackwell Publishers, Oxford, U. K., e Cambridge, Massachusetts.

MITCHEL, Bruce. *An Invitation to Old English and Anglo-Saxon England*, Blackwell Publishers, Oxford, U. K., e Cambridge, Massachusetts, 1997.

MORRIS, William. *A Selection from the Poems of William Morris edited with a Memoir by Francis Hueffer*, Bernard Tauchnitz, Leipzig, 1886.

——, William. *Centenary Edition, William Morris Stories in Prose - Stories in verse - Shorter Poems - Lectures and Essays*, editado por G. D. H. Cole, The Nonesuch Press, Londres, 1948.

——, William. *The Defence of Guenevere, The Life and Death of Jason and other Poems by William Morris*, Oxford University Press, Oxford, 1937.

——, William. *The Earthly Paradise: a Poem*. F. S. Ellis, Londres, 1867.

NICHOL, John. *Thomas Carlyle*. English Men of Letters. MacMillan and Co., Ltd., Londres, 1934.

NIELSEN, Hans Frede. *The Germanic Languages: Origins and Early Dialectal Interrelations*, The University of Alabama Press, Tuscaloosa/Londres, 1989.

NOYES, Alfred. *William Morris*. English Men of Letters. MacMillan and Co., Ltd., Londres, 1962.

O'FAOLAIN, Sean, *The Great O'Neill: a Biography of Hugh O'Neill*, The Mercier Press, Irlanda, 1992.

PAGE, R. I. *Chronicles of the Vikings*. University of Toronto Press, Toronto/Buffalo, 1995.

——, R. I. *Reading the Past: Runes*, British Museum Press, Londres, 1994.

PALSSON, Hermann e Edwards, Paul (trad.). *Orkneyinga Saga: The History of the Earls of Orkney*, Penguin Books, Grã-Bretanha, 1981.

ROBINSON, Orrin W. *Old English and its Closest Relatives: A Survey of the Earliest Germanic Languages*, Stanford University Press, Stanford, Califórnia, 1992.

ROSSETTI, Dante Gabriel. *The Collected Works of Dante Gabriel Rossetti,* Ellis e Scrutton, Londres, 1886.

SAINERO, Ramón. *Los grandes mitos celtas*. Editorial Olimpo, Barcelona, 1998.

SANDBURG, Carl, *Complete Poems*, Harcourt Brace and Co., Nova York, 1950.

SANDERS, Andrew. *The Short Oxford History of English Literature*, Oxford University Press, Nova York, 1996.

SAWYER, Peter (ed.), *The Oxford Illustrated History of the Vikings*, Oxford University Press, Oxford & Nova York, 1997.

SENNER, Wayne M. (ed.). *The Origins of Writing*, University of Nebraska Press, Lincoln e Londres, 1989.

SPENCER HILL, John. *A Coleridge Companyon*, MacMillan Publishers, Londres, 1983.

SPENGLER, Oswald. *La decadencia de Occidente*. Tradução de Manuel G. Morente. Calpe, Madri, 1923.

SQUIRES, Ann (ed.). *The Old English Physiologus*, Durham Medieval Texts, Durham, Grã-Bretanha, 1988.

STEVENSON, Robert Louis. *Across the Plains: with other Memories and Essays*, Chatto & Windus, Londres, 1915.

——, Robert Louis. *A Child's Garden of Verses and Underwoods*, Current Literature Publishing Co., Nova York, 1913.

——, Robert Louis. *Essays in the Art of Writing*, Chatto & Windus, Londres, 1925.

——, Robert Louis. *Las nuevas noches árabes – Markheim*. Traduções de R. Durán e José Luis López Muñoz. Colección "Biblioteca personal de Jorge Luis Borges", vol. 53, Hyspamérica, Madri, 1985.

——, Robert Louis. *Lay Morals and Other Papers*, Chatto & Windus, Londres, 1920.

——, Robert Louis. *The New Arabian Nights*, C. Scribner's Sons, Nova York, 1922.

——, Robert Louis. *The Strange Case of Dr. Jekyll and Mr. Hyde*, Vintage Books, Nova York, 1991.

——, Robert Louis. *Virginibus Puerisque and Other Papers*, C. K. Powell & Co., Londres, 1881.

STURLUSON, Snorri. *La alucinación de Gylfi*. Prólogo e tradução de Jorge Luis Borges e María Kodama. Alianza Editorial, Madri, 1984.

——, Snorri. *Edda*, Everyman's Library, The Guernsey Press, Grã-Bretanha / Charles E. Tuttle Co., USA, 1992.

——, Snorri. *Heimskringla: A History of the Norse Kings*. Tradução de Samuel Laing. Norroena Society, Londres, Nova York, 1907.

SWANTON, Michael (ed.), *The Dream of the Rood*, University of Exeter Press, Exeter, 1992.

TÁCITO, Cornelio. *Agrícola – Germania – Diálogo de los oradores*. Trad. de J. M. Requejo. Editorial Gredos, Madri, 1981.

WARD, Maisie. *Gilbert Keith Chesterton*, Sheed & Ward, Nova York, 1943.

WHITE, T. H. *The Book of Beasts*, Dover Publications, Inc., Nova York, 1984.

WILDE, Oscar. *Ensayos y diálogos*. Trad. Julio Gómez de la Serna. Colección "Biblioteca personal de Jorge Luis Borges", vol. 28, Hyspamérica, Madri, 1985.

WHITELOCK, Dorothy (ed.). *Sweet's Anglo-Saxon reader*, 15.ª ed, Oxford at the Clarendon Press, Nova York, 1996.

WHITMAN, Walt. *Leaves of Grass*. Introd. de Justin Kaplan. Bantam Books, Nova York, 1983.

WORDSWORTH, William. *Wordsworth: Poetry & Prose*. Introd. de David Nichol Smith. Editado por Charles Batey. Oxford at the University Press, Grã-Bretanha, 1956.

——, William. *The Prelude I, II*, notas de F. B. Pinion M. A., James Brodie LTD, Cambridge, Grã-Bretanha, c. 1940.

WRIGHT, Joseph e Wright, Elizabeth Mary. *Wright's Old English Grammar*, 3.ª ed., Oxford University Press, Londres, 1950.

Índice temático

"A baleia", 93
Adivinhas anglo-saxãs, 90
Alfabeto rúnico, 69
Alighieri, Dante, 201, 283
Anglo-saxões, 1
Artur, rei, 285, 328
"A ruína", 73, 82, 270
"A sepultura", 97
"A visão da cruz", 85
Barrett, Elizabeth, 256
Beda, 6, 67
Beowulf [o personagem], 25, 26, 27, 28, 72, 76
Beowulf [a epopéia], 7, 12, 13, 14, 15, 16, 18, 19, 20, 23, 24, 27, 33, 34, 35, 37, 38, 40, 42, 64, 72, 96, 98, 338, 356, 364, 366, 367
Bestiário anglo-saxão, 91
Bíblia, 6, 36, 37, 55, 88, 90, 91, 115, 238, 245
Blake, William, vida de, 214, 223, 224, 225, 226, 227, 228, 229; filosofia de, 215; poemas de, 216
Bolívar, cavalaria de, 244
Boswell, James, 140; e seus críticos, 143

Breve antología anglosajona, 72, 97
Brooke, Rupert, um poema de, 222
Browning, Robert, vida de, 255, 257, 259, 267, 275, 276, 280; poemas de, 259, 260, 263, 265, 266
"Brunanburh, Ode de", 49, 65, 96
Buda, lenda do, 125
Byron, Lord, 155
Caedmon, hino de, 66
Cantar de Hildebrand, 33
Capote, Truman, *In Cold Blood*, 194, 195
Carlyle, Thomas, 116, 138, 197, 198; vida de, 230, 231, 232, 233, 235, 236, 237, 238, 239, 240, 241, 242, 245; precursor do nazismo, 240
Chanson de Roland, 12, 56, 62, 63, 108
Chaucer, Geoffrey, 335, 355, 356, 361
Chesterton, Gilbert Keith, 169, 182, 246, 253, 275, 277, 278
Childe Roland, 265, 276
"Christ, the tiger", 92, 93
"Christabel", 187, 200, 201, 202, 210

Coleridge, Samuel Taylor, vida de, 184, 193, 194, 196, 197, 199, 200, 214; e Macedonio Fernández, 190; e Shakespeare, 193; poemas, 198; últimos anos, 197; e Dante Alighieri, 200, 201; o sonho de, 206, 207; sua amizade com Wordsworth, 171; e Wordsworth, 182

Collins, William Wilkie, 245, 273

Crônica anglo-saxã, 7, 48, 49, 56, 102

Cynewulf, 68

De Quincey, Thomas, 172, 178, 188, 198, 209, 228

Dickens, Charles, vida de, 247, 249, 254, 284; romances de, 247, 248, 249

Divina comédia, 80, 97, 200, 201, 204, 242, 281, 362

"Eden Bower", 314

Duplo, o (*fetch*), 289, 383

Elegias anglo-saxãs, 71, 72, 76

Época vitoriana, 245, 246

Fetch, ver Duplo, o,

Fernández, Macedonio, 190

Fingal, 161, 162, 163, 164

Finnsburh", "Fragmento de, 13, 33, 37, 38, 96

Germanos, 3, 15, 16

Gunnar, história de, 364, 365

Hastings, batalha de, 101

Hrothgar, 20, 21, 38

Historia Ecclesiastica Gentis Anglorum, 66

James, Henry, um conto de, 184

Johnson, Samuel, vida de, 113, 121, 122; visto por Boswell 148 a 153; polêmica com Kennings, 166

"Kubla Khan", 187, 192, 200, 208, 213

Lamb, Charles, 198

"Lamento de Deor", 83, 259

Leibniz, Gottfried W., 121, 133, 134, 218

Macpherson, James, vida de, 156, 161, 162, 163, 166, 214 ; reivindicação de, 167

"Maldon, Balada de", 56, 72, 76, 96

"Markheim", 382, 383, 384,

Milton, John, 113

Mil e uma noites, 129, 249, 356, 360, 368, 372, 379

Morris, William, vida de, 327, 332, 337; interesses de, 332; e Chaucer, 335

Movimento romântico, 155, 214

New Arabian Nights, 372, 379

Novas mil e uma noites, As, 372, 378, 379, 381

"Nuptial Sleep", 293

"O navegante", 72

Ossian, a invenção de, 163; opiniões sobre, 165, 166

Poesia cristã, 65, 66, 71, 72, 73

Poesia, origens da, na Inglaterra 75

Raselas, príncipe da Abissínia, 120, 121, 122, 123, 124, 132, 135, 142

Reis germânicos, 2, 3

Reyes, Alfonso, 265, 268, 269

Ritos funerários, 18

Rossetti, Dante Gabriel, vida de, 270, 281, 282, 286, 288, 289, 290, 292, 293; poeta e pintor, 283; poemas de, 281, 293, 295, 296, 297, 300, 315, 316, 317; visto por Max Nordau, 302

Sagas da Islândia, 363, 364
Sartor Resartus, 138, 231, 234, 237, 238, 243, 244
Shakespeare, William, 144, 192, 193, 194, 195, 196, 256, 262, 270, 280, 286, 331, 356, 363
Shaw, Bernard, 228, 333, 337
Sigurd the Volsung, 338, 366, 367, 369
Stevenson, Robert Louis, vida de, 370, 373, 376, 377, 378, 384; obras de, 379; "Réquiem", 388
"Sonho da cruz", 70, 74
Swedenborg, Emanuel, 214, 215, 220, 221, 224, 225, 226
Tennyson, Alfred, 198; tradução, 49
Thackeray, William, 249, 284
"The Ancient Mariner", 187, 189, 200, 203, 207, 211, 291
"The Blessed Damozel", 284, 291, 299, 303
"The Defence of Guenevere", 328, 340, 348, 351
The Earthly Paradise, 340, 347, 351, 355, 356, 361, 363

The Mystery of Edwin Drood, 252
The Picture of Dorian Gray, 385, 387
"The Prelude", 175, 179
The Ring and the Book, 258, 265, 266, 271, 272, 278, 279
"The Sailing of the Sword", 351
The Strange Case of Dr. Jekyll and Mr. Hyde, 372, 374, 385
"The Tune of Seven Towers", 348, 349, 350
"The Tyger", 217
"O tigre", 217
"Troy Town", 291, 320, 321
Vikings, XXXIII, XXXV, 43, 44, 45, 46, 47, 52, 56, 60, 61, 65, 112
Völsungasaga, 41, 338
Voltaire, 132
Wilde, Oscar, 259, 385
Whitman, Walt, 68, 72, 167, 215, 230, 246
Wordsworth, William 163, 169, 170, 171, 172, 173, 174, 176, 177, 178, 179, 180, 181, 182, 183, 184, 199, 208, 214, 223, 286; vida de, 169